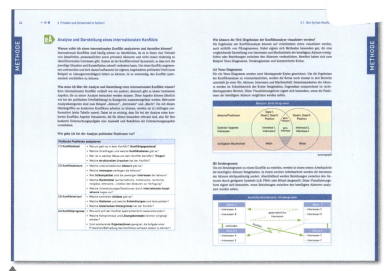

Methoden

Grundlegende Methoden und Arbeitstechniken für das Fach werden für Schülerinnen und Schüler verständlich und strukturiert eingeführt und beispielhaft ausgearbeitet. In Bausteinen werden die Aspekte der Urteilsbildung dargestellt und mit Arbeitshilfen versehen.

Orientierungswissen

Orientierungswissen am Ende der Unterkapitel hilft, das erworbene Wissen konzentriert zu sichern, und ermöglicht eine Wiederholung zentraler Inhalte.

Kompetenzen anwenden

Kompetenzseiten runden die Kapitel ab. Mit diesen können die Schülerinnen und Schüler die am Kapitelanfang formulierten Kompetenzen an komplexen Aufgabenstellungen zeigen und weiter ausbauen.

Serviceanhang

Am Ende des Buches finden die Schülerinnen und Schüler viele hilfreiche Angebote, mit denen sie selbstständiges, strukturiertes Arbeiten einüben und sich auf die Herausforderungen der Qualifikationsphase vorbereiten können: Beschreibung der erwarteten Leistung zu allen **Operatoren** des niedersächsischen Zentralabiturs, Hinweise zur **Bearbeitung von Aufgabenstellungen,** eine **Musterklausur mit Erwartungshorizont** und **Formulierungshilfen** sowie ein **Methodenglossar.**

KONZEPTION

Kolleg Politik und Wirtschaft

Politik – Wirtschaft

Qualifikationsphase 13
(erhöhtes und grundlegendes Anforderungsniveau)

herausgegeben von
Kersten Ringe
Jan Weber

bearbeitet von
Jana Bretschneider
Kersten Ringe
Oliver Thiedig
Jan Weber
Bernd Wessel

C.C. Buchner Verlag · Bamberg

Niedersachsen

Kolleg Politik und Wirtschaft – Niedersachsen

Politik – Wirtschaft Qualifikationsphase 13
(erhöhtes und grundlegendes Anforderungsniveau)

Herausgegeben von Kersten Ringe und Jan Weber

Bearbeitet von Jana Bretschneider, Kersten Ringe, Oliver Thiedig, Jan Weber, Bernd Wessel

---

Zu diesem Lehrwerk sind erhältlich:
- Digitales Lehrermaterial **click & teach** Einzellizenz, Bestell-Nr. 720561
- Digitales Lehrermaterial **click & teach** Box (Karte mit Freischaltcode), ISBN 978-3-661-72056-2

Weitere Materialien finden Sie unter www.ccbuchner.de

Dieser Titel ist auch als digitale Ausgabe **click & study** unter www.ccbuchner.de erhältlich.

1. Auflage, 3. Druck 2021

Alle Drucke dieser Auflage sind, weil untereinander unverändert, nebeneinander benutzbar.

Dieses Werk folgt der reformierten Rechtschreibung und Zeichensetzung. Ausnahmen bilden Texte, bei denen künstlerische, philologische oder lizenzrechtliche Gründe einer Änderung entgegenstehen.

Die Mediencodes enthalten ausschließlich optionale Unterrichtsmaterialien. Auf verschiedenen Seiten dieses Buches finden sich Verweise (Links) auf Internetadressen. Haftungshinweis: Trotz sorgfältiger inhaltlicher Kontrolle wird die Haftung für die Inhalte externer Seiten ausgeschlossen.

© 2020 C.C.Buchner Verlag, Bamberg

Das Werk und seine Teile sind urheberrechtlich geschützt. Jede Nutzung in anderen als den gesetzlich zugelassenen Fällen bedarf der vorherigen schriftlichen Einwilligung des Verlags. Das gilt insbesondere auch für Vervielfältigungen, Übersetzungen und Mikroverfilmungen. Hinweis zu § 52 a UrhG: Weder das Werk noch seine Teile dürfen ohne eine solche Einwilligung eingescannt und in ein Netzwerk eingestellt werden. Dies gilt auch für Intranets von Schulen und sonstigen Bildungseinrichtungen.

Redaktion: Meike Rademacher
Layout und Satz: mgo360 GmbH & Co. KG, Bamberg
Umschlag: tiff.any GmbH, Berlin
Druck und Bindung: mgo360 GmbH & Co. KG, Bamberg

www.ccbuchner.de

ISBN 978-3-661-72053-1

INHALT

1. Grundlagen der Sicherheitspolitik im 21. Jahrhundert **6**
1.1 Krieg: Alte und Neue Kriege 8
1.2 Frieden: Negativer und positiver Frieden 11

2. Kann die Weltgemeinschaft in Syrien (erneut nicht) für Frieden und Sicherheit sorgen? **14**
2.1 Der Syrien-Konflikt – Akteure, Interessen, Verlauf 16
2.1.1 Wer kämpft(e) in Syrien wofür? 16
2.1.2 Welche Interessen und Ziele verfolg(t)en die internationalen Konfliktparteien? 20
eA *Methode: Konflikte analysieren und visualisieren* *24*
2.2 Die UNO – hilflose vereinte Nationen im und nach dem Syrien-Konflikt? 28
2.2.1 Das Ringen um ein internationales Mandat im UN-Sicherheitsrat 28
2.2.2 Simulation: der Syrienkrieg im UN-Sicherheitsrat 32
2.2.3 (Wie) Sollte der UN-Sicherheitsrat reformiert werden? 34
Methode: (Internationale) Institutionen kriteriengeleitet beurteilen (Urteilskompetenz) *36*
2.2.4 Von der „souveränen Gleichheit der Staaten" zur Schutzverantwortung: Ziele und Prinzipien der UNO im Wandel 38
2.2.5 (Wie) Kann die UNO helfen, in Syrien Frieden zu sichern und zu erhalten? Ideen zu einer Post-Konflikt-Strategie 42
eA 2.2.6 Nach dem Krieg ist vor dem Krieg? Wie kann die UNO Konflikte dauerhaft lösen? 46
eA 2.2.7 Assad beim Wiederaufbau unterstützen? Probleme einer ökonomischen Post-Konflikt-Strategie 48
2.3 Transnationaler (islamistischer) Terrorismus – eine (un)lösbare Gefahr? 52
2.3.1 Welche Strategien verfolgen transnationale islamistische Terrororganisationen? 52
2.3.2 Ziele und Ideologie transnationaler, islamistischer Terrororganisationen 56
2.3.3 Welche Ursachen hat transnationaler Terrorismus? 59
2.3.4 Terrorismus vorbeugen und bekämpfen – welche außenpolitischen Maßnahmen sind gerechtfertigt und wirksam? 62
2.3.5 Terrorismus verhindern – welche innenpolitischen Maßnahmen sind legitim und effizient? 66
Kompetenzen anwenden: Haben die Vereinten Nationen eine Zukunft? *71*

3. Deutsche Außen- und Sicherheitspolitik in internationalen Bündnissen **72**
3.1 Was macht Bundeswehr in Mali? Einsatz in einem neuen Krieg im Auftrag der Europäischen Union 74
3.1.1 Worum und wie „streiten" die malischen Konfliktakteure? 74
3.1.2 Mali auf dem Weg zum gescheiterten Staat? 78
3.2 Beitrag zur Sicherheit oder Anheizer von Konflikten? Die Bundeswehr im Ausland 82
3.2.1 Was wollen „wir" in Westafrika? Auftrag und verfassungsrechtliche Grundlagen des Bundeswehreinsatzes in Mali 82
3.2.2 Sollte die Bundeswehr weiterhin im Ausland eingesetzt werden? 86
3.3 Wer garantiert heute Sicherheit für Deutschland und Europa? 90
3.3.1 (Durch wen) Ist Europas Sicherheit militärisch bedroht? 90
3.3.2 Die Gemeinsame Sicherheits- und Verteidigungspolitik der EU – scharfes Schwert oder Papiertiger? 94
3.3.3 Sorgt die NATO für Sicherheit und Frieden in Europa? 98
3.3.4 NATO und EU – ein sinnvolles strategisches Bündnis? 102
Kompetenzen anwenden: Europa braucht eine eigene Armee *107*

INHALT

eA 4. Deutsche Entwicklungspolitik – ein sinnvoller Beitrag zur Entwicklung und Friedenssicherung? 108

- 4.1 Der Weg zum Frieden? Ziele und Maßnahmen deutscher Entwicklungspolitik 110
- 4.1.1 Afghanistan – ein Entwicklungsland? 110
- 4.1.2 Entwicklungspolitik als Teil einer präventiven Friedenspolitik in Afghanistan 112
- 4.1.3 Wirtschaftliche Kooperation und Hilfe zur Selbsthilfe - wer hilft mit welchen Maßnahmen in Afghanistan? 116
- 4.1.4 Ist die deutsche Entwicklungszusammenarbeit mit Afghanistan als präventive Friedenspolitik erfolgreich? 119
- 4.2 Entwicklungszusammenarbeit – wirksames Mittel für Frieden und gegen Flucht? 124
- 4.2.1 Deutsche Entwicklungspolitik - wo und mit welchen Zielen? 124
- 4.2.2 Deutsche Entwicklungspolitik - wirksam? 128
- 4.2.3 Marshallplan mit Afrika - Neuausrichtung der deutschen Entwicklungspolitik? 132
- 4.2.4 Entwicklungszusammenarbeit wirksam gestalten? 134
  Kompetenzen anwenden: Zum Problem der Vereinnahmung von Entwicklungszusammenarbeit durch Sicherheitspolitik 137

5. Ökonomische Globalisierung – Chance oder Gefahr für die Wirtschaft Deutschlands? 138

- 5.1 Wächst die Welt wirtschaftlich immer stärker zusammen? 140
- 5.1.1 (Ökonomische) Globalisierung – was ist das? 140
- 5.1.2 Ist die Welt wirtschaftlich vollständig zusammengewachsen? Indikatoren ökonomischer Globalisierung 143
- 5.1.3 Was führte zur Globalisierung der Wirtschaft? 146
- 5.1.4 Kostenvorteile: Internationale Arbeitsteilung theoretisch erklärt - Teil I 148
- 5.1.5 Intraindustrieller Handel: Internationale Arbeitsteilung theoretisch erklärt - Teil II .. 150
- 5.2 Deutschland im internationalen Standortwettbewerb 154
- 5.2.1 Wie behauptet sich Deutschland als Wirtschaftsstandort international? 154
- 5.2.2 Qualität des Standorts Deutschland erhalten durch Industriepolitik? 158
- 5.2.3 Sollte Wettbewerbs-Globalisierung überwunden werden? 160
  Kompetenzen anwenden: Wirtschaftsstandort Deutschland – Stärken und Schwächen 163

6. Welthandel und Welthandelspolitik zwischen Freihandel und Protektionismus . 164

- 6.1 Welthandel – ungeregelt oder mit Grenzen? 166
- 6.1.1 Wie soll der Welthandel geregelt werden? 166
- 6.1.2 Freihandel oder Protektionismus? Die Außenhandelspolitik der Europäischen Union 169
- 6.2 Die multilaterale Freihandelsordnung vor dem Aus? Tendenzen der Welthandelspolitik .. 174
- 6.2.1 Eine Welt der „Handelskriege"?! Aktuelle Herausforderungen der Welthandelspolitik ... 174
- 6.2.2 Geeigneter Rahmen für fairen Handel? Die Welthandelsordnung der WTO 177
- 6.2.3 Exklusive Handelsabkommen und Freihandelskritik – wie geht es weiter mit der Welthandelsordnung? 181
  Kompetenzen anwenden: Trumps Handelskrieg 185

INHALT

**eA 7. (Globaler) Wohlstand durch Welthandel?
Entwicklungs- und Schwellenländer in der globalisierten Welt** 186

- 7.1 Entwicklungs- und Schwellenländer in der globalen Wirtschaft – auf dem Weg zu Wohlstand? 188
- 7.1.1 Lebensbedingungen und Wirtschaftsstruktur im Entwicklungsland Äthiopien 188
- 7.1.2 China – Lebensbedingungen und Wirtschaftsstruktur in einem Schwellenland 191
- 7.1.3 Wie lässt sich gesellschaftliche Entwicklung erfassen? Wohlstandsindikatoren im Vergleich .. 194
- 7.2 „Anschluss gesucht": Zukunftsperspektiven von Entwicklungs- und Schwellenländern in der globalisierten Wirtschaft 198
- 7.2.1 Äthiopien: Agrarproduzent für die Welt? 198
- 7.2.2 China – „Werkbank der Welt" oder Hochtechnologiestandort? 202
- *Kompetenzen anwenden: Chinas Handelspolitik gegenüber Afrika* 207

eA 8. Bildet sich gerade eine neue Weltordnung heraus? 208

- 8.1 China – eine neue Welt(ordnungs)macht? 210
- 8.2 Wie könnte eine neue Weltordnung aussehen? 214

9. Abiturvorbereitung 218

- 9.1 Operatoren im Zentralabitur 220
- 9.2 Die schriftliche Abiturprüfung 224
- 9.2.1 Musterklausur 224
- 9.2.2 Erwartungshorizont für die Musterklausur 227
- 9.3 Formate der mündlichen Abiturprüfung 230
- 9.3.1 Die mündliche Abiturprüfung 232
- 9.3.2 Die Präsentationsprüfung als alternatives Prüfungsformat 233

Anhang
Methodenglossar 236
Register 239
Bildnachweis ....

eA Mit diesem Symbol haben wir Kapitel gekennzeichnet, die laut Kerncurriculum nur von Kursen auf erhöhtem Anforderungsniveau bearbeitet werden müssen.

Über QR-Codes können in verschiedenen Kapiteln digitale Inhalte direkt angesteuert werden. Diese können außerdem über die Eingabe von Mediencodes im Suchfeld auf www.ccbuchner.de aufgerufen werden. Beispiel: Unter 72053-00 finden Sie eine Übersicht zum Kerncurriculum.

Für die jährlich wechselnden Schwerpunktthemen des niedersächsischen Abiturs haben wir Zusatzmaterial hinterlegt. Dieses ist online abrufbar und explizit auf die Abiturvorbereitung zugeschnitten, z.B. in Form von längeren Texten mit Aufgaben, Material zu aktuellen Diskussionen u.v.m. Mediencode: 72053-01

Hinweis: Um den Anforderungen an eine geschlechtergerechte Sprache gerecht zu werden, haben Autoren und Redaktion entschieden, im gesamten Buch nach Möglichkeit abwechselnd und paritätisch die männliche oder die weibliche Form oder geschlechtsneutrale Formulierungen zu verwenden. Ausnahmen bilden Originalquellen sowie Funktions- und Rollenbezeichnungen mit Nähe zu formalen und juristischen Texten. Selbstverständlich sind auch in diesen Fällen Personen jeglichen Geschlechts gemeint.

Zusatzmaterial zu aktuellen **Abiturschwerpunkten**

Mediencode: 72053-01

Was ist Krieg?
Was ist Frieden?

1 Grundlagen der Sicherheitspolitik im 21. Jahrhundert

Die Friedensbemühungen des 20. Jahrhunderts haben auch nach dem Ende des Ost-West-Konflikts nicht zu einem friedlichen Miteinander der Menschen weltweit geführt. Zwar ist die Zahl klassischer Staatenkriege zurückgegangen. Gewaltsam ausgetragene Konflikte und (innerstaatliche) kriegerische Auseinandersetzungen bestehen aber nicht nur fort, sondern nehmen sogar zu. Ist die Welt somit kriegerischer oder aber friedlicher geworden? Was ist Frieden? Was ist Krieg?

Anhand von empirischen und theoretischen Beschreibungen der Phänomene Frieden und Krieg entwickeln Sie differenzierte und strukturierte Begriffe und Definitionen von Frieden und Krieg. Sie unterscheiden in Kapitel 1.1 verschiedene Kriegstypen und vor allem den Wandel der Kriege hin zu Neuen Kriegen.

Unterschiedliche Facetten von Frieden und Bedingungen für die Existenz friedlicher Staaten erschließen Sie sich in Kapitel 1.2.

KOMPETENZEN

Am Ende dieses Kapitels sollten Sie Folgendes wissen und können:

… Krieg von anderen Formen von Konflikten und Auseinandersetzungen abgrenzen.

… Kriterien Neuer Kriege kennen.

… Konflikte in Kriegstypologien einordnen.

… Definitionen von Frieden voneinander unterschieden.

Was wissen und können Sie schon?

1. Assoziieren Sie: Was ist Krieg? Was ist Frieden? Notieren Sie Ihre Assoziationen knapp – nur ein bis drei Begriff(e) – auf Karten.
2. Tragen Sie Ihre Assoziationen in der gesamten Gruppe unter den Begriffen „Kriege" und „Frieden" zusammen: Gruppieren und strukturieren Sie die Karten soweit wie möglich. Finden Sie übergeordnete Begriffe, Überschriften und Zusammenhänge.
3. Formulieren Sie in der Gruppe eine vorläufige Definition von Krieg und Frieden. Diese Definitionen können Sie im Folgenden überprüfen, ändern und ergänzen.

1.1 Krieg: Alte und Neue Kriege

E Beschreiben Sie die Bilder (M 1). Vergleichen Sie dabei unter anderem die Kämpfer und ihre Ausrüstung.

M 1 ● Was ist Krieg?

Ukrainische Soldaten und Panzer sind für den Fall einer russischen Invasion in Position gebracht, 18. März 2014, Andriivka, Ukraine

Bewaffnete Tuareg-Rebellen auf ihren Pick-ups; Nordmali im Februar 2012

M 2 ● Eine Definition von Krieg

Die Arbeitsgemeinschaft Kriegsursachenforschung (AKUF) definiert das Phänomen Krieg anhand der folgenden Merkmale, die alle zugleich erfüllt sein müssen.
(a) an den Kämpfen sind zwei oder mehr bewaffnete Streitkräfte beteiligt, bei denen es sich mindestens auf einer Seite um reguläre Streitkräfte [...] der Regierung handelt;
(b) auf beiden Seiten muss ein Mindestmaß an zentralgelenkter Organisation der Kriegführenden und des Kampfes gegeben sein [...];
(c) die bewaffneten Operationen ereignen sich mit einer gewissen Kontinuierlichkeit und nicht nur als gelegentliche, spontane Zusammenstöße, d.h. beide Seiten operieren nach einer planmäßigen Strategie, gleichgültig ob die Kämpfe auf dem Gebiet einer oder mehrerer Gesellschaften stattfinden und wie lange sie dauern.
Kriege werden als beendet angesehen, wenn die Kampfhandlungen dauerhaft, d.h. für den Zeitraum von mindestens einem Jahr, eingestellt bzw. nur unterhalb der AKUF-Kriegsdefinition fortgesetzt werden.
Als bewaffnete Konflikte werden [demgegenüber] gewaltsame Auseinandersetzungen bezeichnet, bei denen die Kriterien der Kriegsdefinition nicht in vollem Umfang erfüllt sind. In der Regel handelt es sich dabei um Fälle, in denen eine hinreichende Kontinuität der Kampfhandlungen nicht mehr oder auch noch nicht gegeben ist.

Arbeitsgemeinschaft Kriegsursachenforschung, www.wiso.uni-hamburg.de, AKUF, Abruf am 04.03.2020

M 3 Kriegstypen: Warum werden Kriege geführt?

Die Arbeitsgemeinschaft Kriegsursachenforschung unterscheidet zwischen fünf Kriegstypen:

Antiregime-Kriege:
Kriege, in denen um den Sturz der Regierenden oder um die Veränderung oder den Erhalt des politischen Systems oder gar der
5 Gesellschaftsordnung gekämpft wird.

Autonomie- und Sezessionskriege:
Kriege, in denen um größere regionale Autonomie innerhalb des Staatsverbandes oder um Sezession vom Staatsverband ge-
10 kämpft wird.

Zwischenstaatliche Kriege:
Kriege, in denen sich Streitkräfte der etablierten Regierungen mindestens zweier staatlich verfasster Territorien gegenüberstehen, und zwar ohne Rücksicht auf ihren 15 völkerrechtlichen Status.

Dekolonisationskriege:
Kriege, in denen um die Befreiung von Kolonialherrschaft gekämpft wird.

Sonstige Kriege: 20
Zahlreiche Kriege lassen sich nicht eindeutig einem dieser Typen zuordnen, weil sich verschiedene Typen überlagern oder sich der Charakter des Krieges im Verlauf der Kampfhandlungen verändert, so dass sich 25 Mischtypen bilden.

Cord Jakobeit, Universität Hamburg/AKUF, Kriegsdefinition und Kriegstypologie, www.wiso.uni-hamburg.de, Abruf am 04.03.2020

M 4 Was ist neu an den Neuen Kriegen?

Die Entwicklung des Kriegsgeschehens während der letzten drei Jahrzehnte bietet ein verwirrendes, zutiefst widersprüchliches Bild. Einerseits ist es zu einer weiteren
5 Verrechtlichung des Gebrauchs kriegerischer Gewalt gekommen, andererseits ist in vielen Kriegen die Gestalt des Soldaten durch die eines Kriegers abgelöst worden, der sich [...] [keineswegs den] Bestimmun-
10 gen des Kriegsvölkerrechts verpflichtet fühlt, sondern Gewalt anwendet, wie ihm dies gerade zweckmäßig und zielführend erscheint. Einerseits haben sich weltpolitische Regionen herausgebildet, in denen der
15 Krieg kein ernstlich in Erwägung gezogenes Instrument der Politik mehr darstellt, [...] andererseits gibt es Gebiete, in denen der Krieg im Gefolge von Staatszerfall endemisch geworden ist. Ursächlich für die feh-
20 lende Friedensperspektive sind die Vielzahl der am Krieg beteiligten Akteure, ihre organisatorische Diffusität und schließlich die für die Neuen Kriege typischen Verbindungen zwischen Kriegsfinanzierung und in-
25 ternationaler Kriminalität. Viele der Neuen Kriege dauern aufgrund dieser Kriegsökonomie nicht Monate oder Jahre, sondern Jahrzehnte. [...] [Es finden sich] drei Merkmale der Neuen Kriege, die als deren Charakteristika gelten können: 30

1. Die schrittweise *Privatisierung des Krieges*, die zur Folge hat, dass die Staaten nicht länger die Monopolisten des Krieges sind. Das mögen sie faktisch nie gänzlich gewesen sein, aber kriegsvöl- 35 kerrechtlich und politisch ist seit dem 17. Jahrhundert in Europa stets mit der Annahme gearbeitet worden, dass sie es seien. [...] [P]ara- und substaatliche Akteure haben [heute] einen mindestens 40 ebenso großen Einfluss auf das Kriegsgeschehen gewonnen wie die Staaten und das von ihnen eingesetzte reguläre Militär. [...] Es sind Warlords [...], die in den letzten zwei Jahrzehnten entscheidenden 45 Einfluss auf das Kriegsgeschehen gewonnen haben.

2. Die Entstehung unüberwindbarer militärischer Asymmetrien und in Reaktion darauf die *Asymmetrierung der Kriegsge-* 50 *walt* durch ansonsten unterlegene und kaum kampffähige Akteure. [...] Symmetrie konnte erst durch die Vereinbarungen und Konventionen der Krieger und

endemisch
auf begrenztem Gebiet vorkommend

Warlord
militärischer Anführer, der – unabhängig von der eigentlichen Staatsmacht – ein subnationales Territorium mithilfe von militärischen Einheiten kontrolliert

Kombattanten

Personen, die völkerrechtlich zu Kriegshandlungen berechtigt sind. Im Krieg ist der gezielte Kampf uniformierter Kombattanten erlaubt.

Herfried Münkler (*1951) deutscher Politikwissenschaftler, der durch das Theorem der Neuen Kriege sowie eine Imperialismustheorie bekannt geworden ist

später durch das Kriegsvölkerrecht in Verbindung mit dem Territorialstaat hergestellt werden. Die Entstehung von Asymmetrien gehört zur Evolutionsdynamik von Krieg [...]. Symmetrie ist darum das zunächst Unwahrscheinliche in der Kriegsgeschichte. Asymmetrierung ist jedoch von einer gleichsam naturwüchsigen Entstehung von Asymmetrien zu unterscheiden: Sie ist das Ergebnis strategischer Kalküle, mit denen die Stärken des Gegners in Schwächen verwandelt werden sollen.

3. Die *Demilitarisierung des Krieges*, womit gemeint ist, dass das reguläre Militär nicht länger der Monopolist der Kriegführung ist. Das zeigt sich mit Blick auf die kriegführenden Parteien, die immer häufiger aus Kriegern und nicht mehr aus Soldaten bestehen, wie auch den Zielen kriegerischer Gewaltanwendung, bei der es nur noch selten um genuin militärische Objekte geht; meist sind es Zivilisten und zivile Infrastruktur, die getroffen werden sollen. Die Folge dessen ist die Erosion der Unterscheidung zwischen Kombattanten und Nonkombattanten, die eine der wichtigsten Errungenschaften des Kriegsvölkerrechts gewesen ist. Aber mit der Demilitarisierung des Krieges löst sich auch die klare Unterscheidung zwischen Krieg und Frieden auf [...].

Die Theorie der Neuen Kriege geht davon aus, dass diese drei Veränderungen eng miteinander zusammenhängen und keine ohne die anderen verstanden und nachgezeichnet werden kann. Das ist die entscheidende Pointe der Theorie: Es ist das Zusammentreffen aller drei Veränderungen, welches das wesentlich Neue der Kriege ausmacht. [...]

Das entscheidend Neue liegt also nicht in Einzelentwicklungen, sondern im Zusammenwirken von Privatisierung, Asymmetrierung und Demilitarisierung der Kriegsgewalt. [...]

Herfried Münkler, Kriegssplitter. Die Evolution der Gewalt im 20. und 21. Jahrhundert, Berlin 2015, S. 210f., 223f., 227 (Reihenfolge geändert)

Aufgaben

1. Ordnen Sie die Abbildungen (M 1) in Ihre bisherige Kriegsdefinition ein.
2. Vergleichen Sie Ihre Kriegsdefinition mit der Definition der Arbeitsgemeinschaft Kriegsursachenforschung (M 2, M 3).
3. Charakterisieren Sie das Phänomen Neuer Kriege nach Münkler (M 4) anhand folgender Kriterien:

	Akteure	Ziele	Kriegsende, Unterscheidbarkeit von Krieg und Frieden	Intensität/Dauer	Finanzierung	Kriegsrecht	Kriegsführung	vornehmliche Angriffsziele und Opfergruppen
Alte Kriege	Staaten (Völkerrechtssubjekte)	Überwindung des Gegners	eindeutig (Kapitulation, Friedensvertrag)	hoch/ (z. B. Schlachten) eher kurz	staatlich (Steuern, Verkauf von Kriegsanleihen)	gültig für alle Parteien	Armeen, schwere Waffen	militärische Objekte, Soldaten
Neue Kriege								

F Überarbeiten Sie auf der Grundlage der Ergebnisse Ihre Kriegsdefinition (Auftaktseite).

4. Erklären Sie unter Bezug auf die drei Merkmale Privatisierung, Asymmetrierung und Demilitarisierung, inwiefern die Asymmetrie der Kriegsführung ein zentrales Kennzeichen Neuer Kriege ist (M 4).

1.2 Frieden: Negativer und positiver Frieden

E Arbeiten Sie aus den Begründungen für die Vergabe des Friedensnobelpreises (M 5) unterschiedliche Friedensbegriffe heraus.

M 5 • Friedensnobelpreisträger

1905 **Bertha von Suttner** (Österreich): Die Schriftstellerin wandte sich in dem pazifistischen Roman „Die Waffen nieder!" (1889) vehement gegen Krieg. Bereits zuvor war sie sehr aktiv in der Friedensbewegung.

1953 **George C. Marshall** (USA): Der US-Außenminister wird für seine Leistungen um den wirtschaftlichen Wiederaufbau Europas nach dem Marshall-Plan ausgezeichnet.

1971 **Willy Brandt** (Deutschland): Der deutsche Bundeskanzler wird für die auf Annäherung und Ausgleich zielende Ostpolitik ausgezeichnet.

1977 **Amnesty International**: Die Organisation erhält die Auszeichnung wegen des Einsatzes für Menschenrechte.

2006 **Muhammad Yunus** (Bangladesch): Der Ökonom erhält den Preis für die Vergabe von Mikrokrediten an Arme und die Begründung des Mikrofinanz-Gedankens.

2007 **Al Gore** (USA): Der US-amerikanische Politiker und Unternehmer wird für seinen Einsatz gegen eine drohende Klimakatastrophe ausgezeichnet.

2018 **Nadia Murad** (Irak): Die Menschenrechtsaktivistin erhält den Preis für ihren Einsatz gegen sexuelle Gewalt als Waffe in Kriegen.

2019 **Abiy Ahmed** (Äthiopien): Der äthiopische Ministerpräsident wird für seine Friedensbemühungen im Grenzkonflikt zwischen Äthiopien und Eritrea ausgezeichnet.

M 6 • Friedensdefinition

Frieden in der Minimaldefinition kann beschrieben werden als „Abwesenheit von Gewalt". Ein erweiterter Friedensbegriff unterscheidet zwischen negativem Frieden, also der Abwesenheit von direkter, physischer Gewalt und Bedrohung und einem positiven Frieden, der als ein Zustand der sozialen Gerechtigkeit, des relativen Wohlstands, der politischen Teilhabe und des ökologischen Gleichgewichts gesehen wird. Der Übergang vom negativen zum positiven Friedenszustand wird in der Friedensforschung dabei als ein Prozess gesehen, bei dem Gewalt abnimmt und Gerechtigkeit zunimmt.

organisierte militärische Gewaltanwendung	z.B. Kalter Krieg, Gewaltdrohung, Aufstand, Boykott	z.B. Rüstungskontrolle, Koexistenz, Abschreckung	z.B. Verhandlung, Abrüstung, Entspannung	z.B. Kooperation, Integration, Modell: Europäische Union
Nicht-Frieden	Frieden Phase 1	Frieden Phase 2	Frieden Phase 3	Frieden Phase 4
Krieg	abnehmende Gewalt, zunehmende Gerechtigkeit →			Frieden

Ragnar Müller, auf: www.dadalos-d.org/frieden/grundkurs_2/frieden.htm, Abruf am 27.04.2020

HIIK Konfliktbarometer

Mediencode: 72053-02

Zum **Friedensbegriff von Senghaas**
→ vgl. Kap 2.2.5

F Vergleichen Sie die vorläufige Definition des Kurses (Auftaktseite) mit den Friedensbegriffen des Nobelkomitees (M 5).

H zu Aufgabe 3
Recherchieren Sie hierfür auch Informationen zu der Situation in den jeweiligen Staaten (Existiert ein Rechtsstaat? Gibt es Möglichkeiten politischer Partizipation? Wie ist soziale Gerechtigkeit ausgeprägt? etc.).

F zu Aufgabe 3
Erläutern Sie unter Bezugnahme auf die Vorstellung Neuer Kriege (M 4) diese regionale Verteilung (M 7).

M 7 ● Verteilung von Kriegen und Konflikten weltweit

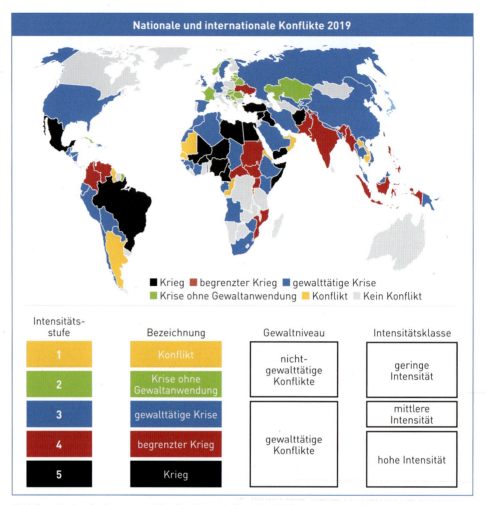

Heidelberg Institut for International Conflict Research (Hg.), Konfliktbarometer 2019, S. 11

Hintergrund Deutschland

Die Einordnung Deutschlands in Kategorie 3 (gewalttätige Krise) wird vom HIIK mit Konflikten zwischen fremdenfeindlichen Gruppierungen, verschiedenen (militant) rechtsextremen Gruppierungen, der PEGIDA-Bewegung etc. auf der einen Seite und Pro-Asyl-Aktivisten und der Regierung auf der anderen Seite begründet. Konkret werden Anschläge xenophober und rechtsextremer militanter Gruppen auf Flüchtlinge und Asylsuchende sowie auf Politiker angeführt.

Autorentext

Aufgaben

1. Ordnen Sie die Friedensbegriffe (M 5) in die Friedensdefinition (M 6) ein.
2. Beschreiben Sie die regionale Verteilung von Konflikten, Krisen und Kriegen (M 7).
3. Stellen Sie Vermutungen an zur weltweiten Verteilung von gewaltfreier und gewaltsamer Konfliktaustragung. Überprüfen Sie Ihre Vermutungen im Zuge der Erarbeitung der Kapitel 2, 3 und 4.

1.2 Frieden: negativer und positiver Frieden

Nach der Definition der Arbeitsgemeinschaft für Kriegsursachenforschung sind vor allem die Bewaffnung und eine Kontinuität der Kriegshandlungen zentrale Kriterien für einen Krieg. Das Theorem der Neuen Kriege geht davon aus, dass Kriege sich verändert haben. Als Merkmale **Neuer Kriege** nennt Herfried Münkler Privatisierung, Asymmetrierung und Demilitarisierung. Neue Kriege seien somit durch das Zusammenwirken dieser drei Merkmale gekennzeichnet: **Privatisierung** der Kriegsführung lässt sich daran festmachen, dass nicht mehr Staaten die Träger kriegerischer Handlungen sind, sondern vermehrt substaatliche Akteure. Militärisch und militärtechnisch unterlegene Akteure nutzen **Asymmetrierung**, indem sie z.B. durch Anschläge oder gezieltes Attackieren der Zivilbevölkerung eine Strategie der Kriegsführung etablieren, die ihre technische Unterlegenheit kompensiert. **Demilitarisierung** bedeutet, dass nicht mehr nur Soldaten und Militärobjekte im Fokus der Kriegsführung stehen, sondern auch Zivilisten und zivile Infrastruktur.

Eine zentrale Auffälligkeit dieser Neuen Kriege im Vergleich zu den alten Staatenkriegen ist, dass hinsichtlich vieler Aspekte **Asymmetrien** festzustellen sind. Asymmetrisch können zum Beispiel der völker- und kriegsrechtliche Status der Kombattanten, die verwendeten Waffen oder Ziele der Kriegsführung sein.

Was ist Krieg? Alte und Neue Kriege (Basiskonzept: Interaktion und Entscheidung) M 2, M 3, M 4

Der Friedensforscher Johan Galtung unterscheidet zwischen positivem und negativem Frieden. **Negativer Frieden** bezeichnet einen Zustand der Abwesenheit von physischer Gewalt und Krieg, **positiver Frieden** umfasst weitere Aspekte. Hierzu gehören im weitreichendsten Modell u.a. die Bekämpfung von Armut und die Ausweitung sozialer Gerechtigkeit, der Schutz der natürlichen Umwelt, eine politische Kultur von Kooperation und Verständigung sowie eine Kultur friedlicher Konfliktaustragung.

Was ist Frieden? (Basiskonzept: Interaktion und Entscheidung) M 5, M 6

Bei der Weiterarbeit an den Kapiteln 2, 3 und 4 werden Sie anhand von Beispielen kennenlernen, wodurch Krieg und Frieden bedingt oder gefördert werden: Bestimmte Bedingungen fördern Frieden, wie Dieter Senghaas durch die Analyse westlicher Gesellschaften erschlossen hat. In seinem „zivilisatorischen Hexagon" (Kap. 2) führt er sechs Bedingungen für die Entstehung und Existenz von Frieden an.

Unsichere, zerfallende und insgesamt zerbrechliche Staaten (→ **fragile Staatlichkeit**, vgl. Kap. 3.1.2) können diese Bedingungen nicht oder nur eingeschränkt sicherstellen. Somit sind diese Staaten auch anfälliger für (Neue) Kriege und gewaltsame Konfliktaustragungen.

Bedingungen für Frieden und Krieg (Basiskonzept: Interaktion und Entscheidung) M 7

ORIENTIERUNGSWISSEN

Zusatzmaterial zu aktuellen **Abitur-schwerpunkten**

Mediencode: 72053-01

Zerstörtes Aleppo

IS-Kämpfer vor Kobane

Vom Baaltempel in der Weltkulturerbestätte Palmyra ist nach der Sprengung durch den IS im August 2015 nicht mehr viel übrig.

Syrische Flüchtlinge in einem Behelfslager für Familien in der Nähe von Idlib, Februar 2020.

2 Kann die Weltgemeinschaft in Syrien (erneut nicht) für Frieden und Sicherheit sorgen?

Auch lange nach Ende des Ost-West-Konfliktes hat sich die Hoffnung vieler Menschen auf eine friedliche Epoche der Weltgeschichte nicht erfüllt.

Am Beispiel des internationalisierten Bürgerkrieges in Syrien und dessen Analyse (Kap. 2.1) erschließen Sie sich in Kapitel 2.2 die Möglichkeiten und Grenzen der Vereinten Nationen, als einst zur „Wahrung des Weltfriedens" gegründete universelle Organisation, dem selbst gestellten Anspruch gerecht zu werden. In diesem Zusammenhang setzen Sie sich auch mit verschiedenen Post-Konflikt-Strategien auseinander und erfahren, wie diese mithilfe eines politikwissenschaftlichen Analyseinstruments systematisch untersucht werden können.

Die Wirren des syrischen Mehrfrontenkriegs begünstigten den Aufstieg der sunnitischen Terrormiliz „Islamischer Staat", die ihren Expansionsdrang und Machtanspruch neben der Eroberung weiter Teile des irakischen und syrischen Territoriums auch durch Attentate in westlichen Ländern zu untermauern suchte. An diesem Beispiel vergleichen Sie in Kapitel 2.3 die Ideologie und Strategie des transnationalen bzw. internationalen islamistischen Terrorismus mit anderen Formen und analysieren die vielfältigen Entstehungsbedingungen terroristischer Gewaltanwendung. Abschließend diskutieren Sie die Legitimität und Effizienz der auf nationaler und internationaler Ebene ergriffenen Maßnahmen zur Terrorismusbekämpfung.

KOMPETENZEN

Am Ende dieses Kapitels sollten Sie Folgendes wissen und können:

… internationale bzw. internationalisierte Konflikte anhand von Kategorien bzw. Leitfragen analysieren.

… Grundsätze, Befugnisse bzw. Zuständigkeiten sowie Machtmittel der Vereinten Nationen (UNO) kennen.

… Handlungsmöglichkeiten und Durchsetzungsfähigkeit der UNO an einem konkreten Konflikt analysieren und einschätzen.

… Post-Konflikt-Strategien analysieren und bewerten.

… Ursachen von transnationalem bzw. internationalem Terrorismus sowie Ziele und Strategien terroristischer Gruppen am Beispiel des Islamischen Staates („IS") analysieren.

… innen- und außenpolitische Maßnahmen gegen Terrorismus kriteriengestützt bewerten.

Was wissen und können Sie schon?

1. a) Beschreiben Sie anhand der Bilder die Auswirkungen des Konfliktgeschehens in Syrien für unterschiedliche Betroffenengruppen.
   b) Stellen Sie ausgehend von der Bildbetrachtung Ihr Vorwissen zum Syrienkrieg dar.
2. Diskutieren Sie Ihre Erwartungen an internationale Akteure wie die Vereinten Nationen (UNO) bei der Beendigung des Krieges.

2.1 Der Syrien-Konflikt: Akteure, Interessen, Verlauf

2.1.1 Wer kämpft(e) in Syrien wofür?

E Formulieren Sie Fragen über den Krieg in Syrien, die Sie an Muhammad Najem (M 1) stellen würden. Ordnen Sie Ihre Fragen nach selbstgewählten Kriterien.

M 1 ● Ein Appell aus Syrien

Muhammad Najem lebte in der Nähe von Damaskus, Syrien. Der Junge (2018 war er 15 Jahre alt) berichtete v. a. auf Twitter und Facebook mit Bildern über sein Leben im Krieg, später auch aus der Türkei, wo er inzwischen lebt.

Muhammad Najem
@muhammadnajem20 · 15. Jan. 2018

We know that you got bored from our blood pictures

But we will continue appealing to you

Bashar Al-assad, potin and khaminei killed our childhood

Save us before it is too late

What is the world, which can send machines to the martian and can't do anything to stop killing people

💬 364   🔁 3.505   ♡ 4.375

https://twitter.com/muhammadnajem20?lang=de, Abruf am 18.01.2019

Randspalte

Potin
Vladimir Putin, Präsident Russlands

Khaminei
Ajatollah Ali Khamenei, Staatoberhaupt Irans

Martian
Marsmensch

Informationen zu Muhammad Najem

Mediencode: 72053-03

Sunniten, Schiiten
Ähnlich wie im Christentum gibt es im Islam verschiedene Glaubensrichtungen. Die beiden größten sind die Sunniten (ca. 90 Prozent) und die Schiiten (ca. 10 Prozent). Sie unterscheiden sich vor allem in der Frage der rechtmäßigen Nachfolge des Propheten Mohammeds. Für Sunniten wird der geistliche und politische Führer der Muslime (Kalif) aus dem Stamm Mohammeds (den Quraisch) gewählt. Schiiten glauben, dass nur ein Verwandter Mohammeds Führer der Muslime werden kann.

M 2 ● Der Verlauf des Krieges in Syrien

Anfang 2011
Im Zuge des „Arabischen Frühlings" kommt es in Syrien zu zunächst friedlichen Protesten. Die Demonstranten fordern politische Reformen vom autokratischen Regime Baschar al-Assads. Verstärkt wird die politische Unzufriedenheit durch ökonomische Konflikte vor allem in den Städten. Die syrische Regierung reagiert mit Verhaftungen und zunehmend mit Gewalt auf die Demonstrationen.
Bis zum Ende des Jahres eskaliert der Konflikt zu einem Bürgerkrieg zwischen den Sicherheitskräften der Regierung und verschiedenen Rebellengruppen. Die Zielsetzungen der Rebellengruppen reichen von einer Demokratisierung des Landes bis zur Errichtung eines islamischen Staates.
Militärberater und Ausbilder der iranischen Revolutionsgarden bilden in Syrien syrische und internationale, schiitische Milizen aus, die das Assad-Regime unterstützen.

2012
Die syrische Armee bombardiert Städte, in denen sie Regierungsgegner vermutet, und greift diese mit Soldaten an.
Das Assad-Regime bezeichnet die von den iranischen Revolutionsgarden ausgebildeten Milizen als „Nationale Verteidigungskräfte". Deren Zahl wuchs auf bis zu 100.000 Mann.

2.1 Der Syrien-Konflikt

2013
Die Macht islamistischer Gruppen nimmt immer weiter zu, inzwischen stellen diese Gruppen die Mehrheit der Kämpfer gegen Assad. Der „Islamische Staat im Irak und der Levante" (ISIS) baut seine Macht aus und erobert zunehmend Regionen in Syrien.

2014
Die Kämpfe im Land gehen mit hoher Intensität weiter. Der syrischen Armee wird vorgeworfen, immer wieder Fassbomben abzuwerfen, die eine besonders große Gefahr für Zivilisten darstellen.
Im Norden Syriens erobern säkulare kurdische Kämpfer weite Gebiete.
Im März ruft der Führer von ISIS in den eroberten Gebieten, die ein Drittel Syriens ausmachen, ein Kalifat aus. Die Organisation nennt sich von nun an nur noch „Islamischer Staat" („IS"). Kämpfer des „IS" gehen mit besonderer Brutalität gegen ihre Gegner und Andersgläubige vor.
Das Erstarken des „IS" veranlasst die USA im September mit Luftangriffen gegen Stellungen der Organisation zu beginnen.

2015
Im Mai erobern islamistische Milizen, darunter die Al-Nusra-Front, die Provinz Idlib.
Um das Assad-Regime zu unterstützen, greift Russland nun ebenfalls mit Luftangriffen in Syrien ein. Zuvor hatte Russland Assad bereits mit Waffenlieferungen unterstützt.
Infolge von Terroranschlägen in Paris, bei denen 130 Menschen getötet und über 300 verletzt wurden, schließen sich Frankreich und Großbritannien den Luftangriffen auf Stellungen des „IS" an, der sich zu den Anschlägen bekannt hatte.
Auch Deutschland beteiligt sich nun an der Mission. Die deutsche Beteiligung beschränkt sich jedoch auf die Aufklärung möglicher Angriffsziele durch Tornados der Bundeswehr.

2016
Mit der Unterstützung Russlands und iran-treuer Milizen gelingt es dem Assad-Regime, umkämpfte Gebiete zurückzuerobern.
Kurdische Kämpfer der YPG vertreiben mit amerikanischer Unterstützung den „IS" aus Manbidsch. Mit der Begründung, den „IS" bekämpfen zu wollen, greift die Türkei in Nordsyrien ein und versucht die kurdischen Kämpfer zurückzudrängen.

2017
Der „IS" wird immer weiter zurückgedrängt. Gleichzeitig gelingt es dem Assad-Regime, weitere Gebiete des Landes zurückzuerobern.
Die Türkei weitet ihre Bemühungen aus, die Kurden im Norden Syriens zurückzudrängen.
Israel beginnt, vom Iran unterstützte Milizen und deren Waffenlager und -fabriken im Südwesten Syriens mit Luftschlägen zu bekämpfen.

2018
Die syrische Regierung erobert weitere Gebiete des Landes zurück. Ende des Jahres ist die Region Idlib die einzige verbliebene Rebellenhochburg.
Immer wieder kommt es zu Gefechten zwischen türkischen Soldaten und kurdischen Kämpfern im Norden Syriens.
Im Dezember nehmen die u.a. von westlichen Staaten unterstützten „Syrischen Demokratischen Kräfte" mit Hadschin in Ostsyrien die letzte Hochburg des „IS" ein. Einen Tag später kündigt US-Präsident Trump überraschend den Abzug der 2.000 in Syrien stationierten US-Soldaten an, der nur zögerlich umgesetzt wird.

2019
Das aus der al-Nusra-Front hervorgegangene Dschihadistenbündnis Hayat Tahrir al-Scham (HTS) bringt im Januar die Provinz Idlib unter seine Kontrolle.
Das Assad-Regime bombardiert die Region mit Unterstützung Russlands, dabei werden auch Krankenhäuser und Schulen angegriffen.
Nachdem sich im Oktober US-Truppen aus Nordsyrien zurückziehen, rückt türkisches Militär in der Region ein. Ziel der Türkei ist die Errichtung einer 500 km langen und 30 km breiten „Schutzzone" unter alleiniger Kontrolle der Türkei. Dafür soll die bisher mit den USA im Kampf gegen den „IS" verbündete kurdische YPG, die von der Türkei als Terrororganisation betrachtet wird, aus dem Grenzgebiet vertrieben werden.
Um sich gegen das türkische Militär verteidigen zu können, bittet die YPG den syrischen Machthaber Assad um Hilfe.
Nach Angaben der UN-Organisation für Migration (IOM) sind in Folge der Kampfhandlungen in Nordsyrien mindestens 190.000 Menschen, darunter 70.000 Kinder auf der Flucht.

Erklärfilm zum Syrien-Konflikt

Mediencode: 72053-04

Arabischer Frühling
Was im Dezember 2010 in Tunesien begann, breitete sich bald wie ein Flächenbrand über viele Länder Nordafrikas und des Nahen Ostens aus. Proteste, Aufstände und Rebellionen erschütterten die autokratischen Systeme der Region. In Ägypten und Tunesien jagten die Aufständischen die Herrscher aus dem Amt. Libyen verfiel in einen Bürgerkrieg [...]. [...] In anderen Ländern wie Marokko und Jordanien haben die Regime auf die sozialen Proteste reagiert und so [ihre Macht] zumindest kurzfristig stabilisiert.
www.bpb.de, Abruf am 18.01.2019

Revolutionsgarden
Politische Armee des Iran, die die Ergebnisse der Islamischen Revolution und das iranische Regime verteidigen soll.

Kalifat
Islamische Regierungsform, bei der die weltliche und die geistliche Führerschaft in der Person des Kalifen vereint sind.

Zur **Ideologie** des „IS"
→ vgl. Kap. 2.3.2

2 Frieden und Sicherheit in Syrien?

Opfer des Bürgerkrieges

Im Verlaufe des Bürgerkrieges sind nach Angaben der in England ansässigen Assad-kritischen „Syrischen Beobachtungsstelle für Menschenrechte" bis Oktober 2019 560.000 Menschen ums Leben gekommen. Laut der Welthungerhilfe sind 5,5 Mio. Menschen aus Syrien geflohen, weitere 6,1 Mio. befinden sich innerhalb von Syrien auf der Flucht (Stand: Januar 2020).

Die **UNO** in Syrien
→ vgl. Kap. 2.2

Zu den Begriffen **Islamismus** und **Dschihadismus**
→ vgl. Kap. 2.3

PYD

Die PYD ist der politische Arm der kurdischen YPG-Miliz. Die Türkei betrachtet die PYD als Teil der als Terrororganisation verbotenen kurdischen Arbeiterpartei PKK.

Februar 2020

Mit Unterstützung russischer Luftangriffe rücken syrische Regierungstruppen in der Region Idlib vor.
Bei türkischen Luftangriffen in Idlib kommen neun syrische Soldaten ums Leben. Ende Februar werden in der Region Idlib mindestens 33 türkische Soldaten durch einen Luftangriff der syrischen Luftwaffe getötet. Die Türkei greift als Vergeltung Stellungen der syrischen Armee an.
Die Türkei bittet um Beratungen im Nordatlantikrat (nach Art. 4, Nordatlantikvertrag der NATO), dem höchsten Gremium des Bündnisses.

Zusammenstellung des Autors

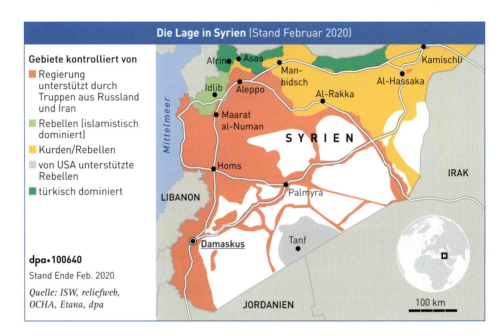

M 3 ● Konfliktebenen im Syrischen Bürgerkrieg

Die ursprüngliche Konfrontation zwischen dem autoritären Assad-Regime und großen Teilen der Bevölkerung wird inzwischen von einer Reihe weiterer Konflikte begleitet
5 und überlagert:
1. Die Auseinandersetzung um das Gesellschaftsmodell des syrischen Staates: Neben moderaten und konservativen islamischen Vorstellungen konkurrieren
10 radikale und pseudo-islamische Gruppierungen. Angezogen durch den Krieg und den Zerfall des Staates sind Dschihadisten aus dem Ausland eingedrungen. Ihr Ziel ist oft nicht mehr der Kampf
15 gegen das Assad-Regime, sondern die Errichtung regionaler Kalifate. [...]
3. Der Konflikt zwischen ethnisch-religiösen Gruppen: Der sunnitisch-schiitische Gegensatz hat eine regionale Dimension. Kleinere Religionsgemeinschaften, wie 20 Alawiten, Christen oder Drusen, drohen zwischen den beiden Lagern zerrieben zu werden. [...]
4. Der Kampf um die regionale Vorherrschaft: Iran verfolgt mit großem Einsatz 25 die Konsolidierung der schiitischen Präsenz in Syrien (z.B. gezielte Ansiedlung, Kauf von Land und Immobilien). Ziel ist die Aufrechterhaltung der Landverbindung von den schiitischen Gebieten im 30 Irak über Syrien bis hin zum Einflussbereich der schiitischen Hisbollah im Libanon. Bisher hatten Saudi-Arabien, Katar und die Türkei versucht, den Einfluss des Iran und der Schiiten in der Levante zu- 35 rückdrängen. Saudi-Arabien und die

Türkei sind inzwischen jedoch von ihren harten Positionen im Syrien-Konflikt abgerückt und suchen nach neuen Allianzen.

5. Der Kurdenkonflikt: Im Nordosten des Landes hat die kurdische PYD nach dem taktischen Abzug syrischer Armeeeinheiten die Kontrolle übernommen und in drei „Kantonen" eine Übergangsverwaltung errichtet. Die Türkei fürchtet einen Kurdenstaat und versucht, eine solche Entwicklung auch militärisch zu verhindern. [...]

6. Die Rivalität zwischen den globalen Großmächten: Russland und China stellen sich gegen die Syrien-Politik der USA. Sie wollen den Sturz des Regimes verhindern und haben mehrfach seine Verurteilung wegen Kriegs- und Menschenrechtsverletzungen auf UN-Ebene verhindert.

Carsten Wieland, Syrien, www.bpb.de, Abruf am 12.01.2019

Carsten Wieland arbeitet im diplomatischen Dienst des Auswärtigen Amts. Von Dezember 2013 bis Juni 2014 arbeitete er als politischer Berater des UN-Sondergesandten zu Syrien, Lakhdar Brahimi.

Alawiten
Religiöse Gemeinschaft, die dem schiitischen Spektrum des Islam zugerechnet wird.

Drusen
Arabischsprachige Religionsgemeinschaft in Vorderasien.

Levante
Region zwischen Euphrat und Sinai im Nahen Osten, zu der Syrien, Libanon, Israel, Jordanien und Teile der Türkei gehören.

M 4 ● Innerstaatliche Akteure im Syrischen Bürgerkrieg

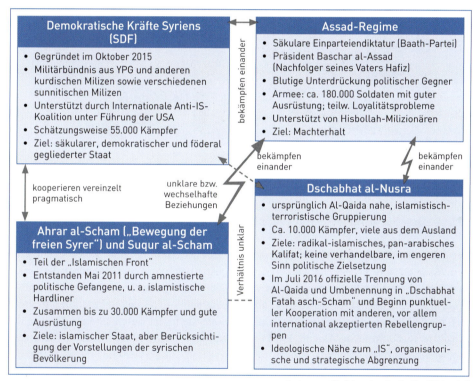

Autorengrafik (ohne kurdische Konfliktpartei)

H zu Aufgabe 1
Unterscheiden Sie dabei zwischen politischen, ökonomischen, sozialen und religiösen Konfliktdimensionen.

F zu Aufgabe 1
Ordnen Sie Syrien in die Typologie fragiler Staatlichkeit ein (vgl. Kap. 3).

Aufgaben

1. Analysieren Sie in arbeitsteiliger Gruppenarbeit die innerstaatliche und regionale Ebene des Syrischen Bürgerkrieges. Beachten Sie dabei insbesondere Konfliktursachen, -gegenstände sowie die beteiligten Akteure (M 2-M 4, Methode).
2. Überprüfen Sie, inwiefern es sich bei dem Krieg in Syrien um einen Neuen Krieg nach Herfried Münkler handelt (Kap. 1.1).
3. Sollte die Weltgemeinschaft in Syrien Verantwortung übernehmen? Diskutieren Sie diese Frage (M 1-M 4).

2.1.2 Welche Interessen und Ziele verfolg(t)en die internationalen Konfliktparteien?

E Analysieren Sie die Zeichnung (M 5). Berücksichtigen Sie insbesondere die Anzahl der beteiligten regionalen und internationalen Akteure und deren (mögliche) Interessen.

M 5 • Zahlreiche Akteure im Syrienkrieg

Zeichnung nach Idee des Autors

M 6 • Der Syrienkrieg – ein unlösbarer Konflikt?

Der 2011 ursprünglich als Aufstand gegen das Assad-Regime begonnene Bürgerkrieg in Syrien (vgl. M2) hat einen Prozess in Gang gesetzt, in dem sich eine Vielzahl unterschiedlicher Konflikte entwickelte. In die Konflikte sind zahlreiche Akteure mit entgegengesetzten Interessen eingebunden.

Wollte man für Syrien ein Organigramm des Krieges zeichnen, heraus käme ein unentwirrbares Knäuel an bewaffneten Akteuren, Zielen, Ideologien, Bündnissen und
5 Feindschaften. Vier Kriege gleichzeitig toben mittlerweile in dem geschundenen Land. Der erste Krieg zwischen dem Assad-Regime und den Aufständischen, der zweite zwischen dem „Islamischen Staat" und
10 einer internationalen Luftallianz, der dritte zwischen Sunniten und Schiiten. Seit [August 2016] ist mit dem Einmarsch der Türkei nach Nordsyrien ein vierter Krieg hinzugekommen – der Krieg um die Kurden. Wohl
15 noch nie in der Geschichte der Menschheit gab es einen Konflikt mit einer solch vertrackten und vielschichtigen Dynamik. Kein Wunder, dass die Friedensgespräche in Genf seit Monaten ausgesetzt sind. [...]
Mehr denn je wird deutlich – keine der
20 Kriegsparteien kann gewinnen. Jeder der lokalen, regionalen und internationalen Akteure ist in der Lage, wenn sich das Kriegsgeschehen wendet, mit zusätzlichem Nachschub zu eskalieren, um zumindest
25 eine Niederlage abzuwenden.

Martin Gehlen, Ein Land – vier Kriege, www.fr.de, 29.08.2016

M 7 Interessen der internationalen Akteure

Russische Föderation

In den Jahren nach Auflösung des Warschauer Paktes als militärischem Gegenbündnis zur NATO (1989/1991) hat Russland weltpolitischen Einfluss eingebüßt. Die EU und die NATO wurden um Staaten erweitert, die zuvor zum sowjetischen Einflussbereich gehörten. Die USA bzw. die NATO haben zwar ihre Absicht aufgegeben, in Polen und Tschechien Raketenabwehrstationen einzurichten, jedoch sieht die russische Führung die engere Kooperation der USA bzw. des Westens mit osteuropäischen Staaten (Ukraine, Georgien) als unangemessenen Eingriff in die eigene Einflusssphäre. Gerade der Ukraine-Konflikt, auf den die NATO u.a. mit einer stärkeren militärischen Präsenz im Baltikum reagiert, scheint die Gräben zwischen Russland und dem Westen nach einer längeren Entspannungsphase wieder zu vertiefen. Auch seine Syrien-Politik möchte sich der russische Präsident Putin nicht vom Westen diktieren lassen.

Während die russische Regierung dem „Arabischen Frühling" eher als Zuschauer folgte, verfolgt sie im Syrien-Konflikt fundamentale ökonomische und geopolitische Interessen: Russische Energiekonzerne sind in großem Umfang in Syrien engagiert, die russische Rüstungsindustrie sieht in Syrien einen sehr wichtigen Abnehmer. Zudem besitzt Russland im syrischen Tartus seinen einzigen Marinestützpunkt außerhalb des „postsowjetischen" Raumes mit direktem Zugang zum Mittelmeer – ein geostrategisch unverzichtbarer Stützpunkt, der nicht durch einen Regimewechsel in Damaskus gefährdet werden sollte. Daher möchte Präsident Wladimir Putin die Kontrolle über Syrien wieder möglichst vollständig dem syrischen Machthaber Assad überlassen, der dann abhängig von russischer Unterstützung bliebe.

Nicht zuletzt agiert Russland im Sicherheitsrat als Gegenmacht zu westlichen Interventionsplänen, um nach der Schwächung der eigenen Machtposition im Libyen-Konflikt wieder weltpolitische Stärke zu demonstrieren: In diesem Fall war nach eigener Auffassung die – von Russland mitgetragene – Einrichtung einer Flugverbotszone als „Freifahrtschein" für eine „Intervention zum Umsturz" missbraucht worden.

Autorentext

Vereinigte Staaten von Amerika

In den Jahren nach der Auflösung des Warschauer Paktes (1989/1990) und dem Ende der Blockkonfrontation haben die USA massiv weltpolitischen Einfluss gewonnen. Sie gelten als die derzeit einzig verbliebene militärische, politische und wirtschaftliche Weltmacht. Allerdings ist diese Position fragil: Die Kampfeinsätze in Afghanistan und im Irak haben die USA finanziell und militärisch bis an die Grenze belastet, und der Aufstieg Chinas bedroht die Vormachtstellung der USA im pazifischen Raum. Verstärkt wird dies durch den protektionistischen und unilateralistischen Kurs von Präsident Donald Trump, der die USA politischen Einfluss kosten kann.

Trotz dieser Probleme sind die USA weiterhin bemüht, ihren Machteinfluss in Osteuropa und dem Nahen Osten zu sichern, um sowohl die eigenen ökonomischen (Ressourcen) als auch sicherheitspolitischen (Bekämpfung des Terrorismus und Proliferation in Regionen begrenzter Staatlichkeit) Interessen zu wahren. Dabei treten – wie im Falle der Ukraine oder im Atomkonflikt mit dem Iran – immer wieder Spannungen mit Russland zutage. Zudem verstehen sich die USA als „Schutzmacht" Israels, das einen – womöglich gar atomaren – Angriff aus dem Iran fürchtet.

Den (zumeist gescheiterten) Versuchen eines Demokratisierungsprozesses im „Arabischen

---

Proliferation
Weitergabe von atomaren, biologischen oder chemischen Waffen bzw. Mitteln zu deren Herstellung (vgl. Kap. 3.3).

Frühling" standen die USA unter Verweis auf den Grundwert der Freiheit grundsätzlich positiv gegenüber; so waren die USA auch federführend an der Intervention in Libyen beteiligt. Syrien gilt den USA aufgrund seiner anti-westlichen Haltung sowie der engen Bindung an den (vermutlich) an einem Atomprogramm arbeitenden Iran als „Sicherheitsrisiko" im Nahen Osten. Dennoch beschränken sich die militärischen Interventionen der USA vorwiegend auf die Bekämpfung der durch den „Islamischen Staat" bestehenden terroristischen Bedrohung. Um dies zu erreichen, unterstützen die USA die kurdische YPG.

Autorentext

Europäische Union

Zu Beginn des Konfliktes in Syrien hatten die Staaten der Europäischen Union die Hoffnung auf ein demokratisches Syrien ohne Assad an der Spitze. In Folge der gewaltsamen Reaktionen des syrischen Regimes gegen die zunächst friedlichen Demonstranten verhängten die EU-Staaten wirtschaftliche Sanktionen gegen Syrien. Ein militärisches Engagement gegen das Assad-Regime schlossen die Staaten der EU frühzeitig aus, auch bestand kein Wille, Teile der Opposition für den Kampf gegen Assad zu bewaffnen.
In Folge des Erstarkens des „Islamischen Staates" in Syrien und der daraus auch für europäische Staaten resultierenden Terrorgefahr, die sich unter anderem in den Anschlägen in Paris im Jahr 2015 und Berlin Ende 2016 zeigten, entscheiden auch einzelne europäische Staaten, sich militärisch im Kampf gegen den „IS" in Syrien zu engagieren. So beteiligt sich unter anderem Frankreich an der von den USA geführten internationalen Koalition, die den „IS" mit Luftangriffen bekämpft. Deutschland liefert mit der Aufklärung möglicher Ziele ebenfalls einen Beitrag zu dieser Koalition.
Spätestens infolge deutlich steigender Zahlen von aus Syrien nach Europa fliehender Menschen im Sommer 2015, verfolgen die EU-Staaten das Ziel, die Flucht aus Syrien in die EU zu begrenzen.
Inzwischen geht im Hinblick auf die Frage nach der Zukunft Assads ein Riss durch die EU. Während Staaten wie Italien und Österreich eine Zukunft Syriens mit Assad an der Spitze akzeptieren, lehnt Frankreich dies offiziell noch ab.

Autorentext nach: Kristin Helberg, Der Syrienkrieg – Lösung eines Weltkonflikts, Freiburg im Breisgau 2018, S. 171-176

Israel

Israel engagiert sich in Syrien vor allem, um den Einfluss des Erzfeindes Iran zu begrenzen. Zwar hat Israel nach eigenen Angaben kein Interesse an einem Krieg gegen den Iran, sieht aber eine rote Linie darin, dass der Iran sich militärisch in Syrien festsetzt. Um dies zu verhindern, hat Israel in den letzten Jahren mehrere hundert Luftangriffe auf iranische Waffentransporte und Einrichtungen in Syrien durchgeführt. Darüber hinaus ist es aus israelischer Sicht von zentraler Bedeutung, dass die USA im Nahen Osten präsent bleiben.

Autorentext nach: Jörg Lau, Holger Stark, „Assad will keinen Ärger mit uns", Interview mit Chagai Tzuriel, in: Die Zeit, 24.01.2019, S. 8

Iran

Der Iran ist bereits seit Jahrzehnten mit Syrien verbündet und unterstützt das Assad-Regime mit Geld, Militärberatern und Kämpfern der sogenannten Al-Quds-Brigaden, die zu den Revolutionsgarden gehören. Diese Unterstützung hat vor allem machtpolitische und geostrategische Gründe. Zum einen soll so der Nachschubweg zur Hisbollah im Libanon sichergestellt werden, mit deren Hilfe der Iran Druck auf den Erzfeind Israel ausübt. Zum anderen kann so auch der iranische Hegemonialanspruch in der Region sichergestellt werden. Der Einfluss des Iran würde so bis zum Mittelmeer reichen.
Darüber hinaus ist der Iran bestrebt, den Einfluss der schiitischen Auslegung des Islam auszuweiten. In Syrien, dessen Bevölkerung lediglich zu ca. 2 Prozent dem schiitischen Glauben angehört, erscheint dies der iranischen Führung nur mit Assad möglich zu sein, der Alawit ist und somit einer Religion, die zum schiitischen Islamspektrum gezählt wird, angehört. Nicht zuletzt verspricht sich der Iran nach der Beendigung des Krieges am Wiederaufbau beteiligt zu werden und so auch ökonomisch von der Unterstützung Assads zu profitieren.

Autorentext nach: Kristin Helberg, Der Syrienkrieg – Lösung eines Weltkonflikts, Freiburg im Breisgau 2018, S. 164-170

Hegemonie
Vorherrschaft bzw. Vormachtstellung eines Staates (vgl. Kapitel 8)

Türkei

Die Interessen der Türkei in Syrien haben sich im Verlaufe des Konfliktes gewandelt. Nachdem der syrische Machthaber Assad sich von der Türkei nicht zu echten Reformen bewegen ließ, wurde die Türkei, einst enger Partner Assads, zu einem der wichtigsten Unterstützer der syrischen Opposition. In Folge von Terroranschlägen durch Attentäter des „Islamischen Staates" in der Türkei rückte die Bekämpfung des „IS" in Syrien in das Zentrum der türkischen Syrien-Politik. Inzwischen besteht das Kerninteresse der Türkei darin, eine kurdische Autonomieregion im Norden Syriens zu verhindern und die Kämpfer der kurdischen YPG von der syrisch-türkischen Grenze zu vertreiben. Der türkische Präsident Erdoğan fürchtet angesichts von ca. 10 Millionen im Südosten der Türkei lebenden Kurden, dass diese sich dem Autonomiestreben der syrischen Kurden anschließen könnten.
Rund 3,4 Millionen geflüchtete Syrer leben vor allem in der grenznahen Region der Türkei. Innerhalb der Türkei führt die hohe Anzahl von Syrern zu sozialen Spannungen. Nach anfänglicher Solidarität mit den Geflüchteten überwiegt inzwischen der Wunsch, dass die Syrer in ihre Heimat zurückkehren.

Autorentext nach: Kristin Helberg, Der Syrienkrieg – Lösung eines Weltkonflikts, Freiburg im Breisgau 2018, S. 187-191

M zu Aufgabe 1
Führen Sie eine Konfliktanalyse durch (vgl. Methode).

M zu Aufgabe 1
Visualisieren Sie die Konfliktkonstellation in Form eines Strukturbildes.

H zu Aufgabe 1
Differenzieren Sie dabei ggf. unterschiedliche Phasen des Konfliktes.

H zu Aufgabe 3
Erstellen Sie zunächst eine Konfliktprognose (vgl. Methode).

Aufgaben

1. Analysieren Sie die Internationalisierung des Syrischen Bürgerkrieges hinsichtlich der beteiligten Akteure, ihrer Interessen, Strategien und Allianzen (M 6, M 7).
2. Ordnen Sie den Syrienkrieg in die Kriegstypologie ein (vgl. Kap. 1.1).
3. Setzen Sie sich mit der These auseinander, dass der Syrienkrieg in absehbarer Zeit nicht zu beenden ist.

Konflikte analysieren und visualisieren

Warum sollte ich einen internationalen Konflikt analysieren und darstellen können?
Internationale Konflikte sind häufig schwer zu überblicken, da es in ihnen eine Vielzahl von (staatlichen, parastaatlichen sowie privaten) Akteuren und nicht immer eindeutig zu identifizierenden Interessen gibt. Zudem ist der Konfliktverlauf dynamisch, so dass sich die jeweilige Situation und Konstellation schnell verändern kann. Um einen Konflikt angemessen untersuchen und sich darauf aufbauend ein eigenes, begründetes politisches Urteil (zum Beispiel zu Lösungsvorschlägen) bilden zu können, ist es notwendig, den Konflikt systematisch erschließen zu können.

Was muss ich über die Analyse und Darstellung eines internationalen Konflikts wissen?
Kein internationaler Konflikt verläuft wie ein anderer, dennoch gibt es immer bestimmte Aspekte, die zu seiner Analyse betrachtet werden müssen. Diese Aspekte können (ähnlich wie bei der politischen Urteilsbildung) zu Kategorien zusammengefasst werden. Relevante Analysekategorien sind zum Beispiel „Akteure", „Interessen" und „Macht". Um mit diesen Oberbegriffen an konkreten Konflikten arbeiten zu können, werden sie in Leitfragen umformuliert (siehe Tabelle unten). Dabei ist es wichtig, dass Sie bei der Analyse eines konkreten Konflikts Aspekte fokussieren, die für diesen besonders relevant sind, also für Ihre konkrete Untersuchungsaufgabe eine Auswahl und Reduktion der Untersuchungsaspekte vornehmen.

Wie gehe ich bei der Analyse politischer Konflikte vor?

Politische Positionen analysieren	
(1) Konfliktinhalt	• Worum geht es in dem Konflikt? (**Konfliktgegenstand**) • Welche Streitfragen und welche **Konfliktebenen** gibt es? • Wer ist in welcher Weise von dem Konflikt betroffen? (**Folgen**) • Welche **strukturellen Ursachen** hat der Konflikt?
(2) Konfliktakteure	• Welche unterschiedlichen **Akteure** gibt es? • Welche **Interessen** verfolgen die Akteure? • Wie **(in)kompatibel** sind die jeweiligen **Interessen** der Akteure? • Welche **Machtmittel** (wirtschaftliche, militärische, rechtliche, religiöse, ethnische...) stehen den Akteuren zur Verfügung? • Welche Unterstützungen/Sanktionen durch **internationale Hauptakteure** liegen vor?
(3) Konfliktverlauf	• Welche konkreten **Anlässe** gibt es? • Welche **Stationen** und welche **Entwicklungen** sind festzustellen? • Welche **historischen Hintergründe** hat der Konflikt?
(4) Konfliktprognose	• Wie wird sich der Konflikt (wahrscheinlich) weiterentwickeln? • Welche Kompromisse und **Lösungskonzepte** könnten vorgelegt werden? • Sind existierende **Organisationen** geeignet, die Aufgabe einer Prävention/Befriedung des Konfliktes wirksam leisten zu können?

Wie können die (Teil-)Ergebnisse der Konfliktanalyse visualisiert werden?
Die Ergebnisse der Konfliktanalyse können auf verschiedene Arten visualisiert werden, auch mithilfe von Piktogrammen. Dabei eignen sich Methoden besonders gut, die eine vergleichende Darstellung von Interessen und Machtmitteln der beteiligten Akteure ermöglichen oder Beziehungen zwischen den Akteuren verdeutlichen. Bewährt haben sich zum Beispiel Venn-Diagramme, Struktogramme und konzentrische Kreise.

(A) Venn-Diagramme
Für ein Venn-Diagramm werden zwei überlappende Kreise gezeichnet. Um die Ergebnisse der Konfliktanalyse zu veranschaulichen, werden die Kreise noch einmal in drei Bereiche unterteilt (je einer für: Akteure, Interessen und Machtmittel). Gemeinsamkeiten der Akteure werden im Schnittbereich der Kreise festgehalten, Gegensätze entsprechend im nicht-überlappenden Bereich. Diese Visualisierungsform eignet sich besonders, wenn die Positionen der beteiligten Akteure verglichen werden sollen.

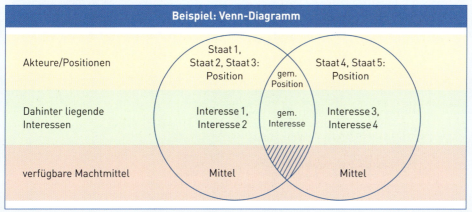

Autorengrafik

(B) Struktogramm
Um ein Struktogramm zu einem Konflikt zu erstellen, werden in einem ersten Arbeitsschritt die beteiligten Akteure festgehalten. In einem zweiten Arbeitsschritt werden die Interessen der Akteure stichpunktartig notiert. Abschließend werden Beziehungen zwischen den Akteuren durch geeignete Symbole (z.B. Pfeile oder Blitze) dargestellt. Diese Visualisierungsform eignet sich besonders, wenn Beziehungen zwischen den beteiligten Akteuren analysiert werden sollen.

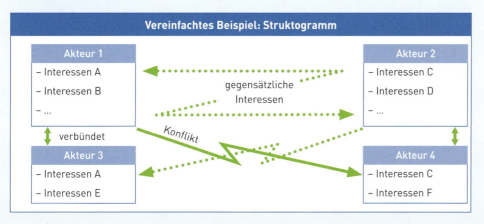

METHODE

(C) Konzentrische Kreise

Zunächst werden Kreise mit unterschiedlichen Radien um einen Mittelpunkt gezeichnet. Die Anzahl der benötigten Kreise ist dabei von der Anzahl der darzustellenden Konfliktebenen abhängig. Möchte man die Ebenen lokal, regional und global darstellen, benötigt man dementsprechend drei Kreise. Je nach Anzahl der Akteure auf einer Ebene, werden dann die einzelnen Kreise unterteilt, damit in die einzelnen Teile die Akteure notiert werden können. Akteure auf den verschiedenen Ebenen, die in dem zu untersuchenden Konflikt kooperieren, werden dabei in einem Kreisausschnitt festgehalten. Nicht benötigte Kreisteile werden frei gelassen. Diese Darstellungsform eignet sich besonders, wenn Allianzen in einem Konflikt analysiert werden sollen.

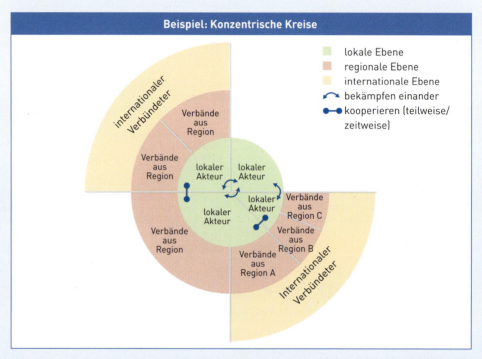

Autorengrafik

Visualisierung durch Piktogramme

Nicht nur wenn an einem Konflikt mehrere Akteure beteiligt sind, können Visualisierungen der Analyseergebnisse schnell unübersichtlich werden. Eine Möglichkeit, auch komplexere Konflikte übersichtlich darzustellen, besteht in der Arbeit mit Piktogrammen. Sie ermöglichen es, auf schriftliche Erklärungen zu verzichten. In der folgenden Übersicht sind einige beispielhafte Vorschläge dargestellt.

Übersicht		
Piktogramm – geeignet zum Symbolisieren von...		
... gewaltsam ausgetragenen Konflikten zwischen Akteuren	... Allianzen zwischen Akteuren	... Konflikten zwischen Akteuren, die (noch) nicht gewaltsam ausgetragen werden
... Spannungen, überschatteten Beziehungen von Akteuren	... friedlichen Beziehungen	... finanzieller Unterstützung

2.1 Der Syrien-Konflikt

Der Bürgerkrieg in Syrien entzündet sich 2011 zunächst nach Vorbild des **„Arabischen Frühlings"** an **regimekritischen Demonstrationen**, in denen demokratische Reformen in Syrien gefordert wurden. Um die Herrschaft des Assad-Regimes zu sichern, werden die Proteste von Sicherheitskräften mit Waffengewalt niedergeschlagen. Spätestens seit Sommer 2011 spielen **Rebellengruppen**, die **vom Ausland finanziert** werden, eine wichtige Rolle im Konflikt, in dem zahlreiche Zivilisten von beiden Konfliktparteien getötet werden. So werden beispielsweise säkulare Rebellen und kurdische Milizen von westlichen Staaten unterstützt. Saudi-Arabien, Katar und Jordanien finanzieren ebenfalls die Gegner Assads, während unter anderem der Iran regimetreue Milizen in Syrien unterstützt.

Neben Rebellengruppen, die eine Demokratisierung des Landes fordern, treten auch solche, die einen Staat nach ihrer (zum Teil radikalen) Vorstellung von islamischen Regeln aufbauen wollen. Vor allem die Terrormiliz **„Islamischer Staat" („IS")** spielt hier eine entscheidende Rolle. Ziel des „IS" in Syrien ist es, ein Kalifat zu errichten, in dem Muslime nach der extrem konservativen und überaus strengen Islamauslegung des „IS" leben. Alle Menschen, die diese Auslegung des Islam nicht teilen, werden als Ungläubige gesehen, die getötet werden sollen.

Im Verlaufe des Bürgerkrieges gelingt es im Norden des Landes **kurdischen Milizen**, größere Gebiete zu erobern und dort einen autonomen Staat auszurufen.

Bis Februar 2020 hat das Assad-Regime mit Unterstützung seiner Verbündeten Russland und Iran fast drei Viertel Syriens wieder unter seine Kontrolle gebracht. Heftig umkämpft ist die Region Idlib im Nordwesten des Landes. Mit russischer Luftunterstützung rücken syrische Truppen in die letzte noch weitgehend von Rebellen kontrollierte Region vor. Da einige der verbliebenen (teilweise islamistischen) Rebellen von der Türkei unterstützt werden, droht der Konflikt zwischen dem syrischen Regime und der Türkei zu eskalieren.

Neben der nationalen Ebene ist der Konflikt immer stärker in die **regionale und globale Sicherheitsarchitektur** eingewoben, was seine Lösung erschwert. So verfolgen regionale Mächte wie die **Türkei** (Verhinderung eines autonomen Kurdenstaates) oder **Iran** (hegemonialer Anspruch in der Region) bei der Unterstützung der Rebellen- bzw. Regierungsseite eigene Interessen und erfahren zudem durch massive Flüchtlingsströme eine Destabilisierung des eigenen Staatsgebietes. Auch die **USA** (Bekämpfung des „IS") und **Russland** (Stützung des Assad-Regimes um eigenen Einfluss zu sichern) sind mit eigenen Interessen, die sie mit militärischen Mitteln in Syrien und im UN-Sicherheitsrat verfolgen, stark in den Konflikt involviert.

Entstehung des Bürgerkriegs in Syrien
(Basiskonzept: Interaktion und Entscheidung)
M 2–M 5

Verlauf des Krieges in Syrien
M 2

Internationalisierung des Kriegs in Syrien
(Basiskonzept: Interaktion und Entscheidung)
M 7

ORIENTIERUNGSWISSEN

28 2 Frieden und Sicherheit in Syrien?

2.2 Die UNO – hilflose Vereinte Nationen im und nach dem Syrien-Konflikt?

2.2.1 Das Ringen um ein internationales Mandat im UN-Sicherheitsrat

E
- Analysieren Sie die Karikatur (M 1).
- Stellen Sie anschließend Vermutungen zu den Ursachen der in der Karikatur gewählten Darstellung der Rolle der UNO in Syrien an.

M 1 • Die UNO in der Karikatur

Karikatur: Oliver Schopf, 26.04.2018

Interpretationshilfe:
Die Skulptur der verknoteten Waffe des schwedischen Künstlers Carl Fredrik Reuterswärd trägt den Titel „non violence" (dt. Gewaltlosigkeit). Sie steht unter anderem vor dem Gebäude der UN-Generalversammlung in New York.

Erklärfilm Vereinte Nationen

Mediencode: 72053-05

M 2 • Ziele und Grundsätze der UNO

Die Charta [der Vereinten Nationen] ist das Gründungsdokument der UN und besteht aus 19 Kapiteln sowie der Präambel. Die Präambel kündigt an, die Menschheit von
5 der „Geißel des Krieges" befreien zu wollen. Die Ziele der UN und ihre Handlungsmaxime werden in Art. 1 dargelegt. So soll „der Weltfrieden und die internationale Sicherheit" gewahrt werden, wozu auch Kollek-
10 tivmaßnahmen getroffen werden können. Zudem sollen freundschaftliche Beziehungen auf Grundlage der Gleichberechtigung und Selbstbestimmung der Völker gefördert und die Menschenrechte geachtet werden.
Hauptziel der UN ist also der Frieden [...]. 15
Die Mitgliedstaaten verpflichten sich, auf gegenseitige Gewalt zu verzichten. Dieses Gewaltverbot erfährt nur zwei Einschränkungen. Zum einen hat jeder Staat das Recht, sich selbst gegen einen militärischen 20 Angriff zu verteidigen (Selbstverteidigungsrecht, Art. 51). Zum anderen kann der

Sicherheitsrat Gewaltmaßnahmen androhen oder gar beschließen (Kap. VII der Charta). [...] Art. 2 legt die **Grundsätze** fest, mit denen die Ziele der UN erreicht werden sollen. Dazu wird die Stellung der Mitgliedstaaten sowie deren Rechte und Pflichten festgelegt, die Grundstruktur der UN geklärt und die Kompetenzen der Organisation gegenüber den Staaten definiert. Die wichtigsten Punkte umfassen:

- die Gleichheit der Mitglieder, Achtung der Souveränität
- die Verpflichtung zur friedlichen Streitbeilegung
- das Verbot der Androhung und Anwendung von Gewalt
- die Beistandspflicht bei Maßnahmen der UN
- das Interventionsverbot bei inneren Angelegenheiten

Die UN-Charta schreibt mit der Achtung der Souveränität ein Prinzip weltweit fest [...]. Hiernach wird einem Staat die innere Herrschaft und die äußere Repräsentanz für ein bestimmtes Territorium und eine bestimmte Bevölkerung zugesprochen. Das Interventionsverbot leitet sich aus dem Souveränitätsprinzip ab. Staaten ist es grundsätzlich untersagt, sich in die inneren Angelegenheiten eines anderen Staates einzumischen. [...] Nur die UN selbst, respektive der Sicherheitsrat, dürfen hiervon abweichen.

Bernhard Stahl, Internationale Politik verstehen. Eine Einführung, Bonn 2017, S. 69f.

M 3 ● Die wichtigsten Organe der Vereinten Nationen

Hauptorgane

Generalversammlung	Sicherheitsrat	Wirtschafts- und Sozialrat	Sekretariat	Internationaler Gerichtshof	Treuhandrat
Sitz in New York	New York	New York	Hauptsitz New York	Den Haag	New York
193 Mitgliedstaaten	15 Mitglieder	54 Mitglieder	mit Generalsekretär	15 Richter/innen	5 Mitglieder

Ausgewählte Fachorganisationen und Nebenorgane

Sonderorganisationen*			Spezialorgane			Verwandte Organisationen		
Auswahl		Sitz in	Auswahl			Auswahl		
UNESCO	Bildung, Kultur	Paris	UNCTAD	Handel	Genf	WTO	Welthandel	Genf
ILO	Arbeitsorganisation	Genf	UNHCR	Flüchtlingshilfe	Genf	IAEA	Atomenergie	Wien
WHO	Weltgesundheitsorganisation	Genf	WFP	Welternährungsprog.	Rom	OPCW	Verbot chemischer Waffen	Den Haag
FAO	Ernährungsorganisation	Rom	UNICEF	Kinderhilfswerk	New York			
IWF	Internationaler Währungsfonds	Washington	UNDP	Entwicklung	New York			
			UNFPA	Bevölkerungsfonds	New York			
Weltbankgruppe		Washington	UNEP	Umwelt	Nairobi			
			Habitat	Wohnungsprog.	Nairobi			
			UNU	UN-Universität	Tokio			

Quelle: Vereinte Nationen, Stand Frühjahr 2018   *rechtlich und finanziell selbstständig

Wirtschafts- und Sozialrat (ECOSOC)
Ein aus 54 von der Generalversammlung für drei Jahre gewählten Mitgliedern bestehendes Gremium, das zu den Hauptorganen der UN gehört. Seine Aufgabe liegt darin, als Bindeglied zwischen der UN und den Nebenorganisationen wie z.B. der WHO (World Health Organization) und der UNESCO zu dienen.

Internationaler Gerichtshof (IGH)
Ein aus 15 von der Generalversammlung gewählten Richtern bestehendes Gericht, vor das Staaten bei Streitigkeiten treten können. Voraussetzung ist jedoch, dass die in die Streitigkeit involvierten Staaten die Gerichtsbarkeit des IGH anerkennen.

Treuhandrat
Zur Zeit inaktives Organ der UNO, dessen Aufgabe die Verwaltung u.a. der kolonialen Gebiete Japans und Italiens im Anschluss an den Zweiten Weltkrieg war. Vorschläge, dieses Organ zur Verwaltung gescheiterter Staaten zu nutzen, wurden bisher nicht aufgegriffen.

M 4 • Wer ist zuständig? Die Hauptorgane der Vereinten Nationen

António Guterres seit dem 1.1.2017 Generalsekretär der Vereinen Nationen; zuvor Premierminister Portugals (1995-2002) und Hoher Flüchtlingskommissar der Vereinten Nationen (2005-2015)

Notstandssondersitzung
Im Falle einer Blockade des Sicherheitsrates kann die Generalversammlung einberufen werden, um sich mit einem Konflikt zu befassen. Dies kann auf zwei Weisen erfolgen: Entweder auf Verlangen einer einfachen Mehrheit oder durch eine Mehrheit von mindestens neun der 15 Mitglieder des Sicherheitsrates. Bei einem solchen Beschluss hätten etwaige Nein-Stimmen der fünf ständigen Ratsmitglieder USA, Russland, China, Frankreich und Großbritannien keine Vetowirkung. Auch in Notstandssondersitzungen kann die Generalversammlung nur Empfehlungen aussprechen.

Die **Generalversammlung** ist das Herzstück der UN. Es herrscht das Prinzip „ein Staat - eine Stimme" [...]. Entscheidungen bedürfen in der Regel einer einfachen Mehrheit. Ausnahmen sind die Wahl der nichtständigen Mitglieder des Sicherheitsrats und die Aufnahme eines neuen Mitgliedstaates, für die eine 2/3-Mehrheit notwendig ist. Die Generalversammlung hat interne und externe Kompetenzen: Intern fungiert sie als Legislative, nach außen fehlt ihr diese Kompetenz. Hier haben Resolutionen lediglich den Charakter von Empfehlungen. Doch hat sie das Recht, sich mit jedem beliebigen Thema von internationaler Bedeutung auseinander zu setzen. [...]

Der **Sicherheitsrat** setzt sich aus 15 Mitgliedern zusammen, wobei die fünf ständigen Mitglieder (die sogenannten Permanent Five – P5 China, Frankreich, Vereinigtes Königreich, Russland und USA) mit einem Vetorecht ausgestattet sind. Die übrigen zehn werden für zwei Jahre von der Generalversammlung gewählt, wobei jedes Jahr fünf neue bestimmt werden. Die Verteilung der Sitze erfolgt nach einem Regionalschlüssel. Beschlüsse kommen zustande, wenn 9 der 15 Mitglieder zustimmen und keines der fünf ständigen Mitglieder ein Veto einlegt. Vom Sicherheitsrat beschlossene Resolutionen sind völkerrechtlich bindend. [...] Die Funktion des Sicherheitsrats besteht hauptsächlich in der Wahrung des Weltfriedens. Dazu ist er auch befähigt, gemäß Kapitel VII Gewalt anzuwenden, wobei er die Durchführung der Zwangsmaßnahmen an andere Organisationen übertragen kann. [...]

Die Verwaltung der UN ist beim **Sekretariat** angesiedelt. Der Generalsekretär wird auf Vorschlag des Sicherheitsrates von der Generalversammlung gewählt. Seine Amtszeit beträgt fünf Jahre, wobei die Möglichkeit einer einmaligen Wiederwahl besteht. Der Generalsekretär koordiniert die Arbeit zwischen den Hauptorganen (mit Ausnahme des IGH), er stellt Haushaltspläne auf, registriert völkerrechtliche Verträge und repräsentiert die UN nach außen. Zu seinen Aufgaben gehört es laut Art. 99, die Aufmerksamkeit des Sicherheitsrates auf relevante Themen zu lenken.

Bernhard Stahl, Internationale Politik verstehen. Eine Einführung, Bonn 2017, S. 71f.

© Bergmoser + Höller Verlag AG 615 124

M 5 ● Mittel der UNO zur Konfliktbewältigung

Die Charta der Vereinten Nationen eröffnet ihren Mitgliedstaaten unterschiedliche, hinsichtlich ihres Drohpotentials gestufte Instrumente der Konfliktprävention und -intervention. Eine entsprechende Entscheidung obliegt dem UN-Sicherheitsrat, dessen Beschlüsse für alle UN-Mitgliedstaaten bindend sind.

Instrumente der Konfliktprävention und -intervention

Friedliche Beilegung von Konflikten (Kapitel VI)	Zwangsmaßnahmen bei Bedrohung oder Bruch des Friedens (Kapitel VII)

Konkrete Maßnahmen der Vereinten Nationen

- Vermittlungsvorschlag des Sicherheitsrates (Art. 38) auf Ersuchen der Konfliktparteien
- nicht-militärische Sanktionen (Art. 41) wie Wirtschaftsboykott, Unterbrechung von Verkehrswegen und diplomatischen Beziehungen
- militärisches Handeln zur Wiederherstellung (Erzwingung) des Friedens (Art. 42 ff.): „Demonstrationen, Blockaden und sonstige Einsätze"

„Durchschlagskraft" des UN-Sicherheitsrates

- Weisungs- und Entscheidungsbefugnis gegenüber Konfliktparteien *unter Voraussetzung*
- der Feststellung seiner Zuständigkeit aufgrund von Friedensbedrohung, Friedensbruch oder Angriffshandlung (Artikel 39)

grundlegende Prinzipien

- Primat der staatlichen Souveränität
- sowie zwischenstaatlicher Lösungen auf dem Verhandlungsweg
- Primat der kollektiven Sicherheit

von der Prävention → zur → Intervention

- **Das Recht auf individuelle bzw. kollektive Selbstverteidigung aller Mitgliedstaaten gemäß Art. 51 bleibt unberührt.**

Autorengrafik

Aufgaben

1. Stellen Sie die Ziele und Grundsätze der Vereinten Nationen dar (M 2).
2. a) Beschreiben Sie den Aufbau der Vereinten Nationen sowie deren Handlungsmöglichkeiten hinsichtlich internationaler Friedenssicherung (M 3, M 4, M 5).
   b) Analysieren Sie darauf aufbauend die Möglichkeiten des Sicherheitsrats zur Friedenssicherung und Konfliktbewältigung am Beispiel des Syrien-Konfliktes (M 4, M 5, Kap. 2.1).

2.2.2 Simulation: der Syrienkrieg im UN-Sicherheitsrat

E Simulieren Sie die Möglichkeiten, den Syrienkrieg im UN-Sicherheitsrat zu lösen oder zumindest seine Folgen zu lindern – im Rahmen der angenommenen Ausgangssituation (M 6, M 7).

M 6 • „Frankreich beruft Sondersitzung des Sicherheitsrates ein"

Vor dem Hintergrund der dargestellten politischen Entwicklungen, der nach wie vor verheerenden Gewalt (z. B. Bombardierung Idlibs) und der noch immer katastrophalen humanitären Situation nicht nur in Syrien, sondern auch und gerade in den Flüchtlingscamps der Nachbarstaaten, hat Frankreich in seiner Funktion als amtierender Vorsitzender des UN-Sicherheitsrates eine Sondersitzung des Gremiums einberufen. Die Außenminister der Mitgliedstaaten werden dem Vernehmen nach anwesend sein. Erklärtes Ziel des französischen Außenministers ist es, die Einigung auf eine Resolution voranzubringen, die gleichermaßen geeignete Maßnahmen zur Befriedung des Konfliktes wie auch zur Linderung der humanitären Katastrophe im Nahen Osten unter dem Dach der Vereinten Nationen ermöglicht.

Autorentext

M 7 • China, Deutschland und Frankreich im UN-Sicherheitsrat

Volksrepublik China

China ist das bevölkerungsreichste Land der Erde und hat seinen weltpolitischen Einfluss in den vergangenen 15 Jahren auf der Grundlage eines enormen Wirtschaftswachstums erheblich steigern können. Gewachsen ist dadurch das Selbstvertrauen in internationalen Verhandlungen und der Wunsch, den weltpolitischen Einfluss der USA und der EU zu begrenzen, ohne diese Räume als wichtige Handelspartner (Export) zu verlieren.
Dies wird auch als erforderlich angesehen, um nach der Schwächung der eigenen Machtposition im Libyen-Konflikt wieder weltpolitische Stärke zu demonstrieren: In diesem Fall war nach eigener Auffassung die – von China durch Enthaltung akzeptierte – Einrichtung einer Flugverbotszone als „Freifahrtschein" für eine „Intervention zum Umsturz" missbraucht worden.
Nicht zuletzt aufgrund des eigenen Umgangs mit politischer Opposition und religiösen Minderheiten verfolgt China die außenpolitische Doktrin der Nichteinmischung in innere Angelegenheiten souveräner Staaten. Der – durch die rasante Industrialisierung entstandene – wachsende Energiebedarf wird zum Beispiel durch Öl und Gas aus dem Iran und Syrien gedeckt. Die exklusiven, auf der Doktrin der Nichteinmischung basierenden Beziehungen zu vom Westen „geächteten" Staaten sichern deren Ressourcenlieferungen an China.

2.2 UNO in Syrien

Bundesrepublik Deutschland

Deutschland ist Gründungsmitglied und Kernland der EU und tritt für eine gemeinsame Außen- und Sicherheitspolitik ein, die sich eng an der Charta der UN (militärische Einsätze nur mit UN-Mandat) und an den Menschenrechten orientiert. Alleingänge auf internationaler Ebene werden abgelehnt. Trotz der traditionellen Verbundenheit mit den USA wird eine Ausweitung des Einflusses der USA, aber auch Russlands und Chinas auf die UN-Institutionen abgelehnt.
Deutschland engagiert sich unter UN-Mandat im Ausland (z.B. Mali seit 2013), was jedoch Kritik der Bevölkerung hervorruft und aufgrund knapper Mittel an die Grenzen der militärischen Möglichkeiten führt.
Deutschland ist in der Simulation nicht-ständiges Mitglied des UN-Sicherheitsrates, strebt aber mittelfristig einen ständigen Sitz an. Die Reputation Deutschlands bei den Vereinten Nationen und insbesondere den westlichen Verbündeten hat jedoch empfindlich gelitten, da man sich bei der Beschlussfassung über eine Intervention in Libyen der Stimme enthalten und auch in der Folge geringes militärisches Engagement gezeigt hatte.

Entwurf einer Resolution

Mediencode: 72053-06

Frankreich

Frankreich ist Gründungsmitglied und Kernland der EU und tritt für eine gemeinsame Außen- und Sicherheitspolitik ein, die sich eng an der Charta der UN (militärische Einsätze nur mit UN-Mandat) und an den Menschenrechten orientiert. Alleingänge auf internationaler Ebene werden abgelehnt. Ebenso möchte Frankreich eine Erweiterung des Einflusses der USA, Russlands und Chinas auf die UN-Institutionen verhindern.
Aufgrund seiner Geschichte als Kolonialmacht versteht sich Frankreich noch heute als verantwortlich für die Entwicklungen in Nordafrika und dem Nahen Osten. Die historischen Verbindungen zu Syrien ergeben sich aus dem Völkerbunds-Mandat für Syrien und den Libanon, das Frankreich zwischen 1923 und 1943 wahrnahm.
Im Libyen-Konflikt galt Frankreich als wesentlicher Motor einer internationalen Intervention und beteiligte sich mit eigenen Einheiten an der vom Sicherheitsrat mandatierten Intervention. Frankreich verfügt mit seiner Fremdenlegion und anderen Spezialtruppen durchaus über Erfahrung und eine entsprechende Logistik zum Einsatz in (Halb-)Wüstenregionen.

Autorentexte

Aufgaben

1. a) Simulieren Sie die Sondersitzung des UN-Sicherheitsrates. Sie übernehmen dabei die Rolle der Außenminister der teilnehmenden Staaten sowie weiterer Delegationsmitglieder (M 2, M 4, M 5, M 6, M 7, Kap. 2.1.2, M 7).
(Abweichend von den Regelungen der UN-Charta kommt in der Simulation eine Resolution zustande, wenn mindestens drei Mitglieder des UN-Sicherheitsrates einschließlich aller ständigen Mitglieder zustimmen.)
b) Prüfen Sie Verlauf und Ergebnis Ihrer Simulation hinsichtlich ihrer Plausibilität.
2. Im Zusammenhang des Syrienkriegs sind mehrere Resolutionsentwürfe im UN-Sicherheitsrat gescheitert, die u. a. Sanktionsmaßnahmen gegen die Regierung vorsahen. Erläutern Sie die damit zum Ausdruck kommenden Schwierigkeiten einer Einigung im UN-Sicherheitsrat.

F Erörtern Sie Möglichkeiten und Grenzen des UN-Sicherheitsrates zur Friedenssicherung am Beispiel des Syrien-Konfliktes. Berücksichtigen Sie dabei insbesondere die Konfliktstrukturen (Kap. 2.1).

2.2.3 (Wie) Sollte der UN-Sicherheitsrat reformiert werden?

E Positionieren Sie sich zur Aussage (M 8) im Klassenraum. Formulieren Sie ggf. erste Ansatzpunkte für eine Reform des Sicherheitsrates.

M 8 ● Ist der UN-Sicherheitsrat reformbedürftg?

„Der UN-Sicherheitsrat ist ein effizientes und legitimes Organ zur Friedenssicherung und Konfliktbewältigung."

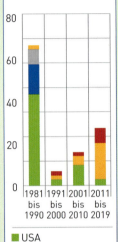

Vetos im Sicherheitsrat

Anzahl der Vetos der ständigen Mitglieder des Sicherheitsrates der Vereinten Nationen (Stand 02/2019)

- USA
- Vereinigtes Königreich
- Frankreich
- UdSSR/Russland
- China

Zahlen: Vereinte Nationen, Sicherheitsrat, Quelle: Statista 2020

Zum Vergleich: Im Zeitraum von 2011 bis 02/2019 wurden insgesamt 492 Resolutionen verabschiedet.

M 9 ● Modelle einer institutionellen Reform des UN-Sicherheitsrates

Im Dezember 2004 hat eine hochrangig besetzte Reformkommission einen Abschlussbericht über Bedrohungen, Herausforderungen und Wandel der UN vorgelegt, in dem
5 auch Vorschläge zur Reform des Sicherheitsrats unterbreitet wurden. Diese Vorschläge dominieren bis heute die weltweite Diskussion um eine institutionelle Reform der UN.
10 a) Sie sollten, im Sinne des Artikels 23 [...], diejenigen stärker an den Entscheidungen beteiligen, die finanziell, militärisch und auf diplomatischem Gebiet die größten Beiträge zu den Vereinten Nationen
15 leisten [...];
b) sie sollten Länder, die repräsentativer für die gesamte Mitgliedschaft der Vereinten Nationen sind, insbesondere Entwicklungsländer, in den Entscheidungspro-
20 zess einbeziehen;
c) sie sollten die Wirksamkeit des Sicherheitsrats nicht beeinträchtigen;
d) sie sollten den Rat demokratischer und rechenschaftspflichtiger machen.
25 [...] Die Hochrangige Gruppe ist der Auffassung, dass eine Entscheidung über die Vergrößerung des Rates, die diesen Kriterien Rechnung trägt, jetzt geboten ist. [...]

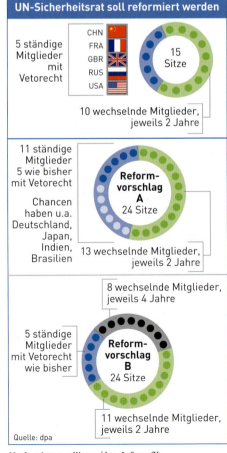

Nach: picture-alliance/dpa-Infografik

Bei beiden Modellen würde dadurch ein Anreiz für die Mitgliedstaaten geschaffen, größere Beiträge zum Weltfrieden und zur internationalen Sicherheit zu leisten, dass die Generalversammlung, unter Berücksichtigung der feststehenden Praxis regionaler Konsultationen, bei der Wahl von Mitgliedern des Sicherheitsrats für ständige beziehungsweise längerfristige Sitze denjenigen Staaten den Vorzug geben würde, die in ihrer Region entweder zu den drei größten Beitragszahlern zum ordentlichen Haushalt, zu den drei größten freiwilligen Beitragszahlern oder zu den drei größten truppenstellenden Staaten für Friedenssicherungsmissionen der Vereinten Nationen gehören.

Vereinte Nationen, 59. Tagung der Generalversammlung, Bericht der Hochrangigen Gruppe für Bedrohungen, Herausforderungen und Wandel, 02.12.2004

M 10 ● Die UN-Generalversammlung als Ausweg aus der Pattsituation?

[Die UN hat] die Möglichkeit, [im Falle einer Blockade des Sicherheitsrates] mit einer Mehrheit der Stimmen des Sicherheitsrats oder mit einer Mehrheit der Mitgliedstaaten innerhalb von 24 Stunden eine Notstandssondertagung der Generalversammlung einzuberufen. Damals [1950] traf die Generalversammlung den Beschluss, „dass in allen Fällen, in denen eine Bedrohung oder ein Bruch des Friedens oder eine Angriffshandlung vorzuliegen scheint und in denen der Sicherheitsrat mangels Einstimmigkeit der ständigen Mitglieder seine Hauptverantwortung für die Wahrung des Weltfriedens und der internationalen Sicherheit nicht wahrnimmt, die Frage unverzüglich von der Generalversammlung behandelt wird, mit dem Ziel, den Mitgliedern geeignete Empfehlungen für Kollektivmaßnahmen zur Wahrung oder Wiederherstellung des Weltfriedens und der internationalen Sicherheit zu geben, die im Falle eines Friedensbruchs oder einer Angriffshandlung erforderlichenfalls auch den Einsatz von Waffengewalt einschließen können". […] Auf einer solchen Sondersitzung dürfen keine rechtsverbindlichen Beschlüsse gefasst, aber Empfehlungen an den Sicherheitsrat formuliert werden – bis hin zum Vorschlag, militärische Zwangsmaßnahmen in einer Situation der Gefährdung des Friedens und der Sicherheit zu veranlassen. Für eine solche Empfehlung bedarf es allerdings einer Zweidrittelmehrheit in der Generalversammlung.

Gernot Erler, www.ipg-journal.de, 01.11.2016

Vertragsänderung der Vereinten Nationen
Aus der Charta der Vereinten Nationen:
Kapitel XVIII:
Änderungen Artikel 108: Änderungen dieser Charta treten für alle Mitglieder der Vereinten Nationen in Kraft, wenn sie mit Zweidrittelmehrheit der Mitglieder der Generalversammlung angenommen und von zwei Dritteln der Mitglieder der Vereinten Nationen einschließlich aller ständigen Mitglieder des Sicherheitsrates nach Maßgabe ihres Verfassungsrechts ratifiziert [= angenommen, in Kraft gesetzt] worden sind.

H zu Aufgabe 1
Konkretisieren Sie Ihre Überlegungen am Beispiel des Syrien-Konfliktes.

H zu Aufgabe 2 b
Berücksichtigen Sie dabei das Kriterium der Repräsentativität (Kategorie Legitimität).

F Analysieren und beurteilen Sie die Position, die die gegenwärtige Bundesregierung sowie ihre Vorgänger hinsichtlich einer institutionellen Reform der Vereinten Nationen vertritt bzw. vertreten haben.

Aufgaben

1. Stellen Sie ausgehend von M 8 die strukturellen Probleme dar, die sich aus der Konstruktion des UN-Sicherheitsrates (Zusammensetzung, Mehrheitsregel, Zuständigkeit für die „Wahrung des Weltfriedens") ergeben.
2. a) Analysieren Sie die Reformvorschläge der Kommission hinsichtlich der anvisierten Ziele und Maßnahmen (M 9).
   b) Beurteilen Sie die Reformvorschläge im Hinblick auf die selbst gesetzten Ziele (M 9).
3. Angesichts der Blockadesituation des UN-Sicherheitsrates ist von zahlreichen Staaten der Ruf laut geworden, den Syrien-Konflikt durch Beschlüsse der UN-Generalversammlung zu befrieden. Erörtern Sie diese friedenspolitische Strategie (M 10).

(Internationale) Institutionen kriteriengeleitet beurteilen (Urteilskompetenz)

Warum sollte ich (internationale) Organisationen kriteriengeleitet beurteilen können?
Internationale Organisationen haben einen teilweise erheblichen Einfluss auf die Gestaltung internationaler Beziehungen. Anders als Institutionen in Nationalstaaten – z. B. die deutschen Verfassungsorgane – sind internationale Institutionen und deren Handeln aber zum ersten allerhöchstens indirekt durch die Bevölkerung legitimiert. Die Legitimität ihrer Entscheidungen und Handlungen muss sich also vornehmlich aus anderen Quellen speisen. Zum zweiten herrscht in internationalen Beziehungen – anders als in funktionierenden Staaten – (faktisch) oft kein Gewaltmonopol zur Durchsetzung internationaler Regelungen. International mächtige bzw. gewaltbereite Akteure können sich so immer wieder der Sanktionierung entziehen. U. a. darum stellt sich die drängende Frage, wie effektiv die jeweilige Institution bei der Problemlösung und der Durchsetzung dieser Problemlösung ist.

Welche Arten von internationalen Institutionen können beurteilt werden?
Die prominenteste internationale Institution ist sicherlich die UNO. Aber auch Staatenbündnisse wie die EU, Sicherheitsbündnisse wie die NATO und Handels- und Wirtschaftsorganisationen wie die WTO oder die Weltbank können beurteilt werden. Neben den durch Staaten gegründeten (supranationalen und intergouvernementalen) Institutionen gibt es noch eine Vielzahl internationaler Nichtregierungsorganisationen (*International Nongovernmental Organizations*, INGOs), die ebenfalls Einfluss auf die internationalen Beziehungen haben.

Kriterien für die Beurteilung von (internationalen) Institutionen
Je nach Urteilsfrage müssen Argumente entwickelt und gewichtet werden. Zum „Auffinden" überzeugender Argumente können Kriterienraster dienen. Allerdings darf sich das Schema keinesfalls verselbständigen – es müssen also nicht zwangsweise zu jedem Kriterium noch so entlegene Argumente konstruiert werden. Vielmehr überzeugt Ihre Argumentation eher durch gut begründete, schlüssig durchdachte Gesichtspunkte. Für die Bewertung (der Arbeit) politischer Institutionen, aber auch informeller politischer Entscheidungsorgane, können folgende Kriterien dienen:

Effizienz	Legitimität
Effektivität der Zielerreichung: Erreicht die Institution ihre selbst gesetzten Ziele?	**Input-Legitimität:** Herrscht ein angemessenes Maß an **Partizipation** des Souveräns beim Zustandekommen/bei der Bildung der Institution?
Effektivität der Problemlösung: Zielen die Lösungen wirklich auf relevante (weltweite) politische Probleme?	**Throughput-Legitimität:** Herrscht bei Herbeiführung von Entscheidungen innerhalb der Institution **Fairness** und **Transparenz**?
Ressourcen-Effektivität: Stehen die eingesetzten **Mittel** bzw. **Kosten** und das Politikergebnis in einem angemessenen Verhältnis?	**Output-Legitimität:** Erzielen die Politik-Ergebnisse der Institution bei den Adressaten einen höchstmöglichen Grad an **Akzeptanz**?
Regelbefolgung (*compliance*): In welchem Maße gelingt es der Institution, ihre Entscheidung gegenüber dem Adressaten durchzusetzen?	

Kriterien nach: Bernhard Rinke, Ulrich Schneckener, Informalisation of World Politics? Global Governance by Clubs, in: Tobias Debiel et al. (Hg.), Globale Trends 2013, Bonn 2013, S. 28

Mögliche Schrittfolge einer kriteriengeleiteten Beurteilung (von Institutionen)

Schritt	Beschreibung
(1) Institution und deren Hauptaufgaben/Zielsetzungen benennen	Grenzen Sie ggf. einen Aufgabenbereich bzw. eine zentrale Zielsetzung der Institution ein, die beurteilt werden soll. (Möglicherweise soll auch nur ein Teil der Organisation beurteilt werden – etwa der UN-Sicherheitsrat.) Beachten Sie dabei unbedingt die Aufgabenstellung.
(2) Kriterien sichten	Überlegen Sie, welche der o. g. institutionenspezifischen Urteilskriterien im Rahmen der Aufgabe sinnvoll angewendet werden können.
(3) Argumente herausarbeiten und/oder entwickeln	Arbeiten Sie aus Materialien Argumente zu den ausgewählten Urteilskriterien heraus. Entwickeln Sie (zusätzlich) plausible Argumente. Wenn es sich jetzt als sinnvoll erweist, Argumente zu weiteren Kriterien aufzunehmen, erweitern Sie die Argumentation. Belegen Sie die Argumente nachvollziehbar bzw. leiten Sie sie plausibel her.
(4) Argumente ordnen	Beziehen Sie Pro- und Kontra-Argumente aufeinander, um in einer Diskussion auf das Argument eines Gegenübers reagieren zu können oder um eine Erörterung zu strukturieren.
(5) Hauptargument(e) identifizieren	Sie sollten begründet ein oder zwei zentrale Argumente herausstellen. Die Auswahl erfolgt nicht willkürlich, sondern erneut kriterien- bzw. fragengeleitet: Welcher Umstand erhöht die Effektivität der Institution am meisten? Welcher Umstand schränkt die Legitimität der Institution am stärksten ein? Aufgrund der o. g. Schwierigkeiten internationaler Organisationen, Input-Legitimität sicherzustellen, finden sich die Hauptargumente häufig in den Bereichen „Output-Legitimität" und „Effizenz der Problemlösung".
(6) Eigenes abschließendes Urteil bilden	Hier formulieren Sie Ihre eigene Position möglichst prägnant. Dazu ziehen Sie erneut Ihr Hauptargument heran.

METHODE

2.2.4 Von der „souveränen Gleichheit der Staaten" zur Schutzverantwortung: Ziele und Prinzipien der UNO im Wandel

E Problematisieren Sie am Beispiel des Syrien-Konfliktes die Problematik zwischen dem Ziel der UN, den Weltfrieden zu wahren, und dem Grundsatz der nationalstaatlichen Souveränität.

Die Charta der Vereinten Nationen fußt auf zwei grundlegenden Prinzipien:

Wesentliches Ziel der Vereinten Nationen ist es „den Weltfrieden und die internationale Sicherheit zu wahren."
(Kapitel I, Artikel 1 (1) der Charta)

„Die Organisation [der Vereinten Nationen] beruht auf dem Grundsatz der souveränen Gleichheit aller ihrer Mitglieder."
(Kapitel I, Artikel 2 (1) der Charta)

M 11 • Das Konzept der Schutzverantwortung („R2P")

Was kann die ‚Völkergemeinschaft' tun, um den offenbar grassierenden Trend zu Staatszerfall und Bürgerkriegen in vielen Regionen zumindest einzudämmen und den gra-
5 vierendsten Auswüchsen wirkungsvoll zu begegnen? Eines der Haupthindernisse stellt - das mag in diesem Zusammenhang merkwürdig klingen - das internationale Recht dar. Zu den Grundprinzipien der zwischen-
10 staatlichen Beziehungen gehört - neben dem Gewaltverbot - das „Interventionsverbot als Konkretisierung des Grundsatzes der souveränen Staatengleichheit". Damit steht das klassische Völkerrecht vor allem auf
15 zwei Säulen: 1) der Anerkennung der inneren und äußeren Souveränität von Staaten und damit 2) dem Verbot der Einmischung von außen in die inneren Angelegenheiten dieser Staaten. Diese Grundsätze, die nicht
20 zuletzt auf den Erfahrungen der beiden Weltkriege des vergangenen [Jahrhunderts] fußen, begrenzen eine legale internationale Handlungsfähigkeit. [...]
Dennoch ist die ‚Völkergemeinschaft' nicht
25 völlig handlungsunfähig. Seit dem Epochenbruch 1989/90 hat auf der Grundlage des Konzepts der ‚menschlichen Sicherheit' ein rechtlicher und moralischer Normenwandel eingesetzt. Bereits mit dem somalischen Bürgerkrieg 1992, aber spätestens 30 nach dem Genozid von Ruanda 1994 begann eine Debatte, ob und wie in extremen Fällen - z.B. Völkermord, Verbrechen gegen die Menschlichkeit, ethnische Säuberungen - auch von dem oben genannten Nichtein- 35 mischungsgebot abgewichen werden darf. Man glaubt nun ein Konstrukt zum Eingreifen von außen gefunden zu haben - und zwar unter dem Begriff einer internationalen [Schutzverantwortung] (responsibility 40 to protect - R2P). Diesen - noch keineswegs allgemein anerkannten - Ansatz kennzeichnen vier Merkmale:
• Neben die nationale Verantwortung zum Schutz der betroffenen Menschen tritt die 45 internationale, wenn der Staat seine Verpflichtung nicht erfüllt.
• Diese internationale Verantwortung zielt nicht nur auf Reaktion, sondern insbesondere auch auf Prävention und ggf. 50 Wiederaufbau.
• Das Schwellenkriterium - also die notwendige Voraussetzung für die Aktivierung der Schutzverantwortung - ist allge-

---

ethnische Säuberung
zumeist durch gewaltsame Vertreibung, Umsiedlung, Deportation oder Mord vorgenommene Entfernung einer ethnischen oder religiösen Gruppe aus einem Territorium

mein der ‚Verlust von Menschenleben in großem Maßstab'.
- Als Vorsorgeprinzipien gegen Missbrauch gelten unter anderem die rechte Absicht des Eingreifens, die Ausschöpfung aller nicht-militärischen Maßnahmen und die Verhältnismäßigkeit.

Das klingt alles sehr vernünftig. In der Praxis gibt es allerdings auch Stolpersteine. Einer der größten ist die Frage, welche Instanz ein Eingreifen legitimieren darf (im Grundsatz der Sicherheitsrat der VN - aber was passiert, wenn er wegen eines Vetos handlungsunfähig ist [...]?) und wie im Einzelfall ein Missbrauch verhindert werden kann (Intervention unter dem Deckmantel R2P, aber mit weiterreichenden geopolitischen Eigeninteressen der Eingriffsmächte [...]).

Kersten Lahl, Johannes Varwick, Sicherheitspolitik verstehen. Handlungsfelder, Kontroversen und Lösungsansätze, Bonn 2019, S. 75f.

Zentrale Stationen der responsibility to protect (R2P)

2001 — Das Prinzip der R2P wird von der *International Commission on Intervention and State Sovereignty* (ICISS) entwickelt und präsentiert. Grundgedanke: Verletzt ein Staat seine Schutzverantwortung gegenüber den eigenen Bürgern, indem er schwerste Menschenrechtsverletzungen begeht oder zulässt, fällt der internationalen Gemeinschaft diese Verantwortung zu, die sie im Extremfall mit militärischen Mitteln wahrnehmen kann.

2004 — Das Konzept der R2P findet Unterstützung durch ein von UN-Generalsekretär Kofi Annan eingesetztes *High Level Panel on Threats, Challenges and Change*, mit der Aufgabe, die wichtigsten Sicherheitsbedrohungen zu identifizieren und Möglichkeiten der Prävention und Bearbeitung aufzuzeigen.

2005 — *World Summit Declaration:* Die Mitgliedstaaten der UN-Generalversammlung stimmen dem Prinzip der R2P einstimmig zu.

2006 — R2P findet Eingang in Resolutionen des UN-Sicherheitsrats zum Schutz von Zivilpersonen in bewaffneten Konflikten und zum Darfur-Konflikt.

2009 — UN-Generalsekretär Ban Ki-moon stellt einen Bericht vor (Implementing the Responsibility to Protect), der Maßnahmen für Staaten, regionale und internationale Organisationen vorschlägt, die R2P umzusetzen. Mit Ausnahme einer kleinen Gruppe von Staaten findet der Bericht breite Unterstützung in der UN-Generalversammlung.

2011 — In den Resolutionen 1970 und 1973, in welchen zunächst Sanktionen verhängt werden und schließlich ein militärisches Eingreifen in Libyen zum Schutz der Zivilbevölkerung autorisiert wird, stützt sich der UN-Sicherheitsrat erneut auf das Prinzip.

Nach: Tobias Debiel, Globale Trends 2013. Frieden – Entwicklung – Umwelt, Frankfurt a. Main 2013, S. 101

Info

Schutzverantwortung konkret

Durch die Doktrin der Schutzverantwortung werden alle Staaten der Weltgemeinschaft zu einem dreifachen Schutz verpflichtet:
- **Prävention („responsibility to prevent"):** Wirtschaftliche und politische Unterstützungsmaßnahmen, die der Entstehung von Gewaltkonflikten vorbeugen
- **Intervention („responsibility to react"):** Eingreifen in Gewaltkonflikte zur Verhinderung humanitärer Katastrophen
- **Nachsorge („responsibility to rebuild"):** State-building und ökonomischer Wiederaufbau als Grundlage einer nachhaltig friedlichen Gesellschaftsordnung

Autorentext

M 12 ● Können Kriege gerecht sein?

Wann ist es legitim, Krieg gegen einen souveränen Staat zu führen, wenn es sich dabei nicht um einen Verteidigungskrieg handelt? [...] Noch für Cicero war ein gerechter Krieg – bellum iustum – ein Verteidigungskrieg. [...]

In der Renaissance dann entstand das Konzept des gerechten Krieges aus humanitären Motiven. Der spanische Rechtsphilosoph Francisco de Vitoria forderte in seinen Vorlesungen zur Entdeckung Amerikas von 1539, die Menschenopfer der Azteken durch ein europäisches Einschreiten zu beenden. [...] Für ihn bestand ein Verantwortungszusammenhang der Menschheit, der nicht an den Grenzen eines Staats halt macht. Das wesentliche Kriterium des gerechten Kriegs ist für ihn eine Unrechtmäßigkeit, die eine Zivilbevölkerung erleidet – etwa, wenn ihr das Recht auf körperliche Unversehrtheit genommen wird oder ihre ökonomische und politische Teilhabe am Gemeinwesen. Wenn ein solches Unrecht systematisch ist, etwa weil eine Regierung den Bürgern grundsätzlich die politische und ökonomische Teilhabe verweigert, ist es nach Vitoria Pflicht, diese Regierung von außen zu stürzen. [...] Vitoria schränkte [seine Definition] ein: Ein gerechter Krieg dürfe ausschließlich dazu dienen, Unrecht zu beheben. Es dürfe die Macht der Akteure nicht vergrößern. [...]

Aus den bitteren Erfahrungen des Dreißigjährigen Krieges entwickelte sich die Ordnung des Westfälischen Friedens von 1648: Ein internationales System souveräner Staaten, die sich die Einmischung in ihre inneren Angelegenheiten verbaten. [...] Seither wird das Prinzip der Nicht-Einmischung von vielen vertreten.

Auch Kant wies in seiner Friedensschrift von 1795 darauf hin, dass die humanitäre Intervention kein geeignetes Mittel sei, um den Weltfrieden zu erreichen. Die Idee eines gerechten Kriegs setze eine Rechtsordnung voraus, die über dem Einzelstaat stehe. Die aber gebe es nicht.

Sie entstand mit Inkrafttreten der Charta der Vereinten Nationen 1945. Zwar setzte die UN-Charta vor allem auf diplomatische Mittel, um den Weltfrieden dauerhaft zu sichern. Doch hatte das Vorgehen gegen Deutschland und Japan auch gezeigt, dass Kriege sehr wohl notwendig und gerecht sein konnten. Deswegen räumt die Charta dem Sicherheitsrat ein, erforderliche militärische Maßnahmen gegen Staaten zu beschließen. Vitorias Idee des gerechten Kriegs war zurück auf der Bildfläche.

Johannes Thumfahrt, Die Idee des gerechten Krieges, in: www.zeit.de, 01.04.2011

M 13 ● Schutzverantwortung als neues Machtinstrument?

Auf den ersten Blick scheint sich R2P mit den schwersten Verstößen der Menschheit zu befassen. Es geht darum, gemeinsam gegen die Möglichkeit von „Völkermord, Kriegsverbrechen, Verbrechen gegen die Menschlichkeit und ethnischen Säuberungen" vorzugehen, wie es das Ergebnisdokument des Weltgipfels der Vereinten Nationen (VN) 2005 präzise formuliert. [...] [Diese Doktrin] wird [jedoch] ihrem eigenen Auftrag nicht gerecht [...].

Erstens agiert R2P politisch gesehen nicht im luftleeren Raum. Sie stellt sich als neutrales Bemühen um Wiederherstellung der Menschlichkeit auf schlimmen Kriegsschauplätzen dar. Aber in Wirklichkeit ist sie zwangsläufig in der Parteipolitik der Großmächte verhaftet. Wenn viel auf dem Spiel steht [...], versuchen die Großmächte, die Rahmenbedingungen eines Schauplatzes zu ändern, und leiten manchmal – weit über ihr Mandat hinaus – einen „Regimewechsel" ein. Wenn wenig auf dem Spiel steht, reagieren sie gleichgültig oder ablehnend. [...]

Zweitens mutet der Anspruch, bis zu einem gewissen Grad allgemeingültig zu sein, verdächtig an. Die gegenwärtige Konstellation des VN-Sicherheitsrats [...] lässt vermuten, dass es keinen Konsens darüber gibt, welche Bedingungen für die Geltendmachung von R2P eintreten müssen. Selbst [Befürworter von R2P] [...] geben zu, dass die „Selektivität" des Engagements ein kontroverses politisches Thema ist und bleibt. China, Russland, Brasilien, Deutschland und Indien enthielten sich bei der Abstimmung zur VN-Resolution 1973 im Jahr 2011. Sie gaben so ihrem Unbehagen angesichts der „Begeisterung" der USA, Großbritanniens und Frankreichs Ausdruck, mit der diese Länder R2P im Falle Libyens geltend machen wollten. Mehrfach wird vertreten, dass die Intervention in Libyen 2011 offensichtlich weit über das genehmigte Mandat hinausging.

Drittens generiert die Neutralitäts- und Universalitätskrise grundlegende Legitimitätsprobleme für die R2P-Doktrin. [...] Die Anwendung von Gewalt wird als allerletztes Mittel betrachtet. Die Versuchung, die militärische Option früher als gerechtfertigt

Das internationale Vorgehen in Libyen im Jahr führte zu Diskussionen um das R2P-Konzept.

zu nutzen, wenn viel auf dem Spiel steht, ist jedoch sehr hoch. Auch tiefer liegende Ängste um Wohl und Sicherheit ausgewählter Mächte im internationalen System können solche verfrühten Geltendmachungen hervorrufen und stellen eine ernsthafte Herausforderung dar, wenn es um die [Konkretisierung] der Doktrin geht.

Siddharth Mallavarapu, Schutzverantwortung als neues Machtinstrument?, in: Aus Politik und Zeitgeschichte 37/2013 hrsg. v. d. Bundeszentrale für politische Bildung, S. 3f. (Übersetzung: Jeanne Lätt)

Siddharth Mallavarapu ist Professor für Internationale Beziehungen an der South Asian University in Neu Delhi/Indien.

Aufgaben

1. a) Stellen Sie das Konzept der „Responsibility to Protect" (R2P) als Weiterentwicklung des Völkerrechts dar (M 11).

   b) Erläutern Sie am Beispiel des Syrien-Konfliktes die Ziele und beabsichtigten Funktionen der R2P (M 11).

2. Erörtern Sie, ob die Vereinten Nationen auf Grundlage der R2P in Syrien intervenieren sollten.

3. Nehmen Sie zu der Frage Stellung, ob es sich beim Konzept der R2P um eine sinnvolle Weiterentwicklung des Völkerrechts handelt (M 11, M 12, M 13).

zu Aufgabe 3
Führen Sie eine „strukturierte Kontroverse" in 4er-Gruppen durch.

2.2.5 (Wie) Kann die UNO helfen, in Syrien Frieden zu sichern und zu erhalten? Ideen zu einer Post-Konflikt-Strategie

E **Szenario:** Die Kampfhandlungen in Syrien sind beendet, Assad hat die Kontrolle über weite Teile des Landes mit russischer und iranischer Unterstützung zurückerobert. Lediglich im Norden des Landes sind größere Gebiete unter der Kontrolle kurdischer Milizen geblieben. Nun ist es an der Zeit, Bedingungen für einen dauerhaften Frieden zu schaffen.

Formulieren Sie Bedingungen, die unbedingt erfüllt sein müssen, um einen anhaltenden Frieden in Syrien zu schaffen. Welche Herausforderungen müssen dafür bewältigt werden? Welche Konflikte bestehen (wahrscheinlich) weiterhin und müssen beigelegt werden? Kategorisieren Sie abschließend die von Ihnen formulierten Bedingungen.

M 14 • Zivilisatorisches Hexagon

Für den Friedensforscher **Dieter Senghaas** (*1940) ist die Zivilisierung des Konfliktaustrags davon abhängig, dass bestimmte Bedingungen, auch innerhalb der Staaten, erfüllt sind.

1. Entprivatisierung von Gewalt (Gewaltmonopol)
Wesentlich für jeden Zivilisierungsprozess ist die Entprivatisierung von Gewalt bzw. die Herausbildung eines legitimen, in aller Regel staatlichen Gewaltmonopols, dem die einzelnen Bürger untergeordnet sind („Entwaffnung der Bürger"). Wo das Gewaltmonopol zusammenbricht, also die Wiederaufrüstung und Wiederbewaffnung der einzelnen Bürger eine Chance bekommen, findet [...] die Renaissance von Bürgerkriegssituationen [statt].

2. Kontrolle des Gewaltmonopols und Herausbildung von Rechtsstaatlichkeit (Verfassungsstaat)
Ein Gewaltmonopol, das nicht durch Rechtsstaatlichkeit eingehegt wird, wäre im Grenzfall nichts mehr als eine beschönigende Umschreibung von Diktatur. Dann wären seine gesellschaftlichen Träger nichts anderes als eine von mehreren Konfliktparteien in einer potenziellen Bürgerkriegssituation. Soll demgegenüber das Gewaltmonopol als legitim akzeptiert werden, bedarf es der Institutionalisierung rechtsstaatlicher Prinzipien und öffentlicher demokratischer Kontrolle, auf deren Grundlage sich Konflikte in einem institutionellen Rahmen fair austragen lassen.
Rechtsstaatlich verfasste politische Ordnungen hegen das Gewaltmonopol ein. Es verliert dadurch seinen ursprünglichen Charakter, nämlich einfach eine Instanz von letztlich kriegerisch errungener, also willkürlicher Vormacht zu sein. [...]
Überdies zeichnen sich solche politischen Ordnungen auch im gesellschaftlichen Bereich durch eine Fülle von institutionalisierten Formen der Konfliktartikulation, des Konfliktmanagements, der Konfliktregelung und der Konfliktlösung aus. Konflikte jedweder Art, seien es Interessens- oder Identitätskonflikte, werden dabei von vornherein als „normal" und legitim erachtet, wobei in intakten rechtsstaatlichen Ordnungen Interessenskonflikte häufiger sind als Identitätskonflikte und die ersteren in aller Regel leichter bearbeitbar sind als die letzteren.

3. Interdependenz und Affektkontrolle
Die Entprivatisierung von Gewalt („die Entwaffnung der Bürger") und die Sozialisation in eine Fülle von institutionalisierten Konfliktregelungen implizieren eine Kontrolle von Affekten. Solche Selbstkontrolle wird maßgeblich durch die Herausbildung von großflächig angelegten Verflechtungen [...] unterstützt, weil diese, zu beobachten vor allem in arbeitsteiligen Ökonomien, ein erhebliches Maß an Berechenbarkeit erfordern und in der Folge Erwartungsverläss-

lichkeit mit sich bringen. [...] Affektkontrolle [...] meint dabei die in differenzierten Gesellschaften sich aus diversen komplexen Handlungszusammenhängen ergebende Selbstkontrolle bzw. Selbstbeherrschung. Sie ist Grundlage nicht nur von Aggressionshemmung und Gewaltverzicht, sondern darauf aufbauend von Toleranz und Kompromissfähigkeit. Beide Einstellungen sind wahrscheinlich überhaupt nicht denkbar ohne vorgängig eingeübte Selbstdisziplin. [...]

4. Demokratische Beteiligung

In politisierbaren Gemeinschaften müssen Interessen auf breiter Front artikulationsfähig und in den gängigen politischen Prozess integrierbar sein. Je offener und flexibler dabei das rechtsstaatlich-demokratische Institutionsgefüge ist, um so belastungsfähiger wird es bei anhaltenden und möglicherweise sich ausweitenden politischen Anforderungen sein. [...]

5. Soziale Gerechtigkeit

In Gesellschaften mit einem erheblichen Politisierungspotenzial ist eine aktive Politik der Chancen- und Verteilungsgerechtigkeit, letztlich ergänzt um Maßnahmen der Bedürfnisgerechtigkeit (Sicherung der Grundbedürfnisse), unerlässlich, weil nur dann sich die Mehrzahl der Menschen in einem solchen politischen Rahmen fair behandelt fühlt. Die materielle Anreicherung von Rechtsstaatlichkeit, insbesondere im Sinne eines Anteils an Wohlfahrt, ist also nicht eine politische Orientierung, der in solchen Gesellschaften nach Belieben gefolgt werden kann oder auch nicht; sie ist vielmehr eine konstitutive Bedingung der Lebensfähigkeit von rechtsstaatlichen Ordnungen und damit des inneren Friedens. Rechtsstaatlich verfasste Gesellschaften tun deshalb gut daran, die Frage der Gerechtigkeit niemals zur Ruhe kommen zu lassen, zumal wenn die ihnen zugrunde liegenden Ökonomien, in der Regel Marktwirtschaften, systembedingt eher Ungleichheit als Gleichheit produzieren.

6. Konstruktive politische Konfliktkultur

Gibt es in einer aufgegliederten, aber deshalb auch zerklüfteten Gesellschaft faire Chancen für die Artikulation und den Ausgleich von unterschiedlichen Interessen, kann unterstellt werden, dass ein solches Arrangement verlässlich verinnerlicht wird, eine Bereitschaft zur produktiven Auseinandersetzung mit Konflikten vorliegt und kompromissorientierte Konfliktfähigkeit einschließlich der hierfür erforderlichen Toleranz zu einer selbstverständlichen Orientierung politischen Handelns wird. Dann kann noch ein weiterer Faktor hinzutreten: Das Gewaltmonopol und die Rechtsstaatlichkeit werden in politischer Kultur verankert, denn ohne diese blieben beide ohne emotionale Grundlage. Die materiellen Leistungen („soziale Gerechtigkeit") erweisen sich dabei als eine wichtige Brücke zwischen dem Institutionsgefüge und dessen positiver emotionaler Absicherung („Bürgergesinnung").

Das Hexagon als Verarbeitung historischer Erfahrungen

Im zivilisatorischen Hexagon wird eine historische Erfahrung aus der neuzeitlichen Geschichte in Teilreligionen Europas gebündelt. Historisch betrachtet hat sich seit dem Ende des europäischen Mittelalters zunächst das Gewaltmonopol herausgebildet; dieses Monopol war das Ergebnis lang anhaltender politischer Ausscheidungskämpfe (in der Regel von Kriegen) um Vormachtstellungen. Zusammen mit der Herausbildung des Gewaltmonopols begannen sofort die Konflikte um die Kontrolle dieses Gewaltmonopols; langfristig mündeten sie in die Institutionalisierung von Rechtsstaatlichkeit. Die Ausdifferenzierung und Ver-

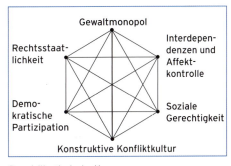

Das zivilisatorische Hexagon

netzung der sich modernisierenden Gesellschaft in der Folge großflächig werdender Verkehrswirtschaften und immer feinmaschigerer Kommunikationsstrukturen erfolgten zeitverschoben. Der Kampf um demokratische Partizipation [...] ging einher mit Auseinandersetzungen um soziale Gerechtigkeit, insbesondere Verteilungsgerechtigkeit. Parallel dazu entfaltete sich schrittweise eine politische Konfliktkultur liberaler Prägung.

Dieter Senghaas, Frieden als Zivilisierungsprojekt, in: Ders. (Hg.), Zum irdischen Frieden, Frankfurt/ M. 2004, S. 30ff.

M 15 ● Wie kann (ein zukünftiger) Frieden in Syrien gesichert werden?

Michael Wolffsohn (*1947, Tel Aviv) lehrte von 1981 bis 2012 an der Universität der Bundeswehr München Neuere Geschichte, gilt politisch als konservativ.

a) Frieden durch Föderalismus

Nur durch föderative Strukturen kann Frieden in Syrien hergestellt werden. Wer [...] nicht Gleiches gleichzeitig in der Türkei, im Irak und Iran anpackt, wird scheitern.

Mein aus der Geschichte abgeleiteter Grundgedanke lautet: Ein Staat ist nur stabil und damit nach innen wie außen friedlich, wenn seine Bürger ihren Alltag selbst bestimmen können. Weil der Wunsch von Individuen und Gruppen nach Selbstbestimmung eine historische Urkraft ist, kann er zwar lange, doch nicht dauerhaft unterdrückt werden.

Die innerstaatliche Ebene: Tatsache ist, dass es ein „syrisches Volk" als von allen Syrern gewollte Gemeinschaft nicht gibt. Syrien ist eine vor allem dreifach gespaltene Gesellschaft, bestehend aus der Mehrheit von Sunniten sowie der alawitisch-schiitischen und kurdischen Minderheit. Ihre Lebensgebiete sind geografisch relativ klar bestimmbar. Alle drei Teilgemeinschaften haben einen Wunsch: Entweder die jeweils anderen beiden zu beherrschen beziehungsweise fremd zu bestimmen oder zwecks Selbstbestimmung nicht unter einem gemeinsamen Staatsdach leben zu müssen. Das würde den Zerfall der Staatlichkeit an sich bedeuten. Staaten sind unverzichtbare administrative Einheiten. Um das funktional Notwendige – den Erhalt des Staates – mit der Urkraft Selbstbestimmung zu versöhnen, muss jede Gruppe im Rahmen einer „Bundesrepublik Syrien" ihr eigenes Bundesland erhalten.

Für die Sicherheit nach außen sorgt die Bundesregierung. Sie wird vom Nationalparlament bestimmt und kontrolliert. Dieses geht aus freien, allgemeinen, gleichen und geheimen Wahlen hervor. Nicht nur, doch besonders auf dem Feld der Außen-, Sicherheits-, Finanz- und Wirtschaftspolitik ist die Zustimmung der Zweiten, einer Länderkammer erforderlich. Hier hat jede Teilgruppe, unabhängig von ihrem Bevölkerungsanteil, das gleiche Stimmengewicht.

Die Delegierten der Länderkammer werden vom jeweiligen Landesparlament bestimmt. Über dessen Zusammensetzung entscheiden die Bürger der einzelnen Teilgruppen in freien, allgemeinen, gleichen und geheimen Wahlen. Jedes der drei Landesparlamente wählt seine Landesregierung. Sie ist auch für die innere Sicherheit zuständig. Dieses Modell ist den Bundesrepubliken Deutschland, Österreich, Schweiz und USA variierend entlehnt.

Die zwischenstaatliche Ebene: Wie in Syrien ist auch in der Türkei, dem Irak und dem Iran der unverzichtbare staatliche Rahmen nur durch Bundesstaatlichkeit friedlich zu gestalten. Kurden leben in Syrien, Irak, Iran, der Türkei. Trotz gewichtiger Differenzen untereinander wollen sie zwischenstaatliche Gemeinschaftlichkeit. Gleiches gilt für die Sunniten Syriens und Iraks.

Was spricht gegen kooperative Strukturen unterhalb der Staatlichkeit der jeweiligen Bundesländer in der jeweiligen Bundesrepublik? Nichts. Es bedarf also einer Mischung aus Bundesstaat und quasi Teil-Staatenbund der Bundesländer.

Michael Wolffsohn, Frieden durch Föderalismus, www.tagesspiegel.de, 15.03.2018

b) Frieden durch eine gesellschaftliche Revolution

[D]ie Europäer [könnten] den Syrern bei der Bewältigung ihres größten Problems helfen: der sozialen Zerrissenheit. Der Krieg hat die syrische Gesellschaft nachhaltig zerstückelt. Mauern aus Misstrauen und Hass verlaufen durch Großfamilien und Dörfer, zwischen Nachbarn, Stadtteilen und Regionen. Jedes Verhalten ist angreifbar, bei jeder Begegnung liegen Vorwürfe in der Luft [...]. Aber wie die gesellschaftlichen Wunden heilen? Vertreter [von weder dem Regime noch der Opposition nahestehenden Syrern] wollen die schweigende Mehrheit der Syrer „aus ihrer Sprach- und Tatenlosigkeit" führen. Sie haben einen Verhaltenskodex für friedliche Koexistenz ausgearbeitet, der als Grundlage eines zukünftigen Gesellschaftsvertrages dienen soll. Darin heißt es, dass keine Seite unschuldig sei und jede Partei ihre Vergehen zugeben müsse. Dass niemand für die Verfehlungen anderer Mitglieder seiner Religions- oder Volksgruppe verurteilt werden dürfe, da Verantwortlichkeit individuell sei. Und dass der Krieg weder Sieger noch Besiegte hervorbringe, sondern nur Verlierer. Um eine Tragödie wie die syrische zu überwinden, braucht es bestimmte Fähigkeiten: sachlich diskutieren, den anderen als gleichwertig betrachten, Schuld anerkennen, Konflikte gewaltfrei lösen, die Meinung des anderen stehen lassen, nicht alles persönlich nehmen, Kompromisse finden. Die Europäer haben zwei Weltkriege und vierzig Jahre Teilung verarbeitet und dabei manches gelernt, was den Syrern nutzen könnte. [...] [V]iele der seit Langem in Europa lebenden Syrer kommen inzwischen zu dem Schluss, dass eine gesellschaftliche Revolution die Voraussetzung für einen politischen Wandel ist, weil sonst das Assad-Regime nur durch eine andere Diktatur ersetzt würde. Sie wissen, dass der Autoritarismus in Syrien nicht auf das politische System beschränkt ist, sondern die ganze Gesellschaft durchdringt und das Denken des Einzelnen bestimmt. Es gilt das Recht des Stärkeren, wer Schwäche zeigt, hat verloren – das lernt jeder Syrer schon als Kind. [...]
Syrer, die in den vergangenen Jahren die Kraft der Zivilgesellschaft erlebt haben, sind überzeugt, dass jede Veränderung auf der individuellen Ebene beginnen muss. „Wir sind seit 50 Jahren unterdrückt", sagt Raed Fares von der Union der Revolutionären Büros in Kafranbul. „Dieses Regime hat in jedem von uns einen kleinen Assad gepflanzt." Deshalb müsse jeder Einzelne an sich arbeiten, meint der Aktivist, der den [...] Radiosender Radio Fresh FM leitet und mehrere Mordanschläge überlebt hat. Der Weg zu einem neuen Syrien führe nicht über, sondern nur durch die Zivilgesellschaft.

Kristin Helberg, Der Syrienkrieg. Lösung eines Weltkonflikts, Freiburg im Breisgau 2018, S. 238ff.

Kristin Helberg
Politikwissenschaftlerin und Journalistin; von 2001 bis 2008 Korrespondentin der ARD in Syrien

Aufgaben

1. Beschreiben Sie die Bedingungen, die laut Senghaas zu einer zivilisierten Austragung von Konflikten innerhalb von Staaten erfüllt sein müssen (M 14).
2. Arbeiten Sie heraus, wie der Frieden in Syrien nach Beendigung der Kämpfe gesichert und erhalten werden könnte (M 15).
3. Ordnen Sie die Post-Konflikt-Strategien in die Elemente des zivilisatorischen Hexagons ein (M 14, M 15).
4. Setzen Sie sich mit den Post-Konflikt-Strategien auseinander (M 15).

H zu Aufgabe 1
Verdeutlichen Sie für jedes einzelne Element des zivilisatorischen Hexagons die Bedeutung für ein friedliches Zusammenleben innerhalb einer Gesellschaft.

M zu Aufgabe 2
Gehen Sie dabei arbeitsteilig vor.

H zu Aufgabe 4
Nutzen Sie das zivilisatorische Hexagon, um zunächst zu einem Sachurteil zu gelangen.

2.2.6 Nach dem Krieg ist vor dem Krieg? Wie kann die UNO Konflikte dauerhaft lösen?

E Erklären Sie den Befund von Fiedler und Mroß hypothesenartig. Problematisieren Sie vor diesem Hintergrund die Ihnen bekannten Mittel der UNO zur Bewältigung von Konflikten.

„Erneute Gewaltausbrüche drohen vielen Ländern, die einen Bürgerkrieg erlebt haben. Selbst nachdem ein Gewaltkonflikt beendet wurde, stellt es eine immense Herausforderung dar, nachhaltigen Frieden aufzubauen. [...] In fünfzig Prozent der Fälle kommt es zu einem Rückfall in den Bürgerkrieg [...]."

Charlotte Fiedler, Karina Mroß, Post-Konflikt-Gesellschaften: Chancen für den Frieden und Arten internationaler Unterstützung, in: Deutsches Institut für Entwicklungspolitik, Analysen und Stellungnahmen 5/2017

M 16 ● Wie kann die UNO Konflikte nachhaltig befrieden? „Agenda für den Frieden"

Think Tank
sog. Denkfabriken, die durch Erforschung und Bewertung von politischen, sozialen und wirtschaftlichen Strategien Einfluss auf die öffentliche Meinungsbildung zu nehmen versuchen

[S]eit Anfang der 1990er Jahre [suchte] ein breites Akteursspektrum aus Politik, Think Tanks, Nichtregierungsorganisationen sowie Friedens- und Konfliktforschung nach neuen geeigneten Konzepten, Strategien und Handlungsfeldern, um präventiv, deeskalierend und transformativ auf innerstaatliche Konflikte einzuwirken. [...] Schon sehr früh fasste der damalige UN-Generalsekretär Boutros Boutros-Ghali die neuen Erfahrungen und Erkenntnisse und die daraus abgeleiteten praktischen Schlussfolgerungen in einem Bericht an den Sicherheitsrat zusammen. Das am 17. Juni 1992 veröffentlichte Dokument „Agenda für den Frieden" stellt einen Paradigmenwechsel im Umgang mit gewaltträchtigen Konflikten und Kriegen dar:
- Gewaltförmige Konflikte werden als Prozess verstanden, die durch kluges präventives Handeln der internationalen Gemeinschaft zu einem möglichst frühen Zeitpunkt gestoppt und durch Verhandlungen überwunden werden können.
- Wenn der Konflikt bereits eskaliert ist, gilt der Grundsatz, die Gewalt durch eine begrenzte Intervention einer vom Sicherheitsrat mandatierten Friedensmission aus Militär, Polizeikräften und zivilen Expert/innen möglichst schnell und wirksam zu stoppen.
- Nach dem Ende der Gewalt wird durch die Friedensmission ein Rahmen geschaffen, um den ausgehandelten Frieden zu erhalten und die Umsetzung der von Vermittlern und Friedensstiftern erreichten Übereinkommen zu unterstützen.
- Die Schaffung und Sicherung eines nachhaltigen Friedens verlangt besondere Anstrengungen in Form des Wiederaufbaus der Institutionen und Infrastrukturen der von Bürgerkrieg und bürgerkriegsähnlichen Auseinandersetzungen zerrissenen Nationen sowie die Herstellung von friedlichen und gerechten Beziehungen zwischen den vormals kriegführenden Parteien.

Um ein Wiederaufleben der Gewalt zu verhindern, müssen die tiefliegenden Konfliktursachen bearbeitet werden, z.B. wirtschaftliche Not, soziale Ungerechtigkeit und politische Unterdrückung. Weitere Eckpunkte sind die Einhaltung des Völkerrechts und die Achtung der Menschenrechte. [...]

Die „Agenda für den Frieden" hebt [...] hervor, dass sie auf die Mitwirkung von nichtstaatlichen Organisationen, Bildungseinrichtungen, Parlamentariern, der Geschäftswelt und Berufsorganisationen sowie der Medien und der breiten Öffentlichkeit angewiesen sind. [...]

Die folgende Grafik zeigt die Breite möglicher Maßnahmen innerhalb des gesamten Interventionsfeldes auf.

Gewaltprävention (Crisis Prevention)	Friedensschaffung (Peace-making)	Friedenssicherung (Peace-keeping)	Friedensförderung (Peace-building)
Menschenrechtsarbeit konfliktsensibler Journalismus Verhandlung und Vermittlung Sanktionen inklusive Identitätspolitik Bildung und Friedenserziehung	Verhandlung und Vermittlung Menschenrechtsarbeit konfliktsensibler Journalismus Sanktionen Schutzbegleitung für Menschenrechts- und Friedensaktivisten militärisches Eingreifen (z. B UN-Friedensmission)	Verhandlung und Vermittlung Nothilfe Menschenrechtsarbeit konfliktsensibler Journalismus Institutionenaufbau Sicherheitssektorreform Demokratisierung	Entwicklungskooperation Institutionenaufbau Menschenrechtsarbeit konfliktsensibler Journalismus Demokratisierung Vergangenheitsarbeit und Versöhnung Bildung und Friedenserziehung inklusive Identitätspolitik

[...] Die Phase der **Gewaltprävention** umfasst all jene Maßnahmen, die gewaltvorbeugend, -verhindernd oder deeskalierend auf Konflikte wirken können. [...]

In der Phase der **Friedensschaffung** geht es darum, die Gewalt möglichst schnell zu stoppen und die betroffenen Menschen zu schützen. [...] Militärische Interventionen zur Friedenserzwingung – auch in Form von UN-Friedensmissionen – kommen erst dann in Betracht, wenn politische und wirtschaftliche Mittel sich als unzureichend erwiesen haben.

Nach dem Ende der heißen Konfliktphase, z.B. nach einem Friedensschluss, greifen die Maßnahmen der **Friedenssicherung bzw. -erhaltung** (Peace-keeping). Schwerpunkte sind zum einen die Verbesserung der Lebensumstände von Menschen in Not (humanitäre und Nothilfe) und zum anderen der (Wieder-)Aufbau handlungsfähiger und verlässlicher staatlicher Strukturen (Institutionenaufbau). [...]

Die Phase der **Friedensförderung** (Peace-building) umfasst alle Handlungsansätze, die darauf gerichtet sind, eine gerechte und stabile Friedensordnung aufzubauen und einen erneuten Rückfall in die Gewalt zu verhindern. [...] Die Nothilfe wird durch eine langfristig angelegte Entwicklungszusammenarbeit abgelöst. Weitere Schwerpunkte sind die Heilung der zerstörten gesellschaftlichen Beziehungen und die Bearbeitung individueller Traumata als Folge von Kriegs- und Menschenrechtsverletzungen. Das sind die Felder der Versöhnungs-, der Vergangenheits- und der Traumaarbeit.

Eine nachhaltige Konfliktnachsorge, die auch die strukturellen Konfliktursachen angeht und bearbeitet, ist die beste Prävention von erneuten Gewaltkonflikten.

Cornelia Brinkmann, Konzepte, Strategien und Tätigkeitsfelder der Konfliktbearbeitung – eine Einführung, www.bpb.de, 04.02.2019

Aufgaben

1. Stellen Sie das Konzept der „Agenda für den Frieden" dar, gehen Sie dabei insbesondere auf die Konfliktnachsorge ein (M 16).
2. Ordnen Sie die Post-Konflikt-Strategien für Syrien in die „Agenda für den Frieden" ein (M 15, M 16).
3. Begründen Sie die Notwendigkeit einer Konfliktnachsorge (*Peace-keeping, Peace-building*) für die nachhaltige Befriedung innerstaatlicher Konflikte.

F zu Aufgabe 1
Analysieren Sie die „Agenda für den Frieden" mithilfe des zivilisatorischen Hexagons (M 14).

H zu Aufgabe 3
Berücksichtigen Sie für Ihre Argumentation Ihre Kenntnisse zum Syrienkrieg sowie das zivilisatorische Hexagon.

2.2.7 Assad beim Wiederaufbau unterstützen?
Probleme einer ökonomischen Post-Konflikt-Strategie

E Soll sich Deutschland am Wiederaufbau Syriens (M 17) unter Machthaber al-Assad beteiligen? Positionieren Sie sich zu der Frage auf der Meinungslinie und begründen Sie kurz Ihre Position.

Ja, weil ⟵⟶ Nein, weil

„Sollte sich Deutschland finanziell an einem Wiederaufbau Syriens beteiligen?"

M 17 • Herausforderungen nach dem Krieg

Nach mindestens neun Bürgerkrieg mit Schätzungen zufolge etwa 500.000 Toten und 13 Millionen Geflüchteten, scheint klar zu sein, dass der Diktator Baschar al-Assad den Krieg mit russischer und iranischer Unterstützung für sich entscheidet. Weite Teile des Landes sind zerstört, laut UN-Angaben werden mindestens 250 Mrd. US-Dollar für den Wiederaufbau des Landes benötigt.

Autorentext

M 18 • Sollte sich Deutschland am Wiederaufbau Syriens beteiligen?

Noch ist der Krieg in Syrien nicht vorbei, doch eines scheint jetzt schon sicher: Diktator Baschar al-Assad wird an der Macht bleiben. Dass Idlib, die letzte Hochburg
5 sämtlicher Aufständischer und Extremisten, an ihn fällt, scheint nur eine Frage der Zeit zu sein.
Doch viele Städte in Syrien liegen in Schutt und Asche. Und die Rekonstruktion des
10 Landes wird teuer. Geht es nach Russlands Präsident Wladimir Putin, sollen westliche Staaten den Wiederaufbau Syriens finanzieren. Denn weder das syrische Regime, noch der Iran oder Russland wollen die
15 Kosten dafür alleine tragen - der Krieg hat sie schon viel gekostet. Der einzige Hebel für Deutschland, politische Forderungen und Bedingungen an Syrien zu stellen, sei daher die Hilfe beim Wiederaufbau, sagt der außenpolitische Sprecher der Grünen, Omid 20 Nouripour [...].
Die Angaben über die Kosten zum Wiederaufbau gehen weit auseinander. Während der scheidende UN-Sondergesandte für Syrien, Staffan de Mistura, von rund 250 Milliarden 25 US-Dollar spricht, beziffert das syrische Regime die Summe mit 400 Milliarden US-Dollar. Aber auch die Summe von 1,2 Billionen US-Dollar steht im Raum. Experten gehen zudem davon aus, dass die Beseitigung 30 der Kriegsschäden mindestens ein Jahrzehnt dauern wird.

Kanzlerin Angela Merkel hat bereits die gemeinsame Verantwortung Deutschlands und Russlands für eine Lösung der Syrien-Krise unterstrichen: Doch im politischen Berlin tut man sich schwer, eine eindeutige Antwort auf die Frage einer möglichen deutschen Beteiligung am Wiederaufbau Syriens zu geben, und knüpft sie an Bedingungen.

„Investitionen in Syrien wird es nur geben, wenn es einen befriedigenden politischen Prozess gibt, an dem alle Parteien beteiligt sind", sagte [die ehemalige] Verteidigungsministerin Ursula von der Leyen während einer Sicherheitskonferenz in Bahrain. Ein Wiederaufbau, von der die Diktatur des Präsidenten Baschar al-Assad profitiere, sei nicht vorstellbar. Doch wie eine Nachkriegsordnung aussehen könnte, das weiß noch niemand. Deutschland und die EU müssten sich am Wiederaufbau Syriens beteiligen, sagt der CDU-Außenpolitik-Experte Roderich Kiesewetter der Deutschen Welle: „Aber erst, wenn die notwendigen Bedingungen für einen Friedensprozess geschaffen sind, der durch die Garantiemächte Russland, Iran und Türkei getragen wird."

Außerdem müsse Damaskus einen flächendeckenden humanitären Zugang sowie Schutz vor Verfolgung und Garantie des Eigentums Zurückkehrender unbedingt gewährleisten. Sollte Syrien die Bedingungen Deutschlands für Wiederaufbau-Hilfe erfüllen, könne es nicht darum gehen, Geld zu überweisen, sagt Omid Nouripour. Man müsse dann vor Ort kooperieren, Projektarbeit leisten und keine Budgethilfe: „Gelder, die man Assad gibt, landen im Zweifelsfall im Repressionsapparat. Das ist aber nicht der Sinn der Sache."

[...] Wladimir Putin [verknüpft] seinen Vorstoß zum gemeinsamen Wiederaufbau Syriens mit der Aussicht auf die Rückkehr von Flüchtlingen aus Europa. Er weiß, wie sehr das Thema Deutschland und auch die EU spaltet. „Wir sind nicht erpressbar in der Flüchtlingsfrage", sagt Omid Nouripour. Deutschland müsse für den Wiederaufbau Bedingungen stellen. Assad und seine Alliierten glaubten, Deutschland würde alles tun, um die Menschen wieder zurückzuschicken. „Und das muss man einfach zurückweisen", verlangt der Grünen-Politiker. [Nahost-Experte] Guido Steinberg hält es für möglich, dass Deutschland sich früher oder später am Wiederaufbau Syriens beteiligen wird, geht aber davon aus, dass das Assad-Regime versuchen wird, an Geld zu kommen, ohne Flüchtlinge wiederaufzunehmen.

[...] Etwa eine halbe Million Syrer sind durch die Bomben von Assad und seinen Unterstützern in den vergangenen sieben Jahren im Krieg getötet worden. Würde man sich bei einer finanziellen Unterstützung des Wiederaufbaus in Syrien nicht mit einem Despoten gemein machen? Nahost-Experte Guido Steinberg hält eine deutsche Beteiligung am Wiederaufbau Syriens - egal unter welchen Umständen - für falsch. Aber Moral sei eben bis heute keine etablierte Kategorie der internationalen Beziehungen.

Diana Hodali, Syrien - Wiederaufbau eines zerstörten Landes, www.dw.com, 27.12.2018

Aufgaben

1. Formulieren Sie Forderungen an die internationale Gemeinschaft, welche Rolle sie nach dem Krieg in Syrien dort spielen soll.
2. Arbeiten Sie Argumente für und gegen eine deutsche Beteiligung am Wiederaufbau Syriens heraus (M 18).
3. Erörtern Sie die Frage, ob sich Deutschland am Wiederaufbau in Syrien beteiligen sollte.

H zu Aufgabe 3
Formulieren Sie ggf. Bedingungen für die Beteiligung.

2 Frieden und Sicherheit in Syrien?

Gründung und Aufgaben der UNO
(Basiskonzept: Ordnungen und Systeme)
M 2, M 3

Am 24. Oktober 1945 wurden die Vereinten Nationen (UNO = United Nations Organization) von damals 51 Staaten begründet. Sie entstanden unter dem Eindruck der Katastrophe des Zweiten Weltkriegs mit dem Ziel, durch eine globale Organisation künftig **Frieden und Sicherheit in der Welt** zu gewährleisten. Seither hat sich die Zahl der Mitgliedstaaten auf 193 (2020) erhöht, und die Vereinten Nationen haben ihre Tätigkeitsbereiche auf alle **Weltprobleme** – von der Bekämpfung des Hungers bis zum Klimawandel, von der Kinderarbeit bis zur Überschuldung vieler Entwicklungsländer – ausgedehnt.

Ziele und Grundsätze der Charta
(Basiskonzept: Ordnungen und Systeme)
M 2-M 5

Die Vereinten Nationen sind eine internationale Organisation, die auf der **freiwilligen Zusammenarbeit** der beteiligten Staaten beruht, ohne dass diese auf Souveränitätsrechte verzichten. Die **Generalversammlung** stellt in erster Linie ein **Diskussionsforum** für Weltprobleme dar. Alle Mitgliedstaaten sind in diesem Organ vertreten, wobei jeder Staat bei Abstimmungen eine Stimme hat. Während die Generalversammlung nach innen bindende Beschlüsse fassen kann (z. B. Wahl von nichtständigen Mitgliedern des Sicherheitsrats, Haushaltsbeschlüsse), kann sie in politischen Fragen nur Empfehlungen abgeben (z. B. gegenüber dem Sicherheitsrat).

Der **Sicherheitsrat** ist besonders im Hinblick auf die Friedenssicherung das eigentliche Entscheidungsorgan. Er besteht **aus fünf ständigen Mitgliedern mit Vetorecht** und zehn nichtständigen, von der Generalversammlung auf zwei Jahre gewählten Mitgliedern. Der Sicherheitsrat stellt fest, ob eine Bedrohung des Friedens vorliegt, und kann **Zwangsmaßnahmen zur Wahrung des Weltfriedens** beschließen, die von Wirtschaftssanktionen bis zum Einsatz von Waffengewalt reichen. Die UNO-Mitglieder sind verpflichtet, die Resolutionen des Sicherheitsrats umzusetzen.

Der **UN-Generalsekretär** (seit 2017 António Guterres, Portugal) ist der höchste Verwaltungsbeamte und Repräsentant der UNO. Er kann die Aufmerksamkeit des Sicherheitsrats auf Angelegenheiten richten, die nach seiner Auffassung eine Gefahr für den Weltfrieden darstellen, und erstattet der Generalversammlung jährlich Bericht. Auf Vorschlag des Sicherheitsrats wird er von der Generalversammlung auf fünf Jahre gewählt.

Strukturelle Probleme der UNO und das Konzept der Schutzverantwortung
(Basiskonzept: Motive und Anreize)
M 11, M 13

Als mit dem Ende des Ost-West-Konflikts die Konfrontation der ständigen Mitglieder mit Vetorecht beendet war, hoffte man auf ein effektiveres Wirken des Sicherheitsrats. Immer wieder aber zeigte es sich, dass Interessengegensätze zwischen den fünf Großen des Sicherheitsrats die rechtzeitige Verabschiedung wirksamer Resolutionen zur Beendigung schwerster Menschenrechtsverletzungen verhinderten.

Das 2005 in einer Resolution der Generalversammlung verabschiedete Konzept der „**Responsibility to Protect**" (R2P) sollte das Spannungsverhältnis zwischen Menschenrechtsschutz und staatlicher Souveränität auflösen und kann als Ausdruck eines **gewandelten Verständnisses des Völkerrechts** interpretiert werden. Dass es häufig nicht zur Anwendung der in Kapitel VI und VII der UN-Charta festgelegten Instrumente zur Beendigung von Konflikten kommt, hat mehrere Ursachen:

- Oft kann sich der Sicherheitsrat nicht auf effektive Sanktionen einigen, weil die Vetomächte Resolutionen verhindern, die nicht ihren nationalen Interessen entsprechen.

- Um Friedensmissionen durchführen zu können, ist die UNO auf die Beteiligung von Mitgliedstaaten angewiesen. Die in der UN-Charta festgelegte Verpflichtung zur Unterstützung wird in der Praxis kaum beachtet.
- Die in der UN-Charta festgelegten Maßnahmen zielen auf zwischenstaatliche Konflikte. Nachdem aber heute innerstaatliche Konflikte dominieren, geraten bei möglichen Interventionen das Verbot, sich in innerstaatliche Angelegenheiten einzumischen (Interventionsverbot), mit dem ebenfalls in der UN-Charta verankerten Schutz der Menschenrechte und dem Selbstbestimmungsrecht der Völker in Konflikt.

Diese strukturellen Probleme zeigen sich auch in der internationalen Bearbeitung des Syrienkriegs: Insbesondere Russland blockiert mit seiner Vetoposition aus in erster Linie strategischen Gründen bislang sämtliche Versuche, im Sicherheitsrat eine Resolution zu verabschieden, die geeignet ist, den Konflikt zu deeskalieren. Unterstützt wird Russland dabei von China, das analog zu seiner außenpolitischen Doktrin alle UN-Maßnahmen zu unterbinden versucht, die zu einer Aufweichung des Interventionsverbotes führen könnten.

Syrienkrieg vor der UN

Auf Grund dieser strukturellen Probleme ist in der Vergangenheit auch der Ruf nach einer Reform der Vereinten Nationen laut geworden. Darunter wird in erster Linie eine **Reform des UN-Sicherheitsrates** verstanden, die dieses Gremium demokratischer (repräsentativer) und zugleich effizienter gestalten soll. Die strukturellen Probleme der UN, die insbesondere durch das Vetorecht hervorgerufen werden, stehen dabei ebenso den Reformbemühungen im Wege.

Reform der Vereinten Nationen
(Basiskonzept: Ordnungen und Systeme)
M 8-M 10

Nach dem Ende des Ost-West-Konfliktes wurde deutlich, dass das Instrumentarium der Vereinten Nationen nur eingeschränkt geeignet war, um innerstaatliche Konflikte nachhaltig zu befrieden. Um dieses Problem vor dem Hintergrund der zunehmenden Anzahl von Bürgerkriegen und innerstaatlichen Konflikten zu lösen, wurde die „**Agenda für den Frieden**" vorgestellt. In dieser wurden Mittel zur **Gewaltprävention, Friedensschaffung, Friedenssicherung** und **Friedensförderung** zusammengefasst. Ein besonderes Augenmerk wird bei innerstaatlichen Konflikten auf die Phase nach der Beilegung des Konfliktes bzw. der Kampfhandlungen gelegt, um die Konfliktursachen möglichst dauerhaft beseitigen zu können.

Am Beispiel Syriens wird jedoch deutlich, dass man im Hinblick auf den (ökonomischen) Wiederaufbau vor dem Dilemma stehen kann, mit einem siegreichen Diktator kooperieren zu müssen.

Möglichkeiten zur nachhaltigen Befriedung von Bürgerkriegen
(Basiskonzept: Interaktionen und Entscheidung)
M 14, M 16, M 18

2.3 Transnationaler (islamistischer) Terrorismus – eine (un)lösbare Gefahr?

2.3.1 Welche Strategien verfolgen transnationale islamistische Terrororganisationen?

Chronik des islamistischen Terrorismus in Europa und Nordamerika

- 11.9.2001: Al-Qaida-Anschläge mit Passagierflugzeugen in New York und Washington; fast 3.000 Tote
- 11.3.2004: Bombenanschläge auf Pendlerzüge in Madrid; 191 Tote
- 7.7.2005: Bombenanschläge durch Selbstmordattentäter auf U-Bahnen und Busse in London; 56 Tote, 700 Verletzte
- 7.-9.1.2015: Überfälle auf die Redaktion der Satirezeitschrift „Charlie Hebdo" und einen jüdischen Supermarkt in Paris; „IS" bekennt sich; 17 Tote
- 13.11.2015: Überfälle und Selbstmordattentate an verschiedenen Orten in Paris; „IS" bekennt sich; 130 Tote, 683 Verletzte
- 22.3.2016: zwei Selbstmordanschläge in Brüssel; „IS" bekennt sich; 32 Tote, mehr als 300 Verletzte
- 14.7.2016: Anschlag mit Lkw auf Uferpromenade in Nizza; „IS" bekennt sich; 86 Tote, über 400 Verletzte
- 1.1.2017: Überfall auf Nachtklub in Istanbul; „IS" bekennt sich; 39 Tote, 69 Verletzte
- 17.8.2017: Anschläge mit Lieferwagen in Barcelona und Cambrils; „IS" bekennt sich, 16 Tote, 118 Verletzte

E
- Führen Sie im Kurs ein Blitzlicht zum Begriff „Terrorismus" durch.
- Klären Sie im Anschluss möglicherweise aufgetretene Fragen und fassen Sie die zentralen Assoziationen im Kurs pointiert zusammen.

M 1 ● **Anschlag auf Berliner Weihnachtsmarkt 2016 – im Auftrag des „IS"?**

Am 19. Dezember 2016 steuert der mutmaßliche Attentäter Anis Amri einen zuvor gestohlenen Lkw mit hoher Geschwindigkeit in den belebten Weihnachtsmarkt auf
5 dem Breitscheidplatz vor der Berliner Gedächtniskirche. Durch den Anschlag sterben insgesamt zwölf Menschen und über 50 Personen werden z.T. schwer verletzt, bevor der Sattelschlepper durch die automatische
10 Bremsvorrichtung zum Stehen kommt. Der Täter flieht anschließend und wird vier Tage später, am 23.12.2016, in Mailand von der italienischen Polizei erschossen, nachdem er das Feuer auf die Sicherheitskräfte
15 eröffnet hatte. Am selben Tag veröffentlicht die Propagandaplattform „Amak" des „Islamischen Staates" (IS) ein Video von Amri, in dem dieser ein Treuebekenntnis zur islamistischen Terrormiliz ablegt. Einen konkreten Bezug zum Anschlag in Berlin stellt 20 er jedoch nicht her. Im Zuge der noch laufenden Ermittlungen (2019) erhärteten sich schon früh geäußerte Vermutungen, Anis Amri habe über verschlüsselte Messenger-Dienste bis unmittelbar vor dem Anschlag 25 engen Kontakt zu Mitgliedern des „IS" im Ausland gehabt. Zahlreiche Indizien sprechen dafür, dass er hierbei – auch noch während des Anschlags – detaillierte Instruktionen erhalten haben könnte. Darüber 30 hinaus gehen die Ermittlungsbehörden davon aus, dass Amri nicht nur Unterstützer im Umfeld der mittlerweile verbotenen Berliner Fussilet- 35 Moschee hatte, sondern in ein europäisches Netzwerk aus „IS"-Anhängern eingebunden 40 war, das bis zu den Hintermännern und Helfern der Anschläge von Paris (2015) und Brüssel (2016) reichte. 45

Der Lkw, mit dem ein islamistischer Terrorist am 19.12.2016 auf einen Weihnachtsmarkt an der Berliner Gedächtniskirche fuhr und insgesamt 12 Menschen tötete sowie etwa 50 z. T. schwer verletzte.

Autorentext

M 2 Was ist Terrorismus?

Terrorismus bedeutet einfach, für politische Zwecke planmäßig und gewaltsam gegen Zivilisten vorzugehen. Er zeichnet sich durch sieben entscheidende Merkmale aus.
Erstens: Ein Terrorakt ist politisch motiviert. Wenn nicht, handelt es sich einfach um ein Verbrechen. [...]
Zweitens: Wenn nicht gewaltsam vorgegangen wird und auch keine Gewalt angedroht wird, handelt es sich nicht um Terrorismus. Der Begriff „Cyberterrorismus" ist nicht sinnvoll. [...]
Drittens: Zweck von Terrorismus ist nicht, den Feind zu besiegen, sondern eine Botschaft zu verkünden. Zu den Attentaten vom 11. September erklärte ein Sprecher von al-Qaida: „Die Wiederherstellung arabischer und islamischer Größe wurde eingeläutet."
Viertens: Der Terrorakt und die Opfer haben in der Regel symbolische Bedeutung. Bin Laden bezeichnete die Zwillingstürme [des am 11.9.2001 zerstörten World Trade Centers] als „Ikonen" der „militärischen und wirtschaftlichen Macht" Amerikas. Die Schockwirkung eines Terrorakts wird durch die Symbolik des Angriffsziels enorm gesteigert. Es kommt darauf an, dass die psychologische Wirkung größer ist als der tatsächliche physische Schaden. [...]
Fünftens ist – und das ist umstritten – Terrorismus die Vorgehensweise von Gruppen auf substaatlicher Ebene, nicht von Staaten. Das soll nicht heißen, dass Staaten nicht Terrorismus als Instrument ihrer Außenpolitik benutzen. Wir wissen, dass sie das tun. [...]
Das sechste Merkmal des Terrorismus ist, dass die Opfer der Gewalt und das Publikum, das die Terroristen zu erreichen versuchen, nicht identisch sind. Opfer sind Mittel, um das Verhalten eines größeren Publikums zu beeinflussen, in der Regel einer Regierung. [...] Das ist ein Unterschied zu den meisten anderen Formen politischer Gewalt, die auf Sicherheitskräfte oder Repräsentanten von Staaten zielt, um einen Gegner zu schwächen.
Das letzte und wichtigste Merkmal des Terrorismus ist, dass er sich bewusst gegen Zivilisten richtet. Das unterscheidet ihn von anderen Formen politischer Gewalt, auch von eng verwandten wie dem Guerillakrieg.

Louise Richardson, Was Terroristen wollen: Die Ursachen der Gewalt und wie wir sie bekämpfen können, Frankfurt a. M./New York 2007, S. 28–30 (Übersetzung: Hartmut Schickert)
Louise Richardson war Harvard-Professorin für Politikwissenschaft und ist seit Januar 2015 Vizekanzlerin der Universität von Oxford.

Terror oder Terrorismus?

„Terror" steht für gewalttätige staatliche Repressionspolitik, beispielsweise in totalitären Diktaturen. „Terrorismus" ist dagegen ein Instrument, das nichtstaatliche Akteure zur Bekämpfung eines Staats nutzen.

Info

Terrorismus – eine Typologie

Die bekannteste Typologisierung von Terrorismus ist die nach Motivgruppen. Danach lässt sich jede terroristische Organisation diesen vier Typen zuordnen, wobei auch Mischformen existieren. Alle terroristischen Akteure eint jedoch ein gewaltsames Vorgehen zur Verfolgung ihrer Ziele:

(1) sozialrevolutionärer Terrorismus
- Ziel: Grundlegende Umwälzung der gesellschaftlichen Besitz- und Herrschaftsverhältnisse
- z. B. RAF (Deutschland), Brigate Rosse (Italien)

(2) ethnisch-nationalistischer Terrorismus
- Ziel: Erhalt eines eigenen Staatsgebietes (durch Abspaltung) für Bevölkerungsminderheiten (oft mit eigener Sprache und Kultur)
- z. B. baskische ETA (Spanien), IRA (Irland, Großbritannien)

(3) vigilantistischer Terrorismus
- Ziel: Stärkung existierender staatlicher Autorität (in ihrem ideologischen Sinne), Gegensatz zu Terroristengruppen anderer Motivtypen
- z. B. Ku-Klux-Klan (USA), Nationalsozialistischer Untergrund (Deutschland)

(4) religiöser/fundamentalistischer Terrorismus
- Ziele: Überwindung weltlicher Gesellschafts- und Staatsformen zur Errichtung einer aus einem fundamentalistischen Religionsverständnis abgeleiteten Theokratie (Gottesstaat)
- z. B. Boko Haram (Nigeria), al-Qaida, „Islamischer Staat"

Zusätzlich kann eine systematische Unterscheidung hinsichtlich des Aktionsradius von terroristischen Gruppierungen getroffen werden: Beim Typus des **internationalen Terrorismus** verüben die Attentäter gezielt Anschläge im Ausland, sodass Täter und Opfer unterschiedliche Nationalitäten besitzen. Die jüngste Entwicklungsform stellt der **transnationale Terrorismus** dar. Im Gegensatz zur vorgenannten Variante rekrutieren diese terroristischen Gruppen ihre Mitglieder aus unterschiedlichsten Nationen und verüben weltweit Anschläge.

Angelehnt an: Peter Waldmann, Stefan Malthaner, Terrorismus, in: Dieter Nohlen, Florian Grotz (Hg.), Kleines Lexikon der Politik, Bonn 2008, S. 573–578

M 3 Gibt es einen „neuen Terrorismus" im 21. Jahrhundert?

Der klassische Terrorismus [...] war durch zwei Imperative [= Prinzipien] charakterisiert: Er zielte mit seinen Gewaltakten auf herausgehobene Personen der politischen
5 Klasse und der gesellschaftlichen Elite, und er konzipierte seine Anschläge gegen sie als Botschaft an einen „zu interessierenden Dritten", der [...] zu Widerstand und Aufruhr motiviert werden sollte. Bombenan-
10 schläge und Attentate sollten in der klassischen Strategie des Terrorismus als Initialzündung für eine tief greifende Umwälzung der politischen und gesellschaftlichen Ordnung dienen. Eine solche Strategie
15 hatte Folgen für die Auswahl der taktischen Ziele: Die Gewalt musste gezielt gegen die Repräsentanten des Systems gerichtet werden, und aus den Reihen des „zu interessierenden Dritten", ethnischer Minderheiten
20 oder sozialer Klassen, durfte keiner zu Schaden kommen. Die Konsequenz war, dass die Terrorgruppen ihre Ziele genau auswählen und die Durchführung der Anschläge präzise planen mussten. [...]
25 [Dagegen] zeichnen sich die jüngsten Anschläge terroristischer Akteure dadurch aus, [...] möglichst viele Menschen zu töten, um größtmögliche Aufmerksamkeit zu erreichen und so allgemein Angst und Schrecken zu verbreiten. [...] Das [und der 30 - zumindest vorgebliche - religiöse Antrieb] unterscheidet den neuen grundsätzlich vom herkömmlichen Terrorismus. [...] Offenbar gibt es für den islamistischen Dschihadismus in Westeuropa keinen „als interessiert 35 unterstellten Dritten" mehr [...]. Der Wegfall dieses Dritten als gewaltlimitierendes Element [...] hat Anschläge sehr viel einfacher und leichter gemacht. Es bedarf keiner aufwendigen Ausspähung von Zielen mehr, im 40 Fall von Nizza nicht einmal mehr der Verfügung über Sprengstoff oder Schnellfeuergewehre, sondern nur einer ebenso todesbereiten wie tötungswütigen Person, und ansonsten genügt der Zugriff auf die Infra- 45 struktur unserer Gesellschaften, um darin die tödlichen Waffen zu finden [...].

Herfried Münkler, Die Falle ist gestellt, www.zeit.de, 21.07.2016

M 4 Terroristische Gewalt als Kommunikationsmittel

a) Der „IS" in den Medien

Die teils bestialische Gewalt [...] wird bewusst [...] inszeniert wie in einem Film. Der IS verfolgt damit mehrere Ziele: Unter seinen Gegnern will er Schrecken verbreiten,
5 während er selbst als nahezu übermächtig erscheint und seine Botschaft mittels medialer Berichterstattung weltweit verbreiten kann. Damit wiederum erreicht er Sympathisanten, Unterstützer und potentielle Re-
10 kruten. Dabei kommt der Organisation der Warencharakter von Nachrichten entgegen. Jede alarmistische Schlagzeile kann die Auflage steigern. Viele Medien zeichnen die Bedrohung durch den IS in grellen Far-
15 ben. [...] Der IS ist auf diese Berichte angewiesen. Unermüdlich arbeiten die Medienstrategen der Organisation unter Verwendung sozialer Netzwerke wie Twitter, Instagram und Facebook deshalb daran, solche Meldungen zu provozieren. Vor al- 20 lem mit dramatisch inszenierten Hochglanzvideos grausamer Hinrichtungen [...] versucht der IS Aufmerksamkeit auf sich zu lenken. [...] Losgelöst von den militärischen Realitäten bemüht sich der IS deshalb, seine 25 angebliche Schlagkraft unter Beweis zu stellen. [...]. In der westlichen Welt versucht der IS mittels Dschihadisten aus westlichen Ländern Eindruck zu machen. Diese „Auswanderer" drohen mit Anschlägen und ru- 30 fen Sympathisanten zum Dschihad für den Islamischen Staat auf.

Jean Rokbelle, Der IS in den Medien und die Medien in der Strategie des IS, www.sicherheitspolitik-blog.de, 24.02.2015

Dschihadismus
→ vgl. Kap. 2.3.2

b) Hoffnung auf Gegenreaktionen

Panik und Schockeffekte sind das eine, die Mobilisierung von Sympathisanten und Unterstützern sowie die Radikalisierung von politisch nahestehenden Bewegungen sind das andere strategische Motiv terroristischer Aktivitäten. Terroristen handeln daher zumeist im Namen von „als interessiert unterstellten Dritten" (Herfried Münkler). Sie verstehen sich dabei als Avantgarde [= Auserwählte, wissende Vorreiter], die sich für die Unterdrückten einsetzt, unabhängig davon, ob sie nun ethnonationale/separatistische [= abspalterische], sozialrevolutionäre oder religiös inspirierte Ziele verfolgen. Daraus speist sich das Bewusstsein moralischer Überlegenheit, mit der Terroristen ihre eigentlich unmoralischen Taten vor sich selbst und vor anderen rechtfertigen. In diesem Sinne stellt Terrorismus eine Kommunikationsstrategie dar, mit der politische Botschaften gleichermaßen an Freund und Feind übermittelt werden sollen. Dazu nutzen Terroristen neben der operativen Ebene [= Handlungsebene] auch die Ebene der Propaganda, die sie in Form von Bekennerschreiben, Drohungen und politischen Erklärungen verbreiten, heute zumeist über das Internet und per Videoaufnahmen. [...] Allerdings erreichen Terroristen die gewünschte Mobilisierung von Sympathisanten in der Regel weniger durch ihre Anschläge oder ihre Propaganda, als vielmehr durch die Gegenreaktionen, die sie beim Adressaten des Anschlags hervorrufen. Die Attentate sollen den Gegner zu möglichst brutalen und unverhältnismäßigen Maßnahmen provozieren, die ihn, so das Kalkül der Terroristen, „entlegitimieren" und „demaskieren". [...] Der Angegriffene soll als der „eigentliche Aggressor" entlarvt werden, während die eigenen Aktionen als Form der Selbstverteidigung und Selbstbehauptung verkauft werden. Terroristen setzen insofern auf eine Aktion-Reaktion-Spirale, bei der sie von der Rolle des Angreifers in die des Angegriffenen, des „Opfers" wechseln können.

Ulrich Schneckener, Transnationaler Terrorismus, Frankfurt a. M. 2006, S. 22ff.

> Dem Terroristen geht es nicht um den eigentlichen Zerstörungseffekt seiner Aktionen. Diese sind nur ein Mittel, eine Art Signal, um einer Vielzahl von Menschen etwas mitzuteilen. Terrorismus [...] ist primär eine Kommunikationsstrategie.
>
> *Peter Waldmann, Terrorismus. Provokation der Macht, München 1998, S. 12f.*

Aufgaben

1. a) Stellen Sie die Unterschiede zwischen Terrorismus und Gewaltkriminalität dar (M 2).
   b) Charakterisieren Sie den Anschlag vom Berliner Breitscheidplatz (M 1) als terroristisches Attentat im Sinne der Definition von Louise Richardson (M 2).

2. a) Geben Sie die Entwicklung des Terrorismus wieder (Infobox, M 3).
   b) Ordnen Sie das Anschlagsmuster von Berlin in die Entwicklungen des Terrorismus ein.

3. a) Erläutern Sie die These von Peter Waldmann, Terrorismus sei vor allem als Kommunikationsstrategie zu verstehen (M 4).
   b) Analysieren Sie, welche Botschaften wahrscheinlich von dem Attentat in Berlin ausgehen sollten.

H zu Aufgabe 3b
Gliedern Sie die Botschaften nach verschiedenen Adressaten, z.B. Bevölkerung Deutschlands, Bundesregierung, potenzielle Sympathisanten des „IS", Mitglieder der „IS" etc.

F Leiten Sie aus der Kommunikationsstrategie von Terrororganisationen Handlungsempfehlungen für die mediale Berichterstattung über terroristische Ereignisse ab.

2.3.2 Ziele und Ideologie transnationaler, islamistischer Terrororganisationen

E
- Analysieren Sie die Karikatur (M 5).
- Positionieren Sie sich zu ihrer zentralen Aussage.

M 5 ● Gotteskrieger?

Karikatur: Emad Hajjaj, 2007

M 6 ● Worin bestehen die Grundzüge der islamistischen Ideologie?

Keineswegs muss es sich bei transnational operierenden terroristischen Gruppen um islamistische Fundamentalisten handeln. Allerdings gilt der islamistische Terrorismus mit seinen Hauptvertretern al-Qaida und dem „Islamischen Staat" als das gefährlichste Phänomen dieser Art. Daher sollen hier Grundzüge der radikal-islamistischen Ideologie vorgestellt werden:

a) Politischer Islam
Islamismus bezeichnet dasselbe wie die ebenfalls verbreiteten Begriffe „politischer Islam", „islamischer Fundamentalismus" [...]. Hinter diesen Termini steht die Forderung, das gesamte private und öffentliche Leben müsse durch [das jeweilige Verständnis des] Islam bestimmt werden, und die Behauptung, für jedes in einer Gesellschaft auftretende Problem könne eine religiös fundierte Lösung bereitgestellt werden. Diese Einstellung geht zurück auf die Überzeugung, dass der Islam sowohl Religion als auch ein politisches System sei. Ihren prägnantesten Ausdruck findet diese Ideologie in dem Verlangen nach Einführung der shari'a, des geoffenbarten Gesetzes des Islam, in dem die Islamisten eine allumfassende Rechts- und Werteordnung sehen, die unmittelbar auf den Texten der Offenbarung (Koran und Sunna) gründet. Von nicht-islamistischen Muslimen unterscheiden sie sich in der Regel dadurch, dass sie ihre eigene Interpretation des Islam als politisches Programm verkünden und die Positionen Andersdenkender zumindest implizit mit Unglauben gleichsetzen.

Guido Steinberg, Der nahe und der ferne Feind. Die Netzwerke des islamistischen Terrorismus, München 2006, S. 16f.

b) Salafismus

Zu den – auch in Deutschland am stärksten wachsenden – islamistischen Bewegungen gehört der sunnitische Salafismus. Die Vertreter praktizieren eine wortwörtliche Auslegung des Koran und der Sunna und leiten dadurch den Anspruch ab, den „wahren" Islam zu erneuern und von scheinbar korrumpierenden, fremden Einflüssen zu befreien. Damit streben sie eine Lebensweise nach dem Vorbild der idealisierten Frühzeit des Islam an.

Trotz dieser von allen Salafisten geteilten ideologischen Grundannahmen, stellt der Salafismus bezogen auf die Wahl der Mittel zur Verfolgung seiner Ziele eine sehr heterogene Bewegung dar: Während sich puristische Salafisten auf die Einhaltung der Regeln in privaten Lebensbereichen beschränken, strebt der missionarische Salafismus aktiv die Umgestaltung der Gesellschaft im Sinne ihrer Auslegung des Islam an. Die dritte – und mit Abstand kleinste – Untergruppe ist der dschihadistische Salafismus, der auf Basis einer extremistischen Auslegung des Dschihad-Begriffs (terroristische) Gewalt als legitimes Mittel ansieht und anwendet, um seine politischen und religiösen Ziele zu verwirklichen.

Strömungen des Salafismus

puristisch	missionarisch	
	Gewalt ablehnend	Gewalt tolerierend
		dschihadistisch*

* Gewalt anwendend

Das Personenpotenzial des missionarischen Salafismus wird für Deutschland vom Verfassungsschutz mit 11.300 (2018) angegeben. Das Land Nordrhein-Westfalen mit dem höchsten Anteil an Menschen muslimischen Glaubens (1,4 Mio.) zählte im selben Jahr bei einer Gesamtszene von 3.100 missionierenden Salafisten ca. 870 gewaltbereite Mitglieder.

Autorentext

Sunna

Sunna (arab. für „Brauch", „gewohnte Handlungsweise") bezeichnet überlieferte Worte und Handlungen des Propheten Mohammed, die im Islam als zweite Quelle religiöser Normen neben dem Koran gelten.

c) Dschihadismus

Der Koran [...] ermöglich[t] viele Deutungen des Begriffs [Dschihad]. Wer möchte, findet ihn [...] in seiner anfänglichen Bedeutung von „sich anstrengen" oder „sein Bestes geben". [...] Es geht um einen inneren Kampf gegen Hochmut und Untugend, gegen die Verlockung zu moralisch verwerflichen Taten, gegen Ignoranz und schlechte Charaktereigenschaften.

Doch auch wer im Koran nach einem Zusammenhang von Dschihad und Krieg sucht, wird fündig. [...] Der Koran beschreibt und erlaubt den Verteidigungskrieg – er ruft aber gleichzeitig zur Mäßigung auf. Ziel sei es, sich selbst zu retten, nicht die Gegner zu vernichten [...].

Außerdem befürwortet es der Koran keineswegs, Kriege zu führen, um Nichtmuslime zum Islam zu bekehren. Wäre die Bekehrung durch das Schwert das Ziel, könnte der Kampf erst enden, wenn die Gegner sich zum Islam bekannt haben. Davon aber ist nicht die Rede. Deshalb ist auch eine Übersetzung des Begriffes Dschihad als „Heiliger Krieg" im Grunde falsch, denn es geht keineswegs um einen religiösen Krieg, der nur Tod oder Bekehrung kennt. Islamistische Extremisten freilich finden heute auch unter diesen Voraussetzungen Mittel und Wege, den Koran in ihrem Sinne zu deuten. So ist es gängig, die eigene Gewalt mit neuen oder alten Kriegshandlungen etwa der USA zu legitimieren. Der Koran bleibt ein deutungsoffener Text. Es ist möglich, ihn friedlich zu lesen oder seine Verse für kriegerische Zwecke einzuspannen. Beide Lesarten haben eine jahrhundertealte Tradition.

Mouhanad Khorchide, ZEIT Geschichte Nr. 2/2016, 17.05.2016

Mouhanad Khorchide leitet das Zentrum für Islamische Theologie an der Universität Münster.

Nach: GTI-Report 2019, S. 15

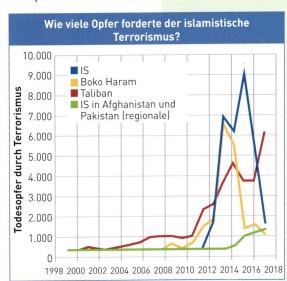

Wie viele Opfer forderte der islamistische Terrorismus?

M 7 • Aufstieg und Niedergang des „Islamischen Staates"?

In den Jahren 2014 bis 2016 wurde der „Islamische Staat" (IS) zur gefährlichsten Terrororganisation der Gegenwart. Damals schien es so, als habe er sich im Konflikt mit
5 al-Qaida durchgesetzt und schicke sich an, die dschihadistische Szene weltweit zu dominieren. Hierfür sprach vor allem seine starke Anziehungskraft auf ausländische Kämpfer, die ab 2013 – verstärkt jedoch ab
10 Mitte 2014 – zu Zehntausenden nach Syrien strömten, um sich der Organisation anzuschließen. Der wichtigste Grund für diese Attraktivität war, dass der [salafistische] IS tatsächlich ein staatsähnliches Gebilde kontrollierte, das nach Ansicht seiner An-15 hänger dem Gemeinwesen nachempfunden war, welches die frühen Muslime in Mekka und Medina im 7. Jahrhundert aufgebaut hatten. Die zunächst erfolgreiche „Staatsgründung" stellte die Errungenschaften al-20 ler dschihadistischen Rivalen in den Schatten. Hinzu kam, dass der IS sich nicht auf Syrien und den Irak beschränkte, sondern ab Mitte 2014 [mit der Ausrufung des Staates] ein Netzwerk von verbündeten 25 Gruppierungen (die IS-Provinzen) schuf, die in vielen Staaten der islamischen Welt zu einflussreichen Gewaltakteuren wurden. Der IS und seine Unterstützer in den Provinzen verübten 30 ab 2014 zahlreiche spektakuläre Anschläge gegen westliche und russische Ziele. Zwar schaffte es der IS nicht, ein ähnlich epochemachendes Attentat wie das der al-Qaida vom 11. September 35 2001 zu verüben, doch gelangen ihm immer wieder höchst anspruchsvolle Operationen, und die schiere Zahl der Anschläge lag weit über der, die bis dato auf das Konto von al-Qaida ge-40 gangen war. Ende 2017 jedoch erlitt der IS eine vernichtende militärische Niederlage, der „Staat" des IS in Syrien und im Irak brach unter den Angriffen seiner Gegner zusammen. 45

Guido Steinberg, Das Ende des IS? Die Fragmentierung der jihadistischen Bewegung, SWP-Studie 20, 2018, S. 5f.

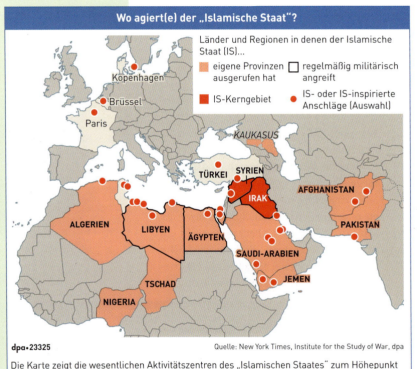

Die Karte zeigt die wesentlichen Aktivitätszentren des „Islamischen Staates" zum Höhepunkt der Macht in den Jahren 2015/16.

Aufgaben

1. Geben Sie die ideologischen Grundlagen und Ziele des islamistischen Fundamentalismus wieder (M 6).

2. a) Erklären Sie die Funktion der fundamentalistischen Koranauslegung für islamistische Terrororganisationen wie den „Islamischen Staat" (M 6, M 7).
   b) Vergleichen Sie die Rolle der Religion für den „Islamischen Staat" mit den Ergebnissen der Karikaturanalyse (M 5).

3. Überprüfen Sie, ob es sich beim „Islamischen Staat" um eine terroristische Organisation im Sinne der Definition von Louise Richardson handelt (M 2, M 7).

H zu Aufgabe 3
Ziehen Sie die Unterscheidung von „Terror" und „Terrorismus" heran.

2.3.3 Welche Ursachen hat transnationaler Terrorismus?

E Arbeiten Sie mögliche Ursachen heraus, die Anis Amri (M 8) zu seiner terroristischen Tat bewegt haben könnten.

M 8 ● Wie wurde aus Anis Amri ein Terrorist des „IS"?

Anis Amri (*1992, †23.12.16) wuchs als jüngstes von neun Kindern eines Tagelöhners unter ärmlichen Bedingungen im Norden Tunesiens auf. Seine Familie beschreibt ihn als nicht religiös, er habe einen eher westlichen Lebensstil gepflegt. Nach dem Abbruch der Schule im Alter von 15 Jahren ging Amri Gelegenheitsarbeiten nach, glitt zusehends in die Kleinkriminalität ab und wurde 2011 in Abwesenheit zu einer Freiheitsstrafe von fünf Jahren wegen Raubes verurteilt.

Im Chaos des Arabischen Frühlings 2011 floh Amri nach Italien. Dort beantragte er Asyl und gab sich als minderjährig aus, wodurch er einer Sammelunterkunft für Jugendliche zugewiesen wurde. In dem maroden sowie von Enge und Gewalt geprägten Lager fiel er durch Vandalismus, Bedrohungen und Körperverletzung auf, was in dem Versuch gipfelte, seine Schule in Brand zu setzen. Auf Sizilien verbüßte er dafür bis 2015 eine Gefängnisstrafe und kam durch Mitgefangene erstmals enger mit dem Salafismus in Kontakt. Nach seiner Entlassung setzte sich Amri mit einer Gruppe syrischer Flüchtender nach Deutschland ab. Ab Juli 2015 beantragte er unter verschiedenen falschen Identitäten Asyl in Deutschland.

Der junge Tunesier geriet schnell ins Visier der Ermittler und wurde als sogenannter „Gefährder" eingestuft, nachdem er im Kontakt zu islamistischen Kreisen stand. Amri wurde daraufhin seit März 2016 wegen des Verdachts der Vorbereitung einer schweren staatsgefährdenden Straftat von der Berliner Justiz observiert. Im September stellten die Behörden aufgrund fehlender Hinweise die Überwachung ein.

Nach der Tat ließ sich rekonstruieren, dass Amri wenige Wochen vor dem Anschlag fast nur noch dschihadistische Propagandaseiten im Netz besuchte und über längere Zeiträume Kontakt zu Mitgliedern des „IS" hatte.

Autorentext

Gefährder
Person, bei der bestimmte Merkmale die Annahme rechtfertigen, dass sie politisch motivierte Straftaten von erheblicher Bedeutung begehen könnte

M 9 ● Warum haben sich Iraker und Syrer dem „IS" angeschlossen?

[Zahlreiche] Kämpfer [...] [des „IS" gehören] zur lokalen Bevölkerung [...]. Diese Menschen haben unter schiitischen Regierungen gelebt, unter Assad in Syrien oder Nuri al-Maliki im Irak. Als Sunniten sind sie mit Diskriminierung und ohne Perspektive aufgewachsen. Die Mehrheit ist jung, viele haben ihre Jugend im schwelenden Bürgerkrieg zwischen Sunniten und Schiiten verbracht, welcher der Invasion der USA im Irak folgte. Sie sind wütend auf ihre Regierungen und auf die Amerikaner, die sie als eine Ursache der chaotischen Zustände und der anhaltenden Gewalt sehen. Einer der IS-Kämpfer im Irak etwa berichtete uns: „Die Amerikaner kamen. Sie beseitigten Saddam, aber sie beseitigten auch unsere Sicherheit. Ich mochte Saddam nicht. Wir waren damals am Verhungern, aber wenigstens hatten wir keinen Krieg." Die Gespräche sind oft geprägt vom Frust über eine verlorene Jugend, über Ausgangssperren, über Flucht und Vertreibung, über den Verlust des Vaters oder anderer Angehöriger. Für diese jungen Menschen ist der IS die einzige Möglichkeit, ihre Würde wiederzuerlangen, dem vermeintlichen Feind entgegenzutreten oder sich zumindest zu rächen. Andere Einheimische schließen sich dem IS an, weil sie nicht anders können oder gezwungen werden. [...] Der IS ist für sie der einzige Weg, um ihre Familie ernähren zu können, denn er zahlt jedem Kämpfer einen festen monatlichen Sold [...]. Andere gehören zu den sunnitischen Stämmen, deren Stammesälteste sich strategisch dem IS angeschlossen haben und von ihren jungen Männern verlangen, in dessen Kampfeinheiten zu dienen. Natürlich gibt es auch diejenigen, die von den Dschihadisten in den von ihnen kontrollierten Gebieten „angeworben" werden – mit der Alternative einer sofortigen Hinrichtung.

Hammad Sheikh, Die drei Grundformen des Dschihad, www.zeit.de, 15.12.2015

M 10 ● Warum radikalisieren sich junge Menschen im Westen?

Das Konzept der Radikalisierung hat in den letzten Jahren durch die steigende Zahl von zumeist islamistisch motivierten Attentätern, die in westlichen Ländern geboren oder zumindest aufgewachsen sind, große Resonanz erfahren. Der islamistische Terrorismus wird seitdem nicht nur als Gefahr gesehen, die von außen in die westlichen Gesellschaften hineingetragen wird, sondern als ein Problem, das sich innerhalb dieser Gesellschaften selbst entwickeln kann (daher:" homegrown terrorism").

a) Radikalisierte Cliquen

Eine wichtige Rolle bei der Rekrutierung [...] spielen Freundeskreise, Bezugsgruppen in Ausbildungsstätten und Beruf oder direkte Kontakte, etwa in Gefängnissen. So beschreibt [der Terrorismusforscher] Marc Sageman, wie sich [...] immer wieder kleine Gruppen („bunch of guys") zusammenfinden und zu terroristischen Anschlägen entschließen. Beispiele sind die für die Anschläge des 11. September 2001 verantwortliche „Hamburger Zelle", deren Mitglieder sich während des gemeinsamen Studiums in Deutschland kennengelernt hatten, und die Tätergruppe des Bombenanschlags von Madrid 2004, bei der sich fünf von sieben Personen aus Kindheitstagen in Marokko gekannt hatten [...].
Die Bedeutung der Mobilisierung und Rekrutierung durch Primärgruppen und individuelle Kontakte, über die gemeinsame Identitäten und Loyalitäten aufgebaut werden, [zeigt], dass bei solchen Prozessen [und letztlich der Bereitschaft zum Selbstmordattentat] „in-group love" oft eine ebenso bedeutsame Rolle zukommt wie „out-group hate". Im Umfeld extremistischer Strömungen finden sich mitunter auch Subkulturen, die eine gemeinschaftliche Identitätskonstruktion und eine drastische Abgrenzung vom gesellschaftlichen „Mainstream" vorantreiben und sich etwa durch die gemeinsame Bezugnahme auf bestimmte Kleidungs-, Musik- und Lebensstile auszeichnen. Dies kann gerade für unsichere Jugendliche attraktiv sein und wird deshalb auch gezielt für die Rekrutierung genutzt. Solche Subkulturen finden sich in salafistischen Kreisen, aber auch in verblüffend ähnlicher Form im rechtsextremistischen und neonazistischen Lager.

Hendrik Hegemann, Martin Kahl, Terrorismus und Terrorismusbekämpfung, Wiesbaden 2018, S. 89ff.

b) Risikofaktoren

Herr Peter Neumann, Sie gehen als Terrorforscher der Frage nach, wie Menschen zu Terroristen werden und sich radikalisieren. Was sind dabei die Hauptursachen?

Es gibt keine Blaupause für eine Radikalisierung. Man kann lediglich Risikofaktoren bestimmen. Zuerst gibt es eine Frustration als Voraussetzung dafür, dass sich jemand für eine Ideologie öffnet. Zweitens einen

---

Relative Deprivation (wörtl. „Beraubung") bezeichnet die (subjektive) Wahrnehmung einer Benachteiligung gegenüber einer als relevant eingeordneten gesellschaftlichen Vergleichsgruppe. Dieses Gefühl basiert dabei nicht unbedingt auf tatsächlichen Benachteiligungsstrukturen. Die wahrgenommene Entbehrung führt jedoch zu Frustration, zur Bestimmung von (vermuteten) Verursachern an der negativ empfundenen Lebenssituation und mündet in einer (im Extremfall gewalttätigen) Gegenwehr.

Drang, also Bedürfnisse, die diese Ideologie befriedigt. Natürlich braucht es die Ideologie selbst, die diesen Frust und diese Bedürfnisse in die Richtung eines politischen oder religiösen Projekts lenkt. Und in den allermeisten Fällen findet Radikalisierung nicht alleine statt, sondern hat mit Beeinflussung durch andere Menschen zu tun. Gewalt ist dann oft das Resultat von erfahrener oder erlebter Gewalt, die andere verübt haben. [...] Doch keiner dieser Bausteine erklärt für sich allein genommen, warum jemand zum Extremisten wird. [...]

Welche Rolle spielt die Religion in Radikalisierungsverläufen?
Religion hat zunächst einmal die Funktion wie jede andere Ideologie. Aber Religionen sind problematischer. Denn sie bieten nicht nur Antworten auf Probleme und Frustrationen, sondern bringen auch ein Heilsversprechen: „Wenn du dich in die Luft sprengst, kommst du in den Himmel."

Das Interview führte Benjamin Stahl, Die Radikalisierung verläuft immer schneller, in: Main-Post, 13.10.2016

M 11 ● Globalisierung als Terrorismusursache

Individuen vergleichen sich und ihre soziale Gruppe [bei zunehmender Globalisierung] anstatt mit sozialen Gruppen in der nationalen Gemeinschaft mit sozialen Gruppen in der Weltgesellschaft und [können] auf der Basis dieses Vergleichs das Gefühl einer illegitimen Benachteiligung [entwickeln]. [...] Mit kollektiver terroristischer Gewalt Macht auszuüben und dadurch den Prozess der Globalisierung zu beeinflussen, ist aus dieser Perspektive dadurch motiviert, Wohlstand, Einfluss und Status für sich und die eigene soziale Gruppe zu erhalten oder zu erhöhen, wobei dies auch die Gemeinschaft aller muslimischen Glaubensbrüder und Glaubensschwestern sein kann. [...]
Aber auch der Prozess der Globalisierung selbst kann [...] zur Entstehung einer globalen relativen Deprivation [= Ausgrenzung, soziale Benachteiligung] beitragen. [...] Für [den Politikwissenschaftler Jamal] Nasser sind es vor allem die Massenmedien, die Individuen weltweit über den westlichen Lebensstandard informieren und sie von diesem Lebensstandard träumen lassen. Die Massenmedien haben einen Demonstrationseffekt, der Erwartungen weckt, die nicht erfüllt werden können. Die Frustration, die daraus entsteht, ist für Nasser eine zentrale Motivation für terroristische Gewalt gegen den Westen. [...]
Auch die globale ökonomische Vernetzung [ist] entscheidend. Denn durch sie entwickeln sich weltweit soziale Kontakte und Beziehungen, die Migration zwischen den Ländern und Kontinenten nimmt zu, und es entsteht weltweit ein Bewusstsein dafür, eine entscheidende Rolle in der globalisierten Weltwirtschaft zu spielen. [...] Individuen aus den verschiedenen Weltregionen, die sich als Teil der Weltgesellschaft wahrnehmen, können zu der Überzeugung gelangen, dass ihnen im Vergleich mit westlichen Standards mehr an Wohlstand, Einfluss und Status zusteht, als sie erreichen können [...].

Melanie Reddig, Deprivation, Globalisierung und globaler Dschihad, in: Thomas Kron, Melanie Reddig (Hg.), Analysen des transnationalen Terrorismus. Soziologische Perspektiven, Wiesbaden 2007, S. 299ff.

Aufgaben

1. Fassen Sie Ursachen des transnationalen Terrorismus zusammen (M 9-M 11).
2. Erklären Sie den Radikalisierungsprozess von Anis Amri (M 8-M 11).
3. Setzten Sie sich mit der These auseinander, die Ursachenstrukturen des transnationalen islamistischen Terrorismus machen seine Bekämpfung nahezu unmöglich.

M zu Aufgabe 1
Erstellen Sie arbeitsteilig ein Fischgrätendiagramm / eine Mindmap zu den Ursachen des Terrorismus. Gliedern Sie die Darstellung nach verschiedenen Faktoren, z. B. nach Persönlichkeitsmerkmalen, globalen und gesellschaftlichen Strukturen, gruppenbezogenen Prozesse etc.

H zu Aufgabe 2
Vergleichen Sie die Ergebnisse der Aufgabe 1 mit der Einstiegsaufgabe.

2.3.4 Terrorismus vorbeugen und bekämpfen – welche außenpolitischen Maßnahmen sind gerechtfertigt und wirksam?

E
- Entwickeln Sie ausgehend von Ihren Vorkenntnissen zu Merkmalen, Strukturen und Ursachen des Terrorismus Strategieansätze, um transnationalem Terrorismus wirkungsvoll zu begegnen.
- Unterscheiden Sie dabei die nationale (Deutschland) und internationale Ebene bei den Maßnahmen.

M 12 • Wie ist die Anti-IS-Koalition aufgebaut?

Internationale Allianz gegen den Islamischen Staat

Die „global coalition against daesh" bildete sich 2014 zur Bekämpfung des „IS". Kerngebiet: Syrien und Irak; die US-geführte Allianz besitzt kein internationales Mandat der UN.

Mitgliedstaaten:
81, darunter USA, Großbritannien, Frankreich, Deutschland, Irak, Türkei, Saudi-Arabien EU, NATO, Arabische Liga

Nicht-Mitgliedstaaten:
Russland, Syrien, Iran, China

Militärische Maßnahmen

Die Combined Joint Task Force - Operation Inherent Resolve koordiniert unter Führung der USA die militärischen Maßnahmen der Mitgliedstaaten in Irak und Syrien.
- Über 34.000 Luftschläge gegen mutmaßliche Stellungen des Islamischen Staates (Stand: Sept. 2019), 75-80% davon durch das US-Militär
- Ausbildung und Ausrüstung von irakischen Regierungstruppen und der kurdischen Milizen in Syrien und Irak
- Aufklärung und strategische Beratung bei der Planung von Bodentruppeneinsätzen durch die lokalen Verbündeten

Kosten (nur USA): ca. 5 Mrd. USD (2015) - ca. 15 Mrd. USD (2019)

Zahlen nach: Verteidigungsbudget des amerikanischen Department of Defense

Abzeichen der Combined Joint Task Force - Operation Inherent Resolve

Propagandabekämpfung

- technische Bekämpfung: Sabotage von Onlineplattformen, Löschung von Veröffentlichungen und Sperrung von „IS"-Accounts in Sozialen Medien
- inhaltliche Bekämpfung (v.a. in Sozialen Medien): Offenlegung von Falschbehauptungen, Informationskampagnen über den Kampf gegen den „IS", Unterstützung lokaler Autoren bei der Verbreitung von moderaten und aufgeklärten Alternativen zum „IS"-Narrativ

Nach: UNDP, Funding Facility for Stabilization Quarter I Review 2019, www.iq.undp.org, Abruf am 18.10.2019

Stabilisierung befreiter Gebiete

- Unterstützung der lokalen Administration in vom „IS" befreiten Gebieten in Irak und Syrien durch Minenräumung, Wiederaufbau von Verwaltungsstrukturen und Ausbildung von Polizei- und Sicherheitseinheiten
- Sicherstellung der Grundversorgung und Infrastrukturaufbau durch Zusicherung von Finanzmitteln in Höhe von 1,04 Mrd. USD (Stand: 03/19) an das UN Entwicklungsprogramm für Syrien und Irak (FFIS).

Nach: UNDP, Funding Facility for Stabilization Quarter I Review 2019, www.iq.undp.org, Abruf am 18.10.2019

Beschränkung der Bewegungsfreiheit von „IS"-Kämpfern

- Ausweitung der internationalen polizeilichen und geheimdienstlichen Zusammenarbeit zum Informationsaustausch
- Verschärfung von Grenzkontrollen und Reisebestimmungen

Finanzierung „IS" unterbinden

- Einfrieren von (Auslands-) Konten von Führungsmitgliedern und Unterstützern des „IS",
- Verhaftung von ausländischen Hintermännern und Finanziers des „IS"
- Luftschläge gegen Ölfelder, Infrastrukur- und Transporteinrichtungen

■ flankierende Maßnahmen der militärischen Operation

Autorengrafik

M 13 Welchen Betrag leistet Deutschland in der Anti-IS-Koalition?

a) „Counter Daesh"-Bundeswehreinsatz im Rahmen der „Operation Inherent Resolve"

Der deutsche Beitrag dient der Unterstützung der internationalen Allianz zum Kampf gegen die Terrororganisation „IS" und zur Unterstützung Frankreichs durch die Bereitstellung von Luftbetankung, Aufklärung (insbesondere luft-, raum- und seegestützt), Schutz in einem Flugzeugträgerverband und Stabspersonal zur Unterstützung.

Für die beteiligten Kräfte der Bundeswehr ergeben sich hieraus folgende Aufgaben:
- Aufklärung aus der Luft,
- Einsatzunterstützung durch Tankflugzeuge,
- See- und Luftraumüberwachung, auch durch Beteiligung an AWACS-Flügen der NATO,
- Austausch und Abgleich von Lageinformationen mit weiteren Teilnehmern der Anti-IS-Koalition,
- Durchführung von spezialisierten militärischen Lehrgängen,
- Schwerpunkt ist dabei die Ausbildung von Führungskräften der zentralirakischen Streitkräfte [v.a. kurdische Peschmerga-Kämpfer] mit dem Ziel des Aufbaus nachhaltiger Fähigkeiten, genannt „Capacity Building".

Nach: www.luftwaffe.de, Abruf am 18.10.2019

Das **Bundeswehrmandat** wurde im Herbst 2019 bis zum 31.3.2020 (Luftunterstützungsmission) bzw. längstens bis zum 31.10.2020 (Ausbildungsmission) verlängert. Die personelle Obergrenze wurde von 800 auf 700 deutsche Soldatinnen und Soldaten reduziert.

b) Stabilisierungsmaßnahmen und humanitäre Hilfe in Syrien und Irak

Deutschland hat den Co-Vorsitz in der verantwortlichen Arbeitsgruppe für die Planung von Stabilisierungsmaßnahmen in der Anti-IS-Koalition inne. Zur Stabilisierungsarbeit gehören beispielsweise der Wiederaufbau grundlegender Infrastruktur für Gesundheit und Wasserversorgung, Sprengfallenbeseitigung und Landwirtschaftsprojekte in vom „IS" befreiten Gebieten. Darüber hinaus unterstützt die Bundesrepublik humanitäre Hilfsprojekte, insbesondere für Millionen von Binnenvertriebenen und Flüchtlingen in der Region.

Autorentext

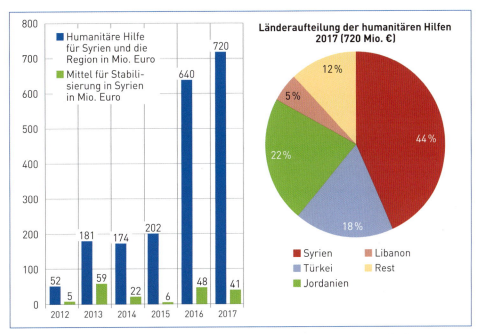

Zahlen nach: www.auswaertiges-amt.de, Abruf am 18.10.2019

M 14 Wie entwickelt sich die terroristische Bedrohung durch den „IS"?

Zivile Opfer des Militäreinsatzes gegen den „IS"

Luftangriffe der Anti-IS-Koalition (Irak und Syrien) seit 2014 (Stand 20.09.2019)	Opfer in der Zivilbevölkerung*
34.402	8.190 bis 13.091

*Die Angaben beinhalten nur Opfer, die von den beteiligten Staaten offiziell bestätigt wurden oder die durch andere Quellen ausreichend belegt werden konnten (mindestens zwei vertrauenswürdige und unabhängige Quellen sowie zusätzlich von der Anti-IS-Koalition offiziell bestätigte Luftschläge zu dem Zeitpunkt in dem betreffenden Gebiet).

Zahlen nach: https://airwars.org/conflict/coalition-in-iraq-and-syria/, Abruf am 31.07.2019

Hintergrund:
Am 22. Juli 2011 beging der norwegische Rechtsextremist Anders Behring Breivik die Anschläge von Oslo und auf der Insel Utoya (Norwegen) ein Attentat, bei dem 77 Menschen ums Leben kamen.

a) Entwicklung in Syrien und Irak

Der Global-Terrorism-Index (GTI) ist eine jährlich vom australischen Institute for Economics and Peace veröffentlichte Studie zur weltweiten Bedrohung durch Terrorismus. Aus den Merkmalen der einzelnen terroristischen Aktivitäten wird der GTI-Score errechnet, um die Bedrohungslage durch Terrorismus in den einzelnen Ländern abzubilden. Je höher der GTI-Score auf der Skala von 0 bis 10, desto größer die Auswirkungen des Terrorismus in einem Land.

Terrorismusindex Irak			
Jahr	Tote durch Anschläge	Anteil des IS (%)	GTI Score (Rang)
2018	1.054	76	9,241 (2)
2017	4.271	83	9,746 (1)
2016	9.765	74	10 (1)
2015	6.960	ca. 62	9,96 (1)
2014	9.929	ca. 30	9,920 (1)
2013	6.362	ca. 20	10 (1)
2012		–	
2011	1.798	/	9,56 (1)

Terrorismusindex Syrien			
Jahr	Tote durch Anschläge	Anteil des IS (%)	GTI Score (Rang)
2018	662	73	8,006 (4)
2017	1.096	63	8,315 (4)
2016	2.102	ca. 60 %	8,621 (4)
2015	2.761	ca. 55 %	8,5687 (5)
2014	1.698	ca. 40 %	8,108 (5)
2013	1.078	k.A.	8,12 (5)
2012		–	
2011	149	/	5,86 (14)

Zusammenstellung des Autors nach Institute für Economics and Peace: Global Terrorism Index 2012-2019

b) Entwicklung im „Westen"

Die Grafik zeigt die stark schwankenden Zahlen von Terrorismusopfern in Westeuropa und Nordamerika über alle Typen des Terrorismus. Die Anzahl der terroristischen Ereignisse (auch ohne Todesopfer) ist seit 2008 tendenziell steigend.

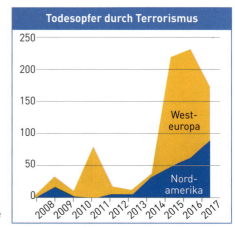

Nach: Institute for Economics and Peace: Global Terrorism Index 2018, S. 45

M 15 ● Ist der „Islamische Staat" militärisch besiegt?

[28.10.2019] Der Gründer und Anführer des „Islamischen Staates", Abu Bakr al-Baghdadi, ist im Nordwesten Syriens bei einem Einsatz der US-Armee ums Leben gekommen.

Ob die Terrormiliz „Islamischer Staat" nach dem Verlust ihres letzten Gebiets in Syrien besiegt ist, lässt sich mit einer Gegenfrage beantworten: Was breitete sich als Erstes
5 aus, das Territorium oder die Ideologie des IS? Letzteres. Der geistige Nährboden, den ideologische Rattenfänger nach den Anschlägen vom 11. September 2001 und dem folgenden Einmarsch der US-Truppen in
10 Afghanistan und dem Irak beackerten, verschwindet nicht, nur weil der IS einige Gebiete in Syrien und im Irak nicht halten konnte.
Im Gegenteil: Die Schwächung kann sogar
15 eine Stärkung zur Folge haben. Wahrscheinlich nicht sofort, immerhin brachte der Gebietsverlust die Einbuße wichtiger Finanzquellen und sicherer Rückzugsorte mit sich. Aber auf lange Sicht bleibt die
20 Ideologie die Gefahrenquelle. Und die sprudelt, genährt durch den Hass, nach den militärischen Niederlagen womöglich noch heftiger als bisher weiter. [...]
Der von den Dschihadisten heraufbeschwo-
25 rene Urkonflikt zwischen Sunniten und Schiiten wird durch die regionalen Machtkämpfe der Erzfeinde Iran und Saudi-Arabien weiter angestachelt. Der jahrzehntelange Stillstand in der arabisch-islamischen
30 Welt, in der autokratische Herrscher und mit ihnen verbündete geldgierige Eliten sich weiterhin bereichern, oft hofiert von westlichen Staaten, lässt das Volk intellektuell und wirtschaftlich verkümmern. Der
35 sogenannte Arabische Frühling, der den jungen Araberinnen und Arabern eine gesellschaftliche Teilhabe hätte bieten können, ist längst Geschichte. Nur Tunesien hat 2011, als einziges arabisches Land, die De-
40 mokratie eingeführt – doch seine wirtschaftlichen Sorgen verschwinden eben auch nicht über Nacht. Das Grundproblem bleibt überall in der Region bestehen:
Eine wütende Jugend fühlt sich von der
45 Welt vergessen und nutzt eine pervertierte Auslegung des Islam als Ventil für Frust und Aggression. Die Propaganda der Terrormiliz dürfte weiterhin Gehör finden. Denn in der arabischen Welt tobt nicht nur
50 ein Kampf zwischen Volk und Herrschern [...], sondern auch zwischen Jung und Alt. Die IS-Propaganda schreibt den Jungen und Abgehängten die Rolle der Handelnden zu – im Gegensatz zur Lethargie und Passi-
55 vität der Elterngeneration.

Dunja Ramadan, Der Islamische Staat ist geschlagen – aber nicht besiegt, www.sueddeutsche.de, 28.03.2019

Aufgaben

1. Fassen Sie die Strategie der internationalen Allianz (Anti-IS-Koalition) gegen den „Islamischen Staat" zusammen (M 12).
2. Beschreiben Sie den Beitrag Deutschlands an der internationalen Allianz (M 12, M 13).
3. Analysieren Sie die Entwicklung der terroristischen Bedrohung durch den „IS" in seinem Kerngebiet und in den „westlichen" Ländern (M 14, M 15).
4. Erörtern Sie das Vorgehen der Anti-IS-Koalition im Kampf gegen den „IS".

H zu Aufgabe 3
Beziehen Sie sich auf die Thesen zu den (Kommunikations-)Strategien des Terrorismus (vgl. Kap 2.3.1). Nutzen Sie die Kategorien der Effizienz und der Legitimität.

F Vergleichen Sie die Strategie der internationalen Anti-IS-Koalition mit Ihren eigenen strategischen Ansätzen.

2.3.5 Terrorismus verhindern – welche innenpolitischen Maßnahmen sind legitim und effizient?

E
- Nehmen Sie an, eine dritte Person hätte vollen Zugriff auf die in Ihrem Smartphone gespeicherten Daten (u.a. Kommunikationsverläufe und -inhalte aus Messenger-Diensten und sozialen Netzwerken, Bilder, Videos, Musik, Browserhistorie, Suchmaschinenabfragen, Online-Einkäufe etc.). Stellen Sie dar, welcher Einblick sich dieser Person ergeben würde.
- Diskutieren Sie im Kurs die Frage, inwieweit staatliche Ermittlungsbehörden vor dem Hintergrund einer terroristischen Bedrohungslage Einblick in ein privates Smartphone erhalten sollten.

M 16 ● Nichts zu verbergen?!

Autorengrafik

Trojanisches Pferd bezeichnet ein hölzernes Pferd der griechischen Mythologie, welches die Bewohner von Troja in ihre Stadt holten, nachdem es von ihren vermeintlich abgezogenen griechischen Feinden zurückgelassen worden war. Die im Bauch des Pferdes versteckten griechischen Soldaten öffneten in der folgenden Nacht die Stadttore, wodurch die Griechen den trojanischen Krieg für sich entscheiden konnten.

Autorentext

M 17 ● Wie funktioniert der Bundestrojaner?

Was ist ein Trojaner?
Als *Trojaner* wird eine Software bezeichnet, die mithilfe eines anderen Programms ohne Wissen und Zustimmung der Benutzerinnen auf Computer, Smartphones oder Tablets installiert wird, um im Hintergrund unbemerkt Funktionen auszuführen. Als Staats- oder Bundestrojaner werden Programme genannt, die staatliche Ermittlungsbehörden einsetzen.

Online-Durchsuchung und Quellen-TKÜ
Bei der sogenannten *Quellen-Telekommunikationsüberwachung* (Quellen-TKÜ) wird ausschließlich der Datentransfer im Überwachungszeitraum erhoben. Anders als bei der Vorratsdatenspeicherung, werden hier die Inhalte von E-Mails, Messenger-Chats, Audio- und Videogesprächen gespeichert und ausgewertet. Da viele dieser Kommunikationsmittel, wie z. B. WhatsApp und Skype, mittlerweile standardmäßig verschlüsselt werden, müssen die Ermittler auf die Endgeräte der Verdächtigen Zugriff besitzen, um die Informationen vor der Verschlüsselung bzw. nach der Entschlüsse-

lung mitlesen zu können. Dies ist bei Telefonaten oder SMS nicht notwendig.

Darüber hinaus zielt die *Online-Durchsuchung* auf eine möglichst umfassende Ausforschung des gesamten Systems eines Verdächtigen (Festplatten, Smartphone, Server...). Dies umfasst dann bspw. auch die vollständige Einsicht in gespeicherte Chatverläufe und Bilderalben. Technisch gesehen handelt es sich bei diesen Verfahren – wenn sie Sicherheitssysteme aushebeln – um Hacking.

Autorentext

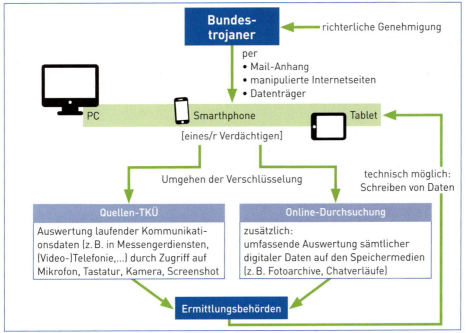

Autorengrafik

Info

Gesetzliche Regelungen zum Einsatz von Bundestrojanern

Der Einsatz von staatlichen Trojanern durch Ermittlungsbehörden ist immer wieder Gegenstand juristischer und politischer Auseinandersetzungen. Im Jahr 2008 setzte das Bundesverfassungsgericht der Online-Durchsuchung sehr enge Grenzen: Sie ist nur bei einer konkreten Gefahr für überragend wichtige Rechtsgüter zulässig, etwa für Leib und Leben, oder wenn es um staatsgefährdende Straftaten geht. Dazu zählt insbesondere die Abwehr von Terrorismus und organisierter Kriminalität. Gleichzeitig definierte das Gericht ein „Grundrecht auf Gewährleistung der Vertraulichkeit und Integrität informationstechnischer Systeme" („IT-Grundrecht"), das in IT-Systemen gespeicherte persönliche Daten unter strengen Schutz stellt. Die Quellen-TKÜ erklärte das Bundesverfassungsgericht 2016 grundsätzlich für grundgesetzkonform. In jedem Fall ist eine Überwachung durch ein Gericht anzuordnen. Der Einsatz eines Bundestrojaners zur Quellen-TKÜ war zunächst dem Bundeskriminalamt vorbehalten. Doch seit einer Gesetzesänderung im Jahr 2017 kann die Polizei mit der Software auch andere Formen der Kriminalität verfolgen, so z. B. beim Verdacht auf Subventionsbetrug, Sportwettenbetrug oder Steuerhinterziehung. Nach einem Gesetzentwurf des Innenministeriums aus dem Jahr 2019 soll jedoch auch für die nationalen Nachrichtendienste (Bundesnachrichtendienst (BND) und Verfassungsschutz) die Möglichkeit geschaffen werden, Trojaner einzusetzen.

Autorentext

M 18 Kontrovers diskutiert: Sollte der Staat Trojaner zur Terrorismusbekämpfung einsetzen?

Joachim Herrmann, CSU

a) Ermittlungsbehörden benötigen den Bundestrojaner

Joachim Herrmann, CSU, ist seit 2007 Bayerischer Innenminister und in dieser Funktion auch zuständig für innere Sicherheit sowie den Verfassungsschutz im Freistaat. Herrmann vertritt dezidiert die Position eines starken Staates in Sicherheitsfragen und fordert mehr Rechte der Ermittlungsbehörden bei der Strafverfolgung.

Wir brauchen gerade bei der Strafverfolgung dringend bessere Möglichkeiten zur Überwachung verschlüsselter Nachrichten. Es reicht heute nicht mehr aus, den Festnetz- oder Handy-Anschluss von Verdächtigen überwachen zu dürfen. Nach alter Rechtslage war es für Terroristen und Straftäter oftmals ein Leichtes, unbehelligt von Ermittlungsbehörden über Messenger wie WhatsApp oder Skype ihre kriminellen Pläne auszuhecken.

Das kann bis hin zu Terroranschlägen mit vielen Toten führen, wie uns die menschenverachtenden Taten beispielsweise in London, Paris oder Berlin gezeigt haben. [...]

[V]on der [...] „Quellen-Telekommunikationsüberwachung" erhoffen wir uns wertvolle Hinweise zur Bekämpfung des Terrorismus und schwerster Straftaten. Dadurch haben unsere Ermittler die Möglichkeit, mittels einer speziell dafür entwickelten Software Nachrichten vor oder nach der Verschlüsselung abzugreifen. Der Einsatz dieser Software ist selbstverständlich an hohe rechtliche Hürden gebunden. Unter anderem muss ein Richter diese Maßnahmen anordnen beziehungsweise bestätigen. In keinem Fall geht es darum, unbescholtene Bürgerinnen und Bürger auszuforschen.

Für umso unverantwortlicher halte ich so manche kritische Parole gegen diese wichtigen zusätzlichen Befugnisse für Ermittler. Es wird offenbar gezielt versucht, die Bevölkerung zu verunsichern und Angst vor einem „datenfressenden Überwachungsstaat" zu schüren. Das geht aber völlig an der Realität vorbei: Die wahren Gefahren für unsere Bürgerinnen und Bürger gehen nicht vom Rechtsstaat aus.

Es sind die Schwerverbrecher, die ganz genau wissen, wie sie dank modernster Kommunikationstechnik vor dem Auge des Gesetzes verborgen bleiben und sich abschotten können. Entscheidend ist doch, dass die Befugnisse unserer Ermittlungsbehörden mit der technischen Entwicklung Schritt halten können. [...]

Ist denn das Recht auf größtmögliche Sicherheit kein Bürgerrecht? Soll der Staat etwa Augen und Ohren verschließen, wenn der Verdacht einer schweren Straftat wie Totschlag, Vergewaltigung oder die Bildung einer terroristischen Vereinigung besteht? Für mich ist klar: Wir müssen unsere Bürgerinnen und Bürger bestmöglich vor Kriminalität schützen - konsequent und mit Augenmaß.

Joachim Herrmann, Die Debatte: Ist es richtig, dass der Staat bei WhatsApp mitliest? www.focus.de, 01.07.2017

b) Massiver Eingriff in die Privatsphäre

Sabine Leutheusser-Schnarrenberger ist ehemalige Bundesjustizministerin (1992-1996 und 2009-2013) und Mitglied der FDP. Thematischer Schwerpunkt in ihrer politischen Karriere ist die Bewahrung bürgerlicher Freiheitsrechte. Sie trat 1996 aus Protest gegen die Ausweitung von staatlicher Überwachung von ihrem Ministeramt zurück und unterstützt seit 2018 eine Verfassungsbeschwerde gegen den Bundestrojaner.

Der vom Bundestag beschlossene Bundestrojaner [...] ist in jeder Hinsicht problematisch und der bisher grundrechtsinvasivste heimliche Eingriff überhaupt.
5 Die Begründung der Befürworter des neuen Gesetzes ist so einfach wie falsch: Die Behörden sollten in der digitalen Welt endlich das können und dürfen, was sie in der analogen Welt schon längst könnten und dürf-
10 ten. Dies sei notwendig, um den neuen Herausforderungen durch den internationalen Terrorismus zu begegnen. Doch der beschriebene Nachholbedarf besteht gar nicht, stattdessen wird die mögliche Über-
15 wachung der Bürger auf ein bisher ungekanntes Maß ausgeweitet.
Durch ein infiziertes Smartphone können sich Ermittler Einblicke verschaffen, die durch analoge Überwachung undenkbar
20 wären: Sie können nicht nur die Kommunikation mitlesen, sondern sich beispielsweise auch Zugriff zu Mikrofon und Kamera verschaffen. Das ermöglicht eine neue Dimension von Überwachung: Nichts auf
25 dem Smartphone bleibt mehr vertraulich.

Natürlich, versichern die Befürworter der Neuregelung, werde sich die Überwachung im Rahmen des Gesetzes bewegen. Doch niemand kann garantieren, dass die Ermitt-
30 ler auch wirklich nur die Mittel nutzen, die sie nutzen dürfen, wenn die technischen Möglichkeiten zur Überwachung praktisch unbeschränkt sind.
Moderne Messenger-Apps wie WhatsApp verschlüsseln ihre Kommunikation. Dritte
35 können die Kommunikation zwischen zwei Benutzern grundsätzlich nicht einsehen, und das ist gut so, um die Privatsphäre in der digitalen Kommunikation zu gewährleisten. Daraus ergibt sich technisch für die
40 Ermittler die Notwendigkeit, die Geräte zuvor mit Schadsoftware zu infizieren. Um dies zu ermöglichen, müssen Sicherheitslücken auf Rechnern und Smartphones identifiziert oder von vornherein vorgesehen
45 werden.
Dazu muss sich der Staat mit Kriminellen einlassen, die den Zugang zu diesen Sicherheitslücken auf dem Schwarzmarkt anbieten. Wer diese Sicherheitslücken kennt,
50 kann außerdem nicht nur ein Gerät übernehmen, sondern alle.
Ein Staat, der sich als Panzerknacker betätigt, darf sich dann auch nicht wundern, wenn durch die offenen Türen andere nach-
55 kommen.
Beim neuen Bundestrojaner handelt es sich um den bisher tiefsten Eingriff in die Privatsphäre der Bürger.

Sabine Leutheuser-Schnarrenberger, Die Debatte: Ist es richtig, dass der Staat bei WhatsApp mitliest? www.focus.de, 01.07.2017

Sabine Leutheusser-Schnarrenberger, FDP

invasiv
unerwünschtes Eindringen

Aufgaben

1. Beschreiben Sie den Einsatz eines „Trojaners" als Maßnahme zur Terrorismusabwehr (M 17, Infobox).
2. Erklären Sie die Grenzen, die das Bundesverfassungsgericht für den Einsatz von Spionagesoftware durch den Staat setzt (M 17, Infobox).
3. a) Arbeiten Sie die Argumente für und gegen den Einsatz eines Bundestrojaners heraus.
   b) Nehmen Sie Stellung zum Einsatz des Bundestrojaners für die Terrorismusabwehr.

zu Aufgabe 2
Unterscheiden Sie die Online-Durchsuchung und die Quellen-TKÜ. Ziehen Sie Ihre Kenntnisse aus Semester 1 heran
→ Vorratsdatenspeicherung.

zu Aufgabe 3a
Stellen Sie die Argumente unter Berücksichtigung geeigneter Kriterien/Grundwerte in einer Vergleichstabelle gegenüber.

zu Aufgabe 3b
Beziehen Sie sich auf das Spannungsverhältnis zwischen den Grundwerten Freiheit und Sicherheit.

2 Frieden und Sicherheit in Syrien?

ORIENTIERUNGSWISSEN

Strategien und Ziele transnationaler Terrororganisationen
(Basiskonzept: Motive und Anreize)
M 2-M 4

Gegen andere Formen politischer **Gewaltanwendung** ist der transnationale Terrorismus abgrenzbar durch seine Strategie, Ziele mit **Symbolgehalt** und Zivilisten zu attackieren. Mit dieser „**Kommunikationsstrategie**" möchten die Terrorgruppen die angegriffene Bevölkerung verunsichern und vor allem die gegnerischen Staaten zu überzogenen **Gegenreaktionen** veranlassen, die terroristisches Vorgehen im Nachhinein legitimieren. Terroristen wenden sich also vor allem an „als interessiert unterstellte Dritte" (Herfried Münkler), die zu Sympathisanten/Anhängern werden sollen. Islamistische Terroristen stehen nicht mehr in jedem Fall in direkter organisatorischer Verbindung mit Terrororganisationen wie dem „IS" oder sind von einer solchen ausgebildet worden.

Ideologien islamistischer terroristischer Gruppierungen
(Basiskonzept: Ordnungen und Systeme) M 6, M 7

Neben der islamistischen Ideologie sind noch andere leitende Vorstellungen denkbar, z. B. ethno-nationalistische oder vigantilistische Ausrichtungen. Im 21. Jahrhundert sind radikal-islamistisch motivierte Attentate das wichtigste Phänomen des Terrorismus. Der „IS" ist dem **dschihadistischen Salafismus** zuzuordnen. Im Zeichen einer wörtlichen Auslegung der religiösen Schriften sehen sie sich als Vertreter des „wahren" Islam und leiten davon das Recht ab, Andersgläubige, wie auch gemäßigte Muslime gewaltsam zu bekämpfen.

Ursachen und Bedingungsfaktoren transnationalen islamistischen Terrorismus
(Basiskonzept: Interaktionen und Entscheidungen)
M 9-M 11

Die Motive der konkreten Täter sind uneinheitlich und kaum zu generalisieren, es lassen sich aber individuelle, gesellschaftliche und politische Bedingungen und Ursachen ausmachen: Erstens brauchen terroristische Gruppen, sobald sie einen bestimmten Organisationsgrad erreichen, **fragile Staaten**, in denen sie operieren können. Zweitens findet bei islamischen Terroristen immer eine strenge **Ideologisierung** im Sinne eines gewalttätigen und radikalen Verständnisses des Islam statt. Diese **Radikalisierung** wird durch verschiedene **Desintegrationserfahrungen** (z. B. mangelnde politische Beteiligungsmöglichkeit oder subtile Ausgrenzungsmechanismen, relative Deprivation) begünstigt. Immer kommt es aber im Verlauf der Zuwendung zu fundamentalistischem Gedankengut zu einer extremen Verengung des Bekanntenkreises und Fixierung auf religiöse Führer.

Innen- und außenpolitische Maßnahmen der Terrorismusabwehr
(Basiskonzept: Interaktionen und Entscheidungen)
M 12, M 13, M 16, M 17, M 18

Ob Terrorismus als kriegerischer Angriff oder als Form der Kriminalität verstanden wird, entscheidet über die Strategie der Terrorismusbekämpfung. Bei der ersten Sichtweise bilden **militärische Gegenmaßnahmen** wie in Afghanistan oder in Syrien und Irak (Anti-IS-Koalition) den Kern der zumeist internationalen Strategie. Bei der zweiten Perspektive stehen (nationale) **Ermittlungsbehörden** (Polizei, Geheimdienste) im Mittelpunkt. Diese Maßnahmen, die sowohl durch konkrete Verdachtsmomente ausgelöste Ermittlungen (z. B. Online-Durchsuchung) als auch anlasslose Sammlung von Daten (z. B. Vorratsdatenspeicherung) einschließen, greifen tief in Grundrechte ein. Die **Balance zwischen Freiheitsrechten und Sicherheitsbedürfnissen** stellt hierbei die zentrale politische Herausforderung freiheitlicher Demokratien dar.

Haben die Vereinten Nationen eine Zukunft?

[I]m Hauptquartier der Vereinten Nationen treffen sich jedes Jahr ab September die Staaten der Erde, um über Konflikte und globale Probleme zu reden und Projekte für das Weltdorf zu erarbeiten.
[Doch die Vereinten Nationen wirken] sonst wie abgemeldet [...] aus der Weltpolitik. Syrien, Irak, Palästina, Ostukraine - Kriege und Krisen werden heute nicht primär von den UN und deren Sicherheitsrat angegangen, sondern von Koalitionen Williger, das heißt besonders interessierter Nationalstaaten. Russland und die USA verhandeln über Syrien, im Normandie-Format wird über die Ukraine-Krise gesprochen, eine Fünf-plus-eins-Gruppe handelte das Atomabkommen mit Iran aus. Der UN-Sicherheitsrat wird allenfalls noch als Notar gebraucht [...].
Dabei sind die Vereinten Nationen 1945 gegründet worden, um „künftige Geschlechter vor der Geißel des Krieges zu bewahren". Und es gab immer wieder Zeiten, wo sie als Weltordnungsmacht gefragt waren. Sie entschärften Krisen und sicherten den Frieden: [...] Sie richteten Kriegsverbrechertribunale ein. [...] [B]evor die USA 2003 den Irak angriffen, war der Sicherheitsrat der Ort, an dem um Frieden und Krieg gerungen wurde. Noch 2011 konnten sich die Veto-Mächte auf eine Libyen-Resolution verständigen, um die Zivilbevölkerung vor dem Gaddafi-Regime zu schützen.
Heute schaut kaum noch einer nach New York. Die USA, Russland und China blockieren im Sicherheitsrat alles, was ihre nationalen Interessen stört. Und der blasse UN-Generalsekretär Ban Ki-moon [2007-2016] hat nicht die Kraft seines Vorgängers Kofi Annan, als moralische Weltmacht zu wirken. Wenn [...] ein neuer UN-Generalsekretär ausgehandelt wird, ist damit zu rechnen, dass die wichtigen Staaten wieder eine eher schwache Persönlichkeit auswählen, die ihnen nicht in die Quere kommt.
Die UN leiden an einem Paradoxon und einem Dilemma. Paradox ist es, dass viele heutige Probleme - vom Klimaschutz über die Flüchtlingskrisen bis hin zur fairen Besteuerung globaler Konzerne - von den Staaten der Welt nur gemeinsam gelöst werden könnten. Zugleich erodieren [= zerfallen] jedoch überstaatliche Organisationen wie die UN [...], weil sich viele Bürger in souveräne, vermeintlich starke Nationalstaaten zurückflüchten wollen.
Dies verstärkt das Dilemma, dass die Vereinten Nationen dem Gemeinwohl der Welt dienen sollen, aber völlig von ihren Mitgliedern, den Staaten, abhängig sind. Deren Regierungen pfeifen aufs große Ganze, sobald ihre nationalen Interessen betroffen sind. [...]
Der Sicherheitsrat gelähmt, der Generalsekretär kraftlos, der ganze Verein ein Spielball seiner egoistischen Mitglieder - wäre es nicht an der Zeit, die Vereinten Nationen zu vergessen?

Stefan Ulrich, Vereinte Nationen – geschaffen, um die Menschheit vor der Hölle zu retten, www.sueddeutsche.de, 11.09.2016

Aufgaben

1. Geben Sie die Aussagen von Stefan Ulrich zur Rolle der Vereinten Nationen in der internationalen Friedens- und Sicherheitspolitik wieder.
2. Erklären Sie ausgehend vom Text die Möglichkeiten der UNO zur Friedenssicherung und Konfliktbewältigung.
3. „Wäre es nicht an der Zeit, die Vereinten Nationen zu vergessen?" (Z. 65ff.) Nehmen Sie Stellung zu dieser von Stefan Ulrich aufgeworfenen Frage.

Zusatzmaterial zu aktuellen **Abitur**-schwerpunkten

Mediencode: 72053-01

Rebellen der Volksgruppe der Tuareg mit Großkaliber-Waffen im Norden Malis, Herbst 2011.

Das Abzeichen der Vereinten Nationen ist auf dem Ärmel eines Bundeswehr-Soldaten im Rahmen eines MINUSMA-Einsatzes zu sehen (April 2017, Flugfeld Camp Castor in Gao, Mali).

Ein NATO-General übergibt im Januar 2015 einem Bundeswehr-General das Kommando über die schnelle Eingreiftruppe der NATO in Europa.

3 Deutsche Außen- und Sicherheitspolitik in internationalen Bündnissen

Was machen fast 1.500 deutsche Soldaten in einem westafrikanischen Land, das zu einem Drittel in der Sahara und zu einem weiteren Drittel in der Sahelzone liegt? Seit dem Jahr 2013 sind deutsche Truppen in der UN-Stabilisierungsmission MINUSMA und der EU-Ausbildungsmission EUTM in Mali stationiert.

In Kapitel 3.1 erschließen Sie einerseits die grundlegenden Konfliktpotenziale innerhalb des postkolonialen Vielvölkerstaats Mali sowie Eckpunkte des Konfliktverlaufs seit 2012, um im Anschluss eine begründete Einschätzung darüber abgeben zu können, ob es sich bei Mali um einen scheiternden Staat (failing state) handelt. Vor dem Hintergrund der Aufgaben bzw. Zielsetzungen der Bundeswehr in Mali und allgemein sowie deren Rechtsrahmen können Sie den bisherigen Erfolg des deutschen Einsatzes dort erstmals beurteilen.

Diese Beurteilung können Sie im Folgenden ausweiten auf die Frage, ob die Bundeswehr überhaupt im (außereuropäischen) Ausland eingesetzt werden sollte (Kapitel 3.2).

Eine neuere Entwicklung besteht in einer vermehrten Landes- und Bündnisverteidigung in Europa selbst. In diesem Zuge setzen Sie sich in Kapitel 3.3 mit möglichen militärischen Bedrohungen für mittel(ost)-europäische Staaten auseinander. Darauf aufbauend erschließen Sie sich die Europäische Union als sicherheitspolitischen Akteur. Zuletzt erschließen Sie sich die Geschichte und den Funktionswandel des nordatlantischen Verteidigungsbündnisses NATO und können Stellung dazu nehmen, ob diese zur Verteidigung Europas notwendig bzw. geeignet ist.

KOMPETENZEN

Am Ende dieses Kapitels sollten Sie Folgendes wissen und können:

... Erscheinungsformen internationaler Konflikte und Kriege sowie politische und ökonomische Ursachen an Beispielen beschreiben.

... die Außen- und Sicherheitspolitik Deutschlands als Teil internationaler Bündnisse zur Friedenssicherung und Systeme kollektiver Sicherheit beschreiben (EU, NATO).

... Länder mithilfe von Staatsfunktionen in eine Typologie von (scheiternder) Staatlichkeit einordnen.

... verfassungsrechtliche Grundlagen für die Einbindung Deutschlands in Systeme kollektiver Sicherheit herausarbeiten (u. a. „Parlamentsarmee").

... deutsche und europäische Sicherheitspolitik und die Rolle der Bundeswehr in transnationalen und internationalen Zusammenhängen kriterienorientiert erörtern.

Was wissen und können Sie schon?

1. Beschreiben Sie die Bilder und leiten Sie aus ihnen sicherheitspolitische Herausforderungen für die Bundesrepublik Deutschland ab.
2. Stellen Sie Vermutungen zu den Aufgaben der Bundeswehr in Mali sowie in Europa im Rahmen der NATO an:
   - Wer hat die Bundeswehr beauftragt?
   - Welche Ziele soll die Bundeswehr verfolgen?
   - Welche Interessen könnte die Bundesregierung verfolgen?

3.1 Was macht die Bundeswehr in Mali? Einsatz in einem neuen Krieg im Auftrag der Europäischen Union

3.1.1 Worum und wie „streiten" die malischen Konfliktakteure?

E Arbeiten Sie aus dem kurzen Lagebild mögliche Konfliktparteien und Konfliktursachen heraus. Halten Sie diese Ergebnisse in Ihrem Kursraum fest, um sie im weiteren Verlauf zu ergänzen bzw. zu überprüfen.

M 1 ● Mali – ein Lagebild

Die Angreifer hatten Ort und Stunde geschickt gewählt. Die Sonne war noch nicht aufgegangen über Anguelhok, tief im Osten der malischen Wüste, und so konnten an die hundert islamistische Kämpfer an die Außenposten der UN-Blauhelme herankommen. Sie legten das Mobilfunknetz mit Störelektronik lahm, schickten den LKW vor. Dann feuerten sie mit Mörsern und Raketen auf das Camp, in dem UN-Soldaten aus dem Tschad untergebracht waren. Der LKW-Fahrer raste in die Sperren am Eingangstor und zündete die Sprengladung. Der Wag war frei, die Islamisten stürmten mit Geländewagen ins Lager. Die Blauhelme aus Tschad waren überrascht und nicht gut ausgerüstet, aber sie wehrten sich tapfer, verteidigten das Camp. Dabei verloren sie zehn Soldaten, mindestens 25 wurden verletzt. Die Verluste der Islamisten sollen auch hoch gewesen sein. [...] Der Überfall Mitte Januar [2019] zeigt einmal mehr: MINUSMA ist die verlustreichste Mission der Vereinten Nationen seit Langem. Fast 200 Blauhelme sind bisher in Mali ums Leben gekommen, auch zwei Deutsche, die 2018 mit ihrem Kampfhubschrauber abstürzten, technischer Defekt. [...]

Es ist noch nicht lange her, da war Mail ein Traumreiseziel. Hier lebten viele Kulturen friedlich miteinander, die Landschaft war grandios, die uralte Wüstenstadt Timbuktu ein Sehnsuchtsort. Mali war seit 1992 eine der wenigen halbwegs funktionierenden Demokratien der Region. [...]

Längst sind nicht mehr die [...] Islamisten das Hauptproblem. Nach Informationen französischer Dienste verfügt die al-Qaida-nahe Terrorgruppe JNIM nur noch über 1.500 Kämpfer, der IS über ein paar hundert. Viel schwerer haben sie es mit den Völkern, die in den künstlichen Kolonialgrenzen leben [...], etwa die Tuareg-Nomaden des Nordens und die schwarzafrikanischen Bauern des Südens. [Der deutsche] Oberst Wachter sieht die Lage so: „Die Masse der bewaffneten Konflikte in Mali wird [...] durch Spannungen und Konflikte innerhalb der Ethnien des Landes [verursacht]."

Joachim Käppner, Himmel über der Wüste, in: Süddeutsche Zeitung, 11.3.2019 (Reihenfolge geändert)

Mali im Index menschlicher Entwicklung (HDI)

Platz	Land	HDI
1	Norwegen	0,95
2	Schweiz	0,94
3	Australien	0,93
5	Deutschl.	0,93
85	Algerien	0,75
182	Mali	0,42
189	Niger	0,35

Human Development Index, 2018

Zum **Human Development Index (HDI)**
→ vgl. Kap. 4.1, Kap. 7

M 2 Wie entwickelt sich die sicherheitspolitische Lage in Mali? Konfliktgenese und Konfliktverlauf

März 2012

dürrebedingte Missernten und Hungergefahr in weiten Teilen der Sahelzone (wie bereits 2008 und 2010)

ab Januar 2012

Bewaffnete Tuareg-Gruppen, die islamistische Ansar Dine und die säkular-nationalistische MNLA (die für ein autonomes Nordmali kämpft), eroberten zusammen mit der seit 2007 bestehenden islamistischen Organisation al-Qaida im Islamischen Maghreb (AQIM) weite Teile des dünn besiedelten Nord- und Ostmalis sowie die Städte Gao, Kidal und Timbuktu. Dabei kommt es zu Massakern an unzureichend ausgerüsteten malischen Soldaten. Die Rebellen rufen den unabhängigen Staat „Azawad" aus.

21./22. März 2012

Erfolgreicher, weitgehend unblutiger Militärputsch gegen den frei demokratisch gewählten Präsidenten Amandou Toumani Touré. Die Putschisten warfen ihm u. a. Unfähigkeit bei der Bekämpfung organisierter Kriminalität vor. Die internationale Gemeinschaft friert Kooperationshilfen ein.

Mitte 2012

Die islamistischen Organisationen Ansar Dine und AQIM drängen die säkulare MNLA aus der Koalition. Es bilden sich aufständische Splittergruppen. Ca. 400.000 Malier fliehen aus den besetzten Gebieten, u. a. aus Angst vor den strengen Strafen und Auflagen zur Lebensführung der Islamisten.

Mitte Januar 2013

Operation Serval: 4.000 französische Soldaten drängen gemeinsam mit 2.000 Soldaten aus dem Tschad und Teilen des malischen Militärs auf Ersuchen der malischen Regierung die Aufständischen aus Gao, Kidal und Timbuktu zurück, bevor Ansar Dine und AQIM die strategisch wichtige Stadt Mopti einnehmen können.

Januar 2013

Die Europäische Union beschließt die Entsendung einer Ausbildungsmission (EUTM) für Teile der malischen Armee mit dem Hauptquartier in Bamako und einem Trainingsgebiet bis max. zum Niger.

1. Juli 2013

Die UN-Stabilisierungsmission MINUSMA mit max. Einsatzstärke von ca. 11.000 Soldaten und knapp 1.500 Polizisten in Mali beginnt. Lager u. a. in Timbuktu, Kidal, Anguelhok, Gao und bei Mopti. Bundeswehrsoldaten werden im Rahmen von MINUSMA nach Mali entsand (Maximalzahl seit 2019: 1.100).

November/Dezember 2013

Präsidentschaftswahlen: Ibrahim Boubakar Keïta löst als Präsident mit seinem Kabinett eine zwischenzeitlich gebildete Übergangsregierung ab.

Trotz des Einsatzes bis heute sehr instabile Sicherheitslage vor allem in der Landesmitte (u. a. vielfach Anschläge auf MINUSMA-Soldaten)

1. August 2014

Operation Barkhane folgt auf Operation Serval: 3.000 französische Soldaten (davon 1.200 in Mali) sollen Aufstände in der Sahelzone bekämpfen (Burkina Faso, Tschad, Mauretanien, Niger).

Mai 2015

In Algier (Algerien) unterzeichnen Vertreter der malischen Regierung und einiger Rebellenorganisationen unter Beteiligung der EU und 22 afrikanischer Staaten ein Friedensabkommen.

ab Mai 2015

Das Abkommen wurde sofort von wichtigen Tuareg-Organisationen, die nicht beteiligt waren, nicht anerkannt, u. a. da es ihnen für Nordmali nicht genügend Autonomierechte enthielt.

August 2017

Planungen eines im Friedensabkommen vereinbarten Referendums über eine Verfassungsreform scheitern aufgrund von öffentlichem Druck (u. a. Großdemonstrationen in Bamako). Große Teile der Bevölkerung trauen den etablierten Politikern einen politischen Richtungswechsel nicht zu.

August 2018

Präsidentschaftswahlen: Ibrahim Boubakar Keïta wird mit deutlicher Mehrheit im Amt bestätigt. Der Oppositionsführer wirft ihm massiven Wahlbetrug vor.

ab Januar 2019

Bei mehreren Angriffen auf Dörfer in Zentralmali werden mindestens 200 Menschen durch Maschinengewehrschüsse getötet.

April 2019

Rücktritt der Regierung, um einem Misstrauensvotum zuvorzukommen.

Zusammenstellung des Autors

Mali – allgemeine Informationen

- Größe: ca. 1,2 Mio. km² (ca. 3,5 mal größer als Deutschland)
- Einwohnerzahl: ca. 20 Mio. (Bevölkerungswachstum: ca. 3 % pro Jahr)
- Staatsform: seit 1960 Republik (aktuelle Verfassung von 1992)
- Hauptstadt: Bamako (ehem. französische Kolonialhauptstadt)
- Religionen: sunnitische Moslems (min. 90 %), katholische Christen (max. 5 %)
- Amtssprache: Französisch

Sahara

größte Trockenwüste der Erde mit bis zu 60 °C Höchsttemperatur und bis zu 30 °C Temperaturschwankungen am Tag; im malischen Teil der Sahara durchschnittlich ca. 20 mm/qm Niederschlag pro Jahr (zum Vergleich Hannover: 661 mm/qm pro Jahr)

Sahelzone

streifenförmige, semiaride Übergangszone zwischen der Sahara und der afrikanischen Trockensavanne; ca. 250 mm/qm Niederschlag pro Jahr, allerdings mit einer Variabilität von bis zu 50 %

M 3 ● Bevölkerung und landwirtschaftliche Versorgung in Mali

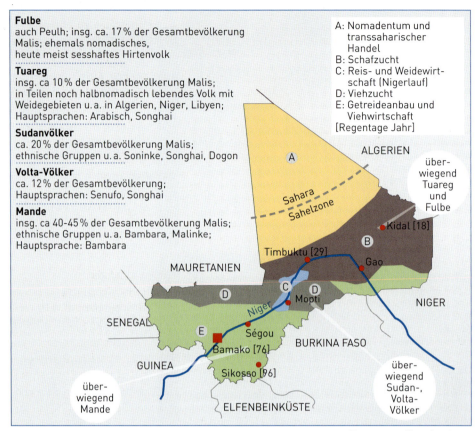

Fulbe
auch Peulh; insg. ca. 17 % der Gesamtbevölkerung Malis; ehemals nomadisches, heute meist sesshaftes Hirtenvolk

Tuareg
insg. ca 10 % der Gesamtbevölkerung Malis; in Teilen noch halbnomadisch lebendes Volk mit Weidegebieten u. a. in Algerien, Niger, Libyen; Hauptsprachen: Arabisch, Songhai

Sudanvölker
ca. 20 % der Gesamtbevölkerung Malis; ethnische Gruppen u. a. Soninke, Songhai, Dogon

Volta-Völker
ca. 12 % der Gesamtbevölkerung; Hauptsprachen: Senufo, Songhai

Mande
insg. ca 40-45 % der Gesamtbevölkerung Malis; ethnische Gruppen u. a. Bambara, Malinke; Hauptsprache: Bambara

A: Nomadentum und transsaharischer Handel
B: Schafzucht
C: Reis- und Weidewirtschaft (Nigerlauf)
D: Viehzucht
E: Getreideanbau und Viehwirtschaft (Regentage Jahr)

Zusammenstellung des Autors

M 4 ● Die Altersverteilung in Mali

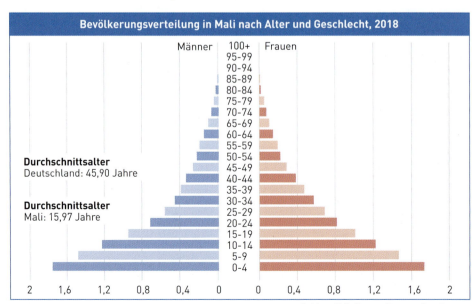

Zahlen: U.S. Census Bureau, Stand: 2015

M 5 ● Welche (neueren) Ursachen hat die Krise in Mali?

Staatliche Grenzen in der Sahelzone [und in der Sahara] sind traditionell porös. Die Auswirkungen der internationalen Intervention und des Umsturzes in Libyen zei-
5 gen dies einmal mehr: Zum einen sind seit diesem Konflikt deutlich mehr Waffen unkontrolliert im Umlauf und in Libyen bewaffnete Tuareg-Kämpfer kehrten bewaffnet in ihre Heimatregion, in den Norden
10 Malis zurück. Zum anderen sind auch viele ehemalige Gastarbeiter aus der westlichen Sahelregion nun in Libyen beschäftigungslos. Über 200.000 Rückkehrer müssen deshalb in die Gesellschaften der Sahelzone
15 integriert werden. [...]
[D]ie strategische[n] Zielen der [einzelnen] Rebellengruppen [im Norden und Osten] Malis sind bis zum heutigen Tag nur wenig kongruent [= übereinstimmend] und vor
20 allem die Sezessionsbemühungen einzelner Tuareg-Gruppen reichen historisch lange zurück. Nur wenn sich die taktischen Interessen zufällig überlappen, kommt es punktuell zu einer Kooperation. So ist beispiels-
25 weise die Gründung eines eigenen Staates, der die jetzigen nordmalischen Regionen Timbuktu, Gao und Kidal umfasst, nur von den direkten Angehörigen der MNLA [...] gewünscht. Die Ansar Dine [...] schloss sich
30 zwar zu Beginn dem Aufstand der MNLA an, doch ihre Ziele waren zu unterschiedlich, da nicht Staatsgründung, sondern die Etablierung der Sharia das Ziel war. [...]
Neben den politischen Zielen geht es bei 35 diesen Gruppen immer auch um handfeste wirtschaftliche Interessen. Wichtige Routen für Waffen- und Drogenschmuggel sowie generelle Rückzugsräume für organisierte Kriminalität verlaufen durch die südliche Sahara. Mali ist also zunehmend zu einer 40 Drehscheibe für grenzüberschreitende Kriminalität und Teil eines terroristischen Korridors vom Atlantik [...] [bis zum] Roten Meer geworden. [...]
Insgesamt zeigt sich, dass die Regierung 45 Malis den vielen Minderheiten im Norden auch nach mehreren Rebellionen niemals ausreichende politische und gesellschaftliche Teilhabe garantieren konnte. [...] Neben der mangelnden Beteiligung am Gemein- 50 wesen spielt hierbei das schwierige wirtschaftliche Umfeld eine Rolle. Schon vor dem Militärputsch [2012] stieg die Jugendarbeitslosigkeit seit Jahren und es gab humanitäre Krisen. 55

Julian Junk, Strategische Untiefen und Gestaltungswillen. Eine Analyse der deutschen Unterstützung des französischen Mali-Einsatzes, in: Stefan Brüne et al. (Hg.), Frankreich, Deutschland und die EU in Mali. Chancen, Risiken, Herausforderungen, Baden-Baden 2015, S. 79-95; hier S. 82-84

Sezessionsbemühungen der Tuareg
Tuareg-Gruppen rebellierten mit Waffengewalt bereits 1957 (noch gegen die französische Kolonialregierung), 1962 (u. a. wegen der Einführung bestimmter Zölle) sowie 1990.

Sharia
Bezeichnung für alle religiösen und rechtlichen Normen und deren Interpretationsvorschriften des Islam. Allah wird darin als einziger Gesetzgeber anerkannt. Islamische Fundamentalisten haben oft zum Ziel, dieses „göttliche Recht" auf dem von ihnen gehaltenen Territorium anzuwenden.

Aufgaben

1. Stellen Sie den Verlauf des Mali-Konflikts 2012/13 dar (M 2).
2. Arbeiten Sie Ursachen der Konflikte in Mali heraus (M 3-M 5). Unterscheiden Sie dabei gesellschaftliche, politische und ökonomische Ursachen voneinander und berücksichtigen Sie auch die historische Konfliktdimension.
3. Charakterisieren Sie den Mali-Konflikt als „neuen Krieg" (Kap. 1).
4. Überprüfen Sie die Aussage des Bundeswehroberst Wachter (M 1) zu den Ursachen der gewaltsamen Konflikte in Mali.

M zu Aufgabe 2
Gehen Sie bei der Analyse von M 3-M 5 in arbeitsteiliger Partnerarbeit vor und führen Sie Ihre Ergebnisse anschließend in einer Gruppe zusammen.

F zu Aufgabe 3
Erläutern Sie, warum gerade in dieser Region islamistischer Terrorismus Fuß fassen konnte (Kap. 2.3).

3.1.2 Mali auf dem Weg zum gescheiterten Staat?

- Wie sieht aus Sicht von Bürgerinnen und Bürgern ein funktionierender Staat aus? Nennen Sie konkrete Elemente eines solchen Staates.
- Führen Sie diese Elemente zu wenigen Dimensionen funktionaler Staatlichkeit zusammen.
- Skizzieren Sie – ausgehend von dem Zitat – demgegenüber einen „zerfallenden" und einen „zerfallenen" Staat (M 6).

M 6 ● Mali – ein Zukunftsbild

Für Mali besteht die Gefahr, dass „der Staat zerfällt [...], zugunsten einer Herrschaft der Bewaffneten und des organisierten Verbrechens, und [dass] aus Mali [...] ein bloßes Territorium [wird], von Drohnen überflogen."

Charlotte Wiedemann, Viel Militär, wenig Sicherheit. Mali – fünf Jahre nach Beginn der Intervention, Berlin 2018, S. 25f.

M 7 ● Wie entwickelt(e) sich die Sicherheitssituation in Mali?

Korruption der öffentlichen Verwaltung	
Rang (von 180)	**Land**
1	Dänemark
2	Neuseeland
11	Deutschland
21	Frankreich
22	USA
53	Italien
87	China
120	Mali
138	Russland
180	Somalia

Zahlen: Index 2018, Transparency International, Januar 2019

Die Journalistin und Autorin Charlotte Wiedemann hielt sich im Dezember 2017 in Mali auf. Ihre Darstellung zur Situation in Mali beruht auf ca. 40 Interviews u. a. mit Politikern, Militärs, UN-Angehörigen und religiösen Würdenträgern.

Nordmali
[...] [D]er Zuschnitt des [im Jahr 2015 ausgehandelten] Friedensvertrags [wurde] zur Ursache vielerlei Übel. So lohnt es sich nun,
5 bewaffnet zu sein, denn nur Bewaffneten steht in Aussicht, nach einem Entwaffnungsprozess einen Job bei den Sicherheitskräften zu erhalten und auch bei der Einrichtung neuer politischer Regionalstrukturen Berücksichtigung zu finden. Die
10 Zahl der Milizen vergrößert sich zugleich ständig, teils durch Aufsplitterungen, teils durch Neugründungen. [...]
Die Ausrichtung des Friedensprozesses begünstigt nicht nur den Drogenhandel, sondern auch die Straflosigkeit für alltägliche
15 Gewaltkriminalität, unter der die Bevölkerung zunehmend leidet. „Die großen Banditen sind alle bekannt", sagt ein UN-Polizist in Gao. „Aber wenn jemand verhaftet wird, stehen eine Stunde später hundert 20 Leute von einer der bewaffneten Gruppen vor der Gendarmerie und verlangen seine Freilassung unter Hinweis darauf, dass sie ‚compliant' seien. Und derjenige, der für die Verhaftung den Tipp gegeben hat, zahlt 25 dann den Preis."
Weil der Friedensprozess für sie Vorteile bringt, haben die bewaffneten Gruppen ein Interesse daran, ihn aufrechtzuerhalten – aber nicht daran, ihn zu einem erfolgrei- 30 chen Abschluss zu bringen. [...]

Zentralmali
Seit 2015 ist das geographische Zentrum des Landes zu einer neuen Zone der Unsicherheit geworden. Die Region wird von 35 einer Bewegung erschüttert, die zwischen islamistischem Terror und sozialer Revolte changiert. Sie rekrutiert sich oftmals aus jungen Hirten der Peulh-Ethnie; sie vertreiben die Repräsentanten eines Staates, den 40

sie nur als Unterdrücker kennen, richten Steuereintreiber und Bürgermeister hin.
Dieses Phänomen als pure Ausweitung der Krise Nordmalis zu betrachten, wäre falsch. Im Norden waren die natürlichen Gegebenheiten (große aride Räume, dünne Besiedlung) immer ein Hemmschuh für Prosperität [= Wohlstand] und staatliche Infrastruktur. Anders Zentralmali mit dem fruchtbaren Binnendelta des Niger: Hier leben Bauern, Viehzüchter und Fischer in einem uralten und früher harmonischen Geflecht multiethnischer Beziehungen, das allerdings durch Klimawandel und Bevölkerungswachstum unter Druck gerät. [...] Korruption und Willkür sind chronisch in der Region, insbesondere in ihrer ökonomischen Herzkammer, dem „Office du Niger", einer bewässerten Anbauzone von hunderttausend Hektar. [...]

Bamako
Der Kampf gegen Dschihadisten dient der Regierung als Vorwand, Bürgerrechte einzuschränken. Der Ausnahmezustand, 2015 nach einem Terroranschlag auf das Radisson-Hotel in Bamako verhängt, ist mittlerweile Dauerzustand und erlaubt nach Gutdünken das Verbot von Demonstrationen. Auch in Bamako kam es dabei 2016 zu ein oder zwei Toten. Anfang 2018 wurden sogar Frauenmärsche mit Tränengas beschossen. Zugleich werden manche Proteste militanter. [...] Überall zeigt sich eine Tendenz, die Dinge selbst in die Hand zu nehmen [...]; und die Grenzen zwischen engagiertem Bürger-Sein und Selbstbewaffnung sind fließend.

Charlotte Wiedemann, Viel Militär, wenig Sicherheit. Mali – fünf Jahre nach Beginn der Intervention, Berlin 2018, S. 6f., 9f., 14f. (Zwischenüberschriften hinzugefügt)

M 8 ● Militärausgaben und BIP-Entwicklung in Mali

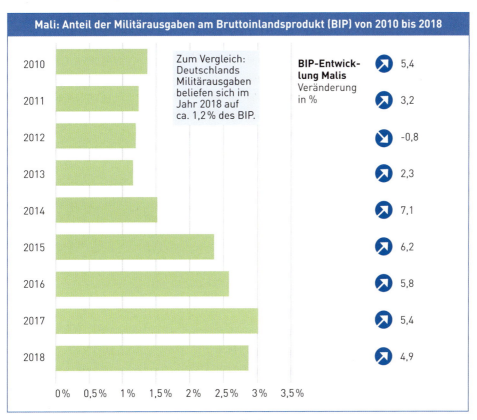

Zahlen: SIPRI, Internationaler Währungsfond, 2019, Quelle: Statista 2019

3 Deutsche Außen- und Sicherheitspolitik in internationalen Bündnissen

Info

Staatsfunktionen

	Sicherheitsfunktion (ab 17. Jh.)	Wohlfahrtsfunktion (ab 18. Jh.)	Legitimitäts- und Rechtsstaatsfunktion (ab 19. Jh.)
Zweck	Gewährleistung physischer Sicherheit für die Bürger	Verteilung materieller Ressourcen zur Unterstützung der Bürger	Politische Partizipation der Bürger und Rechtsstaatlichkeit
Mittel (Auswahl)	Staatliches Gewaltmonopol • Entwaffnung privater Gewaltakteure • Befriedung von Konflikten • Verteidigung der Außengrenzen • Staatliche Verwaltung zur Ressourcenkontrolle • Erhebung von Steuern u. Ä.	• Sozial- und Arbeitsmarktpolitik • Bildungspolitik • Gesundheitspolitik • Umweltpolitik • Öffentliche Infrastruktur • finanziert durch Steuern, Zölle, Gebühren, Abgaben	• Wahrung der Menschenrechte • Unabhängige Justiz • Unbestechliche, effiziente Verwaltung • Hohes Maß politischer Freiheiten (Vereinigungs-, Versammlungsfreiheit...) • Wahlen, Abstimmungen

Nach: Ulrich Schneckener, Transnationaler Terrorismus, Frankfurt a. M. 2006, S. 182f.

M 9 • Fragile Staatlichkeit

a) Typologie

	Schwache Staaten (weak states)	Versagende oder verfallende Staaten (failing states)	Gescheiterte Staaten (failed states)
Sicherheitsfunktion	• staatliches Gewaltmonopol noch weitgehend existent	• staatliches Gewaltmonopol stark eingeschränkt • daher: Gewährleistung von Sicherheit durch den Staat stark beeinträchtigt	• nicht mehr durch den Staat erfüllt • teilweise Anarchie • teilweise Staatsfunktionen durch nichtstaatliche Akteure wie Warlords übernommen, deren Herrschaft auf Gewalt und Unterdrückung aufbaut
Wohlfahrtsfunktion	• Defizite	• staatliche Dienstleistungen und Infrastruktur eingeschränkt	
Legitimitäts-/ Rechtsstaatsfunktion	• Defizite		

Auf der Grundlage von: Ulrich Schneckener, Transnationaler Terrorismus, Frankfurt a. M. 2006, S. 183f.

b) Kontinuum

Konsolidierter Staat — Starker Staat — **Fragile Staatlichkeit**: Schwacher Staat — Zerfallender Staat — Zerfallener Staat / Kollabierter Staat

Daniel Lambach, Fragile Staatlichkeit: Begriffe, Theorien und politische Diskurse, in: Günter Meyer et al. (Hg.), Staatlichkeit in der Dritten Welt, Mainz 2013, S. 39f.

Aufgaben

1. Beschreiben Sie die Situation des Staates Mali um das Jahr 2018 (M 2-M 8).
2. Erläutern Sie die Bedeutung erfüllter Staatsfunktionen für die Menschen an eigenen (Negativ-)Beispielen (Infobox).
3. Ordnen Sie Mali in die Typologie fragiler Staatlichkeit ein (M 9).
4. Entwickeln Sie zentrale Elemente einer Strategie, den Staat Mali zu stabilisieren.

F zu Aufgabe 3
Erläutern Sie in diesem Zusammenhang (hypothetisch) die Entwicklung der Militärausgaben des Staates Mali (M 8).

H zu Aufgabe 4
Beachten Sie dabei die Dimensionen öffentliche Sicherheit, Wohlfahrt/soziale Sicherheit, politische Partizipation/ Selbstbestimmung.

F zu Aufgabe 4
Berücksichtigen Sie dabei das „Zivilisatorische Hexagon".

3.1 Was macht die Bundeswehr in Mali?
Einsatz in einem neuen Krieg im Auftrag der Europäischen Union

Die gewaltsamen Konflikte im westafrikanischen Mali haben im Wesentlichen **sozioökonomische und politische Ursachen**, die teilweise „ethnisiert" werden. Die Versorgung ist in Mali außerordentlich ungleich verteilt: Während in Südmali und in unmittelbarer Umgebung des Nigers fruchtbare Gegenden existieren, ist der Rest der Landesteile in der Sahelzone und in der Sahara nur recht dünn besiedelt und sehr prekär versorgt. Dazu kommen noch die weit verbreitete Korruption bei den staatlichen Behörden sowie der weitgehend unregulierte Strom von Waffen aus Libyen, seit dessen Diktator Gaddafi im Jahr 2011 von Aufständischen gestürzt wurde (die von UN-mandatierten NATO-Kampfeinheiten unterstützt wurden).

Die durch **Versorgungsengpässe** der entsprechenden Bevölkerung entstandene Unzufriedenheit in Mali wird dadurch weiter angefacht, dass Ethnien wie die halbnomadisch lebenden Tuareg politisch marginalisiert werden.

Das **starke Bevölkerungswachstum** trägt in der Tendenz dazu bei, dass sich immer mehr Menschen als ökonomisch perspektivlos empfinden, was die Konfliktpotenziale in der Zukunft eher noch weiter vergrößern dürfte.

Auf Ersuchen der malischen Regierung intervenierte die französische Armee und drängte das Zweckbündnis aus Tuareg-Rebellen und islamistischen Kämpfern rasch zurück. **Frankreich** hat als ehemalige Kolonial- und heutige Schutzmacht Interesse an der Stabilität und Integrität dieses Staates. Außerdem befürchtet(e) die Regierung, dass in unkontrollierten Gebieten Ausbildungsstätten für islamistische Terroristen hätten errichtet werden können.

Entstehung, Akteure und Interessen des Mali-Konflikts
(Basiskonzept: Interaktionen und Entscheidungen)
M 2–M 5

Typischerweise werden (modernen) Staaten drei Funktionen zugewiesen: die **Sicherheits-**, die **Wohlfahrts-** und die **Rechtsstaatsfunktion**. Insbesondere dann, wenn der Staat die Sicherheitsfunktion nicht oder zum Teil mehr erfüllen kann, weil sein Gewaltmonopol verloren geht, droht ein Staat zu scheitern. Der Verlust territorialer Kontrolle kann z. B. organisierten Verbrecherbanden oder (transnational operierenden) Terroristen Möglichkeiten bieten, mehr oder weniger ungehindert ihre Ziele zu verfolgen. Aber auch bei erkennbaren Einschränkungen in der Rechtsstaats- und vor allem der Wohlfahrtsfunktion kann ein Staat als zerfallend bezeichnet werden, wenn er sich in den Augen der Bevölkerungsmehrheit dadurch delegitimiert.

Zerfallende Staatlichkeit als sicherheitspolitisches und humanitäres Problem
(Basiskonzept: Motive und Anreize)
M 9

Nach dem „Fragile State Index" des Fund for Peace liegt Mali 2019 auf dem 21ten Platz, ist also von 178 untersuchten Staaten einer der am wenigsten stabilen (die letzten vier Plätze belegen die Bürgerkriegsländer Syrien, Südsudan, Somalia und Jemen). Dabei handelt es sich noch nicht um einen zerfallenen Staat, sondern um einen zerfallenden (in der Terminologie des Funds for Peace: „alarmierender Zustand"). Seit 2009 habe sich dabei der Zustand Malis mit am deutlichsten verschlechtert. Insbesondere in den untersuchten Bereichen „Sicherheitsapparat" und „externe Interventionen" ergibt sich ein Besorgnis erregendes Bild, aber auch bei den Indikatoren „gesellschaftliche Spaltung entlang von Gruppen", „öffentlicher Dienst", „Druck durch Bevölkerungsentwicklung" und „(Binnen-)Flüchtlinge".

Mali – ein failing state?
(Basiskonzept: Motive und Anreize)
M 7, M 8

ORIENTIERUNGSWISSEN

3.2 Beitrag zur Sicherheit oder Anheizer von Konflikten? Die Bundeswehr im Ausland

3.2.1 Was wollen „wir" in Westafrika? Auftrag und verfassungsrechtliche Grundlagen des Bundeswehreinsatzes in Mali

> **E** Als ein „riskanter Freundschaftsdienst" wurde der Einsatz der deutschen Bundeswehr in Mali an der Seite Frankreichs im Jahr 2013 in einem Zeitungsartikel bezeichnet. Leiten Sie vor dem Hintergrund dieser Formulierung mögliche Interessen für den Bundeswehreinsatz ab.

MINUSMA
(„United Nations Multidimensional Integrated Stabilization Mission in Mali") durch Resolution 2100 im April 2013 vom Sicherheitsrat der UN beschlossene Friedensmission; insg. bis zu 11.00 Blauhelmsoldaten und 1.500 Polizisten (Stand: 2019);
Aufgaben u. a.:
- Unterstützung der Waffenruhe und des Friedens- und Aussöhnungsabkommens
- Unterstützung des nationalen politischen Dialogs
- Schutz von Zivilpersonen
- Herstellen der staatlichen Autorität im gesamten Land
- Schutz der Menschenrechte und Sicherung humanitärer Hilfe

M 1 ● Die Bundeswehr in Mali – in wessen und mit welchem Auftrag?

a) Im Auftrag der UNO
Die Bundeswehr unterstützt mit bis zu 1.100 Soldaten die vom Sicherheitsrat der Vereinten Nationen beschlossene Friedensmission MINUSMA.
5 Es handelt sich für die Bundeswehr nicht um einen Kampfeinsatz. Die Bundeswehrsoldaten, die überwiegend im Camp Castor in der Stadt Gao sowie in der Hauptstadt Bamako stationiert sind, haben u. a.
10 folgende Aufträge:
- Führungs-, Beobachtungs- und Beratungsaufgaben
- Aufklärung und Beitrag zum Bild der Gesamtlage (z. B. mit Drohnen)
15 • Lufttransport
- Einsatzunterstützung (z. B. Luftbetankung von Flugzeugen der Partner)

Autorentext

b) Im Auftrag der Europäischen Union
Neben einer kleineren Mission zur Ausbildung von Polizeikräften beschloss die Europäische Union (EU) im Jahr 2013 auf Ersuchen der malischen Regierung die EUTM Mali („European Union Training Mission 5 Mali"). Dabei sollen
- malische Streitkräfte ausgebildet und
- das malische Verteidigungsministerium beraten werden,

damit das malische Militär in die Lage 10 versetzt wird, künftig selbst Stabilität und Sicherheit im Land zu gewährleisten. Deutschland entsendet im Rahmen dieser Mission bis zu 350 Bundeswehrsoldaten. Die Soldaten der EUTM Mali beteiligen sich 15 nicht an Kampfeinsätzen oder anderen militärischen Operationen.

Autorentext

Videoimpuls Ben zur Bundeswehr

Mediencode: 72053-07

M 2 ● Deutschlands sicherheitspolitische Grundsätze

Im sogenannten Weißbuch, das vom Bundesverteidigungsministerium erstellt und von der Bundesregierung verabschiedet wird, wird die sicherheitspolitische Lage 5 Deutschlands beschrieben und es werden die **Grundprinzipien sicherheitspolitischen Handels** festgelegt.
Dabei wird ein enger Zusammenhang zwischen Krisen, Staatszerfall und humanitä-10 ren Notlagen in anderen Staaten und der sicherheitspolitischen Lage in Deutschland gesehen. Insofern sei es geboten, präventiv, (militärisch) stabilisierend und nachsorgend Konflikte anzugehen. Nach dem „Ertüchtigungsansatz" sollen dabei primär die 15 betroffenen Staaten „zur eigenständigen Übernahme von Sicherheitsverantwortung in einem umfassenden Sinne" befähigt werden.

3.2 Beitrag zur Sicherheit oder Anheizer von Konflikten? Die Bundeswehr im Ausland

Autorentext und -grafik nach: Weißbuch 2016. Zur Sicherheitspolitik und zur Zukunft der Bundeswehr, Hg. vom Bundesministerium der Verteidigung, Berlin 2016, S. 48-52

Ertüchtigungsansatz

[bedeutet] einzelne Regierungen bzw. Regionalorganisationen zu befähigen, sicherheitspolitische Herausforderungen selbst zu bewältigen [...]. Etwa im Falle von EU-Missionen [ist] die Schwerpunktverlagerung vom „Sicherheitsanbieter" zum „Sicherheitsberater" unverkennbar. [...] [Z]wei grundlegende konzeptionelle Fragen [bestimmen] die Auseinandersetzung [um den Ansatz]: Inwieweit ist, erstens, die Befähigung von Konfliktparteien bzw. nichtstaatlichen Gewaltakteuren legitim, und in welchem Verhältnis steht, zweitens, Ertüchtigung zu direkter Stabilisierung durch militärisches Krisenmanagement?

Rainer L. Glatz et al., Auslandseinsätze der Bundeswehr im Wandel. SWP-Studie 7, Berlin 2018, S. 14f.

M 3 ● Verfassungsrechtliche Grundlagen deutscher Auslandseinsätze

a) Das Grundgesetz für die Bundesrepublik Deutschland zu Auslandseinsätzen

Artikel 1: Menschenrechte
(2) Das Deutsche Volk bekennt sich [...] zu unverletzlichen und unveräußerlichen Menschenrechten als Grundlage jeder menschlichen Gemeinschaft, des Friedens und der Gerechtigkeit der Welt.

Artikel 65a: Befehls- und Kommandogewalt
(1) Der Bundesminister für Verteidigung hat die Befehls- und Kommandogewalt über die Streitkräfte.

Artikel 26: Friedenssicherung
(1) Handlungen, die geeignet sind und in der Absicht vorgenommen werden, das friedliche Zusammenlegen der Völker zu stören, insbesondere die Führung eines Angriffskrieges, sind verfassungswidrig. [...]

Artikel 24: Übertragung von Hoheitsrechten – Kollektives Sicherheitssystem
(1) Der Bund kann durch Gesetz Hoheitsrechte auf zwischenstaatliche Einrichtungen übertragen. [...]
(2) Der Bund kann sich zur Wahrung des Friedens einem System gegenseitiger kollektiver Sicherheit einordnen; er wird hierbei in die Beschränkungen seiner Hoheitsrechte einwilligen, die eine friedliche und dauerhafte Ordnung in Europa und zwischen den Völkern der Welt herbeiführen und sichern.

Artikel 87a: Streitkräfte
(1) Der Bund stellt Streitkräfte zur Verteidigung auf. [...]
(2) Außer zur Verteidigung dürfen die Streitkräfte nur eingesetzt werden, soweit dieses Grundgesetz es ausdrücklich zulässt. [...]
(4) Zur Abwehr einer drohenden Gefahr für den Bestand oder die freiheitlich demokratische Grundordnung [...] kann die Bundesregierung, wenn die Voraussetzungen des Artikels 92 Abs. 2 vorliegen und die Polizeikräfte sowie der Bundesgrenzschutz nicht ausreichen, Streitkräfte zur Unterstützung der Polizei und des Bundesgrenzschutzes beim Schutze von zivilen Objekten und bei der Bekämpfung organisierter und militärisch bewaffneter Aufständischer einsetzen. [...]

3 Deutsche Außen- und Sicherheitspolitik in internationalen Bündnissen

b) Der Weg zum Mandat für einen Auslandseinsatz der Bundeswehr

Akteuere und Prozesse der Mandatierung¹ von Auslandseinsätzen, nach Rechtsprechung des Bundesverfassungsgerichts

- VEREINTEN NATIONEN — autorisiert — NATO¹ — oder — EUROPÄISCHE UNION
- SICHERHEITSRAT DER VEREINTEN NATIONEN — schafft Rechtsgrundlage mit Resolution
- analysiert die Lage
- bitten um Beteiligung
- BUNDESREGIERUNG (BMVg², Bundeskanzleramt, Auswärtiges Amt) — Mandatsentwurf — Kabinettsbeschluss
- BUNDESTAG (Verteidigungsausschuss, Auswärtiger Ausschuss) — berät — Abstimmung im Plenum (50+1)
- entsendet
- KONFLIKTSITUATION — Bedrohung des internationalen Friedens

Bundeszentrale für politische Bildung, 2015, www.bpb.de
Lizenz: Creative Commons by-nc-nd/3.0/de

¹ gilt nicht für den Verteidigungs- oder Bündnisfall
² Bundesministerium der Verteidigung

Info

Die Bundeswehr als „Parlamentsarmee"

Jeder Einsatz der deutschen Bundeswehr – gleich ob im Ausland oder zur unmittelbaren Verteidigung des eigenen Territoriums – steht unter dem sogenannten „**Parlamentsvorbehalt**". Damit unterscheidet sich die Rechtslage in Deutschland deutlich von der vieler anderer Staaten. Das bedeutet, dass der Bundestag von der Bundesregierung konzipierte und beantragte Bundeswehreinsätze mit der absoluten Mehrheit der Stimmen beschließen muss, bevor Soldatinnen und Soldaten entsandt bzw. eingesetzt werden (s. u.). Der Parlamentsvorbehalt gründet in einem **Urteil des Bundesverfassungsgerichts** (BVerfG) aus dem Jahr **1994**. Damals hatten die Bundestagsfraktionen von SPD und FDP eine verfassungsrechtliche Überprüfung dreier Bundeswehreinsätze beantragt. Das BVerfG stellte in diesem Zuge auch klar, dass eine Eingliederung deutscher Truppen in „Systeme gegenseitiger kollektiver Sicherheit" und damit ein zeitweises Abtreten von Hoheitsrechten (nach Art. 24 GG) grundsätzlich verfassungsgemäß ist. Das BVerfG ergänzte dieses Grundsatzurteil im Jahr **2015** anlässlich eines Antrags der Bundestagsfraktion von Bündnis 90/Die Grünen. Demnach gilt der Parlamentsvorbehalt – unabhängig von der Größe des Einsatzes – grundsätzlich immer. Zweitens ist die Bundesregierung aber bei „Gefahr im Verzug ausnahmsweise berechtigt", den „Einsatz vorläufig alleine zu beschließen". Sie muss aber so schnell wie möglich den Bundestag umfänglich informieren, damit der Bundestag über den Einsatz beschließen (ihn also ggf. auch umgehend wieder beenden) kann.

Gesetzlich umgesetzt wurde des BVerfG-Urteils von 1994 im „**Parlamentsbeteiligungsgesetz**" (2005). Danach hat der Bundestag zwar Entscheidungsgewalt über die Auslandseinsätze der Bundeswehr, formal aber keine Gestaltungsmacht bei deren Planung. Vielmehr ergreift die Bundesregierung die Initiative zur Entsendung deutscher Soldaten und gestaltet den Einsatz auch konkret aus. Sie informiert nach § 3 daraufhin den Bundestag über Art, Umfang (z. B. Höchstzahl der entsandten Truppen) und voraussichtliche Kosten des Einsatzes, bevor dieser zustimmt (oder nicht).

Wenn die Verfügungsgewalt über Streitkräfte an intergouvernementale Instanzen (z. B. in der EU) oder an Sicherheitsbündnisse (z. B. NATO) ganz oder teilweise übertragen wird, können Bündnisinteressen und Parlamentsentscheidung einander möglicherweise entgegenstehen, was wiederum die militärische Handlungsfähigkeit der Bundesrepublik einschränken könnte.

Autorentext

M 4 ● Minusma in Mali – erfolgreiche Mission?

[Die aktuellen] Entwicklungen in Mali [geben] Anlass, das Minusma-Mandat eingehend zu überprüfen. Im Fokus stehen dabei der Friedensprozess und die sich verschlechternde Sicherheitslage.

Die Umsetzung des Algier-Abkommens ist seit 2015 kaum vorangekommen, auch wenn in den letzten Monaten einige Fortschritte erzielt worden sind, und zwar bei der Demobilisierung von Kombattanten und der Einrichtung der Übergangsverwaltungen auf Distriktebene in Nordmali. Seit geraumer Zeit liegt der Konflikt im Norden auf Eis. Kampfhandlungen zwischen den Konfliktparteien finden nicht mehr statt. Die Gewalt im Norden geht überwiegend auf das Konto von Jihadisten [...], die unablässig die Vertragsparteien von Algier (Regierung und CMA) und Minusma ins Visier nehmen. So verloren beispielsweise am 20. Januar 2019 zehn Blauhelme bei einem Angriff auf das Minusma-Camp in Aguelhok ihr Leben. Der Friedensprozess, verstanden als politische und sicherheitspolitische Eingliederung nordmalischer Eliten in den Staat, ist fragil und umkehrbar, wird aber mittlerweile auf beiden Seiten als notwendig anerkannt. [...]

Bedenklicher als die Situation im Norden ist jene in den Regionen Mopti und Ségou in Zentralmali, wo sich die Gewalt zunehmend Richtung Südwesten ausweitet und die Grenzen zu Niger und Burkina Faso zudem längst überschritten hat. Vereinfacht lassen sich hier zwei Treiber. [...] Der erste, wichtigste Typus ist Gewalt gegen Zivilisten, die vor allem Milizen der Volksgruppen Dogon und Peulh ausüben. Selbstschutz, Rache, Kriminalität und Konflikte um knappe lokale Ressourcen fachen diese Gewalt an. Seit etwa zwei Jahren kommt es in der Region Mopti regelmäßig zu Gräueltaten bei Angriffen auf Dorfgemeinschaften, bei denen nach VN-Angaben allein in den letzten 12 Monaten rund 600 Menschen zu Tode kamen und Tausende vertrieben wurden. [...]

Die zweite Kategorie von Gewalt geht von der jihadistischen Katiba Macina aus [...]. Sie richtet sich weniger gegen Zivilisten als vielmehr gegen die Sicherheitskräfte und die Minusma. Die Zahl der Attentate in Zentralmali, bei denen improvisierte Sprengfallen eingesetzt wurden, hat sich zwischen 2017 und 2018 auf 97 mehr als verdreifacht. Hinzu kommen Gewaltakte gegen Vertreter der staatlichen Ordnung (Administratoren, Lehrer, Dorfchefs etc.), mit denen die Jihadisten die bereits ausgedünnte und ineffektive staatliche Präsenz weiter zurückdrängen. [...] Unterdessen kommt der Staat seinen Aufgaben nicht nach oder wird als repressiv und parteiisch wahrgenommen. [...]

Die öffentliche Meinung in Mali steht der Mission sehr kritisch gegenüber. Sie moniert [= bemängelt] deren Passivität und die Tatsache, dass den Blauhelmen die eigene Sicherheit wichtiger ist als der Schutz der Zivilbevölkerung. [...]

Denis M. Tull, VN-Peacekeeping in Mali, SWP-aktuell, Nr. 23, April 2019, S. 2-4

Aufgaben

1. Stellen Sie Ziele und formale Legitimation des Bundeswehreinsatzes dar (M 1, M 2).
2. Ordnen Sie die Mali-Einsätze der Bundeswehr in die Sicherheitsstrategie der Bundesrepublik ein (M 1, M 2).
3. Arbeiten Sie die Bedeutung der einzelnen (verfassungs-)rechtlichen Grundlagen für Auslandseinsätze der Bundeswehr heraus (M 3, Infobox).
4. Erklären Sie das Machtverhältnis von Bundestag und Bundesregierung bei Entscheidungen über Auslandseinsätze der Bundeswehr (M 3, Infobox).
5. Nehmen Sie Stellung zum Mali-Einsatz der Bundeswehr.

F zu Aufgabe 2
Zwischen den verfassungsrechtlichen Grundsätzen für Bundeswehr-Auslandseinsätze und den Interessen der internationalen Sicherheitsorganisationen, in die Deutschland eingebunden ist, besteht nicht selten ein Spannungsverhältnis. Arbeiten Sie dieses heraus.

H zu Aufgabe 5
Berücksichtigen Sie auch die verfassungsrechtlichen Grundlagen.

Transformation der Bundeswehr

1989
- Bundeswehr: Truppenstärke ca. 495.000 Soldaten (davon ca. 218.000 Wehrdienstleistende)
- Nationale Volksarmee der DDR (NVA): Truppenstärke ca. 155.000 Soldaten (zzgl. Grenztruppen)

1990
- Auflösung der NVA
- Verteidigungsetat (inkl. NVA): 57,54 Mrd. DM (29,42 Mrd. Euro) = 15,1 % des Bundeshaushalts
- 2 + 4-Verträge (zur deutschen Einigung) setzen maximale Truppenstärke auf 370.000 Soldaten fest
- Erster „Out-of-area-Einsatz": u.a. Minenräumung im Persischen Golf

1992
- Beginn der Unterstützungseinsätze im Rahmen der Staatenzerfallskriege Jugoslawiens

1994
- Truppenstärke: 370.000 Soldaten (davon ca. 150.000 Wehrdienstleistende)
- Bundesverfassungsgericht urteilt, dass der Bundestag allen Auslandseinsätzen der Bundeswehr (nach Art. 24 GG) zustimmen muss (Parlamentsarmee).

1999
- Erster Kampfeinsatz der NATO und der Bundeswehr, Bombardierung der jugoslawischen Armee zum Schutz von verfolgten

3.2.2 Sollte die Bundeswehr weiterhin im Ausland eingesetzt werden?

E Sollte die Bundeswehr weiterhin im Ausland (außerhalb Europas) eingesetzt werden? Positionieren Sie sich zu dieser Frage auf einer Meinungslinie und begründen Sie Ihre Haltung.

M 5 ● **Wichtige Auslandseinsätze der Bundeswehr**

Bosnien 1995–2004
NATO-Operation Mission IFOR/SFOR
1.700 Soldaten

Serbien/Montenegro 1999
Operation „Allied Force"
(NATO-Luftkrieg)
Fliegerverbände

Kosovo ab 1999
Übergangsmission UNMIK/Mission KFOR der NATO; Obergrenze:
1.350 Soldaten

Nordmazedonien 2001
NATO-Operation „Essential Harvest"
600 Soldaten

Senegal/Mali ab 2013
UN- und EU-Missionen MINUSMA und EUTM Obergrenze:
bis zu 1.450 Soldaten

Republik Zentralafrika ab 2014
EU-Mission EUFOR RCA
4 Soldaten

Kongo 2006
EU-Mission EUSEC RD Congo
780 Soldaten

Libanon ab 2006
Mission UNIFIL
123 Soldaten

Südsudan/Sudan ab 2007 bzw. 2011
Missionen UNAMID/UNMISS
bis zu 100 Soldaten

Syrien ab 2015 und **Irak**:
Aufklärungsflüge im Rahmen der Bekämpfung des „IS" sowie Ausbildung irakischer Sicherheitskräfte;
bis zu 800 Soldaten"

3.2 Beitrag zur Sicherheit oder Anheizer von Konflikten? Die Bundeswehr im Ausland

Ein Soldat der Bundeswehr beobachtet das Gelände um den Flughafen des Camp Castor, Gao, Basislager der deutschen Einsatzkräfte in Mali (Mai 2017).

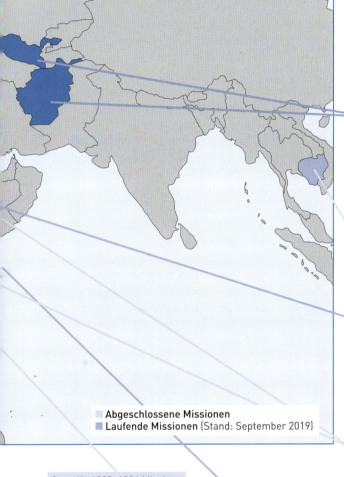

Afghanistan 2001–2014 ISAF-Verbände bis zu 4.900 Soldaten; ab 2015 Resolute Support bis zu 980 Soldaten zur Ausbildung afghanischer Streit- und Sicherheitskräfte

Kambodscha 1991–1993 Mission UNTAC170 Sanitätskräfte

Mittelmeer ab 2014: EUNAVFOR MED (EU) und Sea Guardian (NATO), Obergrenze: 1.600 Soldaten

■ Abgeschlossene Missionen
■ Laufende Missionen (Stand: September 2019)

Operation „Enduring Freedom" 2002–2010 Anti-Terror-Operationen auf der Arabischen Halbinsel, in Nordost-Afrika und in den angrenzenden Seegebieten sowie in Mittel- und Zentralasien 4.900 Soldaten

Somalia 1993–1994 Mission UNOSOM 1.700 Soldaten (Marineverbände)

Horn von Afrika ab 2008 EU-Mission „Atalanta"zur Bekämpfung der Piraterie am Horn von Afrika und zur Sicherung freier Seehandelsrouten Obergrenze: 600 Soldaten

Kosovo-Albanern; kein UN-Mandat
- UN-Mandat zur Einrichtung einer ständigen NATO-Schutztruppe im Kosovo (KFOR); Gesamtstärke 2012: 6.000 Soldaten (davon 1.230 deutsche)

2001
- Terroranschläge in den USA (11.9.); NATO ruft ersten Bündnisfall aus
- Zweiter Kampfeinsatz: im Rahmen des UN-Mandats ISAF sind deutsche Soldaten in Afghanistan zur Sicherung der Regierung sowie als zivile Aufbauhelfer im Einsatz

2011
- Truppenstärke: 221.000 Soldaten (davon ca. 9.300 Wehrdienstleistende)
- Verteidigungsetat: 31,55 Mrd. Euro = 10,3 % des Bundeshaushalts
- Aussetzung der Wehrpflicht zum 1. Juli

2013
- NATO-Einsatz an der syrischen Grenze des EU-Beitrittskandidaten Türkei
- Beginn des Auslandseinsatzes im westafrikanischen Mali

2014
- großteiliger Abzug aus Afghanistan

2019
- Pläne zur Stärkung der Landesverteidigung sowie Führung der schnellen Eingreiftruppe der NATO

M 6 • Die Linke: Alle Auslandseinsätze beenden!

Seit 1991 entsendet die Bundeswehr Truppen in den Auslandseinsatz. [...] [Die] Bundesrepublik [hat] bisher Soldaten in insgesamt 52 Auslandseinsätze geschickt [...], und dafür insgesamt 21 Mrd. Euro für Auslandseinsätze [ausgegeben]. 410.000 Soldaten wurden seitdem ins Ausland geschickt, 108 Bundeswehrsoldaten starben bisher in ihnen. [...] Zwei aktuelle Einsätze zeigen in besonderer Weise die Folgen der Auslandsengagements der Bundeswehr: Afghanistan und Mali.

Seit Beginn des Krieges in Afghanistan im Jahr 2001 sind 2,6 Millionen Afghaninnen und Afghanen ins Ausland geflohen. 1,2 Mio. Menschen sind innerhalb Afghanistans auf der Flucht. Die Zahl ziviler Opfer wird auf mehrere Hunderttausend geschätzt. Die Gegner der Regierung und der NATO, die Taliban, wurden indes nicht schwächer sondern stärker: die Regierung in Afghanistan beherrscht heute nur noch 35 Prozent des Landes. [...]

In Mali soll die Bundeswehr seit 2014 angeblich den Franzosen helfen, ein Friedensabkommen durchzusetzen. Jedoch ist das Land heute weiter von dieser Wunschvorstellung entfernt als je. Die Anwesenheit ausländischer, vor allem französischer Truppen hat entscheidend dazu beigetragen, dass sich der Konflikt zwischen verschiedenen Bevölkerungsgruppen immer weiter vertiefte, und war Wasser auf die Mühlen islamistischer Extremisten. Legitime Anliegen, wie die der Tuareg nach Autonomie und wirtschaftlicher Entwicklung, werden kriminalisiert. [...] Das Land selbst versinkt weiter im Bürgerkrieg, die französische Armee wird durch ihr brutales Vorgehen in diesem Konflikt selber immer mehr zur Kriegspartei. Mit der Erweiterung des Auftrags für deutsche Bundeswehrsoldaten innerhalb der UN-Mission MINUSMA assistiert die Bundesrepublik Frankreich immer mehr in einem neokolonialen Militäreinsatz. [...]

Nach 25 Jahren Auslandseinsatzpraxis ist es endlich an der Zeit, Schlussfolgerungen und Konsequenzen zu ziehen: Kein einziger der Auslandseinsätze hat das gehalten, was in den Mandaten, die der Bundestag zu ihrer Entsendung verabschiedete, versprochen wurde. Kein einziger hat das jeweilige Land wirklich befrieden können [...]. Der seit Jahrzehnten von der Bundesregierung propagierte Ansatz der zivil-militärischen Zusammenarbeit wird von der Mehrheit aller entwicklungspolitischen Hilfsorganisationen abgelehnt: Im Endeffekt werden Soldaten immer als Besatzer gesehen, und nicht als Brunnenbauer oder Entwicklungshelfer. Die Linke fordert daher den Abzug der Bundeswehr aus allen [auch aus den UN-mandatierten] Auslandseinsätzen. [...] Angesichts der kriegerischen Vergangenheit Deutschlands sollte sich die Bundesrepublik im Gegenteil bemühen, ein Vorreiter in der Entwicklungspolitik zu sein. Die Linke fordert gegenüber diesen Ländern vor allem eine gerechtere Welthandelspolitik, und vergrößerte Anstrengungen in der Entwicklungshilfe, die auf die wirklichen Bedürfnisse der Menschen in diesen Ländern ausgerichtet werden muss.

Linksfraktion, Deutsche Auslandseinsätze, www.linksfraktion.de, Abruf am 11.11.2018

Neokolonialismus
Behauptung, dass Regierungen und Unternehmen reicher Industrienationen (und zunehmend auch China) die Märkte sowie die natürlichen Ressourcen ärmerer Staaten (nicht selten ehemaliger Kolonien) unter ihre Kontrolle bringen und sie gegen die Interessen dieser Staaten nutzen

---

H zu Aufgabe 3
Ordnen Sie die Argumente für und gegen Auslandseinsätze Ihnen bekannten Urteilskategorien-/kriterien zu.

F zu Aufgabe 1-3
Verfassen Sie eine kurze Rede eines Mitglieds der Bundesregierung, das für eine Verlängerung des Mali-Einsatzes plädiert.

Aufgaben

1. Geben Sie die Argumente der Bundestagsfraktion Die Linke gegen (zukünftige) Auslandseinsätze der Bundeswehr wieder (M 6).
2. Entwickeln Sie eine Gegenposition zur Haltung der Fraktion Die Linke. Berücksichtigen Sie dabei mindestens die Werte „Sicherheit" und „Frieden" sowie das Kriterium „(internationales und Menschen-)Recht".
3. Nehmen Sie Stellung, ob die Bundeswehr im Ausland eingesetzt werden sollte.

3.2 Beitrag zur Sicherheit oder Anheizer von Konflikten? Die Bundeswehr im Ausland

Deutschlands Beteiligung an den Einsätzen der EU und der UNO in Mali lässt sich aus Interessen auf unterschiedlichen Ebenen erklären: Deutschland zeigt **Bündnissolidarität** mit Frankreich und erweist sich als verlässliches Mitglied erstens in der UNO und zweitens in der EU, die die beiden verschiedenen Einsätze mandatiert hatten.

War die Bundeswehr (genauso wie die Nationale Volksarmee der DDR) bis zur deutschen Wiedervereinigung noch im Wesentlichen eine stehende Armee mit der Aufgabe der **Landesverteidigung** gegen unmittelbare Angriffe, hat sich die Funktionsbeschreibung ganz wesentlich geändert. Die aktuellen **sicherheitspolitischen Grundsätze bzw. Herausforderungen** sieht die Bundesregierung in der Bündnissolidarität (EU, NATO), dem Verhindern von bzw. Eingreifen in humanitäre(n) Krisen (auch um Flüchtlingsbewegungen nach Europa einzudämmen), in der Sicherung der Rohstoffzufuhr sowie in der Bekämpfung des internationalen Terrorismus. Dabei möchte Deutschland in Einklang mit der internationalen Gemeinschaft agieren, was konkret u. a. bedeutet, dass für militärisches Vorgehen immer ein Mandat des UN-Sicherheitsrates vorliegen muss.

Nach **Artikel 87a des Grundgesetzes** (GG) stellt der Bund Streitkräfte zur Territorialverteidigung auf. Verfassungsrechtlich ist es nach Art. 24 GG möglich, dass der Bund seine eigenen Hoheitsrechte an ein „System gegenseitiger kollektiver Sicherheit" abgibt – allerdings ausschließlich zum Zweck, eine **friedliche Ordnung in Europa und der Welt** zu schaffen. Mit anderen Worten wäre die Etablierung einer europäischen Armee mit deutscher Beteiligung möglich.

Die Bundeswehr wird heute als „**Parlamentsarmee**" bezeichnet, da der Bundestag – anders als in den meisten anderen Staaten – jeden Auslandseinsatz bzw. dessen Verlängerung zustimmen muss. Dies geht auf zwei Urteile des Bundesverfassungsgerichts aus den Jahren 1994 und 2015 zurück. Für die Ausarbeitung der Bundestagsvorlage (Art des Einsatzes, Kontingent, Bewaffnung...) ist allein die Bundesregierung zuständig.

Kritiker der Zustimmungspflicht sehen dadurch das souveräne Agieren der Bundesrepublik in ihren sicherheitspolitischen Bündnissen gefährdet. Befürworter begrüßen hingegen die zusätzliche Regierungskontrolle sowie die Legitimitätssteigerung durch das direkt vom Volk gewählte Parlament. Die etwas verzögerte Entscheidungsfindung führe nicht zu einer sicherheitspolitischen Unzuverlässigkeit der Bundesrepublik.

Die Mehrheit der deutschen Bevölkerung steht Auslandseinsätzen kritisch gegenüber. Im Spektrum der bei Wahlen erfolgreichen Parteien wendet sich allerdings lediglich die Linke gegen Auslandseinsätze der Bundeswehr. Sie argumentiert, dass erfahrungsgemäß ausländisches Militär Staaten nur weiter destabilisiere und den Konflikt anheize. Die Konfliktfolgen würden dadurch verschlimmert. Militärische Konfliktlösungen gebe es nicht.

Der letzten Aussage stimmen durchaus auch Befürworter von Auslandseinsätzen zu. Allerdings führen sie an, dass teilweise nur durch Militär Konfliktparteien getrennt und ziviler Aufbau abgesichert werden könne.

Interessen internationaler Akteure und Aufgaben der Bundeswehr in Mali
(Basiskonzept: Motive und Anreize)
M 2

Die Transformation der Bundeswehr zur Armee *out of area*
(Basiskonzept: Interaktionen und Entscheidungen)
M 5

Verfassungsrechtliche Grundlagen für Auslandseinsätze der Bundeswehr als NATO-Speerspitze
(Basiskonzept: Ordnungen und Systeme)
M 4

Diskussion um Auslandseinsätze der Bundeswehr
(Basiskonzept: Interaktionen und Entscheidungen)
M 6

3.3 Wer garantiert heute Sicherheit für Deutschland und Europa?

3.3.1 (Durch wen) Ist Europas Sicherheit militärisch bedroht?

E
- Beschreiben Sie die (potenziellen) äußeren Bedrohungen für Europa (M 1).
- Schätzen Sie ein, wie schwer Europas Sicherheit durch die jeweilige „Gefahr" bedroht ist. Nutzen Sie dazu ein „Bedrohungsbarometer" (Skala: keine – schwache – mittlere – starke – sehr starke und akute Bedrohung).

M 1 • Sicherheitsbedrohungen für Europa

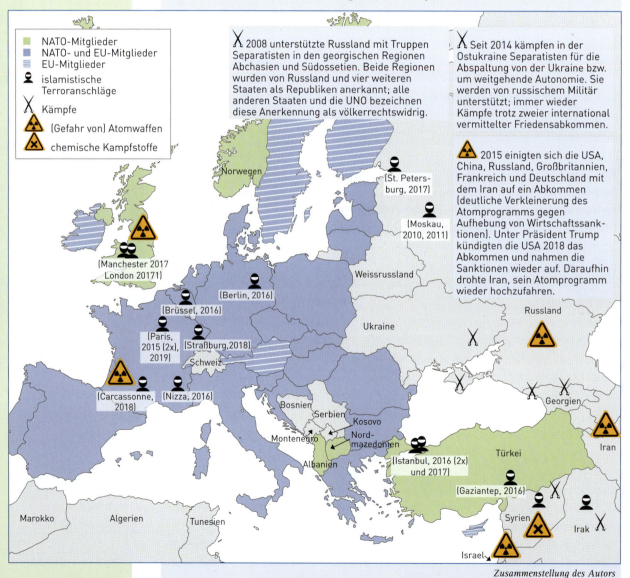

Zusammenstellung des Autors

M 2 • Russland – ein Bedrohungsherd für Europa?

Viele deutsche Bürger und auch politische Entscheidungsträgerinnen sehen in Russland die derzeit größte Sicherheitsbedrohung für Deutschland und die EU. Dabei hat
5 *sich Russlands Außenpolitik erst seit 2007/08 zu einer deutlichen Konfrontation mit der EU und den USA entwickelt.*

Eine militärische Bedrohung für seine Nachbarländer stellt Russland weniger auf-
10 grund der Stärke seiner Streitkräfte dar, als vielmehr wegen seiner Bereitschaft, diese zur Durchsetzung politischer Ziele einzusetzen. [...]
[Russlands Präsident] Putin [...] war zu-
15 nächst ein Anhänger der „Westorientierung": Im März 2000 [...] äußerte er in einem BBC-Interview den Wunsch nach einer Partnerschaft [mit dem Westen]. [...] Putin [hielt] bis zum Ende seiner zweiten Amts-
20 zeit als Präsident im Frühjahr 2008 an seiner Idee einer Allianz mit dem Westen fest. Auf die berief sich auch der neue Präsident Dmitri Medwedjew, als er im Juni 2008 in Berlin eine „Neue Europäische Sicherheits-
25 architektur" vorschlug und zugleich eine engere wirtschaftliche Integration in einem „euroatlantischen Raum von Vancouver bis Wladiwostok" anregte. All diese Initiativen fanden im Westen keine Resonanz. [...]
30 Einer der Gründe, warum der Kreml im Fall der Ukraine so aggressiv reagierte, war die Befürchtung, der Maidan von Kiew könnte Nachahmer im eigenen Land inspirieren. Ebenso bedeutsam war ein zweiter Faktor.
35 Die russische Entscheidung, der Ukraine weder eine engere Integration in die EU noch den NATO-Beitritt zu gestatten, erfolgte im vollen Bewusstsein der eigenen Schwäche: Man hatte weder das ökonomi-
40 sche Potenzial, um Kiew ein deutlich besseres Angebot als die EU zu machen, noch die politische Macht, um Brüssel und Washington daran zu hindern, die Ukraine in die westliche Einflusssphäre hinüberzuziehen.
45 Mit der Annexion der Krim und der Unterstützung der Separatisten im Donezbecken verfolgte der Kreml mehrere Ziele. Eins davon war, die Popularität Putins bei der eigenen Bevölkerung zu stärken. [...] Der
50 NATO-Beitritt der Ukraine sollte blockiert werden, indem man größere Teile des Landes zur Kriegszone oder zu umstrittenen Territorien machte. Das Kalkül ging zwar auf, aber die Ukraine ist damit endgültig
55 aus der russischen Einflusszone ausgeschieden. Daher bedeutet die Entwicklung seit 2013 für Putin unzweifelhaft eine gigantische strategische und politische Niederlage. Und zugleich eine Epochenwende:
60 das Ende der Fantasien von einer Einbindung oder gar Integration in den Westen. Noch im Februar 2013 hatte das offizielle „außenpolitische Konzept" des Kremls Russland als „integralen und untrennbaren
65 Teil der europäischen Zivilisation" definiert; entsprechend lagen die Prioritäten bei „den Beziehungen zu den euroatlantischen Staaten, die jenseits der Geografie, der Ökonomie und der Geschichte
70 auch tiefe gemeinsame kulturelle Verbindungen mit Russland haben". In der [...] Fassung dieses Dokuments vom Dezember 2016 sind solche Bezüge getilgt und durch eine Betonung des „eurasischen Integrati-
75 onsprozesses" ersetzt. Das bezieht sich unmittelbar auf das Projekt eines EU-ähnlichen Handelsblocks, dem Russland und mehrere Staaten der früheren UdSSR angehören sollen. [...]
[Im] Kreml [ist] das alte Großmachtdenken
80 noch so verbreitet, dass man gewillt ist, auf Gewaltmittel zu setzen, obwohl man die grundlegende Machtbalance nicht aktiv beeinflussen kann. Solange dieser Zustand andauert, sind weitere Konflikte wahr-
85 scheinlich, die überall in den russischen Grenzregionen oder erneut im Nahen Osten ausbrechen können.

Tony Wood, Russlands gefährliche Schwäche. Asymmetrische Machtverhältnisse, die Fehler des Westens und der Frust im Kreml, in: Le Monde diplomatique, 11.5.2017 (Reihenfolge verändert)

INF-Vertrag (Kündigung)
Der 1987/88 geschlossene Vertrag zwischen den USA und der damaligen Sowjetunion verbot Mittelstreckenraketen mit einer Reichweite von 500 bis 5.500 km (die auch mit Atomsprengköpfen bestückt werden können). Die damaligen Bestände wurden komplett vernichtet. Am 1.2.2019 kündigten die USA den Vertrag (einen Tag später auch Russland), da Russland angeblich gegen Vertragsbedingungen verstoßen hatte. Damit endete der INF-Vertrag am 2.8.2019.

Maidan
Majdan Nesaleschnosti („Platz der Unabhängigkeit"); zentraler Platz in der ukrainischen Hauptstadt Kiew, auf dem von November 2013 bis Februar 2014 proeuropäische Massendemonstrationen veranstaltet wurden

NATO
Nordatlantisches Verteidigungsbündnis
→ vgl. Kap. 3.3.3

Donezbecken
auch „Donbas"; Steinkohleabbau- und Industriegebiet, das sich über den Osten der Ukraine bis nach Russland erstreckt

Kreml
Sitz der russischen Regierung in Moskau; Synonym für die russische Regierung

M 3 ● Atomwaffen – Bedrohung durch den Iran?

Der Iran verfügt nach eigener Darstellung [wieder] über mehr als 300 Kilogramm niedriges, auf 3,67 Prozent angereichertes Uran und verletzt damit erstmals eine Be-
5 stimmung des Nuklearabkommens von 2015, das Teheran bislang strikt eingehalten hatte. Ab 7. Juli [2019] will Iran zudem die durch den Vertrag verbotene Höheranreicherung von Uran auf bis zu 20 Prozent
10 wieder aufnehmen.

Mit diesen beiden [...] Maßnahmen will die iranische Führung die drei europäischen Vertragsstaaten Deutschland, Frankreich und Großbritannien zum Handeln drängen.
15 Washington hatte das Nuklearabkommen bereits im Mai 2018 einseitig aufgekündigt. Der Iran hofft noch auf eine Rettung des Vertrages und Abwendung der US-Sanktionen.
20 Dieser Versuch ist völlig gescheitert. Nach wie vor funktioniert keine der von den Regierungen in Berlin, Paris und London seit September letzten Jahres versprochenen Maßnahmen, die Teheran trotz der US-Sanktionen weiterhin ermöglichen sollen, 25 Öl zu exportieren und am internationalen Zahlungssystem teilzunehmen.

Unter dem Druck der US-Sanktionsdrohungen haben sich in den letzten zwölf Monaten fast sämtliche europäische Unterneh- 30 men und Banken, die auch auf dem US-Markt tätig sind, aus dem Iran zurückgezogen. [...] Im Januar [2019] etablierten Frankreich, Deutschland und Großbritannien mit Instex (Instrument in Support of 35 Trade Exchanges) eine Art Tauschbörse für Importe und Exporte in den und aus dem Iran, bei der Zahlungen ohne Rückgriff auf den US-Dollar abgewickelt werden. Damit sollte sichergestellt werden, dass europäi- 40 sche Unternehmen für Warenlieferungen in den Iran auch ihr Geld bekommen. Doch bis heute wurde keine einzige Transaktion über Instex abgewickelt. Die EU hat noch nicht einmal ermöglicht, dass der Iran Medika- 45 mente und andere humanitäre Güter im Ausland kaufen kann.

Indien und China zeigen hingegen, dass es durchaus möglich ist, die Wirtschaftsbeziehungen mit dem Iran unter Umgehung der 50 US-Sanktionen und ohne Rückgriff auf den US-Dollar aufrechtzuerhalten. Indien wickelt seit Ende 2018 über ein dem europäischen Instex ähnliches System seinen Handel mit Iran ab, inklusive des Imports von 55 iranischem Öl. China hat bereits 2015 ein Zahlungssystem eingerichtet, das ohne den US-Dollar auskommt und dem der Iran beigetreten ist.

Die Regierungen in Berlin, Paris und Lon- 60 don haben Teheran für den Fall von Verletzungen des Nuklearabkommens mit bislang nicht näher bezeichneten „Konsequenzen" gedroht. [...]

Andreas Zumach, Iran verletzt Atomdeal, um ihn noch zu retten, in: die tageszeitung, 28.6.2019

Sanktionsdrohungen der USA

Die USA drohen europäischen Unternehmen, die weiterhin mit dem Iran Handel betreiben, Geschäfte mit den USA bzw. dort beheimateten Firmen zu verbieten.

Info

Proliferation von Massenvernichtungswaffen

[Die] Gefahr der unkontrollierten Verbreitung (Proliferation) von atomaren und biologischen Massenvernichtungswaffen samt Trägertechnologie [hat sich in den letzten Jahren] weiter erhöht. [...] Zudem intensiviert sich 25 Jahre nach dem Ende des Ost-West-Konflikts [...] eine grundsätzliche Debatte über die bisherigen Instrumente rüstungspolitischer Stabilität, die sich u. a. in der Infragestellung wichtiger etablierter Rüstungskontrollabkommen wie etwa [...] des INF- und des Open-Skies-Vertrags, der Chemiewaffenkonvention [...] bis hin zur Zukunft des atomaren Nichtverbreitungsvertrags manifestiert. [...]

[Neben den fünf „offiziellen" Atommächten USA, Russland, China, Großbritannien und Frankreich setzt eine Zahl von Staaten] offensiv auf einseitige Vorteile, die der Besitz von Nuklearwaffen verspricht. An erster Stelle stehen hier Ansprüche auf eine regionale Vorherrschaft, die als Nicht-Nuklearmacht eher schwierig einzulösen wäre. Im Iran dürfte dieser Gedanke attraktiv sein. Man verspricht sich dadurch auch einen höheren Prestigegewinn, einen höheren Status in internationalen Beziehungen und letztlich mehr Durchsetzungsvermögen, um nationale Ziele zu erreichen. Auch das Treffen von US-Präsident Trump und Nordkoreas Kim Jong-un im Juni 2018 ist für Letzteren wohl genau aus diesen Gründen als enormer Erfolg zu werten. In besonders kritischen Fällen (wie möglicherweise wiederum Nordkorea) versprechen Nuklearwaffen auch eine gewisse „carte blanche" – also die Freiheit, gegenüber Nachbarn eine hochaggressive Politik zu betreiben, ohne dafür sanktioniert werden zu können.

Kersten Lahl, Johannes Varwick, Sicherheitspolitik verstehen. Handlungsfelder, Kontroversen und Lösungsansätze, Bonn 2019, S. 116, 121

M 4 ● Cyberangriffe – eine unbemerkte Bedrohung?

Angriffe auf Regierungsnetze
Cyber-Angriffe auf die Regierungsnetze finden täglich statt. Als Regierungsnetze werden die Netze des Bundes (NdB) und das gemeinsame Bund-Länder-Netz bezeichnet. Neben ungezielten Massenangriffen sind die Regierungsnetze auch gezielten Angriffskampagnen ausgesetzt. Dabei zählen E-Mails mit Schadprogrammen zu den am häufigsten detektierten Angriffen auf die Bundesverwaltung. Mittels automatisierter Antivirus-Schutzmaßnahmen wurden pro Monat durchschnittlich 64.000 solcher E-Mails in Echtzeit abgefangen, bevor sie die Postfächer der Empfänger erreichten. [...] Wie in den beiden Vorjahren hat sich der Trend fortgesetzt, dass Schadprogramme häufig nicht als Dateianhang in E-Mails versendet, sondern über Links in E-Mails verteilt werden.

Erkenntnisse aus Meldungen der Bundesverwaltung
[...] Bundesbehörden [sind] verpflichtet, das BSI unverzüglich zu unterrichten, wenn bei ihnen Informationen vorliegen, die für die Abwehr von Gefahren für die Sicherheit in der Informationstechnik von Bedeutung sind. [...] SOFORT-Meldungen sind vorfallsbezogen und daher in ihrer Häufigkeit unregelmäßig. Grundsätzlich ist jedoch auch das zahlenmäßige Aufkommen der Meldungen ein Indikator, um die Bedrohungslage zu bewerten. Im Jahr 2018 wurden insgesamt 140 SOFORT-Meldungen an die „Zentrale Meldestelle und Nationales IT-Lagezentrum" gemeldet [gegenüber 157 im Jahr 2017].

Kritische Infrastrukturen
Kritische Infrastrukturen (KRITIS) sind Organisationen und Einrichtungen mit wichtiger Bedeutung für das Gemeinwesen. Ihre Systeme und Dienstleistungen, wie die Versorgung mit Wasser oder Wärme, ihre Infrastruktur und Logistik sind immer stärker von einer reibungslos funktionierenden Informationstechnik abhängig. Eine Störung, Beeinträchtigung oder gar ein Ausfall durch einen Cyber-Angriff oder IT-Sicherheitsvorfall kann zu nachhaltig wirkenden Versorgungsengpässen, erheblichen Störungen der öffentlichen Sicherheit oder anderen dramatischen Folgen führen. [...] Die Gefährdungslage im Bereich Kritischer Infrastrukturen liegt weiterhin auf hohem Niveau. [...] Cyber-Sicherheit stellt sich asymmetrisch dar: Um eine Kritische Infrastruktur erheblich beeinträchtigen zu können, muss ein Angreifer lediglich eine einzige Schwachstelle erfolgreich ausnutzen. Betreiber Kritischer Infrastrukturen müssen hingegen einen ganzheitlichen Schutz gewährleisten, um sich umfassend abzusichern. Die IT-Sicherheit Kritischer Infrastrukturen lässt sich durch technische Maßnahmen alleine nicht im Sinne eines umfassenden Schutzes sicherstellen. [...]

Bundesamt für Sicherheit der Informationstechnik (Hg.), Die Lage der IT-Sicherheit in Deutschland 2019, Bonn 2019, S. 37f., 48

Hackerangriffe auf den Bundestag
Im März 2018 wurde ein groß angelegter Hackerangriff auf das Bundestagsnetzwerk und das Auswärtige Amt bekannt. Den Hackern gelang es, an Daten aus dem Netzwerk zu gelangen. Vermutlich steckt die professionelle russische Hackergruppe „Turla" (auch „Snake") hinter dem Angriff, der auch Verbindungen zu russischen Geheimdiensten nachgesagt wird.

Hybrider Krieg
Mischform aus „regulärer" und asymmetrischer Kriegsführung, bei der z. B. Soldaten ohne Hoheitszeichen oder irreguläre Truppen, biologische oder chemische Kampfstoffe und/oder Cyberangriffe sowie gezielte Desinformation genutzt werden.

Ⓜ zu Aufgabe 1 und 2
Lesen Sie die Texte zunächst arbeitsteilig, stellen Sie sich im Anschluss gegenseitig deren Inhalte vor und taxieren Sie die Schwere der Bedrohungen gemeinsam in Gruppen.

Ⓗ zu Aufgabe 3
Denken Sie z. B. an Elemente einer gemeinsamen Sicherheitspolitik, militärische Abschreckung, Diplomatie.

Aufgaben

1. Fassen Sie die aktuellen äußeren Bedrohungen für europäische Staaten zusammen (M 2-M 4).
2. Schätzen Sie erneut mithilfe des „Bedrohungsbarometers" ein, wie stark Europas Sicherheit durch die jeweilige „Gefahr" bedroht ist.
3. Entwickeln Sie Eckpunkte, wie die Europäische Union den aus Ihrer Sicht zentralen Bedrohungen begegnen könnte.

3.3.2 Die Gemeinsame Sicherheits- und Verteidigungspolitik der EU – scharfes Schwert oder Papiertiger?

E Welche Ursachen und Folgen könnte eine Uneinigkeit von Staaten der Europäischen Union in sicherheits- bzw. verteidigungspolitischen Fragen haben? Stellen Sie – ausgehend von Martin Schulz' Aussagen – dazu begründete Vermutungen an.

M 5 ● Die Gemeinsame Außen- und Sicherheitspolitik der EU – eine Bestandsaufnahme

Der Zustand der GASP steht im Gegensatz zu den Hoffnungen, die man mit dem Vertrag von Lissabon 2009 verband. Durch diesen erhielt die Europäische Union eine eigene Rechtspersönlichkeit, sodass sie internationale Abkommen schließen und internationalen Organisationen beitreten kann. Die Schaffung des Amtes eines Hohen Vertreters der Union für Außen- und Sicherheitspolitik hatte zum Ziel, den Einfluss, die Stimmigkeit und die Wahrnehmbarkeit der europäischen Außenpolitik zu erhöhen. Die Hoffnung, die Europäische Union habe nun eine abgestimmte außenpolitische Haltung, wurde [...] bald enttäuscht. Die [...] Unfähigkeit Europas, eine einheitliche Position zum Libyen-Konflikt zu finden, sowie die Unentschlossenheit Europas im Syrien-Konflikt sind nur einige Beispiele für die fehlende Schlagkraft im Bereich der GASP. Anstatt mit einer Stimme zu sprechen oder eine gemeinsame Position zu finden, verfolgen die Mitgliedstaaten [außen und sicherheitspolitisch] immer noch ihre vermeintlichen nationalen Interessen ohne Rücksicht auf europäische Verluste.

Dabei ist es diese Uneinigkeit, diese Unentschlossenheit, die Europas kostbarstes politisches Kapital zerstört: seine „soft power". Der [...] Begriff bezieht sich auf eine Form der Machtausübung, die auf der Anziehungskraft eines Staates basiert. Andere Länder fühlen sich durch die Werte und den Wohlstand dieses Staates angezogen und entscheiden sich ihm zu folgen. Durch „soft power" kann es Akteuren gelingen, andere, ohne Zwangsmaßnahmen, von ihren Interessen zu überzeugen.

Martin Schulz, Die Außenpolitik der Europäischen Union im 21. Jahrhundert: Vision, Ambition und Wirklichkeit, in: integration, 2/2013, S. 138–145, hier S. 138ff.

M 6 ● Welche sicherheitspolitischen Grundsätze und Ziele verfolgt die EU? Die „Globale Strategie"

Die Europäische Union hat Ende Juni 2016 eine neue Globale Strategie für die Außen- und Sicherheitspolitik der EU angenommen [...]. Das Autorenteam [...] erklärt unter dem Motto „Gemeinsame Vision, gemeinsames Handeln: Ein stärkeres Europa" den Aufbau von Resilienz, also der Widerstandsfähigkeit der EU gegen innere und äußere Bedrohungen, zum übergeordneten Ziel. Das rechtlich unverbindliche Dokument hat die Europäische Sicherheitsstrategie von 2003 abgelöst. [...] Die Globale Strategie stellt hohe Ansprüche an die Resilienz der Mitglied- und Nachbarstaaten der EU: Resilienz beinhaltet nicht nur die Fähigkeit, Angriffe abzuwehren, Schäden auszuhalten und zu reparieren, sondern auch, Strukturen aufzubauen, in denen solche Angriffe

---

Martin Schulz (*1955), SPD-Politiker, von 2012–2017 Präsident des Europäischen Parlaments, 2017 Kanzlerkandidat und damaliger Parteivorsitzender der SPD

GASP
Gemeinsame Außen- und Sicherheitspolitik der Europäischen Union

Resilienz
sowohl Widerstands- als auch Regenerationsfähigkeit; Krisenfestigkeit in Not- bzw. Katastrophensituationen

und Schäden gar nicht erst auftreten. Zu den Kernelementen zählt nach Auffassung der Europäischen Kommission, „den Frieden zu fördern und die Sicherheit der EU und ihrer Bürger zu garantieren, da die Sicherheit im Inneren vom Frieden jenseits der EU-Außengrenzen abhängt". Die Sicherheit der EU beginne in ihrem Innern.
In der neuen Strategie der Union wird Resilienz als umfassendes Konzept innerer und äußerer Sicherheit verstanden, das „alle Individuen und die ganze Gesellschaft einbezieht. Aus dieser Sicht muss eine resiliente Gesellschaft demokratisch sein, also auf dem Vertrauen in die staatlichen Institutionen und auf nachhaltiger Entwicklung basieren. Hierzu bedarf es laut der Globalen Strategie eines integrierten Ansatzes, der alle relevanten Stakeholder [hier: Beteiligten] einbindet und der angemessen von „gesellschaftlicher Resilienz" spricht. [...]
Eine resiliente Union im Sinne der Globalen Strategie ist vor allem durch zwei Aspekte gekennzeichnet: zum einen die Idee, äußere

Info

Gemeinsame Außen- und Sicherheitspolitik der EU

Seit dem Vertrag von Maastricht (1992) existiert die Gemeinsame Außen- und Sicherheitspolitik der Europäischen Union (GASP); weitergeführt wird sie durch den Vertrag von Lissabon (2009): Der Europäische Rat (das Gremium der Staats- und Regierungschefs) muss die Leitlinien der GASP einstimmig beschließen. Ebenso einstimmig müssen die Außenminister im Rat der EU unter Vorsitz des Hohen Vertreters für Außen- und Sicherheitspolitik über die – dann für alle Mitgliedstaaten verbindlichen – konkreten außen- und sicherheitspolitischen Maßnahmen befinden; eine Parlamentsbeteiligung ist nicht vorgesehen. Drei Beschlusstypen sind möglich: 1) *Aktionen der EU* (früher „Gemeinsame Aktionen"), also beispielsweise Sanktionen gegen einen Staat, Entsendung von Beobachtern oder (Kampf-)Truppen; 2) *Gemeinsame Standpunkte*, also Leitlinien für die jeweils nationalen Außenpolitiken; 3) *Durchführungsbeschlüsse*, die die Umsetzungsmodalitäten dieser Standpunkte regeln.
Anders als zum Beispiel beim Binnenmarkt handelt es sich aber bei der GASP nicht um ein supranational, sondern ein vorwiegend intergouvernemental geregeltes Politikfeld der EU. Das Einstimmigkeitsprinzip führte in der Vergangenheit häufig zu sehr uneinheitlichem außenpolitischen Verhalten oder zu nur minimalen Konsensformulierungen. Zum Beispiel beteiligten sich Großbritannien und Spanien am nicht durch die UNO legitimierten Irak-Einmarsch der USA (ab 2003), Deutschland, Frankreich und Österreich hingegen nicht. Aufgrund energiepolitischer und historischer Interessengegensätze war die Haltung der EU-Staaten gegenüber Russland im Georgien-Konflikt (2008) inkonsistent. Einstimmigkeit herrsch(t)e hingegen beim Anti-Piraterie-Einsatz vor der Küste Somalias am Horn von Afrika (seit 2008) und anfangs beim Beschluss von Wirtschaftssanktionen gegen Russland wegen der völkerrechtswidrigen Annexion der ukrainischen Krim-Halbinsel (2014). *Autorentext*

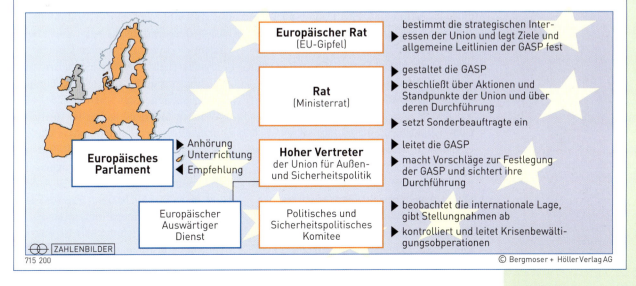

Acquis
Acquis communautaire; Gesamtheit des gültigen EU-Rechts

Risiken und Gefahren abwenden zu können, zum anderen die Fähigkeit, in den Nachbarstaaten der EU stabilisierend zu wirken. Hier kommt indes der Anspruch zum Ausdruck, auch weiterhin transformierend auf das Umfeld einzuwirken. [...]
[Es] finden sich zwei unterschiedliche Deutungen des Begriffs [Resilienz], die sich als externes und internes Resilienzverständnis bezeichnen lassen. Beide sind gleichermaßen wichtig, um die neue GASP angemessen zu erfassen.
Das externe Resilienzverständnis differenziert zwischen Innen- und Außenpolitik. Demnach bezieht sich der Begriff Resilienz ausschließlich auf sicherheitsrelevante Probleme und bezeichnet die Fähigkeit, Angriffen, Erschütterungen und Herausforderungen von außen standzuhalten. Hierzu gehören Cyberattacken auf kritische Infrastrukturen mitgliedstaatlicher oder europäischer Institutionen, Natur- und Umweltkatastrophen, unkontrollierte Migrationsbewegungen oder Terroranschläge.
Das interne Resilienzverständnis trennt weder zwischen Innen- und Außenpolitik noch zwischen sicherheitsrelevanten und anderen Herausforderungen für die EU und ihre verbindlichen Rechtsakte (Acquis). Für Resilienz bedeutsam sind alle Handlungen, die Individuen und Institutionen gegen den rechtlichen Besitzstand der Union richten. Neben offenen Angriffen zählen dazu alle Verstöße europäischer Mitgliedstaaten oder anderer Rechtspersonen gegen europäisches Recht. [Zum Beispiel] drohte die Europäische Kommission im Juli 2017, gegen Polen ein Verfahren zum Stimmrechtsentzug auf europäischer Ebene nach Artikel 7 EUV einzuleiten. Sollte die polnische Regierung die umstrittene Justizreform in Kraft setzen, verstieße sie damit in den Augen der Kommission sowohl gegen die polnische Verfassung als auch gegen europäische Standards zur Unabhängigkeit des Justizwesens.

Annegret Bendiek, Gemeinsame Außen- und Sicherheitspolitik der EU: Von der Transformation zur Resilienz. SWP-Studie 2017/S 19, Berlin 2017, S. 15f.

M 7 ● Die GASP durch einen Europäischen Sicherheitsrat stärken?

Als außen- und sicherheitspolitischer Akteur genießt die EU keinen guten Ruf. Während sich das unmittelbare politische Umfeld Europas rasant verändert, schaffen es die [...] Mitgliedstaaten der EU nur unzureichend, schnell und kohärent gemeinsame Antworten auf die zahllosen außenpolitischen Umbrüche zu formulieren, mit denen sie konfrontiert sind. Selbst wenn sie Entscheidungen treffen, mangelt es am politischen Willen und oft auch an den materiellen Fähigkeiten, diese umzusetzen. [...]
Um diesem Missstand entgegenzuwirken, hat Bundeskanzlerin Angela Merkel bei ihrer Rede vor dem Europäischen Parlament am 13. November 2018 erneut vorgeschlagen, einen Europäischen Sicherheitsrat [ESR] einzurichten. Dieser solle gemäß dem Rotationsprinzip jeweils aus einem Teil der EU-Staaten bestehen und sich eng mit der Hohen Vertreterin der Union für Außen- und Sicherheitspolitik sowie mit den europäischen Mitgliedern im Sicherheitsrat der Vereinten Nationen (VN) abstimmen. [...]
[Es] erscheint [aber] nur dann sinnvoll, die Idee weiterzuverfolgen, wenn zwei Fragen eindeutig beantwortet werden können:
a. Welche Defizite in der EU-Außen- und Sicherheitspolitik könnte ein Europäischer Sicherheitsrat beseitigen?
b. Welchen Mehrwert soll er im Institutionengefüge der EU bieten und welche Ziele könnten die EU und ihre Mitgliedstaaten mit seiner Hilfe besser erreichen? [...]
Die Gründe für das unzulängliche Außenhandeln der EU sind bekannt. Erstens ist der Weg zur Entscheidungsfindung in der EU zu lang. Größter Hemmschuh ist hier das Gebot der Einstimmigkeit unter den Mitgliedstaaten. Die verschiedenartigen, oft

geographisch bedingten Interessen sowie die Unterschiede in der Wahl außenpolitischer Mittel hindern die EU-Staaten daran, eine Außenpolitik zu betreiben, die mehr ist
45 als der Ausdruck des kleinsten gemeinsamen Nenners. [...] Eine solche Politik reicht heute indes längst nicht mehr aus, wenn es darum geht, als Ordnungsmacht die Nachbarschaft der EU zu gestalten und den sie
50 erschütternden Krisen und Konflikten zu begegnen. So verwundert es nicht, dass die EU in den diplomatischen Bemühungen zur Einhegung des Krieges in Syrien als kollektiver Akteur weitgehend abwesend ist. [...]
55 Zweitens fehlt in der EU eine exekutive Kraft mit der Befugnis, getroffene Entscheidungen umzusetzen. Mit dem langen Weg der Entscheidungsfindung korrespondiert eine oft mangelnde Bereitschaft der EU-
60 Mitgliedstaaten, die Beschlüsse auch auszuführen. Am augenfälligsten ist dieser Missstand in der Sicherheits- und Verteidigungspolitik. Schlagendes Beispiel für die mangelnde Exekutivgewalt der EU sind ihre
65 Battlegroups: Sie kommen nicht zum Einsatz, weil sich ausgerechnet diejenigen Staaten, die gerade eine solche Gruppe führen, gegen deren Verwendung sperren. [...] Darüber hinaus müsste sich ein ESR in das
70 Institutionengefüge der EU integrieren. Die Frage, die Deutschland seinen Partnern in diesem Zusammenhang beantworten muss, lautet: Wie lassen sich mit diesem neuen Gremium die Entscheidungen beschleuni-
75 gen und die außenpolitische Handlungsfähigkeit der EU stärken? [...] Eine [...] Möglichkeit wäre, das Gremium als Kontakt- oder Freundesgruppe zu konzipieren. Damit würde der Sicherheitsrat einen Trend in der GASP kanalisieren, nämlich europäische
80 Außenpolitik durch Koalitionen der Willigen in und außerhalb der EU voranzubringen. Mitgliedstaaten schlagen diesen Weg immer wieder ein, um flexibler auf für sie zentrale Herausforderungen der internatio-
85 nalen Politik reagieren zu können. Mittlerweile sind Koalitionen der Willigen respektierte Praxis europäischer Außenpolitik. [...] Wie im Sicherheitsrat der Vereinten Nationen käme es auch im ESR wesentlich auf
90 das Abstimmungsverfahren an. [...] Die Verpflichtung zur Einstimmigkeit wird nicht die Grundlage sein können, da dieses Prinzip in der EU im Bereich der GASP angewandt wird und die Handlungsfähigkeit
95 Europas gerade beschränkt. Stattdessen werden Varianten von Mehrheitsentscheidungsverfahren heranzuziehen sein, gegebenenfalls mit Quoren. Um das politische Gewicht des ESR zu erhöhen, wird man
100 jenen Staaten Europas eine Vorzugsstellung einräumen müssen, die aufgrund ihrer Ambitionen und Ressourcen besondere Verantwortung für die außenpolitische Handlungsfähigkeit Europas tragen. Sie
105 könnten entweder durch einen ständigen, nicht rotierenden Sitz oder aber durch eine Vetoposition bei Abstimmungen privilegiert werden.

Markus Kaim, Ronja Kempin, Ein Europäischer Sicherheitsrat. Mehrwert für die Außen- und Sicherheitspolitik der EU? SWP-Aktuell, 65/2018, S. 2f., 4f.

Quorum
für eine gültige Abstimmung erforderliche Anzahl insgesamt abgegebener Stimmen

H zu Aufgabe 2
Berücksichtigen Sie insbesondere Probleme, die sich aus dem Entscheidungsverfahren ergeben könnten.

F zu Aufgabe 4
Vergleichen Sie den vorgeschlagenen Europäischen Sicherheitsrat mit dem UN-Sicherheitsrat (Kap. 2.2).

M zu Aufgabe 4
Führen Sie zu dieser Frage eine Pro/Kontra-Debatte durch.

Aufgaben

1. a) Erklären Sie die Bedeutung der Gemeinsamen Sicherheits- und Verteidigungspolitik für die Europäische Union (M 1-M 6, Infobox).
   b) Erläutern Sie, welche Voraussetzungen gegeben sein müssen, dass die Europäische Union militärisch in einen Konflikt eingreift.
2. Arbeiten Sie zentrale Schwierigkeiten bzw. Problemfelder der Gemeinsamen Sicherheits- und Verteidigungspolitik der Europäischen Union heraus (M 5, M 6, Infobox).
3. Geben Sie die Idee eines Europäischen Sicherheitsrats wieder (M 7).
4. Sollte ein Europäischer Sicherheitsrat geschaffen werden? Setzen Sie sich mit dieser Frage auseinander.

3.3.3 Sorgt die NATO für Sicherheit und Frieden in Europa?

E Arbeiten Sie den Blick auf das Verhältnis zwischen NATO und EU heraus, die in der Zeichnung deutlich wird (M 8).

M 8 ● Die EU und die NATO

EU-Mitglieder

Zeichnung nach Idee des Autors

M 9 ● Der Nordatlantikvertrag

a) Mitgliederentwicklung der NATO

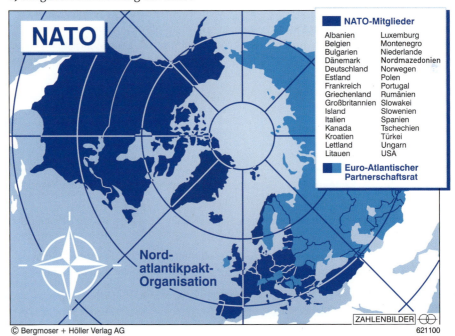

Erklärfilm NATO

Mediencode: 72053-08

b) Gründungsakte der NATO

Artikel 1

Die Parteien verpflichten sich, in Übereinstimmung mit der Satzung der Vereinten Nationen, jeden internationalen Streitfall, an dem sie beteiligt sind, auf friedlichem Wege so zu regeln, dass der internationale Friede, die Sicherheit und die Gerechtigkeit nicht gefährdet werden, und sich in ihren internationalen Beziehungen jeder Gewaltandrohung oder Gewaltanwendung zu enthalten, die mit den Zielen der Vereinten Nationen nicht vereinbar sind.

Artikel 5

Die Parteien vereinbaren, dass ein bewaffneter Angriff gegen eine oder mehrere von ihnen in Europa oder Nordamerika als ein Angriff gegen sie alle angesehen wird; sie vereinbaren daher, dass im Falle eines solchen bewaffneten Angriffs jede von ihnen in Ausübung des in Artikel 51 der Satzung der Vereinten Nationen anerkannten Rechts der individuellen oder kollektiven Selbstverteidigung der Partei oder den Parteien, die angegriffen werden, Beistand leistet, indem jede von ihnen unverzüglich für sich und im Zusammenwirken mit den anderen Parteien die Maßnahmen, einschließlich der Anwendung von Waffengewalt, trifft, die sie für erforderlich erachtet, um die Sicherheit des nordatlantischen Gebiets wiederherzustellen und zu erhalten.

Artikel 6[1]

Im Sinne des Artikels 5 gilt als bewaffneter Angriff auf eine oder mehrere der Parteien jeder bewaffnete Angriff

- auf das Gebiet eines dieser Staaten in Europa oder Nordamerika, auf das Gebiet der Türkei oder auf die der Gebietshoheit einer der Parteien unterliegenden Inseln im nordatlantischen Gebiet nördlich des Wendekreises des Krebses;
- auf die Streitkräfte, Schiffe oder Flugzeuge einer der Parteien, wenn sie sich in oder über diesen Gebieten oder irgendeinem anderen europäischen Gebiet, in dem eine der Parteien bei Inkrafttreten des Vertrags eine Besatzung unterhält oder wenn sie sich im Mittelmeer oder im nordatlantischen Gebiet nördlich des Wendekreises des Krebses befinden.

www.nato.int, 26.6.2014
[1] *In der anlässlich des Beitritts Griechenlands und der Türkei 1952 durch Artikel 2 des Protokolls zum Nordatlantikvertrag geänderten Fassung.*

M 10 ● Welche Strategie verfolgt die NATO (offiziell)?

Autorengrafik

M 11 • Die Entwicklung der NATO

[Phase 1: Gründung und Blockkonfrontation]

Gegründet im Jahre 1949 als Ausdruck gemeinsamer Bedrohungen demokratisch-pluralistischer Staaten gegenüber der Sowjetunion, hatte die NATO in den Worten ihres ersten Generalsekretärs Baron Ismay die Aufgabe, „to keep the Russians out, the Americans in, and the Germans down". Für die Bundesrepublik drehte sich die ihr zugedachte Funktion insofern rasch ins Gegenteil, als sie durch ihre Aufnahme in die NATO im Jahre 1955 eine Integration in das Sicherheitssystem des demokratischen Westens erfuhr [...]. Gleichzeitig bot die Allianz ihren europäischen Mitgliedern eine sicherheitspolitische „Versicherung" gegenüber der UdSSR, zumal im Zeitalter der Ost-West-Konfrontation niemand ernsthaft daran zweifeln konnte, dass der Artikel 5 des NATO-Vertrages (gegenseitige Beistandsverpflichtung) allein dem Zweck der nuklearen Schutzgarantie durch die NATO-Führungsmacht USA dienen sollte. [...]

[Phase 2: Osterweiterung]

Nach der Überwindung der Blockkonfrontation [1990/91] prophezeiten sowohl amerikanische als auch europäische Analytiker mit dem Hinweis auf den historisch belegten Zusammenhang zwischen dem Sieg einer Allianz und ihrem anschließenden Zerfall, dass zumindest langfristig sogar mit einer Auflösung der NATO zu rechnen sei. [...]

Umso erstaunlicher wirkt vor diesem Hintergrund die Tatsache, dass es der NATO im Laufe des ersten Jahrzehntes nach dem Ende des Kalten Krieges trotz des Verlustes des gemeinsamen Feindbildes nicht nur gelang, ihren Fortbestand zu sichern, sondern dass sie die existenziell bedeutsame Herausforderung der Suche nach einer neuen, die Partnerschaft tragenden Existenzberechtigung durch ihre systematische Transformation von einem Bündnis kollektiver Verteidigung zu einem Bündnis der kollektiven Sicherheit konstruktiv begann. Gleichzeitig stellte sie sich der gewaltigen Aufgabe ihrer (Ost-)Erweiterung sowie der langfristigen Neubewertung ihrer Beziehungen zu Russland und bewies bei ihren Einsätzen in Bosnien und im Kosovo ihre militärische Funktionsfähigkeit.

[Phase 3: out of area]

Vor diesem Hintergrund der Entwicklung des Bündnisses in den 1990er-Jahren hatte man erwarten können, dass eine neue, auf beiden Seiten des Atlantiks gemeinsam erkannte Bedrohung der Wertegemeinschaft der westlichen Zivilisation, wie sie die Terrorattacken vom 11. September 2001 darstellten, der atlantischen Allianz als Instrument der Verteidigung der pluralistischen Demokratien gegen Angriffe von außen neue Dynamik und zusätzliche Relevanz verschaffen würde. Tatsächlich erklärte die NATO wenige Tage nach dem 11. September zum ersten Mal seit ihrer Gründung feierlich den Bündnisfall nach Artikel 5 des Nordatlantikvertrages. Danach wurde es allerdings ruhig um Brüssel. Die NATO wurde von Washington de facto aufs Abstellgleis bugsiert und die USA schmiedeten sich ihr Anti-al-Qaida-Bündnis selbst [...]. Die Relativierung der NATO, dem vormals sozusagen „obligatorischen" Sicherheits- und Verteidigungsinstrument der Atlantischen Gemeinschaft, zugunsten ad hoc zusammengestellter „Koalitionen der Willigen" durch die USA irritierte Washingtons europäische Partner und mündete in eine Sinnkrise des Bündnisses, die durch die transatlantischen Zerwürfnisse im Zuge des in Europa heftig umstrittenen Irak-Krieges im Jahre 2003 noch zusätzlich verschärft wurde. [...]

[Phase 4: out of defense]

Nach dem Abtreten der Hauptantagonisten in der Irak-Krise (Präsident Bush auf amerikanischer, Präsident Chirac und Bundeskanzler Schröder auf europäischer Seite) konnten die transatlantischen Sicherheitsbeziehungen allmählich wieder verbessert werden. Bushs Nachfolger Obama korri-

---

al-Qaida
islamistische Terrororganisation, die u. a. für die Anschläge auf das World Trade Center und das Pentagon am 11. September 2001 verantwortlich ist

gierte den Unilateralismus seines Vorgängers und versicherte den Verbündeten Washingtons stärkere Einbindung im Zuge seines Ansatzes eines außenpolitischen Multilateralismus. [...] Vor diesem Hintergrund konnte die NATO [...] 2010 in Lissabon ein neues Strategisches Konzept [...] verabschieden, das drei gleichrangige „essenzielle Kernaufgaben" des Bündnisses formulierte [...] [vgl. M 10].

Zu einer geradezu dramatischen Verschlechterung [...] [der] Beziehungen [zu Russland] führten [...] die Eskalation der Ukraine-Krise und die Annexion [= einseitig erzwungene Eingliederung eines Territoriums] der Krim durch Russland im März 2014. Diese Krise und die damit einhergehende Verschärfung der Spannungen mit Moskau bewirkten signifikante Veränderungen innerhalb der NATO und führten das Bündnis gleichzeitig in eine ambivalente Situation. Einerseits offenbart sich das Paradox, dass die häufig konstatierte Sinnkrise des Bündnisses seit dem Ende der Sowjetunion und des Warschauer Paktes ausgerechnet durch den [...] völkerrechtswidrigen Kurs Moskaus (zumindest auf absehbare Zeit) überwunden werden konnte und insofern „mancher die Ukraine-Krise als eine Art Frischzellenkur für die NATO" [Karl-Heinz Kamp] sehen konnte. Andererseits hat die Kombination der Ukraine-Krise mit den ernüchternden Erfahrungen der NATO aus ihrem Auslandseinsatz in Afghanistan einen Wandel des westlichen Bündnisses herbeigeführt, der in einer graduellen Gewichtsänderung der Kernelemente des Strategischen Konzepts Ausdruck fand.

Zwar wurden die drei „core tasks" des Strategischen Konzepts [2014] auf dem NATO-Gipfel [...] erneut hervorgehoben. Die ursprüngliche Gleichrangigkeit der drei Kernfunktionen wich allerdings einer deutlichen Prioritätenverschiebung zugunsten der „klassischen" sicherheitspolitischen Aufgabe der Kollektiven Verteidigung.

Reinhard Meier-Walser, Von der „Legitimationskrise" über die „Frischzellenkur" in die „Glaubwürdigkeitskrise", in: Politische Studien 67 (2016) H. 470, Hg. von der Hanns-Seidel-Stiftung e. V., S. 12-22, hier S. 14-18

Die Hanns-Seidel-Stiftung ist die parteinahe Stiftung der CSU.

Unilateralismus
Agieren eines Staates im eigenen (wirtschaftlichen, sicherheitspolitischen...) Interesse ohne Berücksichtigung der Interessen anderer Staaten (auch von Bündnispartnern)

Multilateralismus
wenn mehrere Staaten ihre Politik miteinander abstimmen und gleichberechtigt handeln

Info

NATO Response Force und „Speerspitze"

Die schnelle Eingreiftruppe der NATO (**NATO Response Force**, NRF) besteht aus ca. 40.000 Soldatinnen und Soldaten aller drei Waffengattungen (Heer, Luftwaffe, Marine), die sich in einem Rotationsverfahren aus den Armeen der Mitgliedstaaten zusammensetzen. Sie sollen im Krisenfall in fünf bis längstens 30 Tagen voll einsatzbereit sein. Dafür führen Truppenteile regelmäßig gemeinsame Manöver durch.

Die auch als „Speerspitze" bezeichnete **Very High Readiness Joint Task Force** (VJTF; Einsatzgruppe mit sehr hoher Einsatzbereitschaft) der NATO wurde im Zuge der Ukraine-Krise um das Jahr 2015 von der NATO eingerichtet. Sie ist ein Teil der NATO Response Force und wird jährlich von einem Offizier aus einem anderen Mitgliedstaat kommandiert. Dieser Staat stellt dann auch den Großteil der bis zu 8.000 Soldatinnen und Soldaten, die innerhalb von fünf bis sieben Tagen verlegbar sein müssen. Vorauskräfte der VJTF müssen in 48 bis 72 Stunden einsatzbereit sein. Deutschland hatte zuletzt 2019 das Kommando über die VJTF und wird es 2023 wieder übernehmen.

Über den Einsatz von NRF und VJTF entscheidet der NATO-Rat, in dem das Einstimmigkeitsprinzip gilt.

Autorentext

Aufgaben

1. Vergleichen Sie Ziele bzw. Aufgaben der NATO sowie die Mitgliederzusammensetzung zur Zeit ihrer Gründung und heute (M 9, M 10).
2. Charakterisieren Sie die NATO-Strategie von 2010 als Reaktion auf ein geändertes sicherheitspolitisches Umfeld (M 10, Kap. 1, Kap. 2).
3. Fassen Sie die Entwicklungsphasen der NATO zusammen (M 11).
4. Bei der NATO kam es spätestens mit der Ukraine-Krise zu „einer deutlichen Prioritätenverschiebung zugunsten der „klassischen" sicherheitspolitischen Aufgabe der Kollektiven Verteidigung" (M 11, Z. 138-141). Erläutern Sie vor diesem Hintergrund die Gründung der „NATO-Speerspitze" (Infobox).

zu Aufgabe 1
Geben Sie die zentralen Elemente des Nordatlantikvertrags und der NATO-Strategie von 2010 wieder.

3.3.4 NATO und EU – ein sinnvolles strategisches Bündnis?

E Stellen Sie Vermutungen darüber an, welche Interessen die NATO und die Europäischen Union an ihrer sicherheitsstrategischen Partnerschaft (M 12) haben.

M 12 ● NATO und EU – eine neue Sicherheitskooperation

Am 8. Juli 2016 haben der Präsident des Europäischen Rates, der Präsident der Europäischen Kommission und der NATO-Generalsekretär in Warschau eine Gemeinsame Erklärung mit dem Ziel unterzeichnet, der strategischen Partnerschaft zwischen EU und NATO neue Impulse und neue Substanz zu verleihen. [...] Die Zusammenarbeit zwischen der EU und der NATO ist inzwischen zur alltäglichen gängigen Praxis geworden [...].

EEAS Press Officer, EU - NATO Kooperation – Factsheet, https://eeas.europa.eu, 11.6.2019

M 13 ● NATO- und EU-Mitglieder

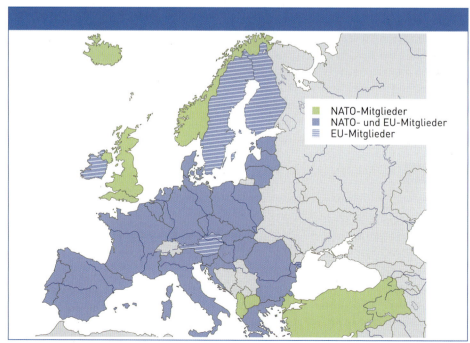

Autorengrafik

M 14 ● Vor welchen Herausforderungen steht die NATO in Europa?

[Die] gegenwärtige Kernproblematik der NATO [...] besteht [darin], dass innerhalb der Allianz ein Konsens hinsichtlich der drängendsten Herausforderungen, mit denen das Bündnis konfrontiert ist, nur äußerst schwierig zu erreichen scheint. [...] [Wenn] die Konsensfindung als Messlatte für „Entschlossenheit" erwogen wird, präsentiert sich die NATO noch weniger kohärent. „Die Konsensfindung innerhalb der Allianz verläuft so zäh und mit so vielen Nebengeräuschen, dass von einem Bild der Einheit keine Rede sein kann" [Andreas Rüesch]. Die NATO mag ihre Identitätskrise überwunden haben, aber steckt sie nun [...] in einer „Glaubwürdigkeitskrise"?

Fest steht, dass die NATO mit einem Bündel von komplexen Herausforderungen konfrontiert ist und die Glaubwürdigkeit der Allianz daran gemessen werden wird, wie sie auf diese Herausforderungen reagiert:

- Erstens stellt sich in diesem Zusammenhang die Frage, wie die NATO die angesichts der Ukraine-Krise in den Hintergrund gerückten beiden anderen „gleichrangigen" Kernfunktionen ihres Strategischen Konzepts wieder stärker berücksichtigen kann, um ihrem hohen Anspruch („Aktives Engagement, moderne Verteidigung") [...] in einer Welt voller Krisen und Konflikte gerecht zu werden.
- Zweitens steht die NATO vor der Notwendigkeit, dem infolge der Ukraine-Krise (insbesondere bei ihren osteuropäischen Mitgliedern) akut gewachsenen Bedarf an gegenseitigen Beistandsleistungen im Sinne kollektiver Verteidigung und Abschreckung angemessen Rechnung zu tragen.
- Damit ist drittens aber die in der gegenwärtigen Situation zweifellos heikelste Aufgabe untrennbar verknüpft: die Frage der Strategie der NATO gegenüber Russland. [...] [D]ie NATO [hat] sich für eine Doppelstrategie von „Abschreckung und Dialog" entschieden [...].

Einigkeit herrscht [...] darüber, dass [...] unter den gegebenen Umständen „NATO cannot successfully defend the territory of its most exposed members" – gemeint sind hier insbesondere Estland und Lettland, deren Hauptstädte Tallin bzw. Riga die russische Armee in höchstens 60 Stunden erreichen könnte. [...] Insofern ist auch die beschlossene Stationierung rotierender multinationaler Truppenverbände in den drei baltischen Staaten und in Polen zusammen mit der [...] „Very High Readiness Joint Task Force", der „Speerspitze" der Schnellen Eingreiftruppe der NATO, als ein charakteristisches Signal im Sinne der Doppelstrategie „Abschreckung und Dialog" zu sehen: Einerseits soll den NATO-Verbündeten an der Grenze zu Russland ein deutliches Zeichen der Solidarität gesendet und gleichzeitig durch eine Kombination militärisch-materieller Maßnahmen und politisch-symbolischer Gesten ein „Stolperdraht" für Russland gezogen werden. Andererseits setzt die NATO auf Deeskalation, indem sie an mehreren Stellen ihrer Schlusserklärung des Warschauer Gipfels [2014] ihre grundlegenden Ziele wie Freiheit, Frieden und Sicherheit unterstreicht und explizit sogar das nach wie vor vorhandene Interesse an einer „Partnerschaft zwischen der NATO und Russland" betont.

Reinhard Meier-Walser, Von der „Legitimationskrise" über die „Frischzellenkur" in die „Glaubwürdigkeitskrise", in: Politische Studien 67 (2016), H. 470, Hg. von der Hanns-Seidel-Stiftung e. V., S. 19ff.

NATO-Außenminister-Treffen in Washington D.C., April 2019.

M 15 • Europäische Union verteidigungsbereit? Die EU-Battlegroups

EU-Battlegroups
für die Krisenreaktion aufgestellte, internationale Kampfverbände der EU. Insgesamt existieren 20 Battlegroups, von denen jeweils zwei für ein halbes Jahr einsatzbereit sind. Eine Battlegroup besteht aus ca. 1.500 Soldatinnen und Soldaten.

Eine Krise am anderen Ende der Welt. Menschenleben in Gefahr, eine Regierung vor dem Sturz, ein ganzes Land vor dem Chaos, ein Eingreifen von außen als einzige Lösung. Die EU entscheidet sich für eine rasche Intervention. Ein Krisenplan wird erstellt, spätestens fünf Tage danach hat der EU-Rat seine Zustimmung dafür gegeben. Innerhalb der nächsten zehn Tage sind die ersten Truppen vor Ort, der Rest der zwischen 1.500 und 2.500 starken EU-Battlegroup folgt wenig später, um das Schlimmste zu verhindern und die Ordnung wiederherzustellen.

Soviel zum Wunschszenario. Nun zur Realität: Die im Juni 2004 ins Leben gerufenen EU-Battlegroups wurden bislang noch kein einziges Mal eingesetzt. Aufgabe einer Battlegroup ist es, im Falle einer Krise eine erste Truppenpräsenz zu gewährleisten, wenn ein rasches Eingreifen vonnöten ist. Im Idealfall liegt für einen Einsatz ein UN-Mandat vor. Dementsprechende Anlässe hätte es genug gegeben: 2006 zur Absicherung der Wahlen im Kongo oder im selben Jahr zur Sicherung des Waffenstillstands zwischen Israel und der Hisbollah im Libanon, […] heuer in Mali. Die Antwort lautete aber immer Nein. […]

Die Gründe für ein Nichteinsetzen der EU-Battlegroups sind vielfältiger Natur. Einer davon ist der politische Entscheidungsprozess […]. Erklären sich die EU-Staaten grundsätzlich bereit, in einer Krise aktiv zu werden, wird ein Krisenmanagementkonzept erstellt. Nach Billigung des Konzepts auf EU-Ebene muss jedes einzelne Land innerhalb von fünf Tagen zustimmen, um der Operation eine rechtliche Grundlage zu geben. Von Staat zu Staat variieren die Entscheidungsprozesse, in manchen Ländern ist ein Parlamentsbeschluss erforderlich, in anderen reicht hingegen ein Regierungsentscheid. […] Dieses ganze Prozedere, sagen viele Beobachter, ist der Hauptgrund, weshalb es noch zu keinem einzigen Einsatz gekommen ist. […]

Bei den [unterschiedlichen nationalen] Interessen gibt es einen tiefen Graben zwischen jenen Ländern, die das Militär als aktives Element einer Sicherheitspolitik betrachten und den anderen, die einen Einsatz der Streitkräfte als allerletzte Option sehen. […] Als Lösung schlägt [der Militärexperte Gerald] Karner eine Reformierung des Entscheidungsprozesses vor, die allerdings einen gravierenden Nebeneffekt hätte: „Um den Prozess zu reformieren, müsste der politische Wille bestehen, dass Nationalstaaten ein wenig von ihrer Souveränität aufgeben. Das ist allerdings sehr unwahrscheinlich, sodass ich auch einen Einsatz der EU-Battlegroups in naher Zukunft für unwahrscheinlich halte". […]

Die EU-Battlegroups können trotz allem aber nicht als Fehlkonstruktion bezeichnet werden. Bei der Initiierung im Jahr 2004 war Einsatzfähigkeit nur einer der Hauptaspekte, ein anderer war der, die einzelnen Staaten durch dieses Projekt zu multinationaler Zusammenarbeit und zur Transformation ihrer Streitkräfte zu animieren. „Viele Streitkräfte waren damals noch auf Territorialverteidigung ausgelegt. Den Ländern war klar, dass es für ein Krisenmanagement schnellerer Verlegbarkeit und Einsatzfähigkeit bedarf. Sie brauchten dafür aber ein militärisches Modell, an dem sie sich orientieren konnten", erklärt [die Expertin für Sicherheitspolitik Claudia] Major. […] Die Battlegroups lieferten dieses Modell, und Schweden beispielsweise richtete sich bei der Reformierung seiner Streitkräfte stark danach. […]

Trotz der genannten Vorteile gibt es aber einen breiten Konsens darüber, dass das Konzept der EU-Battlegroups im Speziellen und die europäische Sicherheits- und Verteidigungspolitik im Allgemeinen überarbeitet werden muss. […]

Kim Song Hoang, EU-Battlegroups: Europas arbeitslose Streitkraft, in: Der Standard, 19.3.2013

M 16 ● Zukunft der Europäischen Sicherheit: Arbeitsteilung zwischen NATO und EU?

Angesichts der anhaltenden strategischen Uneinigkeit und gestützt auf die Überzeugung, dass eine verstärkte Einbindung der USA in die europäische Sicherheitspolitik unerlässlich ist, hat der Europäische Rat in Gegenwart des NATO-Generalsekretärs am 28. Juni [2016] beschlossen, die Beziehungen zwischen der Allianz und der EU weiter auszubauen. [...] Beide Akteure haben sich zu einer beschleunigten Zusammenarbeit in ausgewählten Bereichen entschieden. Dazu zählen die Abwehr von hybriden Bedrohungen und Cyberangriffen, die militärische Ertüchtigung von Drittstaaten und die maritime Sicherheit. Des Weiteren wollen sie enger bei der Geheimdienstkooperation, in der Cyberverteidigungsplanung und beim Aufbau von resilienten kritischen Infrastrukturen zusammenarbeiten.

Auch in der „Globalen Strategie" ist ein großer Teil den transatlantischen Beziehungen und der wieder gewachsenen Bedeutung der NATO für Europa gewidmet. Dort ist die Rede von einer „Vertiefung des transatlantischen Bandes", davon, dass die NATO das „wichtigste Rahmenwerk für die meisten Mitgliedstaaten bleibt", und davon, dass die mitgliedstaatliche Verteidigungsplanung und Kapazitätsentwicklung „in voller Kohärenz" mit den Planungsprozessen in der NATO erfolgen solle. [...]

All dies führt zu dem Schluss, dass der in der [Globalen] Strategie so stark ins Zentrum gerückte Begriff der Resilienz letztlich nicht viel mehr ist als eine Bemäntelung des Umstands, dass die GASP gegenüber der NATO grundlegend neu positioniert wird. Die gesamteuropäische Außen- und Sicherheitspolitik wird in Zukunft nicht länger als eine europäische Alternative zur transatlantischen Sicherheitskooperation zu denken sein. So wurde der „Globalen Strategie der EU" eine militärisch-defensive Ausrichtung gegeben, für die in plakativer Weise der Begriff der Resilienz steht. Diese Zurückhaltung gilt es allerdings im Kontext der parallel vorgetragenen Absicht einer verstärkten Anbindung der GASP an die NATO zu lesen. Unter diesem Blickwinkel verliert der Begriff der Resilienz sehr schnell seine scheinbar wegweisende Relevanz [= Bedeutsamkeit] für die Grundorientierung der „Globalen Strategie". Er muss stattdessen eher als Ausdruck einer neuen Arbeitsteilung zwischen NATO und GASP verstanden werden. Demnach bindet sich Europa sehr viel enger als zuvor an die NATO und konzentriert in der Allianz seine eigentlichen Verteidigungsanstrengungen. Damit stellt die EU die Weichen für die „Sicherheitsgemeinschaft" Europas neu: Für die zivile Resilienz ist sie selbst zuständig, während die NATO den Überbau schafft für die militärische Widerstandskraft der Union.

Annegret Bendiek, Die Globale Strategie für die Außen- und Sicherheitspolitik der EU, in: SWP-Aktuell, 44/2016, S. 4

Aufgaben

1. Geben Sie die wesentlichen Herausforderungen der NATO in Europa sowie die Schwierigkeiten des Einsatzes des EU-Battlegroups wieder (M 13–M 15).
2. Arbeiten Sie die Interessen von NATO und EU an der Sicherheitskooperation seit 2016 heraus (M 13, M 15).
3. Beurteilen Sie die Sicherheitskooperation zwischen NATO und EU.

zu Aufgabe 1
Partnerpuzzle: Gehen Sie in arbeitsteiliger Partnerarbeit vor (M 13 und 14, M 15) und stellen Sie Ihre Ergebnisse anschließend einem jeweils anderen Team dar.

zu Aufgabe 3
Positionieren Sie sich dazu im Kursraum in einem Urteils-Koordinatenkreuz zwischen „sehr effizient – ineffizient" sowie „vollständig legitimiert – illegitim" und begründen Sie Ihre Positionierung.

ORIENTIERUNGSWISSEN

Militärische Bedrohung für bzw. in Europa?
(Basiskonzept: Interaktionen und Entscheidungen)

Die internationalen Sicherheitsbedrohungen für Europa lassen sich folgendermaßen ordnen:
- Unmittelbare Bedrohungen für die Zivilbevölkerung u. a. durch transnationalen **Terrorismus**
- Mögliche **Bedrohungen der Außengrenzen** (v. a. baltische Staaten) durch Russland
- **Bedrohungen u. a. für die (kritische) Infrastruktur** (Verkehr, Versorgung, Telekommunikation) durch Cyberangriffe
- Mögliche **Bedrohungen durch Proliferation** (insb. atomwaffenfähiges Material), verstärkt durch die Aufkündigung des Atomwaffenabkommens mit Iran durch die USA

Gemeinsame Sicherheits- und Verteidigungspolitik der Europäischen Union
(Basiskonzept: Ordnungen und Systeme)

Bisher ist die Außen- und Sicherheitspolitik eines der am wenigsten vergemeinschafteten Politikfelder der Europäischen Union. Hier müssen zumeist **intergouvernementale Entscheidungen** herbeigeführt werden, denen alle Mitgliedstaaten zustimmen müssen (**Einstimmigkeitsprinzip**). Da eine solche Einigkeit aufgrund unterschiedlicher außenpolitischer Interessen schwierig zu erreichen ist, kommt es selten zu klaren gemeinsamen Entschließungen. Entsprechend **wenig durchsetzungsfähig** ist die EU in gemeinsamen außen- und sicherheitspolitischen Fragen.

In letzter Zeit fordern Spitzenpolitikerinnen aus Frankreich und Deutschland den Aufbau einer schlagkräftigen europäischen Armee und politischen Entscheidungsstrukturen, die keiner Einstimmigkeit bedürfen (z. B. einem Europäischen Sicherheitsrat).

NATO – Strukturen und Funktionswandel
(Basiskonzept: Ordnungen und Systeme)

Die NATO wurde 1949 als **Bündnis kollektiver Verteidigung** nordatlantischer Staaten gegen die Sowjetunion und deren Verbündete gegründet. Alle Bündnispartner verpflichten sich zum Beistand, wenn ein Mitgliedstaat angegriffen wird. Nach einer langen Phase der Abschreckung in der Blockkonfrontation („Kalter Krieg") bis ca. 1991 traten ohne starken äußeren Gegner die inneren Interessengegensätze deutlich zu Tage – zumal viele neue Mitglieder in (Mittel)Osteuropa aufgenommen wurden. Diese Phase der „Sinnkrise" wurde 2010 mit dem Beschluss einer deutlich ausgeweiteten Strategie spätestens aber im Jahr 2014 mit der völkerrechtswidrigen russischen Annexion der ukrainischen Krim-Halbinsel beendet. Seitdem ist – zumindest in Europa – die **Territorialverteidigung** und **Abschreckung** für die NATO wieder prioritär.

NATO – Sicherheitsgarant für Europa?
(Basiskonzept: Interaktionen und Entscheidungen)

Dass die NATO strukturell militärisch entscheidungsfähiger ist als die EU, führt dazu, dass eher sie die (territoriale) Sicherheit seiner europäischen Mitglieder (vor allem die der kleineren) garantiert. Dies zeigt sich u. a. in der Größe und Einsatzbereitschaft der schnellen NATO-Eingreiftruppe und ihrer „Speerspitze". Dazu kommt noch, dass die EU selbst durch eine entsprechende **Kooperationsvereinbarung** von 2016 auf die NATO-Ressourcen (auch zur Cybersicherheit) zurückgreift.

Gegen die Annahme der NATO als verlässlichen Sicherheitsgaranten sprechen die **inneren Konflikte zwischen den Mitgliedern** des Bündnisses. So haben einige mitteleuropäische Staaten deutlich weniger Angst vor Russland als etwa die Staaten des Baltikums. Außerdem ist das Bündnis belastet durch die Forderung der US-Regierung, das Verteidigungsbudget auf 2 % des jeweiligen BIPs zu heben.

Europa braucht eine eigene Armee

Die Bildung integrierter [europäischer] Streitkräfte würde die militärische Leistungsfähigkeit Europas erhöhen. In Zeiten angespannter Haushaltslagen ließen sich Duplizierungen [= Verdoppelungen] und Ressourcenverschwendungen vermeiden. Durch die Schaffung einer europäischen Armee würden die Staaten Europas sicherheitspolitisch enger zusammenrücken als jemals zuvor. Die sicherheits- und verteidigungspolitische Verzahnung würde den Druck auf die EU-Staaten erhöhen, eine gemeinsame europäische Kultur strategischen Denkens und Planens nicht nur in regionaler, sondern in globaler Perspektive zu entwickeln. Die Europäische Union und ihre Mitgliedstaaten wären gezwungen, auch bei sicherheitspolitisch sensiblen Fragen mit einer Stimme zu sprechen. Damit würde das Profil der Union auf der internationalen Bühne gestärkt, sodass Europa sich im Konzert der internationalen Mächte verantwortungs- und selbstbewusst einbringen und eine markante gestalterische Relevanz erhalten könnte.

Falls der gegenwärtige politische Konsens zwischen den [...] Mitgliedstaaten der Europäischen Union von der Idee einer europäischen Armee überfordert ist, muss es den kooperationswilligen und kooperationsfähigen Staaten möglich sein, auch ohne die Beteiligung aller EU-Länder voranzuschreiten. [...]

Wenn es der Europäischen Union gelingt, ein umfassendes strategisches Sicherheitskonzept zu entwickeln, wird Europa in der Lage sein, einen zentralen, im wohlverstandenen Eigeninteresse liegenden Beitrag zur Mitgestaltung einer friedlichen Weltordnung zu leisten.

Werner Weidenfeld, www.cicero.de, Abruf am 05.03.2020

Werner Weidenfeld ist Direktor des Centrums für angewandte Politikforschung an der Ludwig-Maximilians-Universität in München und Mitglied des Vorstands der Bertelsmann Stiftung.

GEMEINSCHAFTSARMEE
Karikatur: Waldemar Mandzel, 08.03.2015

Aufgaben

1. Geben Sie die Begründung Werner Weidenfelds für eine vollständig integrierte europäische Armee wieder.
2. Analysieren Sie die Karikatur.
3. Nehmen Sie Stellung zu einer integrierten europäischen Armee.

Zusatzmaterial zu aktuellen **Abitur-schwerpunkten**

Mediencode: 72053-01

4 Deutsche Entwicklungspolitik – ein sinnvoller Beitrag zur Entwicklung und Friedenssicherung?

Entwicklungspolitik bzw. -zusammenarbeit zielt darauf, die politische, wirtschaftliche, ökologische und gesellschaftliche Situation in Entwicklungsländern strukturell zu verbessern. Die Ansatzpunkte der Entwicklungspolitik sind vielfältig und reichen von dem ethisch motivierten Vorhaben, Armut und medizinische Unterversorgung zu bekämpfen, über die Förderung von Bildung und gesellschaftlich stabilen Strukturen bis hin zu dem Wunsch, Absatzmärkte und Ressourcen für die Wirtschaft der Geberländer zu sichern.

Seit Beginn des 21. Jahrhunderts gewinnt die Auffassung an Bedeutung, dass Entwicklungspolitik zur Stabilisierung von Ländern beitragen könne und damit den Ausbruch gewaltsamer Konflikte und das Erstarken des internationalen Terrorismus eindämme oder verhindere. Diese Idee von Entwicklungspolitik als präventiver Friedenspolitik lässt sich am Beispiel Afghanistans zeigen. In Kapitel 4.1 analysieren Sie die Ziele, Motive und Maßnahmen deutscher Entwicklungspolitik in Afghanistan und prüfen deren bisherigen Erfolg im Sinne von Friedenskonsolidierung und Stabilisierung in der Region.

In Kapitel 4.2 ordnen Sie das entwicklungspolitische Engagement Deutschlands in Afghanistan in die allgemeinen entwicklungspolitischen Schwerpunkte und Ziele der Bundesrepublik Deutschland ein und erschließend sich den „Marshallplan mit Afrika". Sie lernen auch die internationale Messgröße für „Öffentliche Entwicklungszusammenarbeit" (ODA) kennen und positionieren sich innerhalb der Kontroverse um die Wirksamkeit von Entwicklungszusammenarbeit.

KOMPETENZEN

Am Ende dieses Kapitels sollten Sie Folgendes wissen und können:

… die politischen, humanitären und wirtschaftlichen Ziele deutscher Entwicklungspolitik beschreiben.

… Maßnahmen deutscher Entwicklungspolitik (u. a. wirtschaftliche Kooperation, Hilfe zur Selbsthilfe) an Beispielen erläutern.

… die Wirksamkeit deutscher Entwicklungspolitik beurteilen.

… überprüfen, inwieweit die deutsche Entwicklungspolitik als Teil einer präventiven Friedenspolitik angesehen werden kann.

Was wissen und können Sie schon?

1. Was ist Entwicklung? Ordnen Sie die Abbildungen auf der linken Seite auf einer Skala zwischen den Endpunkten „sehr hohe Entwicklung" und „geringe Entwicklung" ein.
2. Definieren Sie auf der Grundlage Ihrer Zuordnung – vorläufig – die Begriffe „Entwicklungsland", „Entwicklungshilfe" und „Entwicklungszusammenarbeit".

4.1 Der Weg zum Frieden? Ziele und Maßnahmen deutscher Entwicklungspolitik

4.1.1 Afghanistan – ein Entwicklungsland?

- Stellen Sie mögliche Beweggründe für Bewohner Afghanistans dar, ihr Land zu verlassen (M 1).
- Problematisieren Sie den (geplanten) Weggang aus der Perspektive der Bewohner Afghanistans, des Staates Afghanistan sowie der Zielländer der Migranten.

Flüchtlinge weltweit
2018 waren 25,9 Millionen Menschen Flüchtlinge. 67 Prozent stammen aus fünf Ländern.
Fünf größte Herkunftsländer:
Syrien: 6,7 Mio.
Afghanistan: 2,7 Mio.
Südsudan: 2,3 Mio.
Myanmar: 1,1 Mio.
Somalia: 0,9 Mio.
Fünf größte Aufnahmeländer:
Türkei: 3,7 Mio.
Pakistan: 1,4 Mio.
Uganda: 1,2 Mio.
Sudan: 1,1 Mio.
Deutschland: 1,1 Mio.

Zahlen: UNHCR (Hg.): Global Trends, Forced Displacement in 2018

NGOs
(Non-governmental organization, deutsch: Nichtregierungsorganisation)
private Organisationen, die zumeist humanitäre und gemeinnützige Ziele verfolgen (Umweltschutz, Minderung von Armut, Entwicklungszusammenarbeit etc.)

Vetternwirtschaft
Bevorzugung von Verwandten und Freunden

M 1 Situation in Afghanistan

[Kabul, Oktober 2015] Die Warteschlange vor dem Passausstellungsamt in Kabul ist lang. Jeden Tag kommen mehrere hundert, manchmal sogar tausend Menschen mit allerlei Dokumenten unter dem Arm. [...] Letztendlich wollen sie jedoch nur eines: raus aus Afghanistan. [...] „Ich will nicht mehr in Krieg und Armut leben", meint etwa der 19-jährige Faisal, der ungeduldig in der Schlange steht. Faisal studiert in Kabul. „Hier ist alles korrupt. Egal wie gut man ist, man bekommt keinen Job ohne die richtigen Beziehungen", sagt er. Wenn er seinen Reisepass hat, will er zuerst in die Türkei fliegen. [...]
Laut der NGO Transparency International gehört Afghanistan weiterhin zu den korruptesten Staaten der Welt. Die Vetternwirtschaft im Land floriert seit Jahren. In nahezu jeder Institution hat die Korruption Fuß gefasst. Darunter leiden vor allem junge Menschen aus unteren Schichten, die zwar oft eine gute Ausbildung vorweisen können, allerdings nicht die jeweiligen Kontakte haben.
Außerdem befindet sich die afghanische Wirtschaft in einem katastrophalen Zustand. Gemeinsam mit einem Großteil der internationalen Truppen sind auch viele Investoren abgezogen. Die Preise für Grundnahrungsmittel sind in die Höhe geschossen, genauso wie die Anzahl der Arbeitslosen, Bettler, Diebe und Prostituierten.
Es ist allerdings nicht nur die stagnierende Wirtschaft, die Armut erzeugt. In Afghanistan herrscht weiterhin Krieg. Vergangene Woche nahmen die Taliban die Stadt Kundus im Nordosten ein. Einige Tage später wurde die Stadt von Regierungstruppen weitgehend zurückerobert. Die Regierung wirft den Islamisten vor, in Kundus getötet, vergewaltigt und gefoltert zu haben. Am Samstag wurden bei einem US-Luftangriff auf ein Krankenhaus der Stadt 19 Menschen getötet. Allein im ersten Halbjahr 2015 wurden laut UN mindestens 5.000 Zivilisten getötet. Auch das Jahr zuvor war ein blutiges Jahr. 2014 wurden in Afghanistan mehr Kinder getötet als im Irak, in Syrien oder in Palästina.
„Es ist nicht so schlimm, dass ich keinen anständigen Job habe. Allerdings will ich nicht, dass meine Kinder mit Bomben und Raketen aufwachsen", meint etwa Jawed, der gemeinsam mit Frau und Kind aus der naheliegenden Provinz Paghman angereist ist, um seinen Passantrag einzureichen.

Emran Feroz, Schlange stehen für eine Zukunft, www.taz.de, 5.10.2015

M 2 Wie ist der Staat Afghanistan entwickelt?

Mit dem Human Development Index (HDI) wird der Entwicklungsstand von 189 Ländern im Jahr 2019 anhand dreier Kriterien erhoben: langes und gesundes Leben, Wissen und Ausbildung und Lebensstandard. Als Berechnungsgrundlage für den Index dienen drei Indikatoren (vgl. Tabelle).

Bruttonationaleinkommen (BNE) gibt den Wert aller Waren und Dienstleistungen an, die in einem bestimmten Zeitraum (zumeist in einem Jahr) durch Unternehmen und Einzelpersonen eines Landes im In- und Ausland produziert worden sind

	Rang	HDI	(a) Lebenserwartung bei Geburt (in Jahren)	(b.1) Voraussichtliche Schulbesuchsdauer* (in Jahren bei Schuleintritt)	(b.2) Durchschnittliche Schulbesuchsdauer* (in Jahren, Bevölkerung ab 25)	(c) BNE pro Kopf (US-Dollar)
Norwegen	1	0,954	82,3	**18,1**	**12,6**	**68.059**
Schweiz	2	0,946	83,6	16,2	13,4	59.375
Deutschland	4	0,939	81,2	17,1	14,1	46.946
Afghanistan	170	0,496	64,5	10,1	3,9	1.746
Niger	189	0,377	62	6,5	2,0	912
Durchschnitt Welt		0,731	72,6	12,7	8,4	15.745
Durchschnitt schwach entwickelter Länder		0,507	61,3	9,3	4,8	2.581

*inkl. Hochschulbesuch

Zahlen: Pedro Conceição u.a., Human Development Report 2019, New York 2019, S. 300ff.

Info

Entwicklungsland

Der Begriff **Entwicklungsland** ist nicht einheitlich definiert. Es gibt jedoch einige Merkmale, die Entwicklungsländer zumeist aufweisen: Dazu gehört die schlechte Versorgung mit Nahrungsmitteln und Unterernährung eines signifikanten Teils der Bewohner. Weitere Probleme sind Armut, eine deutlich ungleiche Einkommens- und Vermögensverteilung, eine hohe Arbeitslosenquote und eingeschränkte Bildungsmöglichkeiten. Die Gesundheitsversorgung ist schlecht, was sich zum Beispiel in geringer Lebenserwartung und hoher Kindersterblichkeit zeigt. Darüber hinaus fehlt es weitgehend an Möglichkeiten der gesellschaftlichen und politischen Partizipation.

Die Vereinten Nationen unterscheiden seit 1971 innerhalb der Entwicklungsländer die am wenigsten entwickelten Länder (WEL, engl: **Least Developed Countries**, Abkürzung zumeist LLDC) von den übrigen Entwicklungsländern (**Less Developed Countries**, LDC). Derzeit werden 47 Länder zu den am wenigsten entwickelten Ländern gezählt. Hierfür werden folgende Kriterien angelegt: (1) Das Bruttoinlandsprodukt (BIP) pro Kopf liegt über einen Zeitraum von mindestens drei Jahren unter 900 US-Dollar. (2) Der Economic Vulnerability Index (EVI) wird herangezogen. Er misst die (In-)Stabilität von Exporterlösen, Agrarproduktion und den Anteil der Sektoren am BIP. (3) Dritte Größe ist der Human Assets Index (HAI), der z.B. über Bildung und Gesundheit informiert. Darüber hinaus ist notwendiges Kriterium der Vereinten Nationen für ein LLDC, dass seine Einwohnerzahl 75 Mio. nicht übersteigt.

Als **Schwellenland** (englisch: Newly Industrializing Economy) wird ein Entwicklungsland bezeichnet, das im Begriff ist, die Merkmale eines Entwicklungslandes zu verlieren.

Autorentext

Aufgaben

1. Stellen Sie die Indikatoren dar, anhand derer ein Staat als Entwicklungsland eingeordnet wird (Infobox).
2. Charakterisieren Sie Afghanistan als Entwicklungsland (M 1, M 2, Infobox).

4.1.2 Entwicklungspolitik als Teil einer präventiven Friedenspolitik in Afghanistan?

E Stellen Sie Vermutungen dazu an, warum Basir Sowida (M 3) von der Deutschen Gesellschaft für Internationale Zusammenarbeit (GIZ) unterstützt wird.

M 3 • Ein Hühnerwirt in Afghanistan

Basir Sowida versorgt sein Tiere. Inzwischen besitzt er 5.000 Hühner.

Mazar-e Sharif
Hauptstadt eines gleichnamigen afghanischen Distrikts im Norden des Landes; in der Nähe des Ortes sind seit 2006 Truppen der Bundeswehr im Rahmen der Mission Resolute Support stationiert.

Deutsche Gesellschaft für Internationale Zusammenarbeit GmbH (GIZ)
ein weltweit tätiges Bundesunternehmen. Sie unterstützt die Bundesregierung in der internationalen Zusammenarbeit für nachhaltige Entwicklung und in der internationalen Bildungsarbeit.

Basir Sowida ist Hühnerwirt in Afghanistan. Seit fünf Jahren betreibt der junge Mann eine eigene Hühnerfarm in Mazar-e Sharif. Er hat sich damit einen Traum erfüllt. Unterstützt wird er dabei von der Deutschen Gesellschaft für Internationale Zusammenarbeit (GIZ) GmbH, die im Auftrag des Bundesministeriums für wirtschaftliche Zusammenarbeit und Entwicklung (BMZ) in Afghanistan aktiv ist. Die GIZ schult Landwirte wie Sowida sowie Händler und Produzenten in Sachen Technik, Organisation und Betriebswirtschaft. [...] Sowida ist einer von inzwischen 16.000 Afghanen, die von der Unterstützung profitiert haben. [...]
[GIZ:] Was bedeutet Ihnen die Arbeit als Hühnerwirt?
[Sowida:] Die Arbeit mit meinen Freunden auf der Hühnerfarm macht mich glücklich – ich habe meinen Traum verwirklicht. Wir haben mit der GIZ einen neuen Weg beschritten. Wir arbeiten nun seit etwa zwei Jahren zusammen – und es macht mir Mut.

Wie unterstützen Sie andere?
Als ich nach Afghanistan zurückkam, wollte ich unbedingt eine Firma gründen. Ich wollte selbst Geld verdienen, aber auch Arbeit für andere schaffen. Ich habe mit zwei Mitarbeitern begonnen, und jetzt sind sechs Personen hier tätig. Ich habe Freunden und Bekannten geraten, sich selbstständig zu machen. Das haben sie getan. Sie haben mit kleinen Betrieben mit nur hundert Hühnern angefangen. Und mit der Zeit stockten sie auf vier- bis fünftausend Hühner auf, genau wie ich. [...]
Was erwarten Sie von der Zukunft?
Glücklicherweise wird mein Geschäft von Tag zu Tag besser. Ich baue gerade eine weitere Farm auf. Mit der Hilfe der GIZ werden die Pläne nach und nach umgesetzt. Sie unterstützt mich, mit ihrer Hilfe kann ich neue Technik einführen. Außerdem möchten wir weiter expandieren.

www.giz.de/de/weltweit/56727.html

Hintergrund Afghanistan

Die Geschichte Afghanistans im 20. Jahrhundert ist von einer Vielzahl politischer und gesellschaftlicher Konflikte, Umbrüche und militärischer Auseinandersetzungen geprägt, die jedoch weder zu einer Stabilisierung der Machtverhältnisse, noch zu politischem Frieden oder zu umfassender politischer und gesellschaftlicher Partizipation der Bevölkerung führten.

Im Anschluss an die Terroranschläge vom 11. September 2001 in den USA – unter anderem auf das World Trade Center –, die tausende Todesopfer mit sich brachten, intervenierten die USA und bald darauf die NATO (NATO-Bündnisfall nach Artikel 5 NATO-Vertrag) in Afghanistan. Ziele waren die Bekämpfung des internationalen Terrorismus und der Sturz der Taliban-Regierung. Von nun an überlagerten sich in Afghanistan die existierenden innerstaatlichen Konflikte mit dem Eingreifen internationaler Truppen im Kampf gegen den weltweiten islamistisch motivierten Terrorismus. Nach dem Sturz der Regierung begann der Prozess der Neuordnung Afghanistans. Dieses Unterfangen ist sehr herausfordernd, da die afghanische Gesellschaft sozial und politisch (starke gesellschaftliche Spaltung) sowie ökonomisch (Kriegsökonomie) durch den jahrzehntelang andauernden Krieg geprägt ist. Im Zuge internationaler Einsätze in Afghanistan sind auch deutsche Truppen beteiligt.

Autorentext

M 4 ● Deutschlands entwicklungspolitische Ziele in Afghanistan

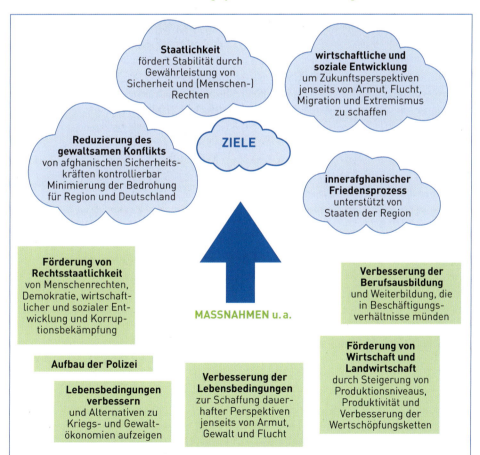

Autorengrafik nach: Die Bundesregierung (Hg.): Bericht der Bundesregierung zu Stand und Perspektiven des deutschen Afghanistan-Engagements zur Unterrichtung des Deutschen Bundestags (Februar 2018), [Berlin] 2018, S. 5f., S. 14, S. 16, S. 18ff.

Deutsche Fördermittel für Afghanistan

Sektorale Verteilung der Fördermittel von BMZ und AA, 2009-2018 (in Euro)

1,36 Mrd — Humanitäre Hilfe und Stabilisierung

648 Mio — Stadtentwicklung & kommunale Infrastruktur

477 Mio — Nachhaltige Wirtschaftsentwicklung

305 Mio — Gute Regierungsführung

166 Mio — Gestaltungsspielraum

Bundesministerium für wirtschaftliche Zusammenarbeit und Entwicklung (Hg.), Die deutsche Entwicklungszusammenarbeit mit Afghanistan 2009-2018, o.O. 2018

Gerhard (Gerd) Müller
seit Dezember 2013 Bundesminister für wirtschaftliche Zusammenarbeit und Entwicklung

M 5 • Motive deutscher Entwicklungspolitik

Die Bundesregierung engagiert sich in enger Zusammenarbeit mit der internationalen Staatengemeinschaft für die Bekämpfung der Armut, für Frieden, Freiheit, Demokratie und Menschenrechte, für eine faire Gestaltung der Globalisierung und für den Erhalt der Umwelt und der natürlichen Ressourcen.
Eines der wichtigsten Instrumente, um diese Ziele zu erreichen, ist Entwicklungszusammenarbeit. Sie ist ein Gebot der Menschlichkeit. Und sie ist ein Gebot der Vernunft. Denn sie sichert die Zukunft der Menschen in den Entwicklungsländern – und damit auch unsere eigene Zukunft.
Gerechtigkeit und Solidarität sind Grundwerte des menschlichen Lebens: Keiner darf wegsehen, wenn in einem anderen Land unmenschliche Verhältnisse herrschen. [...]
Der Großteil der Menschheit lebt in Entwicklungsländern. Der Reichtum der Welt konzentriert sich jedoch in den Industriestaaten – sie tragen dadurch Mitverantwortung dafür, die Armut auf der Welt zu beseitigen. [...]
Die großen Probleme der Gegenwart machen nicht an nationalen Grenzen halt. Terrorismus, Kriege und Bürgerkriege wirken grenzüberschreitend. Konflikte in anderen Ländern gefährden auch die Sicherheit der Menschen in Deutschland. Wer Sicherheit will, muss sich um weltweiten Frieden bemühen. Entwicklungszusammenarbeit hilft, Krisen zu verhindern und Konflikte zu bewältigen.
Auch Umweltzerstörung und Klimawandel sind globale Herausforderungen. [...]
Durch die enge Verflechtung des Weltwirtschaftssystems bleibt keine Volkswirtschaft unberührt von den Krisen anderer Länder und Regionen. Eine wichtige Basis der deutschen Wirtschaft ist das Exportgeschäft, das von einer stabilen Weltwirtschaft abhängt. Finanz- und Wirtschaftskrisen in Afrika, Asien oder Südamerika führen auch in Deutschland zum Verlust von Arbeitsplätzen. Entwicklungszusammenarbeit, die darauf ausgerichtet ist, die Volkswirtschaften in den Kooperationsländern zu stabilisieren, stärkt auch die Wirtschaft in Deutschland und in den anderen Geberländern.
Entwicklungszusammenarbeit hilft also nicht nur den Nehmern, sondern auch den Gebern. Durch sie entstehen kulturelle Beziehungen und wirtschaftliche Partnerschaften, die allen Seiten Gewinn bringen.

Bundesministerium für wirtschaftliche Zusammenarbeit und Entwicklung, Warum brauchen wir Entwicklungspolitik?, www.bmz.de, Abruf am 04.03.2020

M 6 • Die Idee von Entwicklungspolitik als präventive Friedenspolitik

Entwicklungszusammenarbeit hat auf vielen Ebenen mögliche Überschneidungen mit Sicherheitspolitik und kann diese auch positiv befördern. Sie kann erstens unmittelbar einen Beitrag zur Prävention einer gewaltsamen Eskalation von Konflikten leisten, da sie deren tiefere Ursachen wie sozioökonomische Ungleichheit oder schwache staatliche Strukturen angeht. Auf diese Weise ist es ihr auch möglich, in konfliktgeplagten Staaten dazu beizutragen, ein Wiederaufflammen der Gewalt zu verhindern und die Fundamente für einen dauerhaften Frieden zu legen. Es geht in der Entwicklungszusammenarbeit mittlerweile auch darum, globalen Herausforderungen wie der Destabilisierung ganzer Regionen durch Konflikte entgegenzuwirken oder der grenzüberschreitenden Ausbreitung von Pandemien vorzubeugen. Damit ist ein zweiter, mittelbarer Bezug zur Sicherheitspolitik hergestellt.
Entwicklungszusammenarbeit soll immer stärker dazu beitragen, die Herausforderungen der Globalisierung und ihre Risiken auf eine kooperative und friedfertige Art und

Weise zu meistern. Viele grenzüberschreitende Probleme können, wenn sie nicht konstruktiv bearbeitet werden, zum Ausbruch von Konflikten führen. Damit die globale Problembearbeitung legitim und damit auch mittel- und langfristig effektiv ist, muss sie von allen, Verursachern, Nutznießern und Betroffenen, getragen werden. Hier setzt auch die Entwicklungspolitik an: Sie zielt darauf ab, Entwicklungsländer zu befähigen, stärker an solch globalen Problemlösungen teilzuhaben, und die internationalen Verhandlungssysteme so zu reformieren, dass eine globale Kooperation auf Augenhöhe stattfinden kann. [...]
Krieg und Armut stehen in einem engen Verhältnis. Ungestillte Bedürfnisse in Bereichen wie Sicherheit, Zugehörigkeit, Teilhabe und ökonomischer Wohlfahrt stellen überall auf der Welt einen Nährboden für Konflikte dar. Bereits heute lebt ein immer größerer Anteil der Armen in fragilen und von Konflikten betroffenen Staaten. Diese sind abgehängt vom global zu beobachtenden Fortschritt in der Armutsbekämpfung und hinsichtlich anderer international vereinbarter Entwicklungsziele. Fachleute schätzen, dass im Jahr 2018 über die Hälfte der ärmsten Menschen der Welt in fragilen und von Konflikten betroffenen Staaten leben wird. [...]
Mit den Anschlägen des 11. Septembers 2001, dem folgenden Krieg gegen den Terror und den Einsätzen in Afghanistan und im Irak wurden Sicherheit und Entwicklung stärker verschränkt. Einerseits begriffen westliche Regierungen Entwicklungspolitik vermehrt als vorsorgende Sicherheitspolitik. Es galt, dem Terrorismus den Nährboden zu entziehen. [...]
Der Einsatz in Afghanistan war für Deutschland eine quantitativ und qualitativ neue Erfahrung. Die Bundeswehr ist für die Sicherheit im Norden des Landes zuständig, gleichzeitig unterstützten entwicklungspolitische Akteure dort den zivilen Aufbau und eine nachhaltige wirtschaftliche, soziale und politische Entwicklung. Diese Tätigkeiten sollten einander wechselseitig verstärken. Die physische Unsicherheit und Gewaltkonflikte werden militärisch eingehegt, während gleichzeitig die zivilen Maßnahmen an einigen der Konfliktursachen ansetzen.

Silke Weinlich, Dennis Michels: Entwicklungspolitik als Antwort auf Sicherheitsprobleme?, in: Informationen zur politischen Bildung: Internationale Sicherheitspolitik, 326 (2015) S. 76ff.

Auf einer Konferenz mit Textilunternehmen und afrikanischen Bauern in Mali zum Thema Ökologischer Anbau und Fairtrade Cotton halten zwei schwarze und zwei weiße Hände Baumwolle (2007).

H zu Aufgabe 1
Arbeiten Sie politische, wirtschaftliche und gesellschaftliche Ebenen heraus.

F zu Aufgabe 1
Arbeiten Sie heraus, welche Problematiken sich für (deutsche) Entwicklungspolitik in Afghanistan ergeben (Infobox).

H zu Aufgabe 4
Analysieren Sie die Interessen der Bundesrepublik Deutschland an einer Entwicklungszusammenarbeit mit Afghanistan (vgl. 4.1.1).

Aufgaben

1. Stellen Sie zentrale Ziele und Maßnahmen deutscher Entwicklungspolitik in Afghanistan dar (M 4).
2. Erläutern Sie die Entwicklungszusammenarbeit mit Afghanistan vor dem Hintergrund der entwicklungspolitischen Motive Deutschlands (M 4, M 5).
3. Charakterisieren Sie die entwicklungspolitische Strategie Deutschlands in Afghanistan als präventive Friedenspolitik (Info, M 4-M 6).
4. Die deutsche Entwicklungspolitik orientiert sich an ethischen Motiven. Überprüfen Sie diese Aussage (M 6).

4.1.3 Wirtschaftliche Kooperation und Hilfe zur Selbsthilfe – wer hilft mit welchen Maßnahmen in Afghanistan?

E
- Wer zahlt Entwicklungshilfe? Wer bekommt – auf welchem Wege – Entwicklungshilfe? Beschreiben Sie, welcher Eindruck aus den Schlagzeilen (M 7) von Akteuren und Maßnahmen deutscher Entwicklungspolitik entsteht.
- Clustern Sie die Ergebnisse nach Themen- bzw. Fragenbereichen.

M 7 ● Deutschland leistet Entwicklungshilfe

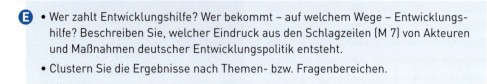

Seit 60 Jahren fließt deutsche Entwicklungshilfe nach Afrika

Deutschland gibt mehr als 10 Milliarden Euro für Entwicklungshilfe aus!

Autorentext

M 8 ● Wer ist beteiligt? Akteure deutscher Entwicklungspolitik

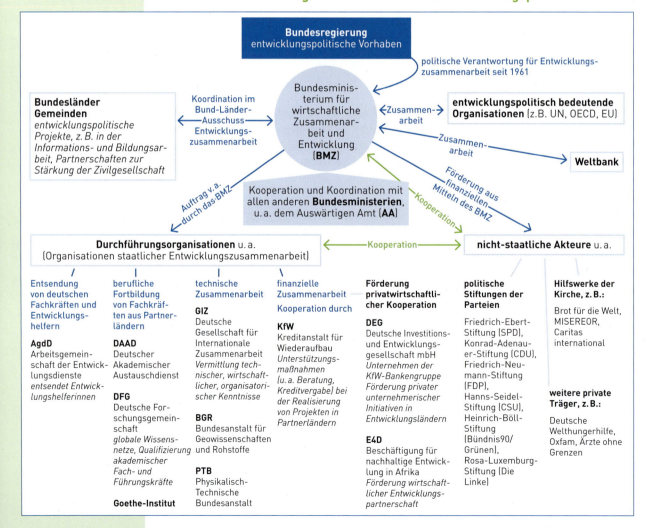

M 9 ● Maßnahmen und Strategien deutscher Entwicklungspolitik

a) Hilfe zur Selbsthilfe
Seit ihren Anfängen ist internationale Entwicklungszusammenarbeit von der Idee der Hilfe zur Selbsthilfe geprägt. Diese Idee ist noch immer ein zentrales Prinzip von Entwicklungszusammenarbeit.

Moderne Entwicklungszusammenarbeit ist [...] viel mehr als wohltätige Hilfe für Arme. Sie fördert die Selbsthilfe und trägt dazu bei, dass Menschen sich aus eigener Kraft
5 aus ihrer Armut befreien können.

b) Wirtschaftliche Kooperation
Die Aid for Trade (AfT) Initiative wurde im Jahr 2005 im Zuge der Doha-Entwicklungsrunde der Welthandelsorganisation (WTO) ins Leben gerufen, um zusätzliche
5 Ressourcen und ein stärkeres Bewusstsein für die Bedeutung von Handel für Entwicklung zu schaffen. Die Initiative soll Entwicklungsländer dabei unterstützen, Handelsinfrastruktur und Handelskapazitäten
10 aufzubauen mit dem Ziel, eine verbesserte Integration in den regionalen und internationalen Handel zu ermöglichen. AfT ist ein fester Bestandteil vieler Programme der öffentlichen Entwicklungszusammenarbeit
15 (ODA). Die Maßnahmen beinhalten sowohl technische als auch finanzielle Zusammenarbeit und orientieren sich an fünf von der WTO definierten Kategorien, die grundsätzlich zwischen AfT „im engeren Sinne" und
20 AfT „im weiteren Sinne" unterscheiden (siehe Schaubild). Mit der AfT-Initiative hat die internationale Gemeinschaft es sich zur Aufgabe gemacht, durch internationalen Handel Wirtschaftswachstum und Beschäf-
25 tigung zu fördern und damit einen wichtigen Beitrag zur Armutsreduzierung zu leisten. Laut Weltbank kann Handel in Entwicklungsländern armen Bevölkerungsteilen zugutekommen, sofern diese Länder
30 über notwendige Rahmenbedingungen verfügen in den Bereichen Finanzsektor, Bildung und gute Regierungsführung. [...]
Deutsche AfT-Maßnahmen verfolgen das

Die sozialen, wirtschaftlichen und ökologischen Probleme der Entwicklungsländer können nicht allein von den Regierungen gelöst werden. Alle gesellschaftlichen Kräfte – Bürgerinnen und Bürger, Wirtschaft, 10 staatliche und zivilgesellschaftliche Organisationen – müssen dafür Verantwortung übernehmen und konstruktiv zusammenarbeiten.

Bundesministerium für wirtschaftliche Zusammenarbeit und Entwicklung, Warum brauchen wir Entwicklungspolitik?, www.bmz.de, Abruf am 04.03.2020

AfT im weiteren Sinne
- **AfT im engeren Sinne**
  - **Kategorie 1: Handelspolitik und -regulierung**
    (z.B. Begleitung von Handelsverhandlungen, Umsetzung von Handelsvereinbarungen, Handelserleichterungen, Qualitätsinfrastruktur)
  - **Kategorie 2: Handelsentwicklung**
    (z.B. Investitionsförderung, Aufbau von Organisationen zur Handelsförderung, Marktanalyse und Strategiebildung)
- **Kategorie 3: Handelsbezogene Infrastruktur**
  (z.B. Aufbau physischer Infrastruktur einschließlich Transport, Lagerhaltung, Kommunikation und Energie)
- **Kategorie 4: Aufbau produktiver Kapazitäten**
  (z.B. Entwicklung von Unternehmen, Zugang zu Finanzierung)
- **Kategorie 5: Handelsbezogene Anpassungsmaßnahmen**
  (z.B. Umsetzung von Handelsreformen, Anpassung an handelspolitische Maßnahmen)

übergeordnete Ziel, Handel so zu gestalten, dass er einer nachhaltigen Entwicklung 35 und der Beendigung von Armut (SDG 1) dient. Dafür unterstützt das BMZ Partnerländer dabei, sich erfolgreicher in das Weltwirtschaftssystem zu integrieren. Um dies zu erreichen, werden folgende Ziele verfolgt: 40
- eine menschenrechtsbasierte, armutsreduzierende, gerechte, inklusive und nachhaltige Gestaltung des globalen Handels,
- eine entwicklungsorientierte, transparente und partizipative Ausgestaltung und 45 Umsetzung von Handels- und Investi-

Doha-Entwicklungsrunde
→ vgl. Kap. 6.2.2

SDG 1
Sustainable Development Goal (Ziel für nachhaltige Entwicklung), Ziel 1: „Keine Armut"
→ vgl. Kapitel 4.2.1

LLDC
Least Developed Countries (am wenigsten entwickelte Länder)
→ vgl. Infobox Kapitel 4.1.1

KKMU
kleinste, kleine und mittlere Unternehmen

tionsabkommen und anderen handelsrelevanten Politikmaßnahmen,
- eine Verbesserung der wirtschaftlichen und politischen Rahmenbedingungen für die Produktion von Exportgütern und -dienstleistungen (z. B. rechtliches Umfeld, Unternehmensdienstleistungen, Wirtschaftsinfrastruktur) sowie eine Reduzierung von Handelskosten, die beim Export und Import anfallen,
- eine stärkere Integration sowie Berücksichtigung der besonderen Bedarfe von [L]LDCs und KKMU im globalen Handel.

Bundesministerium für wirtschaftliche Zusammenarbeit und Entwicklung (Hg.), Freier und fairer Handel als Motor für Entwicklung. Die deutsche Strategie für Aid for Trade (BZM Papier 07/2017) , Berlin 2017, S. 4, S. 12

Info

Entwicklungshilfe, Entwicklungszusammenarbeit

Anders als humanitäre Hilfe, die kurzfristig und möglichst schnell direkte Folgen von z. B. Naturkatastrophen oder Kriegen mildern soll, ist **Entwicklungspolitik** langfristiger angelegt. Entwicklungspolitik zielt auf strukturelle Änderungen und Unterstützung auf politischer, wirtschaftlicher, ökologischer und gesellschaftlicher Ebene. Die frühe Phase systematischer Entwicklungspolitik war von der Idee der **Entwicklungshilfe** geprägt: Aufgrund ihrer technischen Überlegenheit und ihrer finanziellen Mittel konnten und wollten die Geberländer den Nehmerländern helfen. Das Konzept von **Entwicklungszusammenarbeit** (EZ) baut auf Partnerschaftlichkeit der Geber- und Nehmerländer auf. Diese Idee spiegelt sich in den UN-Zielen für nachhaltige Entwicklung (2015). Diese betonen die Verantwortung aller Staaten zur Verfolgung der in der Agenda 2030 formulierten Ziele. Mit diesem Begriffswandel ist allerdings nicht zwingend auch ein Wandel der Entwicklungspolitik selbst verbunden, sodass Entwicklungszusammenarbeit oft sehr ähnliche Ziele verfolgt wie frühere Entwicklungshilfe.

Staatliche Entwicklungszusammenarbeit kann multilateral oder bilateral stattfinden. Im Zuge **multilateraler Entwicklungszusammenarbeit** leisten Geberländer Zahlungen an überstaatliche Organisationen, die diese Mittel koordinieren. Zu den Organisationen multilateraler Entwicklungszusammenarbeit zählen z.B. die Weltbank und die Vereinten Nationen. **Bilaterale Entwicklungszusammenarbeit** findet statt, wenn Partnerländer in bilateralen Abkommen die Programme und Projekt zur Zusammenarbeit festhalten. Im Development Assistance Committee der OECD haben sich 22 Geberländer und die Europäische Union zusammengeschlossen. Im dreijährigen Turnus berichten sie über ihre „Öffentliche Entwicklungszusammenarbeit" (Official Development Assistance, ODA).

Autorentext

Aufgaben

❶ Beschreiben Sie zentrale Elemente der Zusammenarbeit entwicklungspolitischer Akteure (M 8).

❷ Analysieren Sie das Vorgehen deutscher Entwicklungspolitik in Afghanistan (M 3-M 5) vor dem Hintergrund zentraler entwicklungspolitischer Strategien und Maßnahmen (M 9).

❸ Ordnen Sie das Beispiel des Hühnerwirts Sowida (M 3) in die Strategien und Maßnahmen deutscher Entwicklungspolitik ein.

❹ Charakterisieren Sie die deutsche Entwicklungspolitik in Afghanistan als Entwicklungszusammenarbeit (Infobox).

🄵 Vergleichen Sie die Strukturen deutscher Entwicklungspolitik (M 8) mit den zuvor im Kurs festgehaltenen Vorstellungen (Einstiegsaufgabe).

4.1.4 Ist die deutsche Entwicklungszusammenarbeit mit Afghanistan (als präventive Friedenspolitik) erfolgreich?

E
- Geben Sie die Kontroverse (M 10) wieder.
- Stellen Sie Indikatoren zusammen, anhand derer sich der Erfolg der deutschen Entwicklungszusammenarbeit mit Afghanistan vermutlich überprüfen lässt.

M 10 ● Ist die Entwicklungszusammenarbeit mit Afghanistan ein Erfolg?

a) Die Entwicklungszusammenarbeit der Bundesregierung trägt maßgeblich dazu bei, die langfristigen Grundlagen für eine nachhaltige und stabile wirtschaftliche, politische und gesellschaftliche Entwicklung Afghanistans zu schaffen. [...]

Die Bundesregierung (Hg.): Bericht der Bundesregierung zu Stand und Perspektiven des deutschen Afghanistan-Engagements zur Unterrichtung des Deutschen Bundestags (Februar 2018), [Berlin] 2018, S. 18

b) Wir erlagen in der Vergangenheit der Illusion, ein Land grundlegend umbauen zu können, das wir kaum verstehen. [...] Die Pläne deutscher Außenpolitik sind in Afghanistan weitgehend gescheitert.

Wolfgang Bauer, Wir sind besiegt, in: Die Zeit 11/2018, 08.03.2018

M 11 ● Wie entwickelt sich Afghanistan?

Die folgenden Statistiken geben Auskunft über zentrale Indikatoren der wirtschaftlichen, gesellschaftlichen und politischen Entwicklung Afghanistans:

a) Entwicklung der Elementarbildung

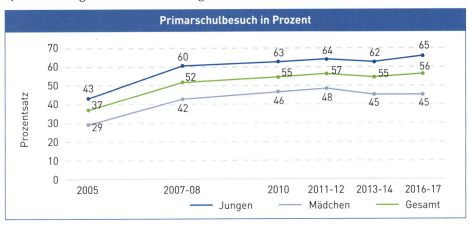

Zahlen: Islamic Republic of Afghanistan. Central Statistics Organization (Hg.): Afghanistan Living Conditions Survey 2016-17, Kabul 2018, S. 152

b) Entwicklung öffentlicher Ordnung

Die Nichtregierungsorganisation Transparency International *veröffentlicht jährlich den* Annual Corruption Perceptions Index (CPI), *in dem die Länder nach dem Maß der Bestechlichkeit von Regierung, Verwaltung, Sicherheitskräften und Wirtschaft eingestuft werden:*

Korruption		
Jahr	Rang Afghanistan	Zahl der untersuchten Länder
2005	117	159
2007	172	180
2009	179	180
2011	180	182
2012	174	176
2013	172	174
2014	172	175
2015	166	168
2016	169	176
2017	177	180
2018	172	180
2019	173	180

Zahlen: Ian S. Livingston, Michael O'Hanlon, Brookings Afghanistan Index, 29.09.2017, S. 18; CPI, Transparency International

c) Wirtschaftliche Entwicklung

Zahlen: Internationaler Währungsfonds

d) Medizinische Entwicklung

Zahlen: UNICEF, UN Inter-agency Group for Child Mortality Estimation

M 12 ● Deutsche Entwicklungspolitik – gescheitert?

Unter dem Titel „Wir sind besiegt" kritisiert der Journalist Wolfgang Bauer die deutsche Sicherheits- und Entwicklungspolitik in Afghanistan.

Wir sind in Afghanistan am Ende. Am Ende mit unseren militärischen wie zivilen Plänen, am Ende auch mit unserer Geduld. Sechs Bundesregierungen in Folge haben
5 sich vergeblich dem Kampf gegen die Taliban angeschlossen und versucht, einen demokratischen Staat aufzubauen, mit desaströsem Ergebnis. [...] 150.000 Menschen starben bislang auf allen Seiten. Die Taliban
10 haben große Teile des Landes wieder unter ihre Kontrolle gebracht. Die westlich gestützte Regierung besteht aus vielen unterschiedlichen Lagern, die sich zerfleischen und in einem Sumpf an Korruption versin-
15 ken. Mafiabosse und Warlords haben große Teile des Parlaments übernommen. [...] Die „Islamische Republik Afghanistan" existiert nur in den größeren Städten, und auch dort zerfällt sie zusehends.
20 Ich schreibe diese Zeilen hinter drei hohen Mauern, die von Stacheldraht gekrönt werden, bin bewacht von 30 Bewaffneten, im Privathaus eines hochrangigen Politikers in Dschalalabad, Hauptstadt der Provinz Nan-
25 gahar, in der die Regierung von 22 Distrikten nur vier unter ihrer Kontrolle hat. Fast täglich passieren in der Stadt Morde und Anschläge. [...] Nie stand es seit dem Fall der Taliban um das Land so schlimm wie
30 jetzt. Kabul, die Hauptstadt, ist mittlerweile so unsicher geworden, dass US-Truppen sich nicht mehr auf die Straßen wagen. [...] Unsere Entwicklungshilfe? Wir sind der drittgrößte Geber ziviler Aufbauhilfe in Af-
35 ghanistan. Kein Land hat in den letzten Jahren von Deutschland mehr Geld bekommen. Und es wurde viel Gutes getan. Es wurden Brücken gebaut, Brunnen gebohrt, Schulen errichtet. Doch mit all den Rekord-
40 summen wurde das Land nicht sicherer gemacht. Humanitäre Hilfe löst keine bewaffneten Konflikte. [...] Allein die Kleinstadt Faisabad im Nordosten des Landes hat vom deutschen Staat knapp eine Milliarde Euro
45 erhalten – eine Milliarde Euro für 50.000 Einwohner. Wir glaubten, uns die Afghanen kaufen zu können. [...]
Doch in Berlin denkt niemand um. Eine Handvoll Außenpolitiker bestimmt seit
50 Jahren die deutsche Afghanistanpolitik, und sie machen weiter wie bisher. Immer mehr Experten fordern von der Bundesregierung ein Innehalten, einen Kassensturz, es anderen Geberstaaten gleichzutun
55 und ihre bisherige Entwicklungsarbeit von unabhängigen Instituten überprüfen zu las-

sen. Die Gesellschaft für Internationale Zusammenarbeit (GIZ) zahlt auch dieses Jahr [2018] wieder über hundert Millionen Euro für Projekte, die deutsches Personal aus Sicherheitsgründen nicht in Augenschein nehmen kann. Wie die Bundeswehr hat sich die GIZ so gut wie ganz aus dem Land zurückgezogen, ihr Personal drastisch reduziert. Ihre Mitarbeiter bleiben nur noch wenige Tage am Stück in Kabul, bevor sie wieder nach Dubai ausgeflogen werden. Aus Sicherheitsgründen. Ihr einziger verbliebener Stützpunkt in Kabul liegt hinter meterhohen Schutzwällen. Die GIZ besitzt ein erfahrenes Team aus afghanischen Mitarbeitern, die sie, gefangen in ihrer Festung, allerdings kaum mehr kontrollieren kann. „Ferngesteuertes Management" heißt die Zauberformel, die sie in der Not erfand. Können wir es in diesem Land noch: helfen? Hinter verschlossenen Konferenztüren treibt diese Frage die Köpfe der großen Hilfsorganisationen schon lange um. Ungern wird sie öffentlich diskutiert – aus Angst, Ansehen zu verlieren und Spender zu vergraulen. Ein Fehler.

Tatsächlich geht uns immer mehr der Sinn dafür abhanden, was vor Ort tatsächlich passiert. Die lokale Expertise. Das Wissen, welche Veränderungen unser Geld wirklich auslöst. Geld wird in Ländern wie Afghanistan rasch zu Gift. Falsch platzierte Hilfe hat in diesem Land viele Konflikte angeheizt oder gar erst ausgelöst. Indem Hilfsorganisationen ihre Mitarbeiter abziehen, verlieren sie das Wichtigste: persönliche Kontakte, das Flechtwerk aus Vertrauen und Beziehungen, das die Arbeit dort erst möglich macht. Der typische Krisenhelfer, der in Afghanistan vor Ort ist, arbeitet dagegen rund um die Uhr, ist jung, verfügt über keinerlei Kontakte, ist maximal ein Jahr lang auf seiner Stelle, wovon er nur ein halbes Jahr tatsächlich im Land verbringt. Er spricht keine der Ortssprachen. Er hat oft nur eine geringe kulturelle Vorerfahrung. Er ist vollkommen vom lokalen Team abhängig. Er hat keine Chance, mögliche politische Fehlentscheidungen und Korruption aufzudecken, wenn sich das Team bei Fehlern gegenseitig deckt. Der Krisenhelfer ist ganz mit der bürokratischen Dimension seiner Arbeit beschäftigt. Er darf so gut wie nie seine gesicherte Unterkunft verlassen. Jeder seiner Schritte ist durch nicht immer sinnvolle Sicherheitsregeln aus Deutschland reglementiert.

Sind wir also in Afghanistan wirklich am Ende? Dieser Text ist kein Plädoyer fürs Aufgeben. Im Gegenteil. [...] Wollen wir verhindern, dass das Elend und der Hass dieses Landes auch nach Deutschland geworfen werden, dass in den engen Tälern von Nangahar und Nuristan neue Radikalisierungsbewegungen aufkeimen, der Nachbar Pakistan in den Sog des Chaos gezogen wird und am Hindukusch erneut irgendwann die Supermächte aufeinanderprallen, können wir dem Problem Afghanistan nicht ausweichen. [...] Wir erlagen in der Vergangenheit der Illusion, ein Land grundlegend umbauen zu können, das wir kaum verstehen. Bevor wir in Afghanistan etwas verändern, braucht es Veränderungen bei uns. [...] Die Pläne deutscher Außenpolitik sind in Afghanistan weitgehend gescheitert.

Wolfgang Bauer, Wir sind besiegt, in: Die Zeit 11/2018, 08.03.2018

zu Aufgabe 1
a) Analysieren Sie die Materialien M 11a bis M 11d arbeitsteilig in Expertengruppen.
b) Stellen Sie sich die Analyseergebnisse in gemischten Gruppen vor.
c) Bearbeiten Sie in den gemischten Gruppen Aufgabe 1.

zu Aufgabe 3
Gestalten Sie ein Interview, das der Journalist Wolfgang Bauer (M 12) mit Entwicklungsminister Gerd Müller führt.

Aufgaben

1. Analysieren Sie die Entwicklung in Afghanistan (M 11).
2. Fassen Sie die Position Wolfgang Bauers (M 12) zusammen.
3. „Wir sind besiegt". Überprüfen Sie die Einschätzung Bauers zur deutschen Entwicklungs- und Sicherheitspolitik in Afghanistan (M 10-M 12).

4.1 Ziele und Maßnahmen der deutschen Entwicklungspolitik

Afghanistan gehört zu den ärmsten und am wenigsten entwickelten Ländern weltweit. Es gibt unterschiedliche Methoden, um das Entwicklungsniveau eines Landes zu messen. Eine ist der **Human Development Index (HDI)**, der sich auf die Lebenserwartung, den Wohlstand (Bruttonationaleinkommen pro Kopf) und die Ausbildung der Bevölkerung bezieht. Die Ausbildung wird anhand der durchschnittlichen und der voraussichtlichen Schulbesuchsdauer beschrieben. Anhand ihrer Entwicklung werden die Ländern in vier Ländergruppen unterteilt: „very high", „high", „medium" und „low human development".

Entwicklungsland Afghanistan
(Basiskonzept: Motive und Anreize)
M 2

Politische und wirtschaftliche Instabilität führen nicht nur zu einer hohen Flüchtlingszahl, sondern bergen auch großes Potenzial für gewaltsam ausgetragene Konflikte. Spätestens seit dem 11. September 2001 versteht sich die Entwicklungspolitik der Bundesrepublik Deutschland daher auch als **präventive Sicherheits- und Friedenspolitik**. Übergeordnetes Ziel dieser Politik ist es, durch Entwicklungszusammenarbeit die **konfliktbelasteten Regionen** zu **stabilisieren** und die **Bedrohungslage** in der unterstützten Region **einzudämmen**. Im Falle Afghanistans wird somit ein Zielbündel formuliert, das die Reduzierung gewaltsamer Konflikte, die Etablierung stabiler Staatlichkeit, die Reduktion von Armut und die Förderung eines innerafghanischen Friedensprozesses umfasst.

Präventive Friedenspolitik in Afghanistan
(Basiskonzept: Motive und Anreize)
M 4, M 5, M 6

Das **Bundesministerium für wirtschaftliche Zusammenarbeit und Entwicklung (BMZ)** trägt die politische Verantwortung für die deutsche Entwicklungspolitik und kooperiert hierbei mit allen anderen Ministerien. Im Rahmen einer stärker sicherheits- und friedenspolitischen Ausrichtung von Entwicklungspolitik ist auch der Einfluss des Auswärtigen Amtes auf diesen Politikbereich gewachsen. Leitend für entwicklungspolitische Maßnahmen ist das Konzept von **Hilfe zur Selbsthilfe**, die gemeinsame Verantwortung von Geber- und Nehmerländern fordert. In diesem Sinne soll im Rahmen **wirtschaftlicher Kooperation** das Programm **Aid for Trade** Entwicklungsländer beim Aufbau einer Handelsinfrastruktur unterstützen.
Die Akteure aus Deutschland, die diese Maßnahmen und Strategien umsetzen, sind sehr vielfältig. Hierzu gehören einerseits staatliche **Durchführungsorganisationen** (z. B. KfW, GIZ) und andererseits **nicht-staatliche Organisationen** (z. B. Kirchen, NGOs).

Maßnahmen und Strategien von Entwicklungspolitik
(Basiskonzept: Ordnungen und Systeme)
M 9

Die konkreten Erfolge von Entwicklungspolitik lassen sich anhand verschiedener Indikatoren der geförderten politischen, gesellschaftlichen und wirtschaftlichen Bereiche analysieren: Hierzu zählen u.a. die Entwicklung der Korruption, der Kindersterblichkeit, die Verbreitung von Elementarbildung sowie die Entwicklung des BIP. Es ergibt sich eine sehr gemischtes Bild: Trotz einiger Erfolge zeigen sich in anderen Bereichen Stagnation oder Rückentwicklungen seit ca. 2010. Somit stehen der Erfolg und die Wirksamkeit der Entwicklungspolitik (als präventive Friedenspolitik) in der Diskussion.

Erfolg in Afghanistan?
(Basiskonzept: Motive und Anreize)
M 11, M 12

ORIENTIERUNGSWISSEN

4.2 Entwicklungszusammenarbeit – wirksames Mittel für Frieden und gegen Flucht?

4.2.1 Deutsche Entwicklungspolitik – wo und mit welchen Zielen?

E
- Beschreiben Sie die Karte (M 1).
- Bilden Sie Hypothesen: Warum fließen deutsche Zahlungen im Rahmen der bilateralen Entwicklungszusammenarbeit in die entsprechenden Länder?

Deutsche Förderung der LLDC

Mediencode: 72053-16

Ziele für nachhaltige Entwicklung aus der Agenda 2030

Mediencode: 72053-17

M 1 ● Welche Länder fördert Deutschland entwicklungspolitisch?

Destinationen deutscher Entwicklungszusammenarbeit

Die größten Empfängerländer deutscher bilateraler Zahlungen für Entwicklungshilfe (ODA)
Leistungen (netto) insgesamt in 1.000 Euro

Nigeria 257.601 · Marokko 309.092 · Türkei 457.980 · Syrien 780.460 · Irak 473.958 · Afghanistan, Islamische Republik 424.414 · China 358.197 · Indien 466.603

■ Kooperationsländer mit bilateralem Länderprogramm und mit fokussierter regionaler oder thematischer Zusammenarbeit

Autorengrafik nach Zahlen des BMZ (Stand: April 2019)

Info

Öffentliche Ausgaben für Entwicklungszusammenarbeit („ODA")

Die öffentlichen Ausgaben für Entwicklungszusammenarbeit (Official Development Assistance, ODA) werden nach Vorgaben des Development Assistance Committee (DAC) der Organisation für wirtschaftliche Zusammenarbeit und Entwicklung (OECD) gemessen. Hierdurch sollen die Entwicklungsausgaben einzelner Länder vergleichbar werden. Das DAC legt Kriterien fest, nach denen die Mittel für Entwicklungshilfe bestimmt werden. Hierzu zählen öffentliche Leistungen, die (1) vorrangig auf die Förderung wirtschaftlicher und sozialer Entwicklung im Nehmerland zielen, (2) an Entwicklungsländer oder (3) an internationale Organisationen mit dem Ziel der Förderung von Entwicklungsländern vergeben werden. Bereits 1972 vereinbarten die Industriestaaten der Vereinten Nationen, 0,7 % des Bruttonationaleinkommens (BNE) für die Entwicklung ärmerer Länder zu nutzen. 2016 lag die deutsche ODA-Quote bei 0,7 %, 2017 bei 0,67 %. 2011 hat sich Deutschland im Rahmen des „Istanbul Programme of Action" der Vereinten Nationen dazu verpflichtet, dass – im Rahmen der ODA-Leistungen – 0,15 bis 0,2 % des BNE für die am wenigsten entwickelten Länder (Least Developed Countries, LLDC) genutzt werden sollen. Deutschlands Leistungen für die Least Developed Countries lag 2017 bei 0,11 %.

Autorentext

M 2 ● Ziele deutscher Entwicklungspolitik

Die Entwicklungspolitik Deutschlands verfolgt übergeordnete Ziele, die im 15. Entwicklungspolitischen Bericht der Bundesregierung in Form von fünf „Weichenstellungen" vorgestellt werden, welche sich wiederum auf die Ziele für nachhaltige Entwicklung der Agenda 2030 beziehen. Die Weichenstellungen umfassen die Bekämpfung von Armut und Hunger (Weichenstellung 1), die Bekämpfung des Klimawandels und die Forderung nach ökologischer Verantwortung (Weichenstellung 2) und die Forderungen nach Friedenssicherung, gerechter Weltwirtschaft und globaler Zusammenarbeit im Geiste der Agenda 2030 (Weichenstellungen 3 bis 5).

[Den] Errungenschaften stehen [...] enorme Herausforderungen gegenüber:
- 800 Millionen Menschen leiden an Hunger und Mangelernährung.
- 700 Millionen Menschen leben weiterhin in extremer Armut.
- Der Klimawandel, Umweltzerstörung und Artenschwund schreiten weiter voran.
- Die Zahl der Todesopfer durch Kriege und Konflikte war 2014 die höchste seit 20 Jahren.
- Noch nie waren so viele Menschen weltweit auf der Flucht. [...]

Weichenstellung 1 – EINEWELT ohne Armut und Hunger ist möglich

Armuts- und Hungerbekämpfung bleiben zentrale Aufgaben der Entwicklungspolitik. 2015 lebten 700 Millionen Menschen von weniger als 1,90 US-Dollar am Tag. Etwa 2 Milliarden Menschen müssen mit weniger als 3,10 US-Dollar pro Tag auskommen. Noch immer hungern knapp 800 Millionen Menschen weltweit. [...] Das Ziel 1 der Agenda 2030 lautet, extreme Armut bis 2030 zu beenden. Studien der Weltbank zeigen, dass dieses Ziel durch Wachstum allein nicht erreicht werden kann, selbst unter der Bedingung, dass Entwicklungs- und Schwellenländer bis 2030 ähnlich stark wie nach dem Ende des Kalten Krieges wachsen würden. Um Armut wirkungsvoll zu bekämpfen, muss künftiges Wachstum überproportional den ärmsten 40 Prozent der Menschen in Entwicklungs- und Schwellenländern zugutekommen. Wirtschaftliches Wachstum muss durch Investitionen in Bildung, Gesundheit und den Aufbau von sozialen Sicherungssystemen begleitet werden. [...]

Theoretisch werden derzeit genug Nahrungsmittel produziert, um die Ernährung der Weltbevölkerung sicherzustellen. Trotz dieser Ausgangslage leiden etwa 800 Millionen Menschen unter Hunger. Etwa zwei Milliarden leiden an „verstecktem Hunger", einem Mangel an lebenswichtigen Nährstoffen. [...] Insgesamt setzt das BMZ jährlich nun 1,5 Milliarden Euro für ländliche Entwicklung, Landwirtschaft und Ernährungssicherung ein. [...]

Armut in Kontexten von Konflikt und Gewalt zu bekämpfen, ist besonders schwierig. [...] Dies bedeutet, den Aufbau legitimer staatlicher und gesellschaftlicher Struktu-

Namibia: Kleinkinder stehen bei der Armenspeisung an.

Zahlen: BMZ, 15. Entwicklungspolitischer Bericht, S. 29

Die italienische Küstenwache stoppt vor der Küste Libyens ein nicht hochseetaugliches Boot mit Flüchtlingen. In dem Land herrscht seit vielen Jahren ein erbitterter Bürgerkrieg, staatliche Strukturen sind kaum noch funktionsfähig. Flüchtlinge aus ganz Afrika leben unter unwürdigsten Bedingungen.

ren durch außen-, sicherheits- und entwicklungspolitische Mittel zu fördern und mit Maßnahmen für mehr Wachstum und Armutsbekämpfung im Sinne des vernetzten Ansatzes zu kombinieren. [...]

Weichenstellung 3 – Entwicklungschancen fördern, Fluchtursachen mindern und Frieden sichern. Spätestens die Flucht von über einer Million Menschen aus dem Mittleren Osten, Afrika und Asien nach Europa in 2015 hat deutlich gemacht, dass Probleme schwacher und zerfallender Staaten nicht vor unseren Grenzen Halt machen. Akute Auslöser für Flucht sind zumeist bewaffnete Konflikte, Unterdrückung und Repression durch staatliche oder nichtstaatliche Akteure. Diesen akuten Auslösern liegen jedoch in der Regel strukturelle Ursachen zugrunde wie: Versagen der staatlichen Institutionen, Armut, Ungleichheit, Perspektivlosigkeit und Klimawandel. Gerade die mittel- und langfristige Minderung struktureller Fluchtursachen ist Kerngeschäft der Entwicklungspolitik. Maßnahmen in von Konflikt bedrohten bzw. betroffenen Ländern müssen sich daher neben Krisenprävention, Konfliktbewältigung, Friedensförderung und Stabilisierung vor allem auf die Bereiche Bildung, nachhaltige Wirtschaftsentwicklung, Gesundheit sowie gute Regierungsführung konzentrieren. Die Eigenverantwortung der Partnerländer muss eingefordert und die Umsetzung der Menschenrechte und der guten Regierungsführung gefördert werden, um so strukturellen ebenso wie akuten Fluchtursachen entgegenzuwirken. [...]

Bundesministerium für wirtschaftliche Zusammenarbeit und Entwicklung (Hg.), Entwicklungspolitik als Zukunfts- und Friedenspolitik. 15. Entwicklungspolitischer Bericht der Bundesregierung, Bonn/Berlin 2017, S. 4, S. 29, S. 48

M 3 ● Auswahl der Förderländer

Im Zuge der Entwicklungszusammenarbeit arbeitet Deutschland bilateral mit über 50 Entwicklungsländern zusammen. Diese Zusammenarbeit gestaltet sich entweder in umfassenderen Länderprogrammen oder – bei einer kleineren Zahl der Länder – im Rahmen enger, regional und thematisch gebundener Programme.

Die Auswahl der Kooperationsländer orientiert sich an den übergeordneten Zielen der deutschen Entwicklungspolitik, die Menschen die Freiheit geben soll, ohne materielle Not selbstbestimmt und eigenverantwortlich ihr Leben zu gestalten.
Die Entscheidung, mit welchen Ländern die Bundesrepublik entwicklungspolitisch zusammenarbeitet, hängt darüber hinaus von verschiedenen wichtigen Kriterien ab. Berücksichtigt werden zum Beispiel

- die entwicklungspolitische Notwendigkeit (Bewertung der ökonomischen, sozialen, ökologischen und politischen Situation im Kooperationsland sowie der Armutsrelevanz),
- die Entwicklungsorientierung des Kooperationslandes (demokratische Entwicklung im Sinne einer verantwortungsvollen Regierungsführung, Rechtsstaatlichkeit, Reformorientierung und Leistungsfähigkeit - des Staates sowie Gewährleistung und Schutz von Menschenrechten),
- besondere deutsche Interessen, wie der Schutz globaler öffentlicher Güter und die Umsetzung der Agenda 2030, sowie
- die Signifikanz des deutschen Beitrags und die Arbeitsteilung zwischen den Gebern.

Bundesministerium für wirtschaftliche Zusammenarbeit und Entwicklung, Auswahl der Kooperationsländer, www.bmz.de, Abruf am 09.03.2020

M 4 Fragile Staatlichkeit

Der Fragile States Index wird jährlich von dem US-amerikanischen Think Tank Fund for Peace erstellt. Der Index gibt die Stabilität bzw. Fragilität aller souveränen Staaten, die Mitglieder der Vereinten Nationen sind, an. Hierbei werden die Bewertungskategorien nachhaltig stabil (blau), stabil (grün), Warnung (gelb) und Alarm (rot) unterschieden.

Auf der Grundlage einer umfangreichen Datenanalyse u.a. auf der Grundlage von Daten der Vereinten Nationen, der Weltgesundheitsorganisation und der Weltbank werden die Staaten bewertet. Dafür werden die Bereiche Kohäsion (Sicherheitsapparat, Konflikte zwischen Gruppen, fraktionalisierte Eliten), Wirtschaft (wirtschaftlicher Niedergang/Armut, ungleiche wirtschaftliche Entwicklung, menschliche Flucht/Brain Drain), Politik (staatliche Legitimität, öffentlicher Dienst, Menschenrechte/Rechtsstaatlichkeit) und Soziales (demografischer Druck, Anzahl Flüchtlinge/intern Vertriebene, externe Interventionen) untersucht.

Zu **fragiler Staatlichkeit**
→ vgl. Kap. 3.1.2, M9

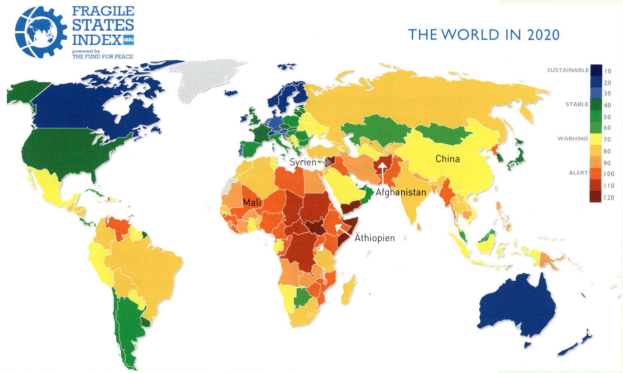

The fund for peace, Fragile States Index 2020, https://fragilestatesindex.org

Aufgaben

1. Stellen Sie die Ziele und die Förderkriterien deutscher Entwicklungspolitik dar (M 2, M 3).
2. Arbeiten Sie Zusammenhänge heraus zwischen der Förderung im Rahmen der Entwicklungszusammenarbeit (M 1) und der Fragilität der geförderten Staaten (M 4).
3. Der 15. Entwicklungspolitische Bericht der Bundesregierung bezeichnet „Entwicklungspolitik als Zukunfts- und Friedenspolitik". Erläutern Sie diese Einordnung.
4. Aus der Gruppe der am wenigsten entwickelten Länder (LLDC) befindet sich nur Afghanistan unter den zehn größten Empfängerländern deutscher Zahlungen für Entwicklungshilfe. Arbeiten Sie (mögliche) Gründe für diese Verteilung der Fördergelder heraus (M 1, M 3).

zu Aufgabe 1
Vergleichen Sie Ihre Hypothesen zu M 1 mit den Zielen und den Förderkriterien des BMZ.

4.2.2 Deutsche Entwicklungspolitik – wirksam?

 • Positionieren Sie sich zu dem Zitat (M 5). Beziehen Sie sich auf Ihre Kenntnisse zur Entwicklungszusammenarbeit Deutschlands mit Afghanistan (Kap. 4.1).

M 5 ● Große Erfolge der Entwicklungspolitik?

„Zusammen mit vielen Engagierten in der Zivilgesellschaft und unseren weiteren Partnern in der deutschen und internationalen Entwicklungspolitik konnten große Erfolge erzielt werden."

Bundesminister Gerd Müller, Entwicklungspolitischer Bericht 2017, S. 4

M 6 ● Wirksamkeit deutscher Entwicklungspolitik

Das Center for Global Development, ein US-amerikanischer Think Thank, überprüft regelmäßig die Qualität der Nutzung der ODA-Leistungen (QuODA, Quality of Official Development Assistance). Erhoben werden Daten von 27 Geberländern und 13 multilateralen Institutionen in 24 unterschiedlichen Handlungsfeldern, von denen erfahrungsbasiert angenommen wird, dass sie die Effektivität der Nutzung von ODA-Leistungen anzeigen. Diese 24 Indikationen sind vier Dimensionen zugeordnet: „Effizienz maximieren", „Institutionen fördern", „Partner entlasten", „Transparenz und Lernen".

„Effizienz maximieren" bewertet strategische Entscheidungen zur Verteilung der ODA über Länder und Sektoren und die Verfügbarkeit für Empfängerländer.

„Institutionen fördern" bewertet den Beitrag, den Geber in Anlehnung an die Prioritäten der Empfänger beim langfristigen Aufbau von Institutionen leisten.

Wenn ein Geber durch Koordination mit anderen Gebern Überlappungen und Fragmentierungen der ODA vermeidet, schneidet er bei „Partner entlasten" gut ab.

„Transparenz und Lernen" bewertet die Qualität der ODA-Daten, sowie den Umfang der Evaluationen der Geber.

terre des hommes Deutschland, Deutsche Welthungerhilfe (Hg.), Kompass 2019. Zur Wirklichkeit der deutschen Entwicklungspolitik, Berlin/Bonn/Osnabrück, S. 10f.

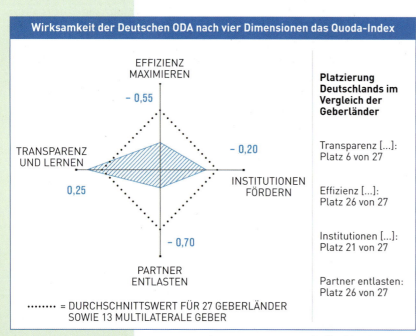

Quelle: CGD; Stand: 2018

M 7 ● Problem 1: Effizienz der Koordination und Mittelsteuerung

Der Entwicklungsausschuss der OECD (DAC) prüft ca. alle fünf Jahre die Politik und Leistungen der einzelnen Mitglieder im Rahmen der Entwicklungszusammenarbeit. Im letzten Prüfbericht für Deutschland (2015) werden auch 13 Empfehlungen für die deutsche Entwicklungspolitik und -zusammenarbeit ausgesprochen.

Deutschland trägt auf der internationalen Ebene maßgeblich zur Förderung einer nachhaltigen Entwicklung bei. Das Land zeichnet sich durch eine starke politische Unterstützung und solide ressortübergreifende Strategien für ein globales Engagement aus und nutzt seine Position strategisch, um in wichtigen Entwicklungsbereichen tätig zu werden. Insbesondere nahm das Land 2015 die Gelegenheit der G7-Präsidentschaft zum Anlass, um sich für starke Verpflichtungen im Hinblick auf die 2030-Agenda und die Klimaschutzagenda einzusetzen und die Maßnahmen in anderen wichtigen Bereichen wie unternehmerische Tätigkeit von Frauen, Finanzmarktregulierung, Steuern, Handelshemmnisse und verantwortungsvolles Lieferkettenmanagement zu verstärken. Darüber hinaus ist Deutschland an Partnerschaften mit einer Reihe von aufstrebenden Volkswirtschaften beteiligt, die auf globale öffentliche Güter abzielen. [...]
[Empfehlungen im Auszug:]

1.1 Bei der Aktualisierung der nationalen Nachhaltigkeitsstrategie sollte Deutschland einigen Bereichen der nationalen oder auswärtigen Politik Priorität einräumen, in denen das Land Inkohärenzen entgegenwirken oder eine größere Kohärenz in Hinblick auf den Entwicklungsnutzen erreichen kann. [...]

2.1 Um die Programme der Entwicklungszusammenarbeit auf der Ebene der Bundesregierung unterstützen und den Partnern Orientierungshilfen bieten zu können, sollte Deutschland die Zukunftscharta in einem operationellen Rahmen konkretisieren.

3.1. Deutschland sollte seinen Zeitplan für die Erfüllung der Zusage aufstellen, sein ODA-Volumen auf 0,7% des BNE zu erhöhen.

3.2 Bei der Ausweitung des ODA-Budgets sollte Deutschland der Erhöhung der Mittel für [L]LDC Priorität einräumen, damit das Ziel 0,20% des BNE für solche Länder aufzuwenden, wie im EU-Kontext vereinbart, innerhalb des Zeitrahmens der 2030-Agenda erfüllt werden kann. [...]

4.1 Zur Umsetzung der 2030-Agenda muss das BMZ seine Steuerungsfunktion für die deutsche Entwicklungszusammenarbeit in vollem Umfang wahrnehmen. Die Straffung der Kommunikation im gesamten System würde die Aufsichtsarbeit des BMZ erleichtern und gleichzeitig die Transaktionskosten senken.

4.2 Das BMZ sollte seine Programmgestaltungsprozesse beschleunigen und sicherstellen, dass die Verfahren flexibel genug sind, um auf die Bedingungen vor Ort zu reagieren, ohne die Qualität und Integrität infrage zu stellen.

5.1 Um die Vorhersehbarkeit seiner Programme und die strategische Planung zu verbessern, sollte das BMZ den Prozess zur Fertigstellung seiner Länderstrategie beschleunigen.

5.2 Deutschland muss – in enger Zusammenarbeit mit anderen Entwicklungspartnern – Möglichkeiten identifizieren, um seine Nutzung von Systemen der Partnerländer nach und nach auszubauen.

5.3 Um die Wirkung seiner Unterstützung der Zivilgesellschaft zu maximieren und die Transaktionskosten zu reduzieren, soll das BMZ prüfen, wie anstatt kleiner Einzelprojekte mehrjährige Programme gefördert werden könnten.

OECD (Hg.), DAC-Prüfbericht über die Entwicklungszusammenarbeit: Deutschland 2015, Paris 2015, S. 15, 17ff.

M 8 Problem 2: Verständnis von Entwicklungs- als Sicherheitspolitik

Es zeigt sich, dass Entwicklungszusammenarbeit größere Wirkung entfalten kann in Ländern, in denen bereits gute politisch-institutionelle Rahmenbedingungen bestehen. Gescheiterte oder fragile Staaten schneiden besonders schlecht ab; hier ist es besonders schwierig, nachhaltige Entwicklungsprozesse anzustoßen. Anknüpfungspunkt der Entwicklungszusammenarbeit in fragilen Staaten ist daher die Wiederherstellung oder Stärkung verlässlicher staatlicher Strukturen. Oftmals geht dies Hand in Hand mit Maßnahmen zur Förderung der Demokratie, also der Unterstützung von demokratischen Institutionen (z. B. Parlamente) und Verfahren (z. B. Wahlen), von Menschenrechten, Rechtsstaatlichkeit und Bürgererziehung. [...] Beide Ziele, Staatsaufbau und Demokratieförderung, müssen und können allerdings nur aus der betroffenen Gesellschaft selbst heraus gelingen, ausländische Hilfe kann hierbei nur unterstützen.

Das Engagement in Konfliktländern hat zu einem Bewusstwerden der nicht beabsichtigten Folgen des eigenen Handelns geführt. Am Anfang stand die Erkenntnis, dass Entwicklungszusammenarbeit in Krisensituationen nie neutral ist, sondern stets einen Eingriff in die Gesellschaft des Ziellandes darstellt, die im günstigsten Fall eine konstruktive Konfliktbewältigung unterstützen und der gewaltsamen Eskalation von Konflikten vorbeugen, indem wirtschaftliche und soziale Ungleichheiten angegangen werden, staatliche Strukturen gestärkt oder die Teilhabe von benachteiligten Bevölkerungsgruppen unterstützt wird. Allerdings kann ein solcher Eingriff auch dazu beitragen, dass sich Bürgerkriegsökonomien etablieren oder ungerechte Herrschaftsstrukturen stabilisieren, beispielsweise, wenn einseitig eine der Konfliktparteien materiell unterstützt wird. Gemäß des do-no-harm-Prinzips soll Entwicklungspolitik so gestaltet werden, dass sie keine neuen Konflikte auslöst oder bestehende Konflikte unnötig verschlimmert. In der Realität erfordert dies umfassende Kenntnisse des lokalen Kontexts, eine kohärente Strategie und eine offene Auseinandersetzung mit unvermeidlichen Zielkonflikten. Soll etwa der Aufbau funktionierender staatlicher Strukturen in Ländern wie Afghanistan Vorrang haben vor der Verwirklichung von demokratischer Partizipation oder Menschenrechten?

[...] Die Mittel für Entwicklungszusammenarbeit, die nach dem Ende des Ost-West-Konflikts auf ein historisches Tief gefallen waren, stiegen [nach dem Anschlägen des 11. September] weltweit wieder an. Andererseits gab es auch eine direktere Einbindung der Entwicklungspolitik in den Kampf gegen den Terrorismus. Als Extremfall gelten die USA, wo das Pentagon einen erheblichen Teil der US-Entwicklungshilfe verwaltet. Aber auch anderen westlichen Regierungen ist eine solche Zusammenführung von Sicherheits- und Entwicklungspolitik nicht fremd, wobei Deutschland sich bislang eher zurückhält.

Plastisch werden die Potenziale, aber auch die Schwierigkeiten der Verschränkung von Entwicklungs- und Sicherheitspolitik in der zivil-militärischen Zusammenarbeit in Konfliktkontexten. Bereits in den 1990er-Jahren trafen das Militär, entwicklungs-

Bürgerkriegsökonomie
Wirtschaftsstrukturen, die durch gewaltsames oder illegales Verhalten geprägt sind und sich unter Bedingungen des (Bürger)Kriegs etablieren

Deutsche Bundeswehrsoldaten besuchen einen Markt in der Nähe von Mazar-e Sharif. Der Markt für Handwerkskunst für weibliche Verkäuferinnen war in Zusammenarbeit mit der GIZ zustande gekommen (Dezember 2011).

politische und humanitäre Akteure und zivilgesellschaftliche Organisationen in multidimensionalen Friedenseinsätzen der Vereinten Nationen aufeinander. [...] Dabei treffen unterschiedliche Erfahrungen, Arbeitskulturen und Handlungslogiken aufeinander und sorgen für Konfliktpotenzial. Auch besteht das Risiko, dass aus der Perspektive der lokalen Bevölkerung die Grenzen zwischen militärischen Einsätzen und humanitärem und entwicklungspolitischem Engagement verwischen.

Silke Weinlich, Dennis Michels, Entwicklungspolitik als Antwort auf Sicherheitsprobleme? in: Informationen zur politischen Bildung Nr. 326/2015, S. 77f.

M 9 ● Kritik an deutscher Entwicklungspolitik

Mathias Mogge ist Generalsekretär der Welthungerhilfe. Er kritisiert die Ausrichtung der deutschen Entwicklungspolitik.

ZEIT ONLINE: Fordern Sie, dass die Bundesregierung einen Teil des Entwicklungsbudgets aus Konfliktgebieten abzieht und stattdessen in die ärmsten Länder schickt?
Mogge: Nein, gerade in Konfliktländern ist unsere Hilfe nötig. Wir sehen aber die zunehmende Verquickung von Entwicklungs-, Migrations- und Sicherheitspolitik kritisch. Entwicklungszusammenarbeit sollte zuallererst Hunger und Armut bekämpfen und sich an den Bedürfnissen in den betroffenen Ländern orientieren. [...]

ZEIT ONLINE: Ist es nicht nachvollziehbar, wenn Deutschland und die EU Fluchtursachen im eigenen Interesse bekämpfen wollen [...]?
Mogge: Es ist nicht falsch, Fluchtursachen zu bekämpfen. Aber es ist verkehrt, wenn die Regierung die Partnerländer in der Entwicklungszusammenarbeit vorwiegend nach migrations- und sicherheitspolitischen Kriterien auswählt. Denn darüber vergisst sie jene Länder, in denen die Menschen zu arm sind, um zu migrieren. [...]

Interview: Alexandra Endres, „Wir reparieren die Folgen unserer Waffenexporte", www.zeit.de, 02.04.2019

Aufgaben

1. Beschreiben Sie die Qualität der deutschen Entwicklungszusammenarbeit anhand der Verwendung der ODA-Mittel (M 6).
2. Erklären Sie die beiden Problembereiche, die die Wirksamkeit der deutschen Entwicklungspolitik einschränken (M 7, M 8).
3. Systematisieren Sie Ihre bisherigen Erkenntnisse zur deutschen Entwicklungszusammenarbeit in Form eines Schaubilds. Gehen Sie dabei auf Motive, Ziele und Strategien aber auch auf Probleme der Entwicklungszusammenarbeit ein.
4. Mathias Mogge, Generalsekretär der Welthungerhilfe, bemängelt, dass die Entwicklungshilfe Deutschlands sich zu sehr auf sicherheits- und migrationspolitische Probleme und zu wenig auf Armuts- und Hungerbekämpfung konzentriere. Überprüfen Sie diese Kritik (M 9).

M zu Aufgabe 2
Gehen Sie arbeitsteilig vor.

F Erläutern Sie die (eingeschränkte) Wirksamkeit der deutschen Entwicklungszusammenarbeit mit Afghanistan auf Grundlage der Problemanalyse (M 7, M 8, Kap. 4.1).

4.2.3 Marshallplan mit Afrika – Neuausrichtung der deutschen Entwicklungspolitik?

> **E** Mit dem „Marshallplan mit Afrika" soll der Aufbau stabiler Wirtschaftsstrukturen gefördert und die Eigenverantwortlichkeit der Regierung gestärkt werden. Bilden Sie Hypothesen, inwieweit ein solches Entwicklungshilfekonzept eine Reaktion auf die Kritik an deutscher Entwicklungspolitik sein könnte.

Marshallplan
Der historische Marshallplan wurde 1948 vom Kongress der Vereinigten Staaten von Amerika verabschiedet und sollte mit Krediten, Rohstoffen und Waren die westeuropäischen Länder nach dem Ende des Zweiten Weltkriegs unterstützten. Ziele waren – neben der Unterstützung der notleidenden Bevölkerung Westeuropas – die Minimierung der Einflussnahme der Sowjetunion auf Westeuropa und die Förderung von Absatzmärkten für die US-Wirtschaft. Der Marshallplan steht als Symbol für die erfolgreiche Unterstützung beim Wiederaufbau Westeuropas nach dem Zweiten Weltkrieg.

M 10 ● Marshallplan mit Afrika

Der Marshallplan mit Afrika setzt einen entwicklungspolitischen Schwerpunkt auf die Ausweitung wirtschaftlicher Kooperation mit verschiedenen afrikanischen Ländern. Ziele sind neben der Wirtschaftsförderung auch die Förderung von Frieden und Sicherheit sowie von Demokratie und Rechtsstaatlichkeit.

Afrikas Politiker bekennen sich zu Demokratie, Rechtsstaatlichkeit und wirtschaftlichen Reformen. Sie erkennen, dass sie Wertschöpfung im eigenen Land aufbauen
5 müssen – durch Eigeninitiative und wirtschaftliche Entwicklung unter gleichzeitiger Bekämpfung von Korruption. [...]
Es gilt, diese afrikanischen Lösungen gemeinsam umzusetzen. Deutschland und
10 Europa stehen hierfür als verlässliche Partner bereit. Eine neue Art der Zusammenarbeit bedeutet auch weg von altem „Geber-Nehmer-Denken". Nötig ist eine wirtschaftliche Zusammenarbeit auf Augenhöhe. Eine Zusammenarbeit, die auf beidsei- 15 tigem Interesse und Willen beruht. Entwicklung funktioniert nur, wenn die Regierungen ihre Reformen eigenverantwortlich angehen und ihrer Verantwortung gegenüber ihren Bürgerinnen und Bürgern 20 nachkommen. Sie müssen die politischen Rahmenbedingungen für eine Zusammenarbeit schaffen: Makroökonomische Stabilität, Rechtsstaatlichkeit und investitionsfreundliche Rahmenbedingungen. Nur 25 dann fallen private und auch öffentliche Investitionen auf einen fruchtbaren Boden. Wir wollen daher weg von der Gießkanne, hin zu Reformpartnerschaften.

Gerd Müller, Ein Marshallplan mit Afrika: Neue Partnerschaft für Entwicklung, in: Frieden und Zukunft, ifo Schnelldienst 4/2017 – 70. Jahrgang, 23.02.2017

M 11 ● Was ist Ziel der „Entwicklungshilfe" für Afrika?

Karikatur: Waldemar Mandzel, 2016

M 12 ● Marshallplan mit Afrika in der Kritik

Für die [...] deutsche Präsidentschaft in der Gruppe der zwanzig wichtigsten Wirtschaftsnationen (G 20) hat Bundeskanzlerin Angela Merkel (CDU) das Thema Afrika als
5 Schwerpunkt festgelegt. Die zentrale Begründung für diese Entscheidung dürfte in der zu erwartenden Migrationsentwicklung liegen. Das alles überragende politische Schlagwort lautet: Fluchtursachenbekämp-
10 fung. Gemeint sind damit vor allem Kriege und mangelndes Wirtschaftswachstum auf dem afrikanischen Kontinent. Es wird ausgeblendet, dass die Verwirklichung dieses Ziels nach heutigem Wissensstand und
15 struktureller Verfasstheit der realen Staatenwelt, in Afrika wie auch bei uns in Europa, nicht organisierbar sein dürfte. Fünf Argumente sprechen für diese Annahme:
1. Entwicklungsminister Gerd Müller (CSU)
20 hatte schon im Januar 2016 darauf verwiesen, dass der Strom von Flüchtlingen nach Europa gestoppt werden müsse [...]. Als Lösung hat Müller in der vergangenen Woche eine Art „Marshall-Plan" für Afrika gefor-
25 dert [...]. [...]
2. Die meisten Faktoren deuten auf einen steigenden Migrationsdruck in den kommenden Jahren hin. Sowohl die Demografie als auch das hohe Wirtschafts- und Ein-
30 kommensgefälle zu Europa, die instabile Sicherheitslage sowie sich verschlechternde Umweltfaktoren sprechen dafür. [...] Die EU unterstützt die Länder mit Entwicklungsprogrammen und Know-how, wenn sie
35 Flüchtlinge zurückhalten. [...]
3. In ihrer Handelspolitik hat die EU seit Jahrzehnten die eigenen Interessen über die des afrikanischen Kontinents gestellt. Sie unterstützt die eigenen Bauern mit erheblichen Subventionen, als Folge davon leiden 40 Geflügelanbieter in Westafrika seit Jahren unter billigen europäischen Importen. [...] Die künstlich verbilligten Produkte aus Europa drücken nicht nur die Preise, sie erschweren auch die Entwicklung einer loka- 45 len Agrarindustrie. Es entstehen deshalb keine Arbeitsplätze. Afrikas schwache Volkswirtschaften haben viel mit den steigenden Flüchtlingszahlen auf dem Mittelmeer zu tun. Ein großer Teil der Menschen, 50 die die gefährliche Überfahrt antreten, fliehen nicht vor Krieg und Verfolgung, sondern vor ökonomischer Aussichtslosigkeit.
4. Ein besonderes Kapitel der afrikanischen Verfasstheit ist in der spezifischen Geron- 55 tokratie, den „Langzeitherrschern", zu sehen. [...] Es gilt zu erkennen, dass die allermeisten Länder Afrikas mit den Regeln, Erwartungen, Traditionen und der westlich-demokratischen Annäherung an Macht 60 und Ordnung nicht umfassend zu beschreiben oder gar zu vergleichen sind.
5. Mit der Migrationsfrage hängt auch der Faktor Klimaveränderung eng zusammen. Vorliegende Studien (etwa vom Potsdam- 65 Institut für Klimaforschung, PIK) gehen davon aus, dass Afrika wie auch Arabien sich künftig sogar mit den Brennpunkten des Klimawandels auseinandersetzen muss.

Wolf Poulet, Ein Marshall-Plan löst Afrikas Probleme nicht, www.faz.net, 29.01.2017

Wolf Poulet, Autor dieser Kritik, war 30 Jahre lang Berufssoldat und von 1988 bis 1990 Sprecher des damaligen Generalinspekteurs der Bundeswehr. Zudem hat er für die GIZ gearbeitet.

Aufgaben

1. Beschreiben Sie Grundlagen des „Marshallplans mit Afrika" (M 10).
2. Erläutern Sie, inwieweit der „Marshallplan mit Afrika" eine Reaktion auf die Kritik an der deutschen Entwicklungspolitik war.
3. Analysieren Sie die Karikatur (M 11).
4. Geben Sie die Kritik am „Marshallplan mit Afrika" wieder (M 12).
5. Erörtern Sie die Aussage der Karikatur (M 11).

F Erklären Sie die Namensgebung „Marshallplan mit Afrika" (M 10).

4.2.4 Entwicklungszusammenarbeit wirksam gestalten?

 • Wie lässt sich die Schulbesuchsquote in Kenia steigern (M 13)? Wählen Sie eine der Möglichkeiten und begründen Sie Ihre Entscheidung.

M 13 ● Schulbesuchsquote in Kenia steigern!

Nehmen Sie an, dass es im Rahmen der Entwicklungszusammenarbeit mit Kenia ein Ziel sei, den Schulbesuch der Kinder und Jugendlichen zu fördern. Folgende Maßnahmen werden vorgeschlagen: Die Schulbesuchsquote in Kenia soll gesteigert werden, indem ...

a) ... der Schulbesuch strenger kontrolliert wird.
b) ... durch ODA-Mittel die Schulgebühren gesenkt werden.
c) ... den Kindern aus ODA-Mitteln maßangefertigte Schuluniformen zur Verfügung gestellt werden.

M 14 ● Wie kann Unterstützung wirksamer werden?

Die US-amerikanischen Ökonomen Michael Kremer, Esther Duflo und Abhijit Banerjee sind 2019 mit dem Wirtschaftsnobelpreis für ihre empirische Forschung im Bereich der Entwicklungsökonomie ausgezeichnet worden, also dem Bereich der Volkswirtschaftslehre, der sich mit Entwicklung und Entwicklungsunterschieden befasst.

Im Jahr 2002 kam eine kenianische Hilfsorganisation auf die Idee, Schuluniformen zu verlosen. Kinder aus zwölf Schulen des Landes konnten sich an der Lotterie beteiligen. Die Gewinner wurden einmal im Jahr von einem Schneider vermessen und bekamen danach eine neue Uniform. Mitarbeiter des Hilfswerks überprüften stichprobenartig die Anwesenheit der Schüler in den Schulklassen und notierten die Fehltage.
Die Anwesenheitslisten erwiesen sich als Goldschatz für Michael Kremer, Wirtschaftsprofessor an der Harvard-Universität, der zusammen mit Abhijit Banerjee und Esther Duflo vom Massachusetts Institute of Technology (MIT) mit dem diesjährigen Alfred-Nobel-Gedächtnispreis für Wirtschaftswissenschaften ausgezeichnet wurde. Das Trio habe mit seiner Forschung die „Fähigkeit zur Bekämpfung der globalen Armut erheblich verbessert", schrieb die Königlich-Schwedische Akademie der Wissenschaften am Montag.
Man muss dazu wissen, dass unter Ökonomen umstritten ist, was Entwicklungsprogramme genau bewirken – obwohl in den vergangenen Jahrzehnten viele Milliarden Dollar an Hilfszahlungen in arme Länder geflossen sind. Die drei Wissenschaftler haben eine Forschungsmethodik entwickelt, die diese Frage beantworten soll.
Das Prinzip lässt sich gut am Beispiel der Schuluniformen illustrieren. In der entwicklungspolitischen Forschung ist Konsens, dass Bildung einen wichtigen Beitrag zur Überwindung der Armut leistet. Aber wie bringt man mehr Kinder dazu, eine Schule zu besuchen? Strengere Kontrollen? Niedrigere Schulgebühren? Zuschüsse?
Banerjee, Duflo und Kremer nähern sich dem Problem mit einer Methode, die eigentlich aus der Medizin kommt: der sogenannten zufallskontrollierten Studie (*randomized controlled trial*). Mediziner bilden dabei nach dem Zufallsprinzip eine Gruppe mit Probanden, die sie mit einem Medikament behandeln. Die Behandlungsergeb-

nisse werden abgeglichen mit denen einer anderen, ebenfalls zufällig ausgewählten Gruppe, an die statt des Medikaments ein Placebo verteilt wird.

Dieses Verfahren soll Informationen darüber liefern, ob ein neues Medikament wirklich wirkt. Genauer gesagt: ob es eine kausale Beziehung zwischen der Verabreichung des Medikaments und dem weiteren Verlauf der Krankheit gibt. [...]

Banerjee, Duflo und Kremer haben die Methode auf die Erforschung der Ökonomie übertragen. Das Uniformprojekt in Kenia ist ein Beispiel dafür. Sie konnten analysieren, wie sich die Ausgabe einer Schuluniform auf die Anwesenheit der Schüler auswirkt. Die Ergebnisse sind durchaus eindrucksvoll: Eine Teilnahme an dem Projekt verringert die Abwesenheitsquote im Schnitt um 38 Prozent. Eine mögliche Ursache nach Ansicht der Autoren: Kinder in Uniform sind eindeutig als Schüler identifizierbar, und das hält erwachsene Dorfbewohner vielleicht davon ab, diese Kinder für die Feldarbeit zu verpflichten.

Die Preisträger haben überall in der Welt solche Feldstudien durchgeführt, um herauszufinden, was die Not der Menschen wirklich lindert [...]. Sie haben herausgefunden, wie sich die Fehlzeiten von Lehrern in Entwicklungsländern möglichst kostengünstig verringern lassen. Nämlich indem man an die Lehrer eine Kamera aushändigt, mit der sie von ihren Schülern täglich fotografiert werden, wobei ihnen das Gehalt gekürzt wird, wenn Bilder fehlen. Oder wie Eltern in Entwicklungsländern dazu gebracht werden, dass sie ihre Kinder impfen lassen – indem man die Eltern dafür belohnt, zum Beispiel dadurch, dass man ihnen ein Kilo Linsen pro verabreichter Impfdosis gibt.

Die Methode ist allerdings unter Experten nicht unumstritten. In der Medizin lassen sich die Ergebnisse von Zufallsexperimenten normalerweise verallgemeinern. Biochemische Prozesse wie der Stoffwechsel laufen bei allen Menschen in etwa nach den gleichen Regeln ab. In den Sozialwissenschaften ist das nicht so einfach, weil menschliche Verhaltensweisen von Traditionen, Umständen und regionalen Gegebenheiten beeinflusst werden. Was in Kenia funktioniert, muss noch lange nicht in Mali funktionieren. So kritisiert der amerikanische Wirtschaftswissenschaftler Angus Deaton, ebenfalls ein Träger des Nobelpreises, dass die Stichproben zu klein seien für verlässliche wissenschaftliche Aussagen.

Ökonomen wie Joseph Stiglitz von der Columbia-Universität in New York – auch er Nobelpreisträger – weisen noch auf ein anderes Problem hin. Strukturelle Ursachen der Armut lassen sich durch Feldstudien nur schwer identifizieren. So verfüge der Staat in vielen Ländern nicht über genug Geld, um Schulen vernünftig auszustatten und Lehrer ordentlich zu bezahlen, weil die in diesen Ländern tätigen Konzerne ihre Gewinne künstlich kleinrechnen, um Steuern zu sparen. Was helfen würde, seien nicht Kameras zur Kontrolle der Lehrer, sondern ein gerechteres internationales Steuersystem oder faire Handelsbeziehungen. Der experimentelle Ansatz habe zu einer „Entpolitisierung" der Armutsdebatte beigetragen, der makroökonomische Aspekte und Verteilungsfragen nicht ausreichend beleuchte.

Mark Schieritz, Von Ingenieuren und Klempnern, in: Die Zeit, Nr. 43/2019, 17.10.2019

Placebo

unwirksames Scheinmedikament, das im Rahmen klinischer Medikamententests einer Kontrollgruppe verabreicht wird

Aufgaben

1. Fassen Sie den entwicklungsökonomischen Ansatz von Duflo, Kremer und Banerjee und die Kritik an diesem zusammen (M 14).

2. Entwickeln Sie vor dem Hintergrund dieses Ansatzes der randomisierten Studien (M 14) Vorschläge für die deutsche Entwicklungspolitik (am Beispiel Afghanistans).

H zu Aufgabe 1
Geben Sie die Abgrenzung zu bisherigen Ansätzen und die Methodik zur Überprüfung der Wirksamkeit wieder.

ORIENTIERUNGSWISSEN

Ziele und Prinzipien deutscher Entwicklungszusammenarbeit
(Basiskonzept: Motive und Anreize)
M 2

Wesentliche **übergeordnete Ziele** der deutschen Entwicklungszusammenarbeit liegen erstens in der **Armuts- und Hungerbekämpfung**. Dazu sei in den betroffenen Ländern überproportionales Wirtschaftswachstum nötig, dass durch Förderung von Bildung und Systemen zur Gesundheit und sozialen Sicherung erreicht werden soll. Auch Landwirtschaftsförderung in Entwicklungsländern spielt eine Rolle. Zweitens soll Entwicklung auch immer **umwelt- und klimafreundlich** sein. Drittens soll **Frieden gesichert** und die **Weltwirtschaft gerechter** gestaltet werden. Entwicklungspolitik soll daher auch der Stabilisierung schwacher oder zerfallender Staaten dienen und neben guter Regierungsführung auch eigenständiges Wirtschaften ermöglichen. Die Ziele deutscher Entwicklungspolitik sind somit sehr umfassend und betreffen viele Politikfelder (Sicherheits-, Wirtschafts-/Handels-, Sozial-, Bildungs-, Agrarpolitik).
Zentrale Prinzipien Deutschlands sind dabei die **wirtschaftliche Kooperation** und die **Hilfe zur Selbsthilfe**. Die Absicht ist, Strukturen vor Ort in den Partnerländern aufzubauen.

Wirksamkeit von Entwicklungszusammenarbeit
(Basiskonzept: Interaktionen und Entscheidungen)
M 6, M 7, M 14

Die **Wirksamkeit der Nutzung von ODA-Leistungen** wird durch den **QuODA**-Index (Quality of Official Development Assistance) beschrieben. Durch diesen Index werden auch Verbesserungsnotwendigkeiten der Entwicklungszusammenarbeit aufgezeigt. Der jüngste Prüfbericht für Deutschland empfiehlt u.a. eine Steigerung der Mittel für die Least Developed Countries (LLDC), eine verbesserte Steuerung der Entwicklungszusammenarbeit durch das BMZ, eine größere Flexibilität und eine Beschleunigung der Koordination in Deutschland. Auch sollten langfristigere Projekte verstärkt gefördert werden.
Darüber hinaus gibt es **Kritik** an der **Verflechtung von Entwicklungszusammenarbeit und militärischen Einsätzen**. Hierbei besteht zum einen die Gefahr, dass Entwicklungszusammenarbeit nicht als solche wahrgenommen wird, sondern als Begleiterscheinung einer militärischen Fremdbestimmung. Zum anderen kann Entwicklungszusammenarbeit so von unerwünschten Nebenfolgen begleitet werden, wenn z.B. der Anschein entsteht, dass mit ihr korrupte Regime von außen gestützt werden. Es gilt also, das **Do-no-harm-Prinzip** (d.h. „richte keinen Schaden an") zu berücksichtigen.
Neuere **entwicklungsökonomische Ansätze** ermitteln mit empirischen Studien die Wirksamkeit einzelner kleinräumig angepasster Maßnahmen und können hierbei hohe Effektivität erreichen.

Kritik an und Entwicklung von Entwicklungspolitik
(Basiskonzept: Interaktionen und Entscheidungen)
M 12

Mit dem **Marshallplan mit Afrika** versucht das BMZ auf Verbesserungsvorschläge des Prüfberichts zu reagieren (u. a. längerfristig angelegte Projekte) und entwicklungspolitische Ziele umzusetzen (Armuts- und Hungerbekämpfung, gute Regierungsführung/ staatliche Stabilität). Kritisiert wird daran, dass der Marshallplan Menschen aus Afrika von der Flucht nach Europa abhalten solle. Gleichzeitig würden unfaire EU-Handelspraktiken (Subventionierung von Agrarexporten) nicht abgestellt und Migrationsursachen (Versorgungsprobleme aufgrund des Klimawandels) würden nicht entschlossen bekämpft.

Zum Problem der Vereinnahmung von Entwicklungszusammenarbeit durch Sicherheitspolitik

Es regt sich durchaus Widerstand gegen eine mögliche Vereinnahmung der Entwicklungszusammenarbeit durch die Sicherheitspolitik. Zwar braucht Entwicklung ein
5 Mindestmaß an Sicherheit. Kritikerinnen und Kritiker vor allem aus dem entwicklungs- und friedenspolitischen Kontext befürchten jedoch, dass die sicherheitspolitische Logik politische Ziele und
10 Handlungsansätze verschiebt. Werden die sozioökonomischen Lebensbedingungen von Menschen im globalen Süden nicht mehr als entwicklungspolitische Herausforderung begriffen, sondern als Sicherheitsri-
15 siko, verengt sich das Spektrum möglicher Maßnahmen. Sicherheitspolitische Maßnahmen sind oft reaktiv und auf kurzfristige Wirkung angelegt. Sie drohen, entwicklungspolitische Maßnahmen zu verdrängen,
20 die auf strukturellen Wandel angelegt sind, der durch ein langfristiges Engagement und durch die Beteiligung der einheimischen Bevölkerung bei der Planung und Durchführung von Projekten befördert wird.
25 Gleichzeitig überlagert die Wahrnehmung von zum Beispiel Staatszerfall als zu bekämpfendem Sicherheitsproblem die Diskussion über die tieferliegenden Ursachen inklusive einer Mitverantwortung der Industrieländer. Weiterhin wirken sich sicher-
30 heitspolitische Prioritäten auf die generell angebotsgetriebene Verteilung von Entwicklungsgeldern aus. Afghanistan etwa gehört seit Jahren zu den größten Empfängern, während im Gegenzug andere Länder
35 trotz ihres entwicklungspolitischen Handlungsbedarfs von Gebern eher vernachlässigt werden. Guinea, Nepal oder Mali beispielsweise gehören zur Gruppe der sogenanntem aid orphans, von der Entwick-
40 lungshilfe vernachlässigter Länder, in der sich generell viele fragile Staaten befinden. Bei allem Synergiepotenzial: Entwicklungszusammenarbeit darf nicht als Instrument der Sicherheitspolitik betrachtet werden,
45 sondern hat ihre eigene Berechtigung. Nicht nationale Sicherheit steht im Vordergrund, sondern die menschliche Sicherheit, die Überlebens- und Entfaltungschancen von Individuen, die geschützt und gefördert wer-
50 den müssen.

Silke Weinlich, Dennis Michels, Entwicklungspolitik als Antwort auf Sicherheitsprobleme? in: Informationen zur politischen Bildung Nr. 326/2015, S. 78f., 76 (Reihenfolge geändert)

Aufgaben

1. Geben Sie die Kritik an der Funktionalisierung von Entwicklungspolitik als Sicherheitspolitik wieder.
2. Erklären Sie das Entstehen einer Ländergruppe von *aid orphans*.
3. Nehmen Sie Stellung zu der Kritik von Weinlich und Michels.

Mediencode: 72053-01

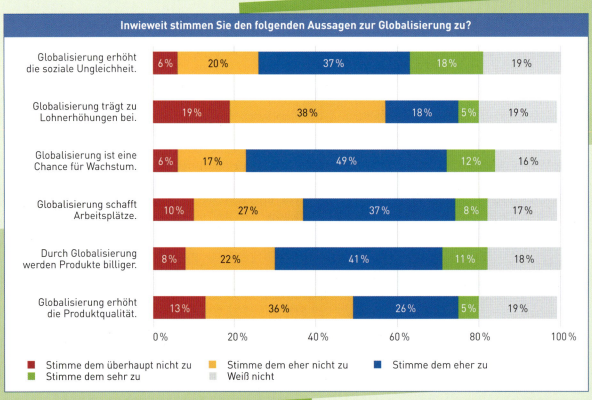

Zahlen: Bertelsmann Stiftung, April 2018, Quelle: Statista.com

5 Ökonomische Globalisierung – Chance oder Gefahr für die Wirtschaft Deutschlands?

Allenthalben wird heute davon gesprochen, dass Deutschland in die globalisierte Wirtschaft eingebunden sei. Doch was heißt das? In Kapitel 5.1 haben Sie die Gelegenheit, die ökonomische Globalisierung an einem Beispiel zu konkretisieren und andere Dimensionen von Globalisierung kennenzulernen (Kap. 5.1.1). Ob die Welt wirtschaftlich vollständig zusammengewachsen ist, können Sie im Folgenden an zentralen ökonomischen Indikatoren überprüfen (Kap. 5.1.2). Der Frage, wann und warum ökonomische Globalisierungsvorgänge in Gang gekommen sind, gehen Sie daraufhin nach (Kap. 5.1.3). Mit den Theorien der „absoluten" und „komparativen Kostenvorteile" erschließen Sie sich die beiden klassischen Ansätze dafür (Kap. 5.1.4), bevor Sie diese mit der Theorie des „intraindustriellen Handels" vergleichen (Kap. 5.1.5) und den jeweiligen Erklärungswert der Annahmen beurteilen.
Inwiefern Deutschland von der wirtschaftlichen Globalisierung profitiert, können Sie in Kapitel 5.2 prüfen, indem Sie die Qualität des Wirtschaftsstandorts Deutschland mithilfe von Standortfaktoren analysieren (Kap. 5.2.1). Im Anschluss erhalten Sie die Gelegenheit, die Strategie der Bundesregierung zur Stärkung der deutschen und europäischen Industrie im weltweiten Standortwettbewerb zu erschließen und einzuschätzen (Kap. 5.2.2). Abschließend können Sie einen problematisierenden Blick auf die gesamte kapitalistisch organisierte Weltwirtschaft werfen, indem Sie sich die sozialen und ökologischen Folgen bewusst machen (Kap. 5.2.3).

KOMPETENZEN

Am Ende dieses Kapitels sollten Sie Folgendes wissen und können:

… den Stand und die Entwicklung wirtschaftlicher Globalisierung an ihren Indikatoren beschreiben (Welthandelsvolumen und -ströme, ausländische Direktinvestitionen, Finanzmarktintegration).

… internationalen Handel mithilfe theoretischer ökonomischer Erklärungsansätze erläutern (absolute und komparative Kostenvorteile, intraindustrieller Handel).

… mithilfe von Standortfaktoren die Vorzüge und Schwächen von Volkswirtschaften im globalen Wettbewerb erörtern.

… das auf Wirtschaftswachstum basierende ökonomische Globalisierungsmodell bewerten.

Was wissen und können Sie schon?

1. Beschreiben Sie die Grafik.
2. Führen Sie eine analoge Umfrage in Ihrem Kurs/Ihrem Jahrgang durch. Vergleichen Sie die Ergebnisse mit den angegebenen.
3. Erklären Sie, welche Vorteile und Nachteile die Deutschen/Ihre Mitschülerinnen und Mitschüler für sich, für Deutschland und für die Welt als Ganze sehen könnten.

5 Ökonomische Globalisierung – Chance oder Gefahr für die Wirtschaft Deutschlands?

5.1 Wächst die Welt wirtschaftlich immer stärker zusammen?

5.1.1 (Ökonomische) Globalisierung – was ist das?

(Globale) Wertschöpfungskette

engl.: supply chain; Aufschlüsselung aller unternehmerischer Aktivitäten bis zur Bereitstellung eines Produkts für den Konsumenten, damit deutlich wird, wie der Wert des Guts zustande kommt. Heutzutage werden damit auch Effizienzdefizite in Beschaffung, Produktion und Absatz aufgespürt.

M 1 „Welchen Weg nimmt (d)ein Smartphone?"

5.1 Wächst die Welt wirtschaftlich immer stärker zusammen?

E
- Beschreiben Sie die Karte mit dem Weg eines Smartphones von der Entwicklung bis zur Entsorgung (M 1).
- Erläutern Sie, inwieweit es sich bei Smartphones um ein Beispiel für ökonomische Globalisierung handeln könnte.

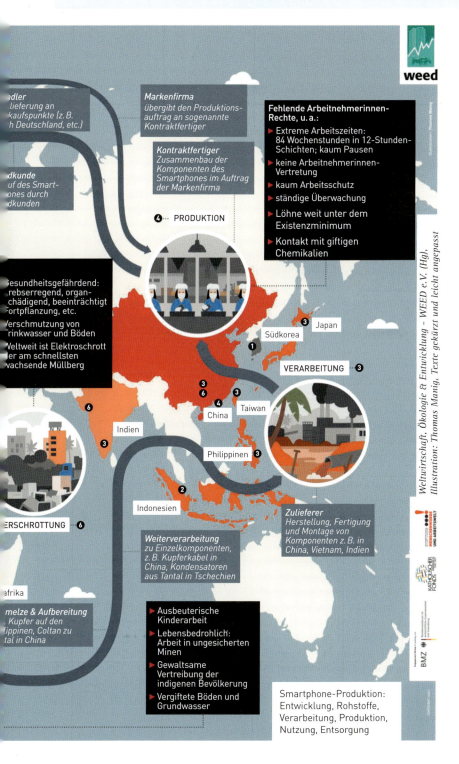

Smartphone-Produktion: Entwicklung, Rohstoffe, Verarbeitung, Produktion, Nutzung, Entsorgung

Erklärfilm Globalisierung

Mediencode: 72053-09

M 2 ● Welche Smartphones sind wie stark verbreitet?

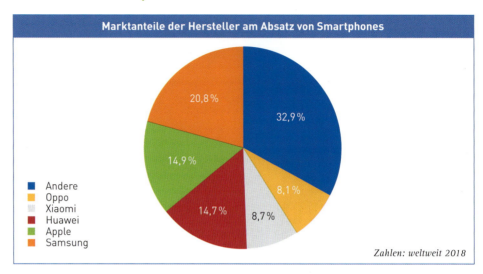

Marktanteile der Hersteller am Absatz von Smartphones
- Andere: 32,9 %
- Oppo: 8,1 %
- Xiaomi: 8,7 %
- Huawei: 14,7 %
- Apple: 14,9 %
- Samsung: 20,8 %

Zahlen: weltweit 2018

M 3 ● Globalisierung oder: die Vernetzung der Welt

Das „globale Dorf" – die kulturelle Globalisierung
- weltumspannende Kommunikation ermöglicht die globale Wirkungsmacht von Marken und Kulturgegenständen
→ Entsteht eine globale Einheitskultur? Oder …

Die Weltgesellschaft – die gesellschaftliche Globalisierung
- Tourismus und Migration intensivieren transnationale Austauschbeziehungen
- Umweltgefahren machen vor territorialen Grenzen nicht Halt
→ Verhalten wir uns über die Grenzen solidarisch? Oder …

Globale Wirtschaft – die ökonomische Globalisierung
Eine globale Wirtschaft auf der Basis von:
- globaler Produktionsketten und -netzwerke
- globaler Güter-, Arbeits- und Finanzmärkte
→ Gelingt in einer globalen Wirschaft eine Wohlfahrtssteigerung und ihre gerechte Verteilung? Oder …

Weltregelwerk und Weltinnenpolitik – die politische Globalisierung
- internationale Märkte sowie staatenübergreifende Sicherheits- und Umweltprobleme verlangen nach internationalen, durchsetzungsfähigen Rechtsnormen und somit nach
- internationalen Institutionen
→ Gestalten die Nationalstaaten angesichts dieser Herausforderungen eine gemeinsame Weltinnenpolitik? Oder …

Autorengrafik

H zu Aufgabe 3
Unterscheiden Sie dabei relevante Perspektiven wie die der Anbieterfirmen, der Arbeiter in der Produktion und Entsorgung, der Nutzerinnen, der „produzierenden" Staaten und der Umwelt.

Aufgaben

1. Erläutern Sie die Dimensionen der Globalisierung am Beispiel der „Reise eines Smartphones" (M 1, M 3). Beschreiben Sie dazu zunächst die „Reise".
2. Erklären Sie den besonderen Einfluss der ökonomischen Seite der Globalisierung insbesondere auf die kulturelle und die gesellschaftliche Dimension (M 2, M 3).
3. Arbeiten Sie Chancen und Risiken globalisierter Produktion und Entsorgung am Beispiel von Smartphones heraus.

5.1.2 Ist die Welt wirtschaftlich vollständig zusammengewachsen? Indikatoren ökonomischer Globalisierung

E Woran könnte sich wirtschaftliche Globalisierung zeigen? Führen Sie in Ihrem Kurs ein Blitzlicht durch, bei dem alle Teilnehmenden einen sehr kurzen Wortbeitrag leisten dürfen. Visualisieren Sie Ihre Kursergebnisse.

Indikator
Anzeichen; im ökonomischen Sinn auch: Messgröße für eine wirtschaftliche Situation oder Entwicklung

M 4 ● Wie hat sich der Handel weltweit entwickelt?

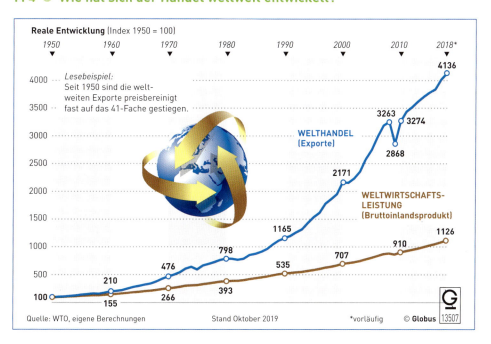

M 5 ● Wie verteilt sich der Handel global?

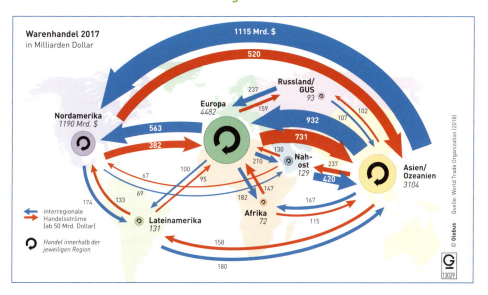

Weltbevölkerung – Verteilung nach Kontinenten

Kontinent	Bevölkerungszahl in Mio.	Anteil der Weltbevölkerung in %
Asien	4.536	59,52
Afrika	1.284	16,85
Europa	746	9,79
Lateinamerika, Karibik	649	8,52
Nordamerika	365	4,79
Australien, Ozeanien	41	0,54

Zahlen: Datenreport der Stiftung Weltbevölkerung 2018, Quelle: Statista.com

Triade
hier: Bezeichnung für die wirtschaftlich bedeutsamsten Regionen Europas, Nordamerikas und Asiens

Ausländische Direktinvestitionen

engl.: foreign direct investment (FDI): Kapitalexporte von Wirtschaftssubjekten (vorrangig Unternehmen), die etwa dem Aufbau von Tochterunternehmen an einem ausländischen Standort oder der Beteiligung an einem ausländischen Unternehmen dienen. Direktinvestitionen sind demnach von Investitionen an ausländischen Kapitalmärkten abzugrenzen.

developing economies

auch: Low and Middle Income Countries (LMIC); Staaten, die zwar große ökonomische Wachstumspotenziale, aber u.a. hinsichtlich der wirtschaftlichen Entwicklung noch nicht den Stand entwickelter Industriestaaten haben. Oft liegt das BIP/Kopf bei unter 12.000,- US-$ pro Jahr und der Wert des Human Development Index bei unter 0,8.

M 6 ● Wie entwickel(te)n sich ausländische Direktinvestitionen?

Zahlen: United Nations Conference on Trade and Development (UNCTAD), World Investment Report 2018. Investment and New Industrial Policies, Genf 2018, S. 2

M 7 ● Woher stammen und wohin fließen ausländische Direktinvestitionen?

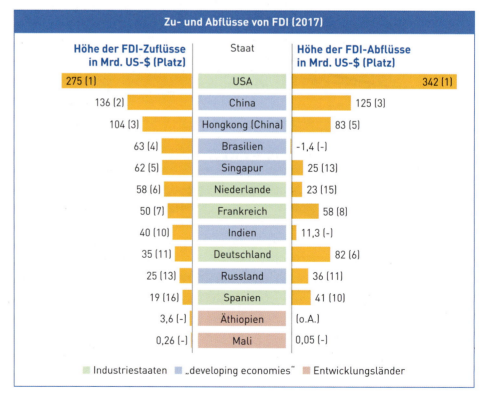

Höhe der aus dem Ausland zu- und ins Ausland abgeflossenen Direktinvestitionen in Milliarden US-Dollar im Jahr 2017

Zusammenstellung des Autors aus: United Nations Conference on Trade and Development (UNCTAD), World Invest Report 2018, Genf 2018, S. 4, 6, 185, 188, 190

M 8 ● Sind die Finanzmärkte globalisiert?

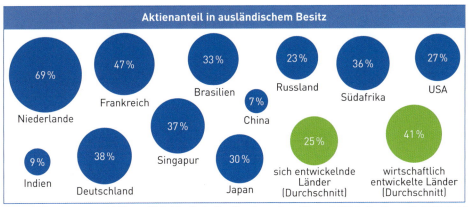

Auswahl des Autors aus: McKinsey Global Institute, The New Dynamics of Financial Globalisation, o. O. 2017, S. 40

M 9 ● Wie haben sich die Finanzmärkte vernetzt?

Finanzmärkte bleiben nach wie vor weltweit eng miteinander verwoben. Der Wert der Investitionen aus dem Ausland hat sich gemessen am Weltbruttoinlandsprodukt seit 2007 nur leicht verändert [...]. Weltweit betrachtet sind 27 % des Kapitals im Besitz ausländischer Investoren, eine Steigerung gegenüber den 17 % im Jahr 2000. 2015 gehörten 31 % der Wertpapiere ausländischen Investoren gegenüber 18 % im Jahr 2000. [...] Einige bemerkenswerte Einblicke sollen [...] hervorgehoben werden:
- Entwickelte Volkswirtschaften sind am stärksten in das globale Finanzsystem integriert. Die Rangliste [der Weltfinanzmarktintegration] wird angeführt von den USA, Luxemburg (einem Finanzzentrum), Großbritannien, den Niederlanden und Deutschland. Unter den ersten 20 [Staaten] befinden sich nur zwei Schwellenländer (Brasilien und China). Dies spiegelt die Tatsache wieder, dass wirtschaftlich entwickelte Staaten über viele Jahre einen großen Kapitalbestand [...] im Ausland aufgebaut haben und über stabilere heimische Finanzmärkte verfügen, die Kapitalzuflüsse aus dem und ins Ausland leichter auffangen und zwischenlagern können. [...]
- Chinas Rolle auf den globalen Finanzmärkten wächst. China kletterte vom 16ten Platz 2005 auf den 8ten Platz 2015, was das rasante Wachstum seiner Investitionen in ausländisches Kapital zeigt. Aber [auch] die Art und Weise ändert sich, auf die China mit dem weltweiten [Finanz-]System verflochten ist. [...] China ist nämlich jetzt ein signifikanter Investor auf sich entwickelnden Märkten inklusive Afrika und Südamerika. Chinas Regierung hat [zudem] sein Bestreben zum Ausdruck gebracht, [die chinesische Währung] Renminbi international stärker zu nutzen. Die Bedeutung Chinas im globalen Finanzsystem wird wahrscheinlich auch weiterhin wachsen.

McKinsey Global Institute, The New Dynamics of Financial Globalisation, o. O. 2017, S. 6f., Übersetzung: Kersten Ringe, Hervorhebungen entfernt

Aufgaben

1. Analysieren Sie die Indikatoren für ökonomische Globalisierung (M 4–M 9). Beschreiben Sie zunächst in den Expertengruppen die Statistiken.
2. Die Weltwirtschaft ist umfassend globalisiert. Überprüfen Sie diese Vermutung.

M zu Aufgabe 1
Gruppenpuzzle: Analysieren Sie in Expertengruppen arbeitsteilig jeweils einen Indikator (Welthandel → M 4, M 5; Direktinvestitionen → M 6, M 7; Finanzmarktintegration → M 8, M 9). Stellen Sie im Anschluss die Ergebnisse in Ihren Stammgruppen vor.

M zu Aufgabe 2
Platzieren Sie zunächst auf einer Skala zwischen „umfassend globalisiert" und „überhaupt nicht globalisiert" einen Klebepunkt, durch dessen Position Sie Ihre Meinung zum Ausdruck bringen.

5.1.3 Was führte zur Globalisierung der Wirtschaft?

Phasen der (De-)Globalisierung

Erste Globalisierungsphase (1840-1914)
- neue Ferntransportmittel (Dampfschiff, Dampflokomotive)
- damit: wirtschaftliche Erschließung neuer Landflächen (v. a. Nordamerika, Russland, Argentinien)
- neu: Fernhandel von Gütern des täglichen Bedarfs (z. B. Getreide)
- verstärkt internationale Arbeitsteilung und Wertschöpfungsketten - Schaffung internationaler Standards

Deglobalisierungsphase (1914-1945)
- durch den Ersten und Zweiten Weltkrieg

Wiederaufbauphase (1945-1989/90)
- bipolare wirtschaftliche Reintegration (im Westen unter Führung der USA, im Osten unter Führung Russlands)
- Industrialisierung u. a. Japans sowie ehemaliger europäischer Kolonien (u. a. Südkorea, Hongkong)

Zweite Globalisierungsphase (seit Mitte der 1980er Jahre)
- technologische Entwicklungen: kommerzielle Computernutzung, Funktelefonie mittels Satellit → zunehmende Verlagerung industrieller Produktion ins kostengünstigere Ausland; Expansion des Banken- und Finanzmarkts

E
- Analysieren Sie die Karikatur (M 10).
- Positionieren Sie sich spontan zur Aussage der Karikatur.

M 10 ● Globalisierung, ein Naturgesetz?

Zeichner: Thomas Plaßmann

M 11 ● Wie kam es zur zweiten Globalisierungswelle?

Seit Mitte der 1980er-Jahre nehmen [die] grenzüberschreitenden wirtschaftlichen Interaktionen und Aktivitäten nicht nur absolut, sondern auch relativ im Verhältnis zu
5 nationalen Entwicklungen und Interaktionen stark zu. [...]
Ab Mitte der 1980er-Jahre begannen sich im Zuge eines weltweiten wirtschaftspolitischen Paradigmenwechsels [= Änderung
10 grundlegender Rahmenbedingungen] *Monetarismus* und *Neo-Liberalismus* langsam durchzusetzen. Immer mehr Staaten versuchten das neue „Markt-Paradigma" mit den Schlagworten: Liberalisierung, Dere-
15 gulierung, Privatisierung, „mehr Markt weniger Staat", freier Handel und mehr Wettbewerb politisch umzusetzen. [...]
Deregulierung ist ein Prozess, in dem die bestehenden nationalen Gesetze, Vorschriften und Regulierungen einer eingehenden 20 Revision unterzogen werden, mit dem generellen Ziel, als überflüssig erachtete Bestimmungen (Überregulierung) abzubauen, um Hindernisse für die Marktkräfte zu beseitigen und damit als Standort attraktiver 25 zu werden. Hierbei geht es vor allem um den Abbau von Bürokratie auf allen relevanten Märkten, wie den Arbeits-, Finanz- und Gütermärkten. Es geht um die Verschlankung und Vereinfachung von 30 staatlichen Genehmigungsverfahren und -prozeduren, von zu restriktiven Vorschriften, allzu komplizierten steuerrechtlichen Regelungen, wie auch um die Erleichterung des Umgangs mit staatlichen Organen [...]. 35
In den letzten Jahren zeigte sich allerdings,

dass die Lockerung und vor allem die nicht entsprechende Weiterentwicklung staatlicher Aufsichtsregelungen dem Markt eine unangemessen weitreichende und damit zunehmend gefährlicher werdende Gestaltungsfreiheit überlassen hat. Den staatlichen Instanzen fehlen nun immer häufiger die passenden Instrumente für eine wirksame Steuerung und Kontrolle der mächtiger gewordenen Marktteilnehmer. Im Zusammenhang mit den Möglichkeiten der globalen Vernetzung, der Entwicklung extrem riskanter Instrumente, vor allem im Finanzbereich, und der Entstehung kaum noch kontrollierbarer Marktmacht [...] wurden so auch die Grundlagen für die zerstörerischen globalen Wirtschafts- und Finanzkrisen in den letzten Jahrzehnten geschaffen.

Durch **Privatisierung** sollten Staatsmonopole beseitigt, Staatsunternehmen profitabler gemacht und staatlich reglementierte Sektoren, wie Telekommunikation, Energie, Infrastruktur, Transport geöffnet werden. Auf diese Weise wurden neue Märkte geschaffen, auf denen nun private Anbieter ihre Produkte und vor allem Dienstleistungen wie Transport oder Telekommunikationsleistungen unter Markt- und Wettbewerbsverhältnissen anbieten können. Hierbei handelt es sich um Wachstumsmärkte, die aufgrund der langjährigen staatlichen Dominanz zunächst noch wenig erschlossen waren und damit hohe Zuwachsraten und Gewinne erwarten ließen. Zudem sind diese Sektoren außerordentlich kapital- und technologieintensiv, so dass sich damit interessante Investitionsmöglichkeiten für internationale Investoren boten. [...]

Liberalisierung lässt sich als Prozess der weltweiten Realisierung der vier zentralen wirtschaftlichen „Freiheiten" beschreiben: der Freiheit des *Waren-* und *Dienstleistungsverkehrs*, des freien *Kapitalverkehrs*, der *Freizügigkeit von Personen* und der *Niederlassungsfreiheit* für Unternehmer und Freiberufler. Diese Strategie wurde Anfang der 1990er-Jahre bei der Einrichtung des *Europäischen Binnenmarktes*, dann zunehmend aber auch auf globaler Ebene in immer mehr Ländern umgesetzt. Durch den Abbau von Handelsbeschränkungen, wie Zöllen und anderen behindernden Regulierungen des Außenhandels, wurde der grenzüberschreitende Handel mit Gütern und Dienstleistungen stimuliert.

Die Reduzierung von Devisen- und Kapitalverkehrsvorschriften beschleunigte die Globalisierung des internationalen Kapitalverkehrs, den Zugang zu neuen Finanzierungsmöglichkeiten und Finanzprodukten sowie zu Kapitalimporten und grenzüberschreitenden Investitionen (Direktinvestitionen oder auch Foreign Direct Investments, FDI). Trotz der nach wie vor bestehenden natürlichen Interaktionshindernisse, zu denen auch Sprachbarrieren und Kulturunterschiede zählen, stellte der Abbau der protektionistischen Beschränkungen eine der wichtigsten Globalisierungsvoraussetzungen dar. In einer liberalisierten Welt haben Unternehmen leichteren Zugang zu [...] Arbeitskräften, Technologien, Kapital, Lieferanten oder Kunden. In- und ausländische Investoren erhalten einen besseren Zugang zu neuen Märkten, Spezialisierungs- und Größenvorteile werden geschaffen, neue Technologien werden zu attraktiven Konditionen ins Land geholt, der strukturelle Erneuerungsprozess wird beschleunigt und Arbeitsmigration erleichtert.

Eckart Koch, Globalisierung: Wirtschaft und Politik. Chancen – Risiken – Antworten, 2. Auflage, Wiesbaden 2017, S. 7-9, 15-17

Aufgaben

1. Erläutern Sie die politischen Bedingungen für die zweite Globalisierungswelle (ab den 1980er Jahren) an selbst gewählten Beispielen (M 11).
2. Überprüfen Sie die Karikaturaussage vor dem Hintergrund der Ursachen der zweiten Globalisierungswelle (M 10, M 11).

- standardisierter Container → drastisch sinkende Frachtkosten
- Lösung von Unternehmen von ihren Herkunftsländern und Entstehen von „Global Playern"

Stagnation (seit 2008/09)?
- Weltfinanzkrise (2007) und Weltwirtschaftskrise (2008/09)
- wesentliche Globalisierungsindikatoren stagnieren tendenziell
- politischer Unilateralismus und Wirtschaftsprotektionismus der USA unter Präsident Trump

Nach: Nikolaus Wolf, Kurze Geschichte der Weltwirtschaft, in: Aus Politik und Zeitgeschichte B 1-3/2014, S. 11ff. (ergänzt)

M zu Aufgabe 1
Gehen Sie arbeitsteilig vor. Erläutern Sie in Partnerarbeit zunächst eine der Bedingungen (Deregulierung, Privatisierung, Liberalisierung) und stellen diese Ergebnisse dann in einer Gruppe vor.

F Die Zeitschrift Politikum betitelte ihre Ausgabe 4/2017 mit „Globalisierungsdämmerung" – also dem bevorstehenden Ende der ökonomischen Globalisierung. Beurteilen Sie die Aussage dieses Hefttitels (Kap. 5.1.2, 5.1.3, ggf. 6.2).

5.1.4 Kostenvorteile: Internationale Arbeitsteilung theoretisch erklärt – Teil I

E Begründen Sie, ob Deutschland in dem fiktiven Beispiel sowohl Brot als auch Käse selbst herstellen sollte oder ob sich Deutschland und das Ausland die Produktion besser aufteilen (M 12). Gehen Sie dabei davon aus, dass eine Arbeitsstunde in Deutschland und im Ausland gleichviel kostet.

M 12 ● Zwei Länder mit unterschiedlicher Produktivität

	Benötigte Zeit zur Herstellung von 1 kg (Stunden pro Tag)	
	Brot	Käse
Ausland	3	4
Deutschland	1	2

Nach: Hanno Beck, Globalisierung und Außenwirtschaft, München 2016, S. 29

M 13 ● Warum internationale Arbeitsteilung? Absolute und komparative Kostenvorteile

David Ricardo (1772-1823) englischer Ökonom, Börsenmakler und Abgeordneter des Unterhauses, der vor allem für seine zur damaligen Zeit Maßstab setzende Außenhandelstheorie der komparativen Kostenvorteile bekannt wurde.

[David] Ricardo gilt heute als der Vater der Außenhandelstheorie, er hat erstmals die Theorie formuliert, die erklärt, warum es für Staaten vorteilhaft ist, miteinander Handel zu treiben. [...]
Komparative Vorteile: das Grundmodell. Nehmen wir einmal an, wir haben zwei Länder – Deutschland und das Ausland – und zwei Produkte – Brot und Käse. [...]
- Wir wollen im Folgenden unterstellen, dass beide Produkte nur mit einem Produktionsfaktor hergestellt werden, nämlich mit Arbeit.
- Die beiden Länder haben unterschiedliche Produktionstechnologien, will heißen eine unterschiedliche Arbeitsproduktivität. Das bedeutet, dass jedes Land für die Herstellung von einem Kilo Brot oder Käse einen unterschiedlichen Produktionsaufwand hat. [...] Woher die Unterschiede in der Arbeitsproduktivität kommen, ist hier nebensächlich [...].
- Weiterhin wollen wir annehmen, dass das Arbeitsangebot in beiden Ländern konstant ist, die Anzahl der Beschäftigten ändert sich nicht.
- Die letzte Annahme ist zugleich die problematischste: Wir wollen annehmen, dass die Arbeitnehmer problemlos zwischen den Branchen wechseln können – wenn also die Käseproduktion zurückgeht, können die Arbeitnehmer, die in dieser Branche ihren Job verlieren, problemlos in die Brotbranche wechseln. [...]

Schaut man sich nun die unterschiedlichen Arbeitsproduktivitäten in dem Beispiel an, so könnte man zu dem Schluss kommen, dass hier kein Außenhandel lohnt: Deutschland stellt sowohl Brot als auch Käse in wesentlich kürzerer Zeit her als das Ausland – warum sollte man also Brot im Ausland kaufen, welches das Ausland in drei Stunden Arbeit hergestellt hat, während man das gleiche Brot mit einer Stunde Arbeit herstellen kann? Die Frage ist durchaus realistisch: Sieht man sich beispielsweise die Unterschiede zwischen Deutschland und China an, muss man sich schon fragen, warum die beiden Länder miteinander Handel betreiben sollten – Deutschland dürfte in allen Produktionszweigen produktiver sein als China. [...]

Werfen wir einen Blick auf [die] Tabelle [M 12], so stellen wir zunächst fest, dass Deutschland in der Tat bei der Herstellung beider Güter produktiver ist, Deutschland besitzt also bei der Herstellung beider Güter das, was Ökonomen einen **absoluten Kostenvorteil** nennen – absolut betrachtet sind sie bei der Herstellung beider Güter produktiver (spiegelbildlich hat das Ausland nur absolute Nachteile).

Schaut man jedoch genauer hin, erkennt man einen Unterschied: Die Herstellung von Käse dauert im Ausland doppelt so lange wie in Deutschland, die Herstellung von Brot aber dreimal so lange. Vergleicht man also die Produktivität der beiden Staaten miteinander, so zeigt sich, dass die Deutschen bei der Herstellung von Brot dreimal so produktiv sind (sie brauchen nur eine Stunde statt drei), bei der Herstellung von Käse hingegen sind sie nur doppelt so produktiv (zwei Stunden statt vier). Der Produktivitätsvorteil der Deutschen ist bei Brot im Vergleich zum Käse höher, und das nennen Ökonomen einen komparativen (komparativ = vergleichsweise) Vorteil. Deutschland hat also bei der Herstellung von Brot einen **komparativen Vorteil** (das Ausland einen komparativen Nachteil). Spiegelbildlich betrachtet hat das Ausland bei der Produktion von Käse einen komparativen Vorteil, ein Vorteil eben, der im Vergleich zur Brotproduktion besser ist (obwohl er absolut gesehen immer noch ein Produktionsnachteil ist). In einem ersten Schritt kann man nun zeigen, dass die Güterproduktion maximal ist, wenn sich jedes Land bei der Produktion auf seinen komparativen Vorteil konzentriert. Nehmen wir dazu an, dass jedes Land 12 Stunden Arbeitszeit zur Verfügung hat. Wenn Deutschland sich auf seinen komparativen Vorteil konzentriert, kann es zwölf Kilo Brot herstellen; das Ausland kann, wenn es sich auf seinen komparativen Vorteil konzentriert, drei Kilo Käse herstellen. In zusammen 24 Stunden Arbeit können beide Länder also zwölf Kilo Brot und drei Kilo Käse herstellen. Versuchen Sie nun Ihr Glück: Sie werden keine andere Kombination finden, bei der beide Länder zusammen in 24 Stunden mehr Güter herstellen können als die, dass Deutschland sich auf Brot und das Ausland sich auf Käse spezialisiert. Indem sich jedes Land auf seinen komparativen Vorteil konzentriert, haben wir die Produktion beider Länder maximiert. [...]

Der Vergleich stimmt auch beim letzten Schritt: Wenn sich ein Mensch auf eine Tätigkeit spezialisiert, dann wird er (wenn überhaupt) nur einen Teil seiner hergestellten Güter selbst konsumieren, den Rest wird er tauschen gegen andere Waren. Und genauso machen das im Modell der komparativen Vorteile Staaten: Sie spezialisieren sich auf das, was sie am besten können (wo sie den komparativen Vorteil haben) und tauschen die Ergebnisse ihrer Arbeit am Weltmarkt gegen andere Produkte.

Hanno Beck, Globalisierung und Außenwirtschaft, München 2016, S. 28-31

> **Produktionsfaktoren**
>
> Als „klassische" Produktionsfaktoren sind von Adam Smith **Arbeit**, **Kapital** und **Boden** definiert worden. Dabei umfasst Boden sowohl den Grund und Boden als auch die dem Boden entnommenen Rohstoffe (Bodenschätze). Heute werden manchmal auch Wissen, Energie und Natur (z. B. Luft, Wasser) als eigenständige Produktionsfaktoren angesehen.

Aufgaben

1. Fassen Sie vergleichend die Annahmen von absoluten und komparativen Kostenvorteilen sowie die sich daraus in der Theorie ergebende internationale Arbeitsteilung zusammen (M 13).

2. Erläutern Sie, an welchen Stellen der Wertschöpfungskette eines Smartphones absolute oder komparative Kostenvorteile realisiert werden könnten (Kap. 5.1.1).

> **F zu Aufgabe 1**
>
> Berechnen Sie drei bis vier Varianten des Eingangsbeispiels bei jeweils unterschiedlicher Produktionsverteilung und 12 Stunden Arbeitszeit (M 12, M 13).

5.1.5 Intraindustrieller Handel: Internationale Arbeitsteilung theoretisch erklärt - Teil II

- Beschreiben Sie die Statistik zu den Haupthandelspartnern der deutschen Wirtschaft (M 14).
- Arbeiten Sie heraus, welche der Handelsbeziehungen sich mit absoluten bzw. komparativen Kostenvorteilen erklären lassen, welche hingegen (eher) nicht.

M 14 • Deutschlands Haupthandelspartner

M 15 • Welche Bedeutung hat der intraindustrielle Handel?

Die klassischen Handelstheorien [z. B. von Ricardo] erklären, warum Länder unterschiedliche Güter austauschen – also beispielsweise deutsche Maschinen gegen süd-
5 amerikanische Bananen. Diese Form des Handels nennt man interindustriellen Handel – hier werden unterschiedliche Produkte gehandelt. Dies wird – nach den älteren Handelstheorien – der Fall sein, wenn die
10 Staaten unterschiedliche Produktivitäten (komparative Vorteile) und Faktorausstat- tungen haben, also bei sehr unterschiedlichen Ländern. [...]
Ein bemerkenswerter Befund: Handel findet [heutzutage] weltweit eher zwischen entwi- 15 ckelten Industrienationen statt als zwischen reichen Industrienationen und armen Entwicklungsländern – Nord-Nord statt Nord-Süd. Wenn aber die Nationen, die in den Nord-Nord-Handel verwickelt sind, sich 20 eher ähnlich sind, was Produktivität und Faktorausstattung angeht, so muss man

vermuten, dass sie eigentlich nicht nach den Mustern der traditionellen Handelstheorien Handel betreiben. Hier finden wir eher das, was man als intraindustriellen Handel bezeichnet: Man handelt ähnliche Waren, Waren gleicher Güterklassen. Während interindustrieller Handel (Nord-Süd) also deutsche Maschinen gegen brasilianische Bananen bedeutet, ist intraindustrieller Handel eher deutsche Maschinen gegen amerikanische Maschinen.

Man kann intraindustriellen Handel auch messen: Wenn dieser Handel definiert ist als Handel in gleichen Gütergruppen [z. B. Kraftfahrzeuge], so kann man einfach die Handelsstatistiken heranziehen und schauen, ob zwei Staaten Güter tauschen, die ähnlich oder gleich sind (intraindustrieller Handel) oder eher sehr unterschiedlich (interindustrieller Handel). [...] Nun kann man einfach die Ex- und Importe eines Landes in den verschiedenen Güterklassen miteinander vergleichen – hat ein Land in einer Güterklasse viele Ex- und Importe zugleich, so ist das ein Hinweis auf intraindustriellen Handel; wenn ein Land in einer Güterklasse viele Exporte (oder Importe) hat, aber wenige Importe (Exporte), so würde das eher auf interindustriellen Handel hindeuten.

Diese Untersuchung macht man für alle Gütergruppen und summiert das auf. Das geschieht mittels des Grubel-Lloyd-Index [...]. Die untere Grenze dieser Zahl ist null (das Land hat nur 100 Exporte, aber null Importe), das bedeutet, dass das Land innerhalb einer Gütergruppe nur exportiert, aber nicht importiert – das würde für interindustriellen Handel sprechen. Die obere Grenze dieser Zahl ist eins (das Land hat 100 Exporte und 100 Importe), das bedeutet, dass das Land in einer Gütergruppe genauso viel exportiert wie importiert – das spricht für intraindustriellen Handel.

Hanno Beck, Globalisierung und Außenwirtschaft, München 2016, S. 64f.

M 16 ● Wie entwickelt(e) sich der intraindustrielle Handel insgesamt?

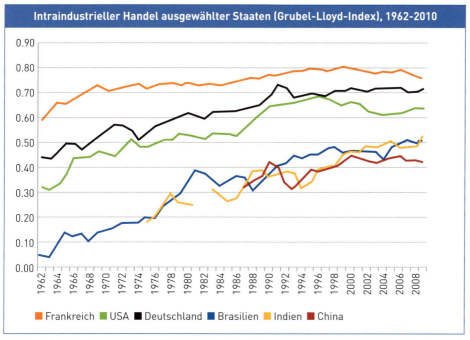

Zahlen nach Maria E. de Boyrie, Mordechai Kreinin, Intra-Industry Trade Revisited, A Note, in: Open Economic Review 23 (2012) H. 4, S. 742f.

M 17 ● Wann entsteht intraindustrieller Handel?

Intraindustrieller Handel findet vor allem zwischen den industrialisierten Nationen der OECD statt (Nord-Nord); interindustrieller Handel vor allem zwischen den industrialisierten Nationen und den Entwicklungsländern (Nord-Süd) und zwischen Entwicklungsländern (Süd-Süd).
Nachdem wir das Phänomen des Nord-Nord-Handels beschrieben haben, müssen wir uns kurz fragen, wie es zustande kommt [...].
- Nord-Nord-Handel entsteht durch Produktvarianten [...] – deutsche Autos gegen französische Autos. Das wäre klassischer intraindustrieller Handel.
- Das Gleiche kann bei steigenden Skalenerträgen passieren. [...]
- Auch die Nachfrage dürfte eine Rolle spielen: Staaten mit ähnlich hohem Einkommen und hoher kultureller Nähe haben ähnliche Vorlieben und Geschmäcker – das eröffnet Raum für den Handel ähnlicher Produkte.

In Deutschland neu produzierte Autos der Luxusklasse stehen im Hafen von Emden für den bevorstehenden Export per Schiff in die USA bereit.

- Allerdings gibt es auch Ökonomen, die im intraindustriellen Handel ein statistisches Artefakt [hier: künstlich hergestellter Zusammenhang] sehen: Würde man, so ihr Argument, die [...] Güterklassen fein genug machen, so würde das Phänomen des intraindustriellen Handels verschwinden. Keine Frage, inhaltlich ist das richtig: Wenn man Luxuslimousinen und Transporter als eine Güterkategorie behandelt, dann ist das intraindustrieller Handel; wenn man aber die beiden Produkte statistisch trennt und als verschiedene Güterkategorien behandelt, verschwindet der intraindustrielle Handel.
- Auch saisonale Effekte können zu intraindustriellem Handel führen: Im Winter importiert Deutschland Erdbeeren, im Sommer hingegen sind sie auch ein deutsches Exportgut.

Müsste man das Ganze kurz zusammenfassen, so kann man vermuten, dass intraindustrieller Handel vor allem bei technologisch anspruchsvolleren Produkten auftritt (weil man hier leichter Varianten bilden kann, die man dann handelt) und tendenziell eher zwischen industrialisierten Nationen (weil diese sich sehr ähnlich in ihrer Produktivität und Faktorausstattung sind, sodass hier wenig Raum für den klassischen interindustriellen Handel ist). Interindustrieller Handel entsteht durch unterschiedliche Produktivitäten und Faktorausstattungen, also eher zwischen ungleichen Ländern – Nord-Süd.

Hanno Beck, Globalisierung und Außenwirtschaft, München 2016, S. 66f.

Skalenerträge
Steigerungsrate der Produktion, wenn zwei oder mehr Produktionsfaktoren proportional zueinander erhöht werden

Aufgaben

① Erläutern Sie die Theorie des intraindustriellen Handels (M 15-M 17).
② Der derzeitige deutsche Außenhandel lässt sich vollständig mit absoluten und komparativen Kostenvorteilen erklären (M 14). Prüfen Sie diese Aussage.
③ Analysieren Sie die Entwicklung des intra- und interindustriellen Handels in den USA, Deutschland, China, Indien und Brasilien (M 16).
④ Arbeiten Sie heraus, welche der Handelsbeziehungen Deutschlands sich mit der Theorie des intraindustriellen Handels erklären lassen (M 14-M 17).

🅗 zu Aufgabe 1
Grenzen Sie dabei den Erklärungsansatz des intraindustriellen Handels von den Annahmen absoluter und komparativer Kostenvorteile ab.

5.1 Wächst die Welt wirtschaftlich immer stärker zusammen?

Dass es sich bei der derzeitigen Wirtschaft um eine in Teilen globalisiere Ökonomie handelt, lässt sich mit drei **Indikatoren** stützen: Der **Welthandel** steigert(e) sich – gemessen an den Exporten – seit Mitte der 1980er-Jahre nahezu exponentiell. Dabei findet der Löwenanteil des Handels aber nur zwischen den Regionen auf der Nordhalbkugel statt („Triadisierung"). **Ausländische Direktinvestitionen** finden sich in etwa gleichbleibender Höhe zwischen wirtschaftlich entwickelten Staaten und mit leichter linearer Steigerungstendenz auch in Schwellenländern. Auch die **Integration der Finanzmärkte** schreitet (auf der Nordhalbkugel) voran, wenn auch uneinheitlich. Während z. B. größere Teile der Aktien mitteleuropäischer Firmen in ausländischem Besitz sind, ist dies bei Anteilen an US-Firmen weniger und bei Indien und China kaum der Fall.

Indikatoren für wirtschaftliche Globalisierung
(Basiskonzept: Interaktionen und Entscheidungen)
M 4, M 5, M 7, M 8

Die ökonomische „Globalisierung" hat politische Ursachen: Seit Mitte der 1980er-Jahre fand eine **Deregulierung** statt, also eine Aufhebung oder zumindest Abschwächung wirtschafts- und wettbewerbshemmender gesetzlicher Regelungen. Dazu kam ein Schub an (Teil-)**Privatisierungen** ehemals öffentlicher Unternehmen in den westlichen Staaten. Der Prozess der **Liberalisierung** bedeutet, dass Handels- und teilweise auch Personenschranken weltweit abgeschwächt wurden.
Kritiker dieser Vorgänge sehen in der Deregulierung eine Ursache für schwere ökologische Schäden – bedingt durch die wenig geregelte Produktion und den Konsum. Privatisierungsschübe hätten zu Mängeln in der öffentlichen Daseinsfürsorge und der Infrastruktur (z. B. Schienennetz) geführt. Die (Handels-)Liberalisierung sei verantwortlich dafür, dass entwickelte Wirtschaften immer einen Vorteil gegenüber weniger effizienten Ökonomien hätten und sich daher Abhängigkeitsverhältnisse verfestigten.

Ursachen für wirtschaftliche Globalisierung
(Basiskonzept: Ordnungen und Systeme)
M 11

Adam Smith erklärte sich internationale Arbeitsteilung mit „**absoluten Kostenvorteilen**". Betrachtet man zwei Staaten, würde sich der eine auf die Herstellung des Gutes spezialisieren, dass er günstiger als der andere herstellen könne (und umgekehrt). Die hinsichtlich Produktion somit spezialisierten Staaten würden miteinander Handel treiben. David Ricardo erweiterte dieses Theorem um die sogenannten „**komparativen Kostenvorteile**". Selbst wenn einer der beiden betrachteten Staaten beide Güter effizienter herstellen könne, lohne sich eine Spezialisierung beider Länder. Der produktionsmäßig schwächere Staat verlege sich auf die Produktion des Guts, das er vergleichsweise weniger ineffizient herstellen kann. Der produktivere Staat könne alle Ressourcen in das Produkt einbringen, das er ohnehin sehr effizient herzustellen weiß. Die gesamte Produktionsmenge bei vollständiger Arbeitsteilung überstiege die bei jeglicher anderer Aufteilung.
Der überwiegende Teil des Welthandels findet heute aber zwischen ähnlich gut entwickelten Volkswirtschaften statt, was mit Kostenvorteilen kaum zu erklären ist. Einen Ansatz liefert hier die Theorie des **intraindustriellen Handels**. Von ausgeprägtem intraindustriellen Handel spricht man, wenn ein Staat in vielen Gütergruppen ähnlich viel aus- wie einführt. Gründe für intraindustriellen Handel sind u. a. hohe Nachfrage nach bestimmten Gütern aufgrund hoher Einkommen und ähnliche Vorlieben aufgrund der kulturellen Nähe bzw. durch (kleinere) Produktvarianten.

Theorien internationaler Arbeitsteilung und internationalen Handels
(Basiskonzept: Ordnungen und Systeme)
M 13, M 15, M 17

5.2 Deutschland im internationalen Standortwettbewerb

5.2.1 Wie behauptet sich Deutschland als Wirtschaftsstandort international?

E Leiten Sie aus Carla Bleikers Darstellung mögliche problematische Zukunftsaussichten für Deutschland als internationalem Wirtschaftsstandort ab (M 1).

M 1 ● Digitalisierung: Deutschland muss dringend aufholen

Deutschland ist eines der reichsten Länder der Erde. Die Bundesrepublik ist bekannt als […] Wiege hoch angesehener Unternehmen wie Siemens, Lufthansa und VW (auch wenn der Ruf der Autobauer seit dem Dieselskandal gelitten hat). Da scheint es schwer vorstellbar, dass es immer noch Ecken des Landes gibt, in denen Anwohner und Firmen vom Internet und jeglichen Handynetzen abgeschnitten sind. Aber genauso ist es. […]
Von zuhause arbeiten und trotzdem mit der Firma in Kontakt stehen, ist für viele Menschen somit keine Option. Das Arbeiten von unterwegs gestaltet sich in weiten Teilen Deutschlands ebenfalls schwierig. Wer schon mal versucht hat, aus einem Intercity der Deutschen Bahn (DB) auf den Firmenserver in der Cloud zuzugreifen, weiß, wie langsam das Internet im Zug ist, und wie häufig die Verbindung komplett abbricht. Schon das Absenden einer einfachen Whatsapp-Nachricht kann zur frustrierenden Mammutaufgabe werden. […]
Die ungenügende Netzabdeckung in Deutschland bleibt auch bei Firmen aus dem Ausland nicht unbemerkt. Eine Studie der Unternehmensberatung Ernst & Young (EY) von Juni 2018 zeigt, dass zwar die Zahl der Investitionsprojekte ausländischer Firmen in Deutschland 2017 gestiegen ist. Gleichzeitig geht aus der Studie aber auch hervor, dass die ungenügende Breitbandabdeckung bemängelt wird. Nur 66 Prozent der 505 weltweit befragten Manager bewerteten die Telekommunikationsinfrastruktur in Deutschland positiv.

Carla Bleiker, in: https://p.dw.com/p/38GEw, 24.11.2018

Lange Wartezeiten durch langsames Internet?!

M 2 Deutschland im internationalen Standortranking

Das Weltwirtschaftsforum, eine 1972 gegründete Stiftung, für die Wirtschaftswissenschaftler und Journalisten arbeiten, gibt alle zwei Jahre den „Global Competitiveness Report" heraus. Darin wird die Standortqualität von Volkswirtschaften beurteilt und es wird eine Rangfolge der Standortqualität erstellt.

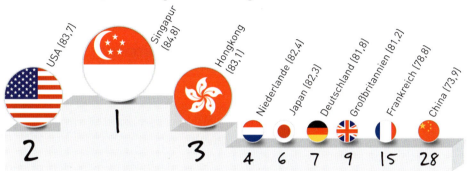

Indexzahlen von 0 bis 100 (= Höchstwert)
Klaus Schwab, The Global Competitiveness Report 2019, Hg. vom World Economic Forum, Genf 2019, S. xii

M 3 Standortfaktoren

	Harte Standortfaktoren	Weiche Standortfaktoren
Beschaffung	• Nähe zu Rohstoffmärkten • Nähe zu Zulieferern • Zugang zum Kapitalmarkt • staatliche Subventionen • Einfuhrzölle/-beschränkungen • ...	
Produktion	• Klima und Geologie • Arbeitskräfte: Lohnniveau, Qualifikationsniveau • Grundstückspreise/Mietkosten • Abfallentsorgung, Umweltschutzauflagen • Verfügbarkeit von Gebäuden und Maschinen • Zugang zum Kapitalmarkt • staatliche Subventionen ...	• Wertvorstellungen • wohlfahrtsstaatliche Absicherung der Arbeitnehmerinnen • Nähe zu Forschungs- und Entwicklungseinrichtungen • personenbezogene Faktoren (Bildungs-, Kultur-, Wohnraum-, Medizin-, Erholungs-, Freizeitangebote, Umweltqualität) ...
Vertrieb	• Nähe zu Absatzmärkten • Größe der Absatzmärkte • Zahl der Wettbewerber am Markt • Kaufkraft an nahen Absatzmärkten • ...	
Übergreifend	Energiepreise, Infrastruktur (Verkehrsanbindung, Kommunikationsnetz und -kosten...), Steuern und Abgaben	politische Stabilität, Rechtsstaatlichkeit/Rechtssicherheit, Kooperationsbereitschaft der Verwaltung, Beziehungsgeflecht in der (erweiterten) Wirtschaftsregion, Innovationsfreundlichkeit, Wirtschaftsklima

Nach: Dietmar Vahs, Jan Schäfer-Kunz, Einführung in die Betriebswirtschaftslehre, München 2015, S. 113 (verändert, ergänzt)

M 4 Welche Stärken und Schwächen hat der Wirtschaftsstandort Deutschland?

a) Studienergebnisse zur internationalen Wettbewerbsfähigkeit

Im sog. „Global Competitiveness Index 4.0" (GCI) werden durch das Weltwirtschaftsforum insgesamt 98 Standortfaktoren bepunktet, die in 12 Säulen zusammengefasst werden. Der Maximalwert einer Säule liegt bei 100; aus dem Durchschnitt der Säulenwerte ergibt sich der GCI-Gesamtwert (vgl. M 2).

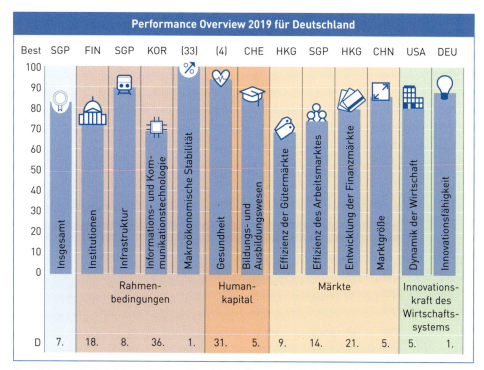

Klaus Schwab, The Global Competitiveness Report 2018, Hg. vom World Economic Forum, Genf 2019, S. 238

b) Keine Standortschwächen Deutschlands?

Gut steht es hierzulande [laut der Studie des World Economic Forum] um die Fachkenntnisse der Beschäftigten. Das beginne schon mit dem kritischen Denken in der Schule und setze sich in der dualen Berufsausbildung oder in stetigen Weiterbildungen fort.

Allein in der Digitalisierung hinke Deutschland hinterher. Sowohl bei der Breitbandinfrastruktur als auch den IT-Fertigkeiten rangiert die Bundesrepublik unter „ferner liefen".

Doch das kann nach Ansicht der WEF-Forscher das Gesamtbild nicht signifikant schmälern. Auch nicht, dass Deutschland weder in der Elektromobilität noch bei digitalen Konzernen in der Welt vorn mitspielt.

„Digitale Innovationen sind nur eine Art der Innovationen", sagt Silja Baller, die am 671 Seiten umfassenden Report mitgearbeitet hat. „Außerdem sind in Deutschland die Grundvoraussetzungen für Innovationen gegeben", begründet Baller, warum Deutschland in diesem Jahr mit 88 von 100 möglichen Punkten globaler Innovationschampion geworden ist. Das ist auch insofern bemerkenswert, als 103 Länder einen Innovationswert von unter 50 aufweisen. [...]

Holger Zschäpitz, Deutschland ist weltweit das innovativste Land, in: www.welt.de, 17.10.2018

M 5 • Wer trägt die wirtschaftlichen Innovationen in Deutschland?

Was in der Bundesrepublik hervorsticht, ist [...] die hohe Bedeutung des größeren Mittelstands, also der Unternehmen mit 250 bis 3.000 Mitarbeitern. Und in dieser Kategorie gibt es ungewöhnlich viele international sehr erfolgreiche Firmen, die sich auf Marktnischen spezialisiert haben: Hidden Champions. Der Begriff wurde vom Wirtschaftsberater Hermann Simon definiert:

1. Das Unternehmen agiert in einem oft eng abgegrenzten Marktsegment und zählt in der jeweiligen Branche global zu den Top Drei oder ist führend auf dem Heimatkontinent.
2. Ein jährlicher Umsatz von 3 Milliarden Euro wird üblicherweise nicht dauerhaft überschritten.
3. Das Unternehmen ist in Fachkreisen bekannt, aber kaum in der Öffentlichkeit. [...]

In vielen Aspekten sind diese Unternehmen typisch mittelständisch: Sie sind meist inhabergeführt und nicht börsennotiert, obwohl sie weltweit agieren und Milliardenumsätze erreichen können. Und sie wachsen üblicherweise organisch und stetig, nicht durch kreditfinanzierte Zukäufe. [...] Sie weisen eine geringe Mitarbeiterfluktuation auf und auch die Führungskräfte bleiben im Durchschnitt etwa dreimal so lange im Unternehmen wie in börsennotierten Großunternehmen.

Durch ihre hohe Spezialisierung, ständige Innovationen und starke Kundenorientierung können Hidden Champions – überwiegend Industrieunternehmen – die Massenproduzenten mit günstigeren Produktionskosten auf Abstand halten. [...]

Dass die heimlichen Weltmarktführer aus Deutschland trotz ihres Erfolgs in der Öffentlichkeit weitgehend unbekannt sind, liegt auch an der Rolle, die sie in den globalen Lieferketten einnehmen: Viele Hidden Champions sind im Maschinenbau, der Automobilzulieferung und in industriellen Dienstleistungen zu Hause. Ihre Produkte und Dienste richten sich also nicht an die Endkonsumenten, sondern an die Industrie.

Klaus-Heiner Röhl, Christian Rusche, Hidden Champions: Die Starken aus der zweiten Reihe, www.iwd.de, 25.03.2019

Aufgaben

1. Analysieren Sie die Statistik des World Economic Forum zum Wirtschaftsstandort Deutschland (M 4).
2. Arbeiten Sie zentrale Stärken und Schwächen Deutschlands als Wirtschaftsstandort heraus (M 1, M 4).
3. Erläutern Sie die Bedeutung der „Hidden Champions" für den Wirtschaftsstandort Deutschland (M 5).
4. Beurteilen Sie die Einstufung Deutschlands in das Standortranking des Weltwirtschaftsforums.

H zu Aufgabe 1
Benennen Sie zentrale Standortfaktoren für die Bundesrepublik, die sie ökonomisch positiv von anderen Staaten abheben (M 3).

M zu Aufgabe 2
Formulieren Sie Ihre Ergebnisse als kurze Ansprache des Bundeswirtschaftsministers auf einer internationalen Investorenkonferenz.

5.2.2 Qualität des Standorts Deutschland erhalten durch Industriepolitik?

Nationale Industriestrategie 2030
Das Bundeswirtschaftsministerium veröffentlichte im Februar 2019 seine „Nationale Industriestrategie 2030", in der es die seiner Auffassung nach neue Rolle des Staates in der globalisierten Wirtschaft umreißt.

- Die Wirtschaftsminister Altmaier und Le Maire beabsichtigen, dem Staat eine geänderte Rolle angesichts der globalisierten Wirtschaft zuzuweisen (M 6). Umreißen Sie diese (neue) Rolle.
- Positionieren Sie sich anschließend zu der Idee einer europäischen bzw. einer nationalen Industriestrategie.

M 6 ● Für eine neue Industriepolitik

Bundeswirtschaftsminister Altmaier hat [...] mit seinem französischen Amtskollegen Le Maire [...] wirtschaftspolitische Themen, insbesondere zur Zukunft einer europäischen Industriepolitik erörtert. [...]
Minister Altmaier: „Minister Le Maire und ich haben heute gemeinsam ein Manifest für die Industriepolitik beschlossen. Denn wir brauchen eine europäische Industriestrategie, damit wir unsere Industrie für den harten globalen Wettbewerb zukunftsfähig machen können [...]. Zentral ist die gezielte Förderung von Schlüsselinnovationen, die Schaffung der richtigen Rahmenbedingungen etwa im Wettbewerbsrecht und – wo erforderlich – auch der Schutz unserer Schlüsselindustrien. Dabei geht es auch um ganz konkrete Kooperationen: Nach der Mikroelektronik wollen wir jetzt auch ein europäisches Konsortium für die Batteriezellfertigung unterstützen und auf den Weg bringen. [...] Batteriezellen werden in Zukunft einen großen Anteil der Wertschöpfung in der Automobilindustrie darstellen – daran müssen wir unbedingt teilhaben." [...]
Die Idee, die deutsche und europäische Wettbewerbsfähigkeit mittels der Förderung von Schlüsseltechnologien und ganzer Wertschöpfungsketten zu stärken, liegt auch dem Entwurf einer Nationalen Industriestrategie 2030 zugrunde, den Altmaier kürzlich vorgestellt hat.

Bundesministerium für Wirtschaft und Energie, Pressemitteilung, www.bmwi.de, 19.02.2019

M 7 ● Wie dynamisch entwickeln sich Volkswirtschaften?

	Wirtschaftliche Entwicklungsdynamik ausgewählter Volkswirtschaften						
	Gesamt	**Staat** (z. B. effiziente Regierung, Korruptionskontrolle, Arbeitsmarktregulierung)	**Infrastruktur** (z. B. Verkehrswege, Breitbandinternet)	**Wissen** (z. B. Patentanmeldungen, Forschungspersonal, Fachkräftenachwuchs)	**Ressourcen** (z. B. Rohstoffe, Kreditverfügbarkeit, Energieeffizienz)	**Kosten** (z. B. Arbeitskosten, Zinsen, Exportkosten, Steuern)	**Markt** (z. B. Bevölkerungswachstum, Kundenorientierung)
Deutschland	100,8	99,8	130,2	116,9	98,4	82,9	77,9
USA	84,9	70,9	85,4	84,0	101,2	92,7	89,5
Japan	97,7	125,1	104,6	79,7	79,8	139,7	102,3
China	127,2	113,4	120,3	123,1	140,0	109,1	154,9

Zeitraum: 2000–2015; Indexzahlen von 0 bis 200 (= Höchstwert)

Neben der gegenwärtigen Qualität der industriellen Standortbedingungen spielt auch die Veränderung der einzelnen Faktoren eine große Rolle bei Investitionsentscheidungen [von Unternehmen]. Die Veränderung der Standortqualität [kann] mit der Dynamikversion des Standortindexes [des Instituts der deutschen Wirtschaft] gemessen [werden]. Dabei kommt es für die Schwellenländer darauf an, durch Verbesserungen der Standortbedingungen den Abstand zu den etablierten Industrienationen zu verringern. [...]
Für Länder, die zum Ausgangszeitpunkt eine sehr gute Bewertung haben, ist es schwieriger, sich weiter zu verbessern, als für Länder, die von einem sehr niedrigen Niveau starten.

Cornelius Bähr, Agnes Millack, IW-Standortindex, IW-Trends 45 (2018) Nr. 1, S. 13, 15, 19

Institut der deutschen Wirtschaft Köln e. V.
Wirtschaftsforschungsinstitut, das von Arbeitgeberverbänden und Unternehmen finanziert wird

M 8 ● Für eine starke Industriepolitik in Europa!

[Es wird] Zeit, damit aufzuhören, jede Industriepolitik reflexartig zu verdammen. [...] Da erringen Unternehmen einen Vorsprung, den sie sich nicht mehr nehmen lassen – in dem sie kleine Rivalen aufkaufen. Oder die spezifische Technologie eines Produktes begünstigt, dass ein Monopol entsteht. Gerade in den neuen Digitalbranchen dominieren einzelne Firmen wie Facebook, Microsoft oder Google. Da lohnt sich das Nachdenken, was der Staat tun kann, um mit europäischen Unternehmen etwas dagegenzusetzen. [...]
Was Europa nicht wagt, tun andere im gigantischen Maßstab. Die zweitgrößte Volkswirtschaft der Welt steckt viel Geld in den Plan „China 2025". Mit reichlich Hilfe sollen heimische Firmen Weltmarktführer werden, von der Elektromobilität über künstliche Intelligenz bis zu neuen Werkstoffen und Medizin. Wer dann noch weiß, dass ausländische Firmen in China nicht so frei agieren dürfen, wie es Chinas Unternehmen in Europa beanspruchen, der versteht: Abwarten ist keine Lösung. [...]
[Es gibt] durchaus Erfolgsbeispiele staatlicher Industriepolitik. Dazu gehört, [...] dass Südkoreas Regierung gegen den Rat der Weltbank nationale Champions bei Stahl, Werften oder Elektro förderte, woraus Weltkonzerne wie Samsung entstanden.
Für Europa gilt es nun, das Werkzeug zu entwickeln, das in die Zeit passt. Es bleibt ja richtig, Forschung und Entwicklung zu fördern. Aber warum nicht besonders gezielt in bestimmten Bereichen, die man sich trauen darf, Schlüsselbranchen zu nennen? [E]s liegt doch auf der Hand, dass bestimmte Bereiche wichtig werden. Soll Deutschland beim Mobilfunkstandard 5G wirklich vom chinesischen Netzwerkausrüster Huawei abhängig sein? Sollen nur asiatische Firmen Batteriezellen bauen, die für Elektroautos so zentral sind?
[Man kann auch] überlegen [...], ob sich deutsche Unternehmen in einer Branche mit außereuropäischen Fast-Monopolisten eine Weile schützen lassen, bis sie stark genug für den Wettbewerb sind.

Alexander Hagelüken, Abwarten ist keine Lösung, in: Süddeutsche Zeitung, 28.02.2019

Unternehmenspolitik – bekannte Fälle
In den Jahren 2015/16 übernahm der chinesische Midea-Konzern (Klima- und Heizanlagen, Haushaltsgeräte) 95 % der Aktien der deutschen Kuka AG, die u. a. führend in der Entwicklung von Robotertechnologie z. B. für die Autobranche ist.
2017 gaben der deutsche Weltkonzern Siemens und das große französische Bahnunternehmen Alstom bekannt, dass sie eine Fusion von Alstom mit der Transportsparte Siemens Mobility anstreben. Der Unternehmenszusammenschluss wurde 2019 von der Europäischen Kommission wegen eines Verstoßes gegen die EU-Wettbewerbsregeln untersagt.

🄷 zu Aufgabe 2
Berücksichtigen Sie das Verhältnis von Markt und Staat, wie es in Hagelükens Vorschlag aufscheint.

🄼 zu Aufgabe 4
Formulieren Sie zunächst eine Gegenposition zu der Hagelükens aus Sicht eines Vertreters der möglichst freien Marktwirtschaft.

Aufgaben

1. Vergleichen Sie die Entwicklungsdynamik der deutschen Volkswirtschaft bis 2015 mit der der anderen angegebenen Staaten (M 7).
2. Fassen Sie Hagelükens Position zur einer neuen Industriepolitik zusammen (M 8).
3. Arbeiten Sie die Prinzipien Sozialer Marktwirtschaft bzw. die Aufgaben des Staates in der Sozialen Marktwirtschaft heraus, auf die sich Hagelüken bezieht (M 8).
4. Erörtern Sie Alexander Hagelükens Forderungen (M 8).

5.2.3 Sollte Wettbewerbs-Globalisierung überwunden werden?

E Interpretieren Sie das Bild der globalisierungskritischen Vereinigung Attac: Welche Globalisierungsfolgen und welche Ursachen dafür scheinen darin auf (M 9)?

M 9 ● Ein Bild von Globalisierung

Abbildung aus einer Broschüre der globalisierungskritischen Vereinigung Attac

ATTAC, Abschied vom Wachstumszwang – Aufbruch zum „guten Leben", in: www.jenseits-des-wachstums.de, Abruf am 16.01.2019

zu **Globalisierungsgewinnern/-verlierern**
→ vgl. auch Kap. 7

M 10 ● Globalisierungsgewinner

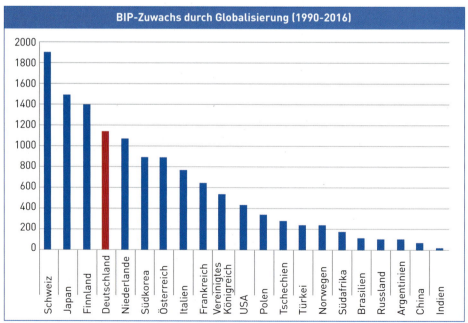

BIP-Zuwachs durch Globalisierung (1990-2016)

Schweiz, Japan, Finnland, Deutschland, Niederlande, Südkorea, Österreich, Italien, Frankreich, Vereinigtes Königreich, USA, Polen, Tschechien, Türkei, Norwegen, Südafrika, Brasilien, Russland, Argentinien, China, Indien

Durchschnittlicher jährlicher realer BIP-Zuwachs je Einwohner durch die zunehmende Globalisierung 1990 und 2016, Angaben in Euro (real = in Preisen des Jahres 2000)

Bertelsmann Stiftung, Zukunft Soziale Marktwirtschaft, Policy Brief #2018/02: Globalisierungsreport 2018: Wer profitiert am stärksten von der Globalisierung? S. 5

M 11 • Globalisierte Wachstumspolitik abschaffen! Die Position Attacs

Offensichtlich setzen Klimakrise, Dezimierung der Artenvielfalt, Bodenerosion und begrenzte natürliche Ressourcen dem stofflichen Wachstum äußere Grenzen. [...]

Sozial-ökologische Transformation
Industrialisierte Gesellschaften werden mit deutlich weniger Produkten und energieintensiven Dienstleistungen auskommen müssen als bisher. Damit stellen wir die ureigene Grundlage des Kapitalismus infrage, die bedeutet, dass nur investiert wird, wenn erwartet werden kann, dass das Kapital als eine größere Summe zurückkehrt. Dies gelingt nur, wenn nicht nur mehr produziert, sondern auch mehr verkauft wird. Dabei müssen die Menschen mitspielen und sich dem Grundsatz des Immer-mehr, Immer-größer, Immer-schneller auch persönlich unterwerfen. Bedürfnisse, menschliche Arbeit und Naturverbrauch werden auf diesen abstrakten Zweck hin ausgerichtet. In einer Postwachstumsperspektive muss dagegen die Frage gestellt werden, welche konkreten Produkte und Dienstleistungen die Bedürfnisse der Menschen mit einem möglichst geringen Naturverbrauch befriedigen. [...]

Deglobalisierung
Der Gütertransport in globalen Wertschöpfungsketten trägt maßgeblich zum Verbrauch fossiler Energieträger bei. Die Bekämpfung des Klimawandels erfordert daher eine sanfte Deglobalisierung und die Abkehr vom unregulierten Freihandel. Die globalen Finanzmärkte müssen demokratisch kontrolliert und deutlich geschrumpft werden. Herstellung, Vertrieb und Konsum regionaler und lokaler Produkte sind deutlich zu stärken. Dabei gilt es, der damit einhergehenden Gefahr einer reaktionären Abschottung, Traditionalisierung und Heimattümelei zu entgehen. [...]

Technologien und Verfahren ohne Gebrauchswert
Zahlreiche ökonomische Abläufe finden nur deshalb statt, weil so die Gewinne der Unternehmen steigen. Dazu gehört ein Großteil des Verkehrs und globaler Handelsströme, die Billigproduktion auf möglichst raschen Verschleiß, fast die gesamte Verpackungs- und Müllindustrie, die Werbung und manches andere. All das kann ersatzlos entfallen. [...]

Globale Gerechtigkeit
Die politischen Auseinandersetzungen um eine gerechte Sozialpolitik unter dem Vorzeichen knapper werdender Ressourcen können nur im Blick auf die globale Situation geführt werden. Soziale Gerechtigkeit kann nur im Weltmaßstab gedacht und verwirklicht werden. Sie muss die berechtigten Lebensinteressen der Menschen in den arm gemachten Ländern des Südens anerkennen. Dazu gehört zuallererst und sofort die Herstellung eines sicheren Zugangs zu Nahrungsmitteln [...], dies betrifft u. a. die dafür erforderlichen Landnutzungsrechte.

ATTAC, Abschied vom Wachstumszwang – Aufbruch zum „guten Leben", www.jenseits-des-wachstums.de, Abruf am 05.09.2019

ATTAC
1998 in Frankreich gegründete, globalisierungskritische Nichtregierungsorganisation, die sich ursprünglich rein für die Einführung einer Steuer auf Finanztransaktionen zugunsten der Bürgerinnen aussprach. Zurzeit (mit Schwerpunkt Europa) in über 50 Ländern aktiv; ca. 90.000 Mitglieder; basisdemokratische, dezentrale Organisationsform mit Entscheidungen nach dem Konsensprinzip.

Postwachstum (sökonomie)
(auch: degrowth) Leitvorstellung einer funktionierenden Wirtschaft ohne Wirtschaftswachstum, u. a. mit den Vorstellungen verringerten, nachhaltigen Konsums (Suffizienz), stärkerer Selbstversorgung (Subsistenz) und Aufwertung statt Ersatz von Gegenständen

M zu Aufgabe 2
Formulieren Sie die Aspekte in Form einer kurzen Rede im Rahmen einer Fridays for Future-Demonstration.

H zu Aufgabe 4
Reflektieren Sie in diesem Zusammenhang, welche Änderungen Ihrer Lebensweise (Konsum, Mobilität...) notwendig wären, um die Forderungen von Attac umzusetzen.

Aufgaben

1. Analysieren Sie, welche Staaten – gemessen am Zuwachs des BIP - ökonomisch am stärksten bzw. am wenigsten stark von der Globalisierung profitiert haben (M 10).
2. Fassen Sie die Position Attacs zur wachstumsorientierten ökonomischen Globalisierung zusammen (M 11).
3. Erläutern Sie die von Attac konstatierten produktions- und konsumbedingten Umweltprobleme (M 11).
4. a) Formulieren Sie eine Gegenposition zu den Forderungen Attacs (M 11).
   b) Nehmen Sie persönlich Stellung zu den Forderungen Attacs.

Qualität des Standorts Deutschland im internationalen Wettbewerb
(Basiskonzept: Interaktionen und Entscheidungen)
M 3, M 4

Insgesamt ist die Qualität des Wirtschaftsstandorts Deutschland als sehr hoch einzuschätzen. Das Weltwirtschaftsforum schätzt nicht nur die Marktgröße, das Gesundheits- und auch das Ausbildungswesen als **international mehr als konkurrenzfähig** ein, sondern – etwas überraschend – auch die Infrastruktur, die Geschäftsdynamik und die Innovationsfähigkeit. Bezogen auf die Infrastruktur bestehen aber auch Bedenken, da der Ausbau des Breitbandinternets noch immer nicht sehr dynamisch vorankommt und auch Straßen und Schienenwege teils in einem überholungsbedürftigen Zustand sind.

Neue nationale und europäische Industriepolitik?
(Basiskonzept: Ordnungen und Systeme)
M 7

Abgesehen von politischen Bewältigungsversuchen der Auswirkungen der Weltwirtschaftskrise 2009 (u. a. sog. Konjunkturpakete) und einigen (regionalen) strukturpolitischen Projekten war die deutsche Wirtschaftspolitik in der Regierungszeit Angela Merkels eher von Zurückhaltung des Staates geprägt. Dies ändert sich möglicherweise mit dem Jahr 2019, in dem das Bundeswirtschaftsministerium (teilweise im Verbund mit Frankreich) in seiner „**Nationalen Industriestrategie 2030**" eine deutlich aktivere Rolle des Staates vorsieht. U. a. ist die direkte Förderung von Schlüssel- und Basisinnovationsindustrien geplant (z. B. Batteriezelltechnologie, künstliche Intelligenz) und auch die Möglichkeit, Übernahmen deutscher Firmen aus dem nicht-europäischen Ausland zu verhindern. Teilweise soll der Staat selbst unternehmerisch tätig werden bzw. bisher nicht erlaubte Unternehmenszusammenschlüsse sollen ermöglicht werden.

Diese neue Ausrichtung wurde nicht zuletzt vor dem Hintergrund der Übernahme des deutschen Robotik-Unternehmens Kuka durch einen chinesischen Investor (2016) und das Verbot des Zusammenschlusses der Eisenbahnsparten von Siemens mit dem französischen Unternehmen Alstom (2019) beschlossen.

Kritiker sehen darin einen Bruch mit dem **Wettbewerbs- und dem Marktkonformitätsprinzip der Sozialen Marktwirtschaft**. Befürworter halten u. a. angesichts wahrscheinlicher chinesischer Staatshilfen eine staatliche Unterstützung von Unternehmen und eine Lockerung des Unternehmensrechts für notwendig, wenn sich europäische Firmen auf dem Weltmarkt behaupten wollen.

Soziale und ökologische Probleme durch die „Wettbewerbs-Globalisierung"
(Basiskonzept: Motive und Anreize)
M 10

Ökonomisch profitier(t)en im Wesentlichen die westlichen, insb. die europäischen Staaten von der Globalisierung seit den späten 1980er Jahren. (Wobei allerdings noch nichts über die Verteilung der Globalisierungsgewinne innerhalb dieser Staaten ausgesagt ist.) Neben diesem Umstand, der das ohnehin bereits **extreme Wohlstandsgefälle zwischen dem globalen Norden und Süden noch weiter verstärkt, sind massive ökologische Probleme Folge** des gesteigerten Konsums im Norden und der gesteigerten Produktion. Zwei der drängendsten Probleme sind hier die weltweite Klimaerhitzung und das Artensterben.

Globalisierungskritische Gruppen wie Attac sehen keine Möglichkeit, den bisherigen Lebensstil der westlichen Staaten auf der Nordhalbkugel aufrecht zu erhalten, sondern fordern einen drastischen Rückgang von Produktion und Konsum („**Degrowth**"), den sie ohnehin in weiten Teilen für überflüssig halten. Daher sei auch die kapitalistische Wettbewerbslogik der Produktionsstandorte zu durchbrechen.

Wirtschaftsstandort Deutschland – Stärken und Schwächen

Um die Qualität eines Standorts zu bewerten, berücksichtigt das Institut der deutschen Wirtschaft (IW) [...] diverse Parameter. Den sechs übergeordneten Kategorien Governance, Infrastruktur, Wissen, Ressourcen, Kosten und Markt sind insgesamt mehr als 50 Einzelindikatoren zugeordnet. Alle Werte fließen in einen Index ein, der Mittelwert aller Indikatoren wird auf 100 normiert. Länder mit einem höheren Indexwert als 100 bieten den M+E-Firmen [Metall- und Elektroindustrie] folglich überdurchschnittlich gute Rahmenbedingungen. Die Bundesrepublik belegt im Niveauranking für 2016 unter 44 Ländern den neunten Platz.

Dass es für den Standort Deutschland nicht zu einer noch besseren Platzierung reicht, lässt sich klar an einer Kategorie festmachen: den Kosten. Auch wenn die traditionellen Industrieländer in diesem Bereich generell ihre größte Schwäche haben, sticht das deutsche Abschneiden mit Rang 41 negativ heraus.

Die Platzierung ist vor allem den vergleichsweise hohen Strompreisen für die Industrie sowie den hohen Arbeitskosten zuzuschreiben. Mit den sechsthöchsten Arbeitskosten steht Deutschland deutlich schlechter da als die großen Konkurrenten aus Asien und Nordamerika. Höher als in Deutschland sind diese Kosten nur noch in Belgien, Dänemark, Norwegen, Schweden und der Schweiz.

In der Kategorie Infrastruktur verhelfen vor allem leistungsfähige Logistiksysteme dem Standort Deutschland zum vierten Platz. Die gleiche Position erreicht Deutschland in der Kategorie Markt. Die Verbreitung von Unternehmensclustern [= Ballung aufeinander bezogener, spezialisierter Unternehmen inkl. Zulieferern und Energielieferanten], ein starker Industrie-Dienstleistungsverbund sowie umfangreiche und leistungsfähige Wertschöpfungsketten sind hier entscheidende Pluspunkte.

Unter den Top Ten landet der Standort Deutschland auch in den restlichen Teilbereichen Ressourcen [Platz 6], Wissen [Platz 6] und Governance [Platz 9].

Institut der Deutschen Wirtschaft, Standort Deutschland: Die Kosten sind das Problem, 25.01.2019

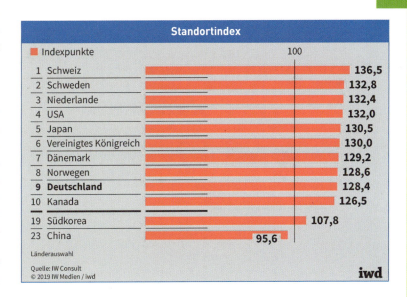

Aufgaben

1. Geben Sie die Standortqualität Deutschlands für die Metall- und Elektroindustrie laut dem Institut der Deutschen Wirtschaft wieder.
2. Erläutern Sie – auch mithilfe einer Theorie der internationalen Arbeitsteilung –, warum der Standort Deutschland trotz vergleichsweise hoher Arbeitskosten und Strompreise attraktiv für viele Industrien ist.
3. Die Arbeitskosten und damit die Löhne in der Industrie in Deutschland sollten sinken oder zumindest nicht weiter steigen. Nehmen Sie Stellung zu dieser Forderung.

Mediencode: 72053-01

Wenn grenzüberschreitend Handel getrieben wird ... – Probleme des Welthandels in drei Fallgeschichten

Fall 1
Das wirtschaftlich aufstrebende Land *Laboristan* verfügt über große und leicht zu erschließende Vorkommen „Seltener Erden" – ein Sammelbegriff für Mineralien, die für die Produktion modernster Elektronikartikel unverzichtbar sind und daher auch von den Herstellern in *Palumbien* und *Westererde* dringend gebraucht werden. Auch *Laboristan* baut inzwischen eine international agierende Elektronikindustrie auf, die vor allem aufgrund der vergleichsweise geringen Lohnkosten international konkurrenzfähig ist. Diese aufstrebende Industrie unterstützt die *laborische* Regierung nun durch folgende Maßnahme: Während die Gewinnung der „Seltenen Erden" in *Laboristan* weiter ausgebaut wird, wird der Export dieser Mineralien durch zwei handelspolitische Maßnahmen gedrosselt: Es wird eine Höchstgrenze für auszuführende Rohstoffe (nach Gewicht) festgesetzt und die Ausfuhr zudem mit erheblichen Zöllen belegt.

Fall 2
Das agrarisch geprägte Land *Laktanien* verfügte über viele Jahrhunderte über eine gut funktionierende Viehwirtschaft, die auf der Grundlage kleinbäuerlicher Strukturen die Versorgung der Menschen mit Milch und Milchprodukten zu angemessenen Preisen über regionale Märkte sicherstellte. Dies hat sich, seit die Regierung *Laktaniens* die Einfuhr agrarischer Güter vollkommen frei gab, massiv geändert: Der Großteil der Kleinbauern musste seinen Betrieb einstellen, da er mit den günstigen Preisen ausländischer Konkurrenz nicht mithalten konnte. Diese besteht vor allem aus Großfabrikanten aus *Westererde*, die den Markt *Laktaniens* mit Milchpulver gleichsam „fluten". Um den heimischen Markt nicht mit Angebot zu „überfüllen", zahlt die Regierung *Westererde* Prämien an Großbetriebe, die ihre Produkte exportieren, weshalb diese ihr Milchpulver trotz der Transportkosten sehr günstig in *Laktanien* anbieten können.

Fall 3
Westererde verfügte historisch über vielfältige Kohlevorkommen, die im Zuge der Industrialisierung jedoch inzwischen weitgehend erschöpft sind; die Erschließung der verbleibenden Vorkommen wird immer aufwändiger und damit kostenintensiver, jedoch sind sehr viele Arbeitsplätze – und damit auch Familien, Städte und Gemeinden – direkt oder indirekt von der Fortsetzung dieser Förderung abhängig.
Umso größer ist die Angst vor der kostengünstigen Konkurrenz aus *Karbonien*, das über leicht zugängliche, jedoch noch längst nicht erschöpfte Kohlevorkommen verfügt. Mit Verweis auf die geringeren Schadstoffemissionen *westererdischer* Kohle erlässt die dortige Regierung ein Gesetz, das den Verbrauch *karbonischer* Kohle begrenzt und reduziert zugleich die Steuerverpflichtungen der *westererdischen* Kohleförderer.

Welthandel und Welthandelspolitik zwischen Freihandel und Protektionismus

Globalisierung wird in erster Linie als ökonomische Globalisierung verstanden, die vor allem in Form eines intensiven Warenaustausches zwischen unterschiedlichen Volkswirtschaften greifbar wird (vgl. Kap. 5). Dieser Welthandel findet dabei im Rahmen einer – immer wieder auch umstrittenen – Welthandelspolitik statt.

Angesichts ungleicher Ausgangsbedingungen stellt sich die Frage, mit welchen Regeln, Prinzipien und Instrumenten der Welthandel „fair" ausgestaltet werden kann. Dabei stehen sich die Leitbilder eines (absoluten) Freihandels und einer Regulierung von Warenim- und -export (Protektionismus) diametral gegenüber (Kap. 6.1.1), die Sie anschließend auf die Analyse der Außenhandelspolitik der Europäischen Union anwenden (Kapitel 6.1.2). Nach einer längeren Phase der globalen Handelsliberalisierung im Sinne des Freihandelsideals, die vor allem im Rahmen der 1995 gegründeten Welthandelsorganisation WTO vorangetrieben wurde (Kap. 6.2.2), prägen derzeit protektionistische Maßnahmen die Welthandelspolitik und stellen die Beteiligten vor immense Herausforderungen. Am Beispiel der Handelspolitik der USA (Kap. 6.2.1) – insbesondere gegenüber China – sowie weiterer aktueller Entwicklungen (Kap. 6.2.3) untersuchen Sie diese Krisenphänomene und werden in die Lage versetzt, handelspolitische Debatten einzuordnen und zu diesen Stellung zu beziehen.

KOMPETENZEN

Am Ende dieses Kapitels sollten Sie Folgendes wissen und können:

... Leitbilder der (europäischen) Außenhandelspolitik (Freihandel und Protektionismus) und deren Instrumente beschreiben.

... nationale und europäische Handelspolitiken hinsichtlich ihrer Instrumente (insbesondere: Handelshemmnisse) und Leitbilder analysieren.

... den institutionellen (Handels- und Entscheidungsregeln) Rahmen der Welthandelspolitik darstellen.

... aktuelle Tendenzen der Welthandelspolitik analysieren und vor diesem Hintergrund Möglichkeiten und Grenzen von Handelsregimen (u.a. WTO, internationale Handelsabkommen) erörtern.

Was wissen und können Sie schon?

1. Formulieren Sie (arbeitsteilig) für jede Fallschilderung (1-3) eine Überschrift, die die dargestellte Herausforderung bzw. Problemstellung „auf den Punkt" bringt.
2. Analysieren Sie „Ihren" Fall – ausgehend von den gewählten Überschriften – anhand der in der Tabelle angegebenen Leitfragen und stellen Sie Ihre Ergebnisse im Kurs vor.

Worin besteht das Problem/bestehen die Probleme?	Für wen ist die Situation problematisch? Wer profitiert?	Was sind die vermutlichen und möglichen Ursachen der Probleme?	Welche handelspolitischen Forderungen können aus dem Problem resultieren?

6.1 Welthandel – ungeregelt oder mit Grenzen?

6.1.1 Wie soll der Welthandel geregelt werden?

E
- Entwickeln Sie anhand der Leitfragen aus M 1 in Grundzügen eine Ihren Wertvorstellungen entsprechende Welthandelsordnung, die Spielregeln für internationalen Handel umfasst.
  Berücksichtigen Sie dabei auch die Fälle des Kapitelauftakts.
- Bereiten Sie in Gruppenarbeit eine übersichtliche (Poster-)Präsentation der von Ihnen favorisierten Welthandelsordnung vor, die Sie im Kurs vorstellen.

M 1 ● **Welche (Spiel-)Regeln braucht der Welthandel? Konfliktpunkte der Welthandelspolitik**

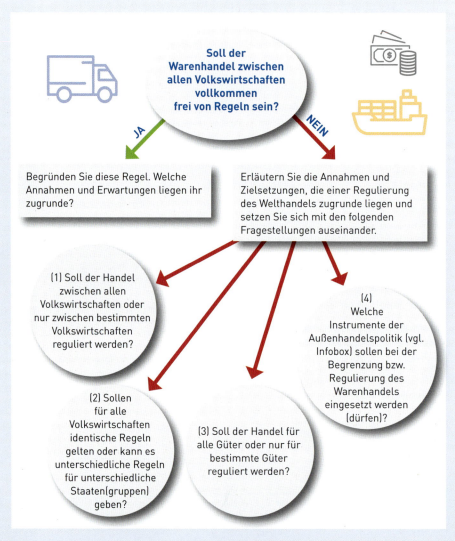

Staatengruppen
Zu unterscheidende Staatengruppen können sein:
- Bereits seit Längerem industrialisierte, reichere Staaten des „globalen Nordens"
- Schwellenländer, die sich am Übergang vom (ärmeren) Entwicklungsland zum Industrieland befinden
- Rohstoffexportierende Länder (v.a. Export von Öl und Gas)
- Arme und ärmste Entwicklungsländer (vgl. Kap. 4)

M 2 • Freihandel vs. Protektionismus: Leitbilder der Außenhandelspolitik

Freihandel geht im Prinzip sehr einfach. Eine Regierung [...] braucht bloß alle Zölle, Qualitätsanforderung[en] und andere Handelsvorschriften abzuschaffen – und schon
5 hat dieses Land für sich Freihandel etabliert. Verbraucher, Unternehmen und öffentliche Institutionen entscheiden dann, welche Waren, Dienstleistungen und Wertpapiere sie von inländischen Anbietern kaufen und
10 welche von ausländischen – je nachdem, wie sie es für sich am besten finden. Daraus ergibt sich dann eine bestimmte Importmenge und eine bestimmte Ausfuhr, in denen sich diese unzähligen Konsum- und
15 Sparwünsche spiegeln. Und wer [...] sollte es eigentlich besser wissen [als die genannten wirtschaftlichen Akteure]? Ökonomen wissen, dass Freihandel [in der Folge] allgemein einen höheren Wohlstand ermöglicht.
20 [...]
Gleichzeitig ist Protektionismus keineswegs verschwunden [...]. Tatsächlich gibt es auch in der Wirtschaftslehre neben dem großen Argument für freien Handel von
25 Waren und Dienstleistungen eine Reihe ökonomischer Gründe, die Protektionismus nicht nur erklären, sondern aus denen heraus auch klar wird, warum sich Regierungen teils dafür entscheiden. Hier kommt
30 eine kleine Übersicht:
1. Verteilungskonflikte und Ungleichheit
Unter dem Strich [...] erhöhen Freihandel und Globalisierung den allgemeinen Wohlstand. Sie machen hingegen nicht automa-
35 tisch auch jeden Einzelnen reicher. Es gibt Menschen, die arbeitslos werden und keine neue Stelle finden, wenn ihre Unternehmen Arbeitsplätze ins Ausland verlagern oder vom Markt verschwinden, weil sie im Wett-
40 bewerb mit ausländischen Konkurrenten existentiell unterliegen. Werden diese Menschen nicht aus dem Wohlstands-Zuwachs insgesamt „entschädigt", ergeht es ihnen wirklich schlechter. Je nachdem, um wie
45 viele Betroffene es geht und wie gut sie sich organisieren (können), um für ihre Interessen zu streiten, kann es politisch opportun [angebracht] sein, so eine Umverteilung durch Außenhandel nicht zuzulassen oder zumindest zu bekämpfen. [...]
50
2. Alte Industrien und Strukturwandel
Handel erschließt vielen Unternehmen und Branchen neue Absatzmärkte, steigert deren Profitabilität und schafft Arbeitsplätze. Andere hingegen schrumpfen, weil sie ver-
55 gleichsweise weniger mithalten können mit Anbietern aus dem Ausland. Wieder je nachdem, um wie viele Menschen es geht, kann eine Regierung entscheiden, sie schützen zu wollen oder den Strukturwandel zu-
60 mindest zu bremsen. Die Stahlbranche ist ein aktuelles Beispiel: Regelmäßig beschweren sich Entscheider in Brüssel, Berlin und Washington in Peking über die hohe Produktion und niedrigen Preise chinesi-
65 scher Hersteller. Der (berechtigte) Vorwurf lautet auf Dumping. Sie haben dabei die durch die günstige Konkurrenz aus Fernost bedrohten Arbeitsplätze im Blick und gewichten dies offenkundig höher als die Vor-
70 teile der Verbraucher durch die niedrigeren Preise. [...]
3. Aufstrebende Firmen schützen
Eine neue Zukunftsbranche entsteht nicht von jetzt auf gleich. Häufig fangen einige
75 (kleine) Firmen an, probieren aus, müssen über Versuch und Irrtum erst lernen, wie ihre Produkte am besten ankommen und wie sie diese so günstig wie möglich herstellen. Das braucht Zeit und in der Wirt-
80 schaftslehre gibt es darum das Argument, sie währenddessen vor vielleicht längst etablierten großen ausländischen Konzernen und möglichen Wettbewerbern zu schützen („Infant Industry Protection"). Die Empfeh-
85 lung richtet sich immer wieder zumal an aufstrebende Volkswirtschaften und Entwicklungsländer. Ist die heimische neue Branche dann einmal gewachsen, hat sie vielleicht nicht nur „gelernt", wie sie am
90 besten produziert, sondern realisiert auch noch Skalenerträge und wird hierdurch umso wettbewerbsfähiger auf dem Weltmarkt.

Zur Annahme, Freihandel ermögliche einen höheren Wohlstand, vgl. die Ökonomen **Adam Smith** und **David Ricardo** → vgl. Kap. 5.1.4

Erklärfilm zum Protektionismus

Mediencode: 72053-10

Skalenerträge
Kostensenkende Effekte in größeren bzw. wachsenden Unternehmen: Bei einer Produktionsausweitung muss ein Unternehmen in der Regel den Faktoreinsatz (Kapital, Boden, Arbeit) nicht proportional steigern und kann somit die Stückkosten reduzieren (steigende Skalenerträge).

Erklärfilm Freihandel und Freihandelsabkommen

Mediencode: 72053-11

4. Sicherheitsinteressen

Neben wirtschaftlichen Erwägungen spielen natürlich auch geostrategische politische Überlegungen in die Handelspolitik. Es gibt Branchen, die nur mit Erlaubnis und streng kontrolliert ihre Erzeugnisse ins Ausland liefern dürfen, zum Beispiel Rüstungskonzerne. Gleiches gilt für manche Schlüsseltechnik, die auch militärisch genutzt werden kann. Hinzu kommen Güter, bei denen viele Länder schlicht nicht vom Ausland abhängig und damit theoretisch erpressbar sein wollen – Nahrungsmittel sind ein prominentes Beispiel [...].

5. Große wirtschaftsstarke Länder sind anders

Die Argumente für Freihandel sind gerade für kleine Länder gewichtig, deren Wirtschaftskraft und Produktion faktisch keinen Einfluss auf die Preise auf den Weltmärkten haben. Für große, wirtschaftsstarke Länder [...] ergibt sich aufgrund ihrer Größe zumindest ein Anreiz zu versuchen, durch Protektionismus den eigenen Wohlstand zu vergrößern – auf Kosten des Auslands. Die Idee verbirgt sich in der Wirtschaftslehre [hinter] folgende[m] Gedanken: Ein großes Land hat womöglich so großen Einfluss, dass es etwa durch einen Einfuhrzoll das Preisverhältnis auf den Weltmärkten zu seinen Gunsten verbessern könnte, seine Wohlfahrt also mehrt, während die des Auslands sinkt.

Alexander Armbruster, Fünf Gründe fürs Abschotten, www.faz.net.de, 16.01.2017

Info

Instrumente der (regulierenden) Außenhandelspolitik

Zölle – die sogenannten **tarifären Handelshemmnisse** – werden ähnlich wie Steuern auf importierte oder – seltener – exportierte Waren erhoben. Sie verteuern somit die betroffenen Produkte für den Konsumenten, der sich dann möglicherweise für ein anderes Produkt, das eine Regierung bevorzugen will, entscheidet (Schutzzoll). Zugleich lassen sich mit Zöllen Staatseinnahmen in zum Teil nicht unerheblicher Höhe generieren (Finanzzoll).

Nicht-tarifäre Handelshemmnisse sind vielfältiger und nicht immer eindeutig von anderen wirtschaftspolitischen Zielsetzungen (Verbraucherschutz, Standortpolitik) zu unterscheiden.

Sie umfassen
- Einfuhrbeschränkungen durch **Einfuhrkontingente** (Mengenbeschränkungen für bestimmte Waren oder auf alle Waren aus bestimmten Ländern) oder aufgrund von **Produktstandards** (wie technische Normen, Verbraucher- und Umweltschutz).
- **Subventionen** für einheimische Produzenten, wodurch diese einen Preisvorteil im globalen Wettbewerb mit anderen Anbietern erlangen können.
- Öffentliche Auftragsvergabe an einheimische Unternehmen.

Autorentext

Aufgaben

H zu Aufgabe 1
Berücksichtigen Sie dabei die Effizienz und Fairness (Gerechtigkeit) der Regeln für zwischenstaatlichen Handel.

① a) Stellen Sie die außenhandelspolitischen Leitbilder Freihandel und Protektionismus hinsichtlich ihrer Grundannahmen, übergeordneten Zielsetzungen sowie ihrer wesentlichen Instrumente dar (M 2). Stellen Sie beide Leitbilder dazu tabellarisch gegenüber.

b) Vergleichen und diskutieren Sie vor diesem Hintergrund Ihre Vorschläge einer Welthandelsordnung (M 1).

② Entwickeln Sie ein gemeinsames Konzept einer Welthandelsordnung, das die Vorteile der vorliegenden Ideen vereint und ihre Nachteile minimiert (M 2).

6.1.2 Freihandel oder Protektionismus? Die Außenhandelspolitik der Europäischen Union

E
- Analysieren Sie anhand der Grafik (M 3) die Handelsbeziehungen der Europäischen Union zu entwickelten (Japan) und sich entwickelnden Ökonomien (Ghana).
- Leiten Sie daraus mögliche handelspolitische Interessen und Konzeptionen der Europäischen Union ab.

M 3 ● Wie ist die EU in den Welthandel eingebunden?

Die folgende Grafik zeigt exemplarisch die Volumina (Geldwert) und Produkte des Warenhandels der EU mit Japan und Ghana im Jahr 2018:

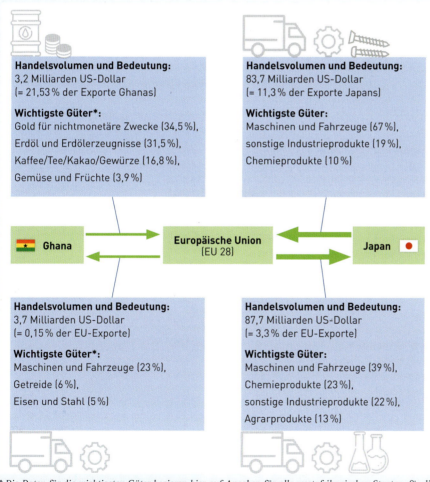

Handelsvolumen und Bedeutung:
3,2 Milliarden US-Dollar
(= 21,53 % der Exporte Ghanas)

Wichtigste Güter*:
Gold für nichtmonetäre Zwecke (34,5 %),
Erdöl und Erdölerzeugnisse (31,5 %),
Kaffee/Tee/Kakao/Gewürze (16,8 %),
Gemüse und Früchte (3,9 %)

Handelsvolumen und Bedeutung:
83,7 Milliarden US-Dollar
(= 11,3 % der Exporte Japans)

Wichtigste Güter:
Maschinen und Fahrzeuge (67 %),
sonstige Industrieprodukte (19 %),
Chemieprodukte (10 %)

Ghana → Europäische Union (EU 28) ← Japan

Handelsvolumen und Bedeutung:
3,7 Milliarden US-Dollar
(= 0,15 % der EU-Exporte)

Wichtigste Güter*:
Maschinen und Fahrzeuge (23 %),
Getreide (6 %),
Eisen und Stahl (5 %)

Handelsvolumen und Bedeutung:
87,7 Milliarden US-Dollar
(= 3,3 % der EU-Exporte)

Wichtigste Güter:
Maschinen und Fahrzeuge (39 %),
Chemieprodukte (23 %),
sonstige Industrieprodukte (22 %),
Agrarprodukte (13 %)

* Die Daten für die wichtigsten Güter basieren hier auf Angaben für alle westafrikanischen Staaten, für die Ghana als repräsentativ gelten kann.

Zusammenstellung des Autors nach Daten von Eurostat und Wirtschaftskammer Österreich
Stand: September 2019

M 4 ● Vorreiter für globalen Freihandel (I)? Die Zollpolitik der Europäischen Union

Die angewandten Importzölle der EU sind niedrig. Im handelsgewichteten Durchschnitt betragen sie lediglich 1,60 Prozent; die USA kommen auf einen Wert von 1,61 Prozent und China auf 3,52 Prozent. Gewichtete Durchschnitte können jedoch irreführend sein, weil Produkte mit hohen Zöllen und daher niedrigem Handelsvolumen mit kleinen Gewichten in die Berechnung eingehen. Betrachtet man ungewichtete Durchschnitte, kommt die EU auf 1,92 Prozent, die USA auf 2,79 Prozent und China gar auf 7,76 Prozent.

Die EU hat nach Angaben der WTO mit 64 Partnerländern Freihandelsabkommen abgeschlossen. Die USA kommen lediglich auf 20 Abkommen, China auf 24. In der Gruppe der 20 wichtigsten Industrie- und Schwellenländer (G20) ist die EU damit mit großem Abstand Spitzenreiter. Natürlich sind unter den EU-Abkommen viele mit außenwirtschaftlich relativ unbedeutenden Ländern, zum Beispiel Armenien, Georgien, Island oder San Marino. Aber unter den Partnern sind auch Schwergewichte wie Mexiko, Kanada, Türkei oder Südafrika, sodass ein Anteil von circa 8 Prozent des Weltbruttosozialprodukts von EU-Freihandelsabkommen erfasst ist. Außerdem hat die EU eine sehr ambitionierte Agenda: Aktuell verhandelt sie mit einer ganzen Reihe von Ländern, die – wenn das Transatlantische Freihandelsabkommen (TTIP) mitgezählt wird – 44 Prozent der Weltnachfrage abdecken.

Gabriel J. Felbermayr, Ein Schaf unter Wölfen? Die Europäische Union und der Freihandel, in: Aus Politik und Zeitgeschichte 4–5/2018 („Freihandel"), S. 18-23

Gabriel J. Felbermayr (*1976) ist Präsident des Instituts für Weltwirtschaft Kiel sowie Professor für Volkswirtschaftslehre an der dortigen Christian-Albrechts-Universität.

Info

Japanisch-europäisches Freihandelsabkommen JEFTA (Japan-EU Free Trade Agreement)

Mit dem Freihandelsabkommen zwischen der EU und Japan, das am 1. Februar 2019 in Kraft getreten ist, sollen die wirtschaftlichen und politischen Beziehungen zwischen diesen beiden wichtigen Handelsräumen, aber auch die generelle Rolle der EU in Asien gestärkt werden. [...]
Mit Inkrafttreten des Abkommens wurden für 91 Prozent aller EU-Exporte die Zölle abgeschafft. Nach Ablauf verschiedener Übergangsfristen wird dies für 99 Prozent aller EU-Exporte nach Japan gelten. Umgekehrt wird die EU ihre Zölle sofort für 75 Prozent aller japanischen Importe abschaffen und diesen Anteil ebenfalls auf nahezu 100 Prozent steigern. Für den weitaus größten Teil gelten diese Zollbefreiungen bereits zum Zeitpunkt des Inkrafttretens. [...]
Darüber hinaus wurden mit dem Abkommen [...] nicht-tarifäre Handelshemmnisse in großem Umfang abgebaut. Hierbei handelt es sich insbesondere um zahlreiche japanische Vorschriften und Regelungen, die von internationalen Standards und Gepflogenheiten abweichen und daher Exporte aus der EU nach Japan komplizierter und teurer machen.
Bundesministerium für Wirtschaft und Energie, www.bmwi.de, Abruf am 20.10.2019

Gewichtete und ungewichtete Zollhöhen
Um bei der Analyse der Zollpolitik verzerrende Aussagen zu vermeiden, wird bei der Bestimmung der Zollbelastung der jeweilige Anteil berücksichtigt, den die einzelnen Waren am Handel haben. Waren, die selten gehandelt werden, fallen so weniger stark ins Gewicht.

M 5 ● Vorreiter für globalen Freihandel (II)? Die Handelsbeziehungen zu Staaten des „globalen Südens"

Viele Entwicklungsländer sind nach wie vor stark von Landwirtschaft und Rohstoffextraktion geprägt. Zwar haben verschiedene Reformen der Zollpolitik und der gemeinsamen europäischen Agrarpolitik geholfen, Benachteiligungen abzubauen. Es bleiben aber erhebliche Barrieren – allen voran die sogenannte Zolleskalation: Diese liegt vor, wenn der Einfuhrzoll auf Rohstoffe und Vorprodukte niedriger ist als auf verarbeitete Güter, sodass der Zollsatz mit zunehmendem Verarbeitungsgrad steigt.
Dies ist besonders im Lebensmittelbereich relevant: So gibt es zum Beispiel in der EU keine Importzölle auf den Import von ungerösteten Kaffeebohnen. Geröstete Bohnen und Kaffeeprodukte unterliegen hingegen einem Importzoll von 7 bis 9 Prozent. Dies führt dazu, dass Kaffee nicht in Afrika, Asien oder Südamerika veredelt wird, son-

dern zu einem erheblichen Teil in Europa [...]. Würde Kaffee beispielsweise in Vietnam veredelt, hätten die dortigen Produzenten auf dem EU-Markt aufgrund der Zölle einen erheblichen Preisnachteil. Das Resultat: 2016 erzielte ganz Afrika – die Heimat des Kaffees – Kaffeeexporte im Wert von 1,8 Milliarden Euro, während allein Deutschland durch Kaffee-Reexporte einen Exportwert von 2,2 Milliarden Euro erreichte. Die EU kommt auf 34 Prozent der weltweiten Kaffeeexporte, Afrika gerade mal auf 6 Prozent. Bei Kakao ist die Situation ähnlich: Auf Kakaobohnen verzichtet Europa auf einen Importzoll, Kakaoprodukte werden dagegen mit Zöllen in Höhe von rund 8 Prozent belegt. Die Konsequenz ist, dass Kakao nicht in den Herkunftsländern veredelt wird, sondern in Europa. [...] Das gleiche trifft auf Baumwolle und Baumwollprodukte, Erz- und Metallprodukte und viele weitere Produkte zu. Das Resultat ist immer dasselbe: Die Veredelung findet in Europa statt.

Nun lässt sich einwenden, dass die EU gegenüber vielen Entwicklungsländern Präferenzsysteme unterhält, die unter bestimmten Bedingungen zoll- und quotenfreie Lieferungen nach Europa erlauben. Dies gilt ohne Ausnahmen allerdings nur für die wenigsten entwickelten Länder, wozu aber

Arbeiter befüllen Säcke mit Kakaobohnen in Agboville (Elfenbeinküste).

nicht die wichtigen Kaffee- und Kakaoproduzenten wie die Elfenbeinküste, Ghana oder Vietnam gehören. Außerdem sind die Handelspräferenzen an die Einhaltung von Ursprungsregeln gebunden: Sie stellen sicher, dass tatsächlich nur Waren aus den Ländern der Präferenzsysteme profitieren und Waren, die vorher aus Drittstaaten importiert wurden, von den Vorteilen ausgeschlossen bleiben. Strenge Ursprungsregeln sind deshalb ein Problem, weil Vorprodukte häufig aus Drittländern importiert werden – etwa im Bekleidungssektor, in dem

Info

Agrarhandel und Agrarpolitik zwischen der EU und Afrika

[Die Länder Westafrikas haben] 2013 16,1 Millionen Tonnen Getreideprodukte eingeführt. Davon stammten 2,8 Millionen Tonnen aus dem europäischen Binnenmarkt, 2016 waren es bereits 3,4 Millionen Tonnen. Im selben Jahr importierte die EU nur 22 Tonnen Rindfleisch aus Westafrika, während umgekehrt 84.895 Tonnen EU-Rindfleisch in die Region exportiert wurden.

Entgegen ihren liberalen Prinzipien subventioniert die Europäische Union ihre Ausfuhren nach Westafrika. Allein im Jahr 2016 wurde der Export von 3,4 Millionen Tonnen Getreide mit 215 Millionen Euro und von 2,5 Millionen Tonnen Milchprodukte beziehungsweise Milchäquivalentmengen mit 169 Millionen Euro gefördert. Im selben Jahr beliefen sich die Exporthilfen für Lieferungen ins südliche Afrika auf 60 Millionen Euro bei Getreide, 41 Millionen Euro bei Geflügelfleisch und Eiern sowie 23 Millionen Euro bei Milchprodukten; auch der Export nach Zentralafrika wurde 2016 subventioniert, etwa mit 18 Millionen Euro für Milchprodukte.

Jacques Berthelot, Geplündert. Die neuen Freihandelsverträge schaden Afrika, in: Le Monde diplomatique, 9.11.2017 (Übersetzung: Markus Greiß)

⁶⁵ oft das Rohprodukt Baumwolle vor der Veredelung importiert wird.

Die Wirtschaftspartnerschaftsabkommen, die zwischen der EU und Entwicklungsländern geschlossen werden, verbessern zwar ⁷⁰ die Situation. Aber bilaterale Freihandelsabkommen, die lediglich bestimmten Partnern Zollfreiheit gewähren, verwässern die Vorteile der Präferenzsysteme. Insgesamt wird das Problem der Zolleskalation nur ⁷⁵ abgemildert, aber nicht gelöst, weil an die Stelle der Zölle immer strengere Qualitätsstandards treten, die faktisch ganz ähnliche Effekte auf die Entwicklungsländer haben.

Manche Beobachter haben deshalb ihre Zweifel, ob die Freihandelsabkommen der ⁸⁰ EU wirklich dazu da sind, Protektionismus zu bekämpfen. [...]

Insgesamt soll hier jedoch nicht der Eindruck entstehen, die Rohstofflieferanten würden durch den Abbau der Zolleskalati- ⁸⁵ on automatisch zu führenden Standorten der verarbeitenden Industrie aufsteigen. Dazu gehört offensichtlich mehr als lediglich zollfreier Zugang.

Gabriel J. Felbermayr, Ein Schaf unter Wölfen? Die Europäische Union und der Freihandel, in: Aus Politik und Zeitgeschichte 4–5/2018 („Freihandel"), S. 18-23

M 6 ● Entwicklungszusammenarbeit und Außenwirtschaftspolitik – Normen und Normkonflikte der EU-Außenpolitik

(a) Artikel 206 AEU-Vertrag (ex-Artikel 131 EGV)
Durch die Schaffung einer Zollunion [...] trägt die Union im gemeinsamen Interesse zur harmonischen Entwicklung des Welthandels, zur schrittweisen Beseitigung der Beschränkungen im internationalen Handelsverkehr und bei den ausländischen Direktinvestitionen sowie zum Abbau der Zollschranken und anderer Schranken bei.

(b) Artikel 208 AEU-Vertrag (ex-Artikel 177 EGV)
(1) Die Politik der Union auf dem Gebiet der Entwicklungszusammenarbeit wird im Rahmen der Grundsätze und Ziele des auswärtigen Handelns der Union durchgeführt. [...]
(2) Hauptziel der Unionspolitik in diesem Bereich ist die Bekämpfung und auf längere Sicht die Beseitigung der Armut. Bei der Durchführung politischer Maßnahmen, die sich auf die Entwicklungsländer auswirken können, trägt die Union den Zielen der Entwicklungszusammenarbeit Rechnung.

Vertrag über die Arbeitsweise der Europäischen Union (Vertrag von Lissabon)

F zu Aufgabe 1
Setzen Sie dabei die Handelspolitik auch zu den bestehenden Handelsstrukturen (M 3) in Beziehung.

H zu Aufgabe 2
Unterscheiden Sie dabei die Außenhandelspolitik gegenüber unterschiedlichen Partnerländern bzw. -regionen.

M zu Aufgabe 1, 2
Bearbeiten Sie die Aufgabe 1 arbeitsteilig und führen Sie Ihre Ergebnisse in Aufgabe 2 zusammen. Nutzen Sie hierfür beispielsweise ein Partnerpuzzle oder ein Lerntempoduett.

Aufgaben

❶ Arbeiten Sie die Strategien, Maßnahmen und Auswirkungen der EU-Außenhandelspolitik (M 4, M 5) heraus.

❷ Ordnen Sie die EU-Außenhandelspolitik (M 4, M 5) in die außenwirtschaftlichen Leitbilder (Freihandel vs. Protektionismus, vgl. M 2) ein.

❸ „Die europäische Handelspolitik stellt sich [...] als ein Politikfeld dar, das in vielen Punkten mit entwickelungspolitischen Zielen kaum vereinbar ist." (Franziska Müller, Politikwissenschaftlerin, in: Politikum 4/2017, „Globalisierungsdämmerung", S.40)
Erörtern Sie die handelspolitische Strategie der EU vor dem Hintergrund ihrer außenpolitischen Normen (M 6).

6.1 Welthandel – ungeregelt oder mit Grenzen?

Freihandel und Protektionismus – Leitbilder der Außenhandelspolitik
(Basiskonzept: Ordnungen und Systeme)
M 2

Die liberale Freihandelsdoktrin geht im Anschluss an Ricardos Theorie komparativer Kostenvorteile davon aus, dass freier Handel auch bei ungleichen Voraussetzungen zwischen den beteiligten Volkswirtschaften Wohlstandsgewinne für alle Beteiligte generiere. Dieser Annahme folgend, zielt eine am **Leitbild** des **Freihandels** orientierte (Außen-)Handelspolitik auf die möglichst weitgehende **Abschaffung tarifärer** (Zölle) und **nicht-tarifärer Handelshemmnisse** (Einfuhrbeschränkungen, Subventionen). Zölle sowie nicht-tarifäre Handelshemmnisse gehören demgegenüber zu den Instrumenten einer **protektionistisch** ausgerichteten Handelspolitik, wobei der „Schutz" der heimischen Wirtschaft unterschiedlich stark ausgeprägt sein kann. Auch wenn die liberale ökonomische Theorie Freihandel eindeutig den Vorrang einräumt, gibt es auch Vorteile bzw. Gründe für Handelsbeschränkungen. Diese bestehen in erster Linie im **Schutz der heimischen Wirtschaft** bzw. Unternehmen, um beispielsweise **Arbeitsplätze** zu **sichern**. Protektionistische Maßnahmen schützen beispielsweise „alte Industrien", die im Zuge eines **Strukturwandels** dem globalen Wettbewerb nicht mehr standhalten könnten, oder „neue Industrien" („**Infant Industry Protection**"), die zunächst innovative Produkte entwickeln und erfolgreich vermarkten sollen, ehe sie dem globalen Wettbewerb ausgesetzt werden. Auch **sicherheitspolitische Interessen** (Verringerung der Importabhängigkeit bei bestimmten Gütern) können ein Grund für protektionistische Maßnahmen sein.

(Außen-)Handelspolitik der Europäischen Union
(Basiskonzept: Interaktionen und Entscheidungen)
M 4, M 5

Die EU hat sich seit ihrer Gründung zu einem starken Wirtschaftsraum entwickelt, dessen Handel auch für andere Staaten der Erde von großer Bedeutung ist. Prägend für das „innergemeinschaftliche" handelspolitische Agieren der EU ist der **Binnenmarkt**, der als besonders privilegierter Freihandelsvertrag verstanden werden kann. Innerhalb dessen können alle Mitglieder ihre Waren zollfrei exportieren und erhalten somit Vorteile gegenüber Nicht-Mitgliedern.
Hinsichtlich ihrer **Außenhandelspolitik** gegenüber Handelspartnern außerhalb des Binnenmarktes bewegt sich die EU zwischen den Polen des (relativen) **Freihandels** und des **Protektionismus**: Die Handelsbeziehungen gegenüber **ökonomisch ähnlichen Staaten** ist tendenziell stärker durch die Reduzierung oder gar Abschaffung von Handelshemmnissen geprägt, die in umfassenden **Freihandelsverträgen** (z. B. mit Japan oder Kanada) festgeschrieben werden.
Auch gegenüber **ökonomisch weniger entwickelten Staaten** wird vielfach das **Freihandelsgebot** postuliert, jedoch vor allem durch tarifäre („Eskalationszölle") und nicht-tarifäre Handelshemmnisse (Produktstandards, Ursprungsregeln) **protektionistisch unterlaufen**. Dies erschwert den Marktzugang für Agrarproduzenten aus Volkswirtschaften des globalen Südens erheblich, wohingegen europäische Unternehmen aufgrund von EU-Subventionen auf afrikanischen Märkten Fuß fassen konnten und vermehrt einheimische Produzenten verdrängen.

6.2 Die multilaterale Freihandelsordnung vor dem Aus? Tendenzen der Welthandelspolitik

6.2.1 Eine Welt der „Handelskriege"?! Aktuelle Herausforderungen der Welthandelspolitik

E Beschreiben Sie anhand der Schlagzeilen (M 1) den handelspolitischen Konflikt zwischen den USA und China hinsichtlich seiner Ursachen und Hintergründe, der Konfliktaustragung sowie der möglichen Folgen.

M 1 ● Welthandelspolitik in Schlagzeilen

Handelsdefizit der USA wächst – trotz strengerer Zölle

Angeschlagen im Handelskrieg – China unter Druck

HANDELSKRIEG MIT CHINA: TRUMP REAGIERT MIT NEUEN ZÖLLEN

Trump braucht Wirtschaftswachstum – was ist der Preis?

China sucht Alternativen – Soja aus Argentinien

VORBEI SIND DIE FETTEN JAHRE FÜR DEUTSCHE UNTERNEHMEN IN CHINA …

M 2 ● Der „Handelskrieg" zwischen China und den USA – eine neue Gefahr für den Welthandel?

a) Die Hintergründe der Handelsstreitigkeiten
[...] Das [US-amerikanische] Finanzministerium unter Steven Mnuchin ist generell an einer schnelleren Lösung interessiert und hat [vor der Verhandlungsrunde im August
5 2018] eine Liste mit Forderungen [vorbereitet]. Dazu gehören Maßnahmen zur Senkung des Handelsdefizits wie der Abbau von Stahlsubventionen oder die Zusage, mehr Produkte wie Soja aus den USA zu kaufen. Die Frage der Importzölle dominiert 10 zurzeit aber der US-Handelsbeauftragte Robert E. Lighthizer, ein Hardliner, der auf eine viel protektionistischere Handelspolitik gegenüber China drängt und damit zurzeit Trumps Segen hat. [...] [Denn] Donald 15 Trump stört sich schon seit Jahren am hohen Handelsbilanzdefizit der Amerikaner gegenüber China und auch gegenüber der

Erklärfilm
WTO

Mediencode: 72053-12

EU. Doch die Importzölle der USA zielen auf viel mehr als das Defizit.

Es geht [auch] um Vorwürfe, wonach Chinas Wirtschaftsfunktionäre ausländische Firmen als Preis für den Zugang zum chinesischen Markt zur Übergabe von Technologie zwingen. Zudem erschwert Chinas Führung ausländischen Unternehmen den Zutritt zu bestimmten Märkten oder verhindert dies in Bereichen wie Banken, Hightech, Energie und Digitalwirtschaft gleich ganz. Auch wird den Chinesen vorgeworfen, Hackerangriffe auf Computernetzwerke ausländischer Unternehmen zu verüben, um an Betriebsgeheimnisse zu kommen.

Auf der anderen Seite kaufen chinesische Investoren mit häufig verschleierten, staatlich garantierten Krediten im Ausland ein oder sind gleich im Staatsauftrag unterwegs. Und viele chinesische Exporte werden in Peking direkt oder indirekt subventioniert. Mit diesen Vorwürfen gegen die Handelspolitik der in China herrschenden Kommunistischen Partei – unfaire Handelspraktiken, erzwungene Technologietransfers, Diebstahl geistigen Eigentums – steht Trump auch nicht allein da. [...]

In China wird die harte, restriktive Handelspolitik der Amerikaner vor allem als Versuch gesehen, den wirtschaftlichen Aufstieg Chinas zu bremsen. [...] Für die chinesische Führung sind die Importzölle gefährlich, denn sie könnten das ohnehin schon gesunkene Wirtschaftswachstum dämpfen [...]. Auf der Vermehrung von Wohlstand und Konsum beruht aber die Einparteienherrschaft der chinesischen KP. Kürzlich erst hatte Staats- und Parteichef Xi Jinping die neue Devise ausgerufen, 2025 in technologischen Schlüsselindustrien weltweit die Führung zu übernehmen. Genau diese offensive Ansage dürfte – zusammen mit der zunehmenden militärischen Expansion Chinas in Ostasien – zu Trumps verschärfter Politik beigetragen haben. Womit man in Xis Beraterkreisen offenbar nicht gerechnet hatte. [...]

Steffen Richter, Die Importzölle der USA zielen auf mehr als das Defizit, www.zeit.de, 21.08.2018

Deeskalation im Handelsstreit

Im Januar 2020 haben die USA und China nach langwierigen Verhandlungen den ersten Teil eines Handelsabkommens unterzeichnet und den damit seit Anfang 2018 schwelenden Handelskonflikt beruhigt. Damit verpflichtet sich China u. a., seine Importe aus den USA deutlich zu erhöhen. Im Gegenzug verzichten die USA auf zuvor angedrohte neue Strafzölle.

Zudem verpflichten sich beide Vertragsparteien, weitere strittige Themen (Schutz geistigen Eigentums, Marktzugang für Finanzdienstleister) in einer zweiten Verhandlungsrunde zu klären.

b) Die Eskalation des Handelskrieges

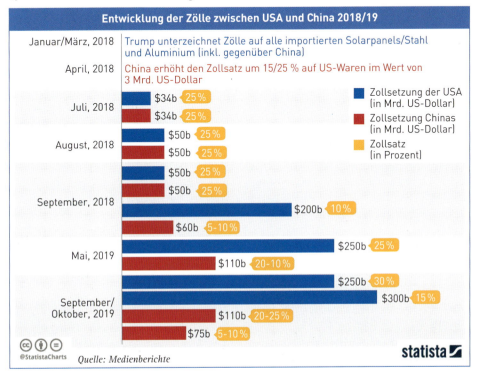

c) Die Folgen für die Weltwirtschaft

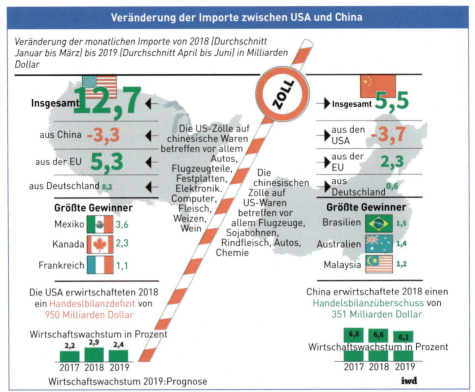

Institut der deutschen Wirtschaft, Handelskrieg: Am Ende verlieren alle, 25.10.2019 (gekürzt)

Info

„Handelskrieg"

Das Wort „Handelskrieg" erlebt derzeit eine unheimliche Renaissance. [...] Ein Handelskrieg wird gemeinhin definiert als ein wirtschaftlicher Konflikt zwischen Staaten, in dem gegenseitige Importrestriktionen verhängt werden mit dem Ziel, den Außenhandel des Kontrahenten zu schädigen. [...] Schwer einzuschätzen sind insbesondere die Folgewirkungen eines Handelskriegs, die von einer Stimmungsverschlechterung bei Unternehmen und Konsumenten sowie an den Finanzmärkten ausgehen. Leidtragende eines solcherart geschmälerten Risikoappetits, so erwarten Ökonomen, dürften vor allem aufstrebende Länder sein; sie müssten mit einem verstärkten Kapitalabfluss und höheren Zinskosten rechnen. [...]

Robert Mayer, Die gefährliche Renaissance des Handelskriegs, Tagesanzeiger (CH), 22.3.2018

Aufgaben

① a) Erläutern Sie die Motive und Strategien, die den Handelskonflikt zwischen den USA und China prägen (M 2a, M 2b).

b) Arbeiten Sie die Folgen des Handelskonfliktes zwischen den USA und China heraus (M 2c).

② Charakterisieren Sie die handelspolitischen Auseinandersetzungen zwischen den USA und China als einen „Handelskrieg" (Infobox, M 1, M 2).

M Bearbeiten Sie die Aufgaben 1a und 1b arbeitsteilig und führen Sie die Ergebnisse in Aufgabe 2 kooperativ zusammen.

H zu Aufgabe 1a
Verwenden Sie dabei auch das Begriffspaar Freihandel vs. Protektionismus.

H zu Aufgabe 1b
Unterscheiden Sie dabei zwischen (positiven und negativen) Folgen für die Volkswirtschaften der Konfliktakteure einerseits und Folgen für „unbeteiligte Dritte" andererseits.

6.2.2 Geeigneter Rahmen für fairen Handel? Die Welthandelsordnung der WTO

E Formulieren Sie – unter Rückgriff auf die von Ihnen entwickelten Welthandelsregeln (Kap. 6.1.1) – Ihre Erwartungen, wie die Weltgemeinschaft auf den „Handelskrieg" zwischen den USA und China reagieren sollte. Begründen Sie diese Erwartungen.

M 3 ● Die Welthandelsorganisation (WTO): Aufgaben und Ziele

Die Welthandelsorganisation WTO (World Trade Organization) legt als einzige international anerkannte Vertragsorganisation Regeln im Welthandel fest. [Sie] wurde 1995 als
5 Nachfolgeorganisation des GATT [...] eingerichtet und zugleich um wichtige Bereiche wie Dienstleistungen und Wissen erweitert. Ihr Ziel ist ein weltweiter Handel ohne Hemmnisse. Die WTO ist bekannt für den
10 Abbau von Handelsbeschränkungen im Rahmen von „Handelsrunden". Sie ist ein internationales Forum für internationale Handelspolitik und für Handelskonflikte, beobachtet die nationalen Handelspolitiken, gibt technische Hilfe für Entwicklungslän- 15 der und kooperiert mit anderen internationalen Organisationen.
Die WTO hat [164] Mitgliedsländer [Januar 2020], die [98 %] des Welthandels abwickeln [...]. [Aktuell befinden sich 21 Staaten, dar- 20 unter beispielsweise Iran, Serbien, Weißrussland] in unterschiedlichen Stadien des Beitritts.

Thomas Neuschwander, WTO/GATT (Welthandelsorganisation), in: Wichard Woyke (Hg.), Handwörterbuch Internationale Politik, Bonn 2011, S. 598f. (aktualisiert)

Generaldirektor ist seit 2013 der Brasilianer Roberto Azevêdo.

Abkommen unter dem Dach der WTO

164 Mitgliedstaaten (Stand: Januar 2020)

Hauptorgan: Ministerkonferenz:
- **Prinzip der Konsensentscheidungen:** eine Entscheidung gilt als angenommen, wenn ihr kein Mitgliedstaat formell widerspricht
- **Prinzip der formalen Gleichheit:** „one state, one vote"

Güter- und Zollabkommen (GATT: General Agreement on Tariffs and Trade)	Dienstleistungsabkommen (GATS: General Agreement on Trade in Services)	Abkommen über geistiges Eigentum (TRIPs: Trade Related Aspects of Intellectual Property Rights)
regelt den Warenverkehr in den Bereichen Industriegüter: Zollsenkungen bis zu 100%, Landwirtschaft: Abbau von Exportbeschränkungen	regelt den Handel mit Dienstleistungen, Abbau von Handelshemmnissen in den Bereichen: Telekommunikation, Banken und Versicherungen, Transport, Tourismus	regelt den Schutz des geistigen Eigentums in den Bereichen: Patente, Marken, Urheberrecht, Industriedesign, Computerprogramme
30.10.1947 seit 1.1.1995 unter dem Dach der WTO	1.1.1995	1995/2001 (Review)

Dispute Settlement Body (DSB) / Streitschlichtung
Regelung bei Handelskonflikten

Prinzip der Meistbegünstigung: Handelsvorteile müssen allen Mitgliedstaaten in gleicher Weise gewährt werden
Prinzip der Nichtdiskriminierung: Keine Benachteiligung eines einzelnen Mitgliedstaates gegenüber anderen
Prinzip der Inländerbehandlung: Keine Begünstigung inländischer Produkte gegenüber ausländischen
Prinzip der Transparenz: Keine geheimen Abkommen, gegenseitige Information über Handelsvorschriften

Grafik nach: Politik und Unterricht 4/2003, Globalisierung, Landeszentrale für politische Bildung Baden-Württemberg, S. 28

M 4 ● Nichtdiskriminierung für alle: Handelsprinzipien im Rahmen der WTO

Zu den wichtigsten Prinzipien [der WTO] zählen das Prinzip der Nichtdiskriminierung (Meistbegünstigung und Gleichbehandlung) sowie das Prinzip der Gegenseitigkeit. Sie gelten nicht nur für den Handel mit Waren (GATT), sondern auch für Dienstleistungen (GATS) und für das geistige Eigentum (TRIPS).

Das **Prinzip der Meistbegünstigung** besagt, dass alle Vorteile und Vergünstigungen, die ein Vertragspartner einem anderen gewährt, unverzüglich und bedingungslos allen Mitgliedstaaten gewährt werden müssen. So darf beispielsweise keine Ware wegen ihrer Herkunft aus einem Land zollpolitisch schlechter gestellt werden als die gleiche Ware aus einem anderen WTO-Mitgliedsland.

Nach dem **Prinzip der Gleichbehandlung** [vielfach auch: Inländerbehandlung] müssen importierte Produkte nach Überschreitung der Grenze genauso behandelt werden wie gleiche oder gleichartige Produkte aus inländischer Herstellung. Das bedeutet, dass auf ausländische Produkte keine zusätzlichen Steuern oder Abgaben erhoben oder besondere Anforderungen bezüglich des Verkaufs, der Beförderung oder der Verteilung gestellt werden dürfen. Importierte Waren dürfen also nicht schlechter gestellt werden als Waren inländischen Ursprungs.

Das **Prinzip der Gegenseitigkeit** (Reziprozität) bedeutet, dass Staaten, denen von anderen Vertragspartnern handelspolitische Vergünstigungen eingeräumt werden, gleichwertige Gegenleistungen zu erbringen haben. Ausgenommen vom Prinzip der Gegenseitigkeit sind die Entwicklungsländer, von denen die Industrieländer keine gleichwertigen Zugeständnisse verlangen sollen. [Zudem gilt die Meistbegünstigungsklausel nicht bei Freihandelszonen und Zollunionen, die somit gegenüber Drittländern weiterhin Zölle erheben können.]

Zu den weiteren Grundsätzen zählen das Prinzip der Liberalisierung und das Prinzip der Transparenz. [...]

Es gibt allerdings auch Ausnahmen: Das GATT-Abkommen enthält in Art. XX eine Regelung, nach der ein Mitgliedstaat Maßnahmen zum Schutz der Gesundheit von Mensch, Tier und Pflanzen, zum Schutz nationalen Eigentums mit künstlerischem, historischem oder archäologischem Wert oder zur Erhaltung begrenzter Naturschätze treffen kann, die mit den Kernprinzipien der WTO nicht in Einklang stehen. Diese Maßnahmen sind allerdings nur zulässig, wenn sie zu keiner willkürlichen und ungerechtfertigten Diskriminierung von Ländern, in denen gleiche Verhältnisse bestehen, oder zu einer verschleierten Beschränkung des internationalen Handels führen.

Florian T. Furtak, Internationale Organisationen. Staatliche und nichtstaatliche Organisationen in der Weltpolitik, Wiesbaden 2015, S. 331f.

M 5 ● Wie kommen globale Handelsregeln zustande? Die Entscheidungsfindung im Rahmen der WTO

Höchstes Entscheidungsgremium [der WTO] ist die Ministerkonferenz. Sie besteht aus Vertretern aller Mitgliedstaaten – in der Regel sind es die Wirtschafts-, Handels- oder Außenhandelsminister – und tritt mindestens alle zwei Jahre zusammen. Sie [...] ist befugt über alle Fragen, die unter das Fach des WTO-Abkommens fallen (GATT, GATS und TRIPS), zu entscheiden [...].

Die Beschlussfassung in der Ministerkonferenz [...] erfolgt im Konsens. Er liegt dann vor, wenn in der Sitzung, in der der Beschluss ergeht, keines der anwesenden Mitglieder Einspruch gegen den Gegenstand des Beschlusses erhebt. Kommt ein Konsens nicht zustande, so wird über die zu beschließende Angelegenheit abgestimmt, wobei jedes Mitglied über eine Stimme verfügt. Ein Beschluss ist bei Vorliegen einer Mehrheit der abgegebenen Stimmen gefasst. [...]

Es gibt allerdings [gewichtige Ausnahmen] vom einfachen Mehrheitsprinzip. Interpretationen des WTO-Abkommens und der multilateralen Handelsübereinkünfte werden mit einer Dreiviertel-Mehrheit der Mitglieder gefasst [...]. [Dasselbe Quorum gilt für den Beschluss über die (zeitweise) Entbindung eines Mitgliedstaates von bestimmten vertraglichen Verpflichtungen („waiver"). Änderungen der vertraglichen Rechte und Pflichten der WTO-Mitglieder bedürfen einer Zweidrittel-Mehrheit, sind jedoch nur für die zustimmenden Staaten bindend.]

Florian T. Furtak, Internationale Organisationen. Staatliche und nichtstaatliche Organisationen in der Weltpolitik, Wiesbaden 2015, S. 332ff.

M 6 ● Was passiert, wenn Handelsregeln verletzt werden? Das Streitschlichtungsverfahren der WTO

Eine wesentliche Neuerung bei der Gründung der Welthandelsorganisation (WTO) gegenüber ihrem Vorgänger (GATT) ist in der Institutionalisierung eines wirksamen, weil durchsetzungsfähigen Schlichtungs- bzw. Gerichtsverfahrens für Handelsstreitigkeiten zu sehen.

Hierbei kann ein Mitglied der WTO ein anderes wegen des Verstoßes gegen die Prinzipien der Welthandelsorganisation (vgl. M 5) vor dem Streitschlichtungsorgan (Dispute Settlement Body – DSB) anklagen, wobei der Eröffnung eines Streitbeilegungsverfahrens vergleichsweise geringe Hürden gesetzt sind. Ein hierfür zuständiges „Panel" (internationale Handelsexperten) überprüft den Fall, sofern die Streitparteien sich nicht einigen können, und nimmt eine Bewertung dessen vor. Diese Stellungnahme kann nur einstimmig vom DSB abgelehnt werden, was auch für den Fall eines möglichen Berufungsverfahrens gilt. Eine unterlegene Streitpartei kann daher das Streitbeilegungsverfahren nicht durch ein

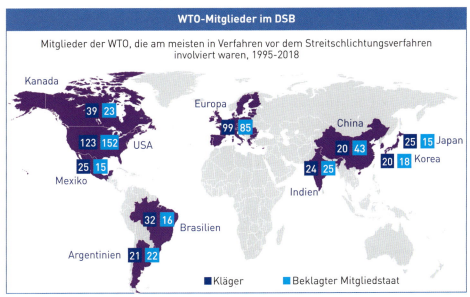

World Trade Organization, Annual Report 2019, Genf 2019, S. 23

eigenes Veto unterlaufen, sondern muss sich der Entscheidung der Mehrheit der WTO-Mitgliedstaaten fügen.
Anders als die Weiterentwicklung des Handelsrechts durch Regierungsvertreter (vgl. M 5) handelt es sich beim Streitschlichtungsverfahren somit um ein supranationales Element in der WTO-Architektur.

Autorentext

M 7 ● Wird die WTO im Handelskrieg zerrieben?

Wolfgang Große Entrup, Hauptgeschäftsführer des Verbands der Chemischen Industrie, befürchtet „Wildwestzustände im internationalen Handel, bei denen das Recht des Stärkeren gilt". [...] Grund der Sorge: Von [Ende 2019] an wird das Berufungsgericht der Welthandelsorganisation (WTO) in Genf nicht mehr arbeitsfähig sein. Die amerikanische Regierung blockiert seit Jahren die Ernennung neuer Richter, weswegen deren Zahl bereits von sieben auf drei gesunken war. Bei zwei Richtern endete die Amtszeit nun [...]. Übrig ist nur die Chinesin Hong Zhao, aber sie allein darf nicht entscheiden: Für Verfahren sind mindestens drei Juristen nötig. Der Kollaps der Einrichtung schwächt die WTO enorm. [...] [B]ei Disputen und Verstößen können Regierungen ein Streitschlichtungsverfahren anstoßen. Letzte Instanz ist das Berufungsgericht. Kann dieses jetzt nicht mehr urteilen, büßen das Schlichtungsverfahren und letztlich die WTO-Regeln dramatisch an Bedeutung ein.
Das Problem kommt zu einem äußerst heiklen Zeitpunkt: Der internationale Handel wird ohnehin vom Streit der USA mit China und der EU belastet; der amerikanische Präsident Donald Trump versucht, mit Strafzöllen die Regeln des Handels zugunsten der USA zu ändern. Die Blockade des WTO-Gerichts begründet Washington damit, dass die Richter Kompetenzen überschritten hätten. Doch Trump dürfte generell nicht an einer starken WTO gelegen sein. Er hält nicht viel von international ausgehandelten Regeln, wenn diese seiner Meinung nach die USA schwächen, und er schätzt es ganz und gar nicht, wenn Organisationen Urteile über die Aktivitäten der mächtigen USA fällen. [...] Trump missfällt [zudem], dass die Wirtschaftsmacht China bei der WTO weiterhin als Entwicklungsland gilt, was Peking manche Vorteile bietet. [...]
[Die EU will sich nun] mit Staaten weltweit darauf einigen, das Streitschlichtungsverfahren fortzuführen und statt des arbeitsunfähigen Berufungsgerichts ein anderes Gericht als letzte Instanz zu nutzen. Bisher haben sich jedoch nur Kanada und Norwegen diesem Ersatzsystem angeschlossen. [...]

Björn Finke, US-Blockade macht wichtiges WTO-Gericht arbeitsunfähig, in: Süddeutsche Zeitung, 11.12.2019

Aufgaben

1. Stellen Sie die Ziele, Regeln und Institutionen der Welthandelsordnung im Rahmen der WTO dar (M 3–M 6).
2. Der „Handelskrieg" zwischen den USA und China – ein Fall für die WTO?
Erläutern Sie mögliche Klagegründe der Konfliktparteien sowie mögliche Maßnahmen der Konfliktlösung durch die WTO (M 4, M 6).
3. Beurteilen Sie die Entscheidungs- und Durchsetzungsfähigkeit der WTO als Rechtsetzungsinstanz für globalen Handel (M 5–M 7).
4. Die WTO – eine demokratische Arena zur Ausgestaltung fairen Welthandels?
Erörtern Sie diese Fragestellung.

🛈 **zu Aufgabe 2**
Fassen Sie zunächst die „Regelverstöße" (gegen die Prinzipien des Welthandels im Rahmen der WTO, vgl. M 4) der Außenhandelspolitiken der USA und Chinas (M 1, M 2) zusammen.

🛈 **zu Aufgabe 3**
Nutzen Sie hierfür die Methode „(Internationale) Institutionen kriteriengeleitet beurteilen"
→ vgl. Kap. 2.2.

6.2.3 Exklusive Handelsabkommen und Freihandelskritik – wie geht es weiter mit der Welthandelsordnung?

- Erläutern Sie die Position des österreichischen Publizisten Eric Frey (M 8).
- Positionieren Sie sich zu Freys Aussagen (z. B. auf einer Positionslinie).

M 8 ● „Sie werden die WTO noch vermissen"

Die erste große Demonstration gegen die Globalisierung fand in Seattle im Dezember 1999 statt und richtete sich gegen die Konferenz der damals noch jungen Welthandelsorganisation. Seither ist die WTO in der linken Szene im Norden wie auch im Süden die meist gehasste Institution der Weltwirtschaft [...]. Sie steht für Unterdrückung der Dritten Welt, Ausbeutung der Armen, und Verträge, die nur den multinationalen Konzernen nützen.

Zwei Jahrzehnte nach ihrer Gründung ist die WTO nun ernsthaft in Gefahr. Sie hat zwei grundlegende Funktionen: Freihandelsverträge multilateral auszuhandeln und Handelskonflikte beizulegen. Doch [...] der Konfliktbeilegungsmechanismus der WTO [...] wird nun von der USA infrage gestellt. Die Regierung von Donald Trump erwägt, einseitige protektionistische Maßnahmen zu erlassen und Schiedssprüche der WTO dann einfach zu ignorieren. Das geht, denn die einzige Konsequenz einer Verurteilung ist, dass andere Staaten dann Strafzölle gegen US-Waren verhängen dürfen – für Protektionisten wie Trump ein akzeptables Risiko.

Wenn die USA aber beginnen, die Urteile der WTO zu ignorieren, dann werden das bald auch andere Staaten tun. Und dann ist die Organisation so gut wie tot. Das wäre allerdings gerade für ihre größten Gegner kein Grund zum Jubeln. [...] Der Niedergang der WTO wird weniger Wachstum, mehr Armut und mehr Ungleichheit mit sich bringen. Ihre antikapitalistischen Kritiker werden sie noch vermissen.

Eric Frey, Sie werden die WTO noch vermissen, Blog Krisenfrey, in: www.derstandard.at, 4.3.2017, Abruf am 03.02.2020

M 9 ● (Warum) Gefährden exklusive Handelsabkommen die Welthandelsordnung?

[Unter] Berufung auf Art. 24 [des GATT-Vertrages] sind inzwischen viele hundert Sonderabkommen geschlossen worden. Und auch große Akteure, wie die EU und die USA, bemühen sich verstärkt um solche Abkommen. In Artikel 24 werden Freihandelszonen und Zollunionen als einzige Ausnahmen zugelassen. [Diese Regelung] war ursprünglich weniger für große Mitglieder gedacht [...]. Vielmehr galten ab den 1960er-Jahren regionale Abkommen [...] vorwiegend als ein wirtschaftspolitisches Instrument für Entwicklungs- und Schwellenländer, um ihnen die Annäherung an den Weltmarkt zu ermöglichen. [...] Durch den vergrößerten Binnenmarkt hofften auch kleine Ökonomien, sogenannte Skaleneffekte in der Produktion zu erreichen. Damit ist gemeint, dass durch Massenproduktion die Kosten pro hergestellter Einheit sinken. [...]

Mit [dem Trend zu bilateralen Handelsab-

Freihandelszone
Der Handel zwischen den teilnehmenden Ländern wird liberalisiert, die Länder behalten jedoch ein eigenes Außenzollregime gegenüber „Drittstaaten".

Zollunion
Zusätzlich zum Freihandel (nach innen) verantworten die Mitgliedstaaten einen gemeinsamen Außenzoll (Beispiel: EU).

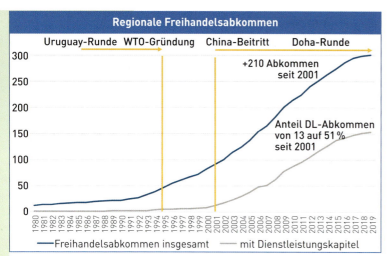

Martin Braml, Gabriel Felbermayr, Von der Ohnmacht zur Obsoleszenz? Die ungewisse Zukunft der WTO, in: Handelskrieg und seine Folgen: Ist die WTO am Ende?, ifo-Schnelldienst 11/2018, S. 5 (aktualisiert)

kommen] sind zahlreiche Probleme verbunden. Der Welthandel wird immer komplizierter, weil alle Abkommen sich deutlich voneinander unterscheiden und die Unternehmen deshalb immer mehr Zeit auf die Kenntnis und Anwendung der einzelnen Regelwerke verwenden müssen. Zudem werden ausgeschlossene Ökonomien wirtschaftlich benachteiligt. [...]

Auch für die WTO haben die Abkommen gravierende Nachteile. Artikel 1, der Pfeiler der Handelsordnung, wird heute von wichtigen Akteuren, allen voran die USA und die EU, geschwächt. Der WTO gelingt es weder, die seit dem Jahr 2001 laufende Doha-Verhandlungsrunde abzuschließen, noch kann sie das Erstarken der systemischen Konkurrenz in Form von Präferenzabkommen verhindern. [...] Aus einer politischen Perspektive ist der Trend zu Präferenzabkommen [daher] ein bedauerlicher und riskanter Rückschritt. Die politischen Lektionen der 1930er-Jahre werden vergessen. Diskriminierung ist in die Handelspolitik zurückgekehrt – und hat das Potenzial, zu wachsenden Konflikten in der neuen multipolaren Ordnung zu führen.

Heribert Dieter, Internationale Handelspolitik und Krise der WTO, in: Internationale Finanz- und Wirtschaftsbeziehungen, Bonn, Informationen zur politischen Bildung 334/2017, S. 30ff. (Reihenfolge geändert)

Info

Ökonomische Wirkungen von Freihandelszonen und Zollunionen

In der Wirtschaftswissenschaft werden die Folgen von Freihandelszonen und Zollunionen [bereits lange] intensiv diskutiert. [...] Grundsätzlich wird konstatiert, dass Freihandelszonen und Zollunionen positive, handelsschaffende Wirkungen haben können, es aber Verzerrungen und (negative) Handelsumlenkungen geben kann. Handelsschaffung bezeichnet den Ersatz von teureren inländischen Produkten durch preiswertere Güter aus den anderen Ländern des Integrationsraumes. Die mit dieser Anpassung einhergehende Spezialisierung bewirkt nicht nur eine effizientere Faktorallokation, sondern hat für die Wirtschaftssubjekte der Mitgliedsländer insgesamt positive Auswirkungen. Handelsumlenkung [...] ist indes wohlfahrtsmindernd. Dabei erfolgt nämlich die Ersetzung eines Produkts aus einem kostengünstigeren Drittland durch das eines weniger kostengünstigen, aber durch den Zollabbau bevorzugten Integrationspartners. Die Schaffung einer Freihandelszone oder Zollunion hat dann wohlfahrtsmindernde Effekte, weil das Gut nicht vom günstigsten Anbieter bezogen wird, sondern vom günstigsten Anbieter im Integrationsgebiet. Das ist sowohl für das betreffende Drittland als auch für das Importland nachteilig. [...]

Heribert Dieter, Globalisierung à la carte. Demokratie, Nationalstaat und die Zukunft europäischer und globaler Zusammenarbeit, Bonn 2017, S. 101 (Hervorhebungen ergänzt)

M 10 ● „Fetisch Welthandel" oder: Brauchen wir eine andere Handelsordnung?

Welche Produkte mit immer größeren Container-Schiffen die Weltmeere kreuzen [...], woher die Rohstoffe dafür kommen, wo einzelne Komponenten zusammengesetzt werden, um an weit entfernten Absatzmärkten Wegwerfgesellschaften zu versorgen, solche Fragen werden thematisch – wenn überhaupt – der Ökologie oder

Philosophie überantwortet. [...] Beim Thema Weltwirtschaft und Entwicklung haben grundsätzliche Überlegungen aber nichts verloren. Doch gerade dort wären sie unabdingbar und hätten das Potenzial, Antworten für eine friedliche Zukunft zu finden. Wie volkswirtschaftlich sinnlos weltweiter Handel sein kann, zeigt sich mittlerweile in den allermeisten Sektoren, wenn die Güterketten für ein einzelnes Produkt immer länger werden. Selbst der Abfall folgt der Logik der Grenzenlosigkeit. So werden etwa in Deutschland und Österreich Millionen Tonnen Altkleider gesammelt, nach Osteuropa verfrachtet, dort von billigen rumänischen Händen sortiert, anschließend mit dem Logo einer gemeinnützigen Organisation versehen und nach Afrika verschifft, um umgeschneidert und anschließend auf den Märkten angeboten zu werden. Die Zerstörung der lokalen Textilindustrie ist die Folge. Als 2016 mehrere afrikanische Staaten beschlossen, den Import von Altkleidern zu verbieten, stieg die entsprechende Lobby im Namen der Nachhaltigkeit und des eigenen Profits auf die Barrikaden. Ihr stärkster Verband, die in den USA ansässige Recycled Textiles Association (RTA), brachte Kenia, Uganda und Tansania dazu, ihre Importverbote aufzuheben. [...]

Wareneinfuhrsteuern bergen Positives in sich; freilich nicht für die branchenführenden Konzerne, deren Überleben an weltweit verzweigten Güterketten hängt. Über den gesamten Globus spannen sie Netze von billigster Arbeitskraft, umweltignorantester Rohstoffgewinnung und Transportwegen, steuerschonendstem Gewinn und absatzsichersten Märkten. Jede Wareneinfuhrsteuer stört diesen Ablauf und setzt weltwirtschaftlich tätigen Akteuren zu, die sich daran gewöhnt haben, dass politische Interventionen [...] ihren Spielraum erweitern. [...]

Eine immer kleinteiliger werdende Arbeitsweise bei gleichzeitig immer großräumiger verteilten Standorten könnte durch integrierte, ganzheitliche Produktionsverhältnisse ersetzt werden, die das Wissen um den Arbeitsvorgang und damit auch um den gesellschaftlichen Nutzen des jeweiligen Produkts erhöht. Einfuhrzölle würden generell zur Verkürzung von Güterketten, also zur Reduktion von Transportwegen beitragen. [...] Produktionsstandorte könnten auf diese Weise Absatzmärkten näher rücken. In weiterer Folge würden auch Lohndifferenzen für Unternehmen an Attraktivität verlieren, würden doch die damit am Billiglohnstandort eingesparten Kosten durch die Einfuhrsteuer am Absatzmarkt zumindest teilweise aufgehoben. Zölle wären somit auch ein Mittel zur Zurückdrängung des ungleichen Tausches, der unserem von Kapitalinteressen getriebenen Gesellschaftssystem seinen Stempel aufdrückt. In einem Satz: [Ein neues Handelssystem könnte] zu einer regionalpolitisch, ökologisch und kulturell wünschenswerten Entflechtung beitragen, zu einem Wirtschaftssystem mit menschlichem Augenmaß. [...]

Hannes Hofbauer, West-östlicher Fetisch, in: der Freitag, 26.07.2018

Der „Fetisch"-Begriff in der marxistischen Gesellschaftskritik
Im Anschluss an Karl Marx' Überlegungen, die er in seinem Hauptwerk „Das Kapital" ausgeführt hat, wird in zahlreichen gesellschaftskritischen Beiträgen dessen Begriff des Fetisch' aufgegriffen. Marx sieht in einem Fetisch „die falsche Vorstellung eines vom Menschen unabhängig existierenden ökonomischen Werts und ökonomischer Gesetze, denen wir uns alle unterwerfen, obwohl wir sie selbst produziert haben".

Sabine Nuss, Die Sache mit dem Fetisch, https://marx200.org/, 23.07.2017, Abruf am 03.02.2020

Aufgaben

1. a) Stellen Sie die Ursachen und Folgen des Trends zu bilateralen (Frei-)Handelsabkommen dar (M 9, M 8).
   b) Arbeiten Sie mögliche, aus dieser Beobachtung resultierende handelspolitische Forderungen heraus (M 9).
2. Arbeiten Sie Hofbauers Kritik am „Fetisch Welthandel" (M 10) sowie sich aus dieser ergebende handelspolitische Forderungen heraus.
3. „Die WTO ist tot, aber wir werden sie noch vermissen!"
   Setzen Sie sich ausgehend vom Zitat mit der Zukunft der Welthandelsordnung im Rahmen der WTO auseinander.

M Bearbeiten Sie die Aufgaben 1 und 2 arbeitsteilig und führen Sie die Ergebnisse zur Vorbereitung von Aufgabe 3 kooperativ zusammen (z. B. Partnerpuzzle oder Lerntempoduett).

F zu Aufgabe 1
Berücksichtigen Sie auch die (vermutlichen) Machtverhältnisse zwischen wirtschaftlich starken und wirtschaftlich schwächeren Staaten in bilateralen Verhandlungssituationen.

ORIENTIERUNGSWISSEN

„Handelskriege" und „Präferenzabkommen" als Herausforderung der Welthandelsordnung
(Basiskonzept: Interaktionen und Entscheidungen)
M 2, M 9

Die globalisierte Wirtschaft ist zunehmend von einer **konflikthaften Durchsetzung nationalstaatlicher Handelsinteressen** geprägt. Diese Tendenz zeigt sich beispielsweise
- im inzwischen „eingefrorenen" **Handelskonflikt bzw. Handelskrieg** zwischen den **USA** und **China**. Die Trump-Administration hatte als Reaktion auf das große Außenhandelsdefizit der USA und mit dem Ziel, die heimische Wirtschaft zu stärken, „Strafzölle" gegenüber chinesischen Importen verhängt. Die chinesische Regierung reagierte mit ähnlichen Gegenmaßnahmen.
- in der erheblichen **Zunahme** sogenannter Freihandelsabkommen. Diese ermöglichen den beteiligten Volkswirtschaften Freihandel untereinander, andere Staaten bleiben von diesen Handelsprivilegien ausgeschlossen (**Präferenzabkommen**).

Freihandel und Nichtdiskriminierung – Aufgaben und Prinzipien der WTO
(Basiskonzept: Ordnungen und Systeme)
M 3, M 4

Die **liberale Freihandelsdoktrin** basiert auf der Annahme, dass freier Handel Wohlstandsgewinne für alle Beteiligte generiere. Die 1995 gegründete World Trade Organization (WTO) ist eben diesem Grundsatz verpflichtet. Sie legt als international anerkannte und mit derzeit 164 Mitgliedern (Stand: Januar 2020) beinahe universelle Organisation die Regeln des Welthandels fest. Ihr Hauptziel besteht in einem weltweiten Handel ohne Handelshemmnisse (**Liberalisierung**).
Dementsprechend sollen sich die im Rahmen der WTO anerkannten Handelsverträge an den drei konstituierenden Prinzipien orientieren. Sie müssen von allen Mitgliedstaaten in ihrer Außenhandelspolitik berücksichtigt werden:
- **Meistbegünstigung**: Handelspolitische Zugeständnisse, die sich zwei Staaten untereinander anbieten, gelten automatisch für alle WTO-Mitglieder.
- **Inländerbehandlung/Nichtdiskriminierungsgrundsatz**: Alle importierten Waren und Dienstleistungen sind handelspolitisch wie inländische zu behandeln.
- **Reziprozität**: Alle Handelserleichterungen sollen gegenseitig (wechselseitig) sein.

Vertragswerk und Organe der WTO
(Basiskonzept: Ordnungen und Systeme)
M 3, M 5, M 6

Die WTO umfasst drei Teilabkommen: das Allgemeine Zoll- und Handelsabkommen (GATT), das Allgemeine Abkommen über den Handel mit Dienstleistungen (GATS) und das Abkommen über den Schutz geistigen Eigentums (TRIPs). Zentrales Entscheidungsgremium der WTO ist die **Ministerkonferenz**. Zur Beilegung von Handelsstreitigkeiten steht der WTO ein **Streitschlichtungsmechanismus** zur Verfügung, der über Sanktionsbefugnis verfügt.

Die WTO in der Krise?
(Basiskonzept: Interaktionen und Entscheidungen)
M 7–M 10

Die Arbeit der WTO wird unterschiedlich beurteilt. In **ökonomischer** Hinsicht ist die signifikante Senkung der weltweit erhobenen Zölle zu konstatieren. Jedoch wird vielfach kritisiert, dass die erhofften Wohlstandsgewinne gerade in Entwicklungsländern ausbleiben. Fundamentaler wird die Ausweitung des (liberalen) Welthandels als unvereinbar mit den Idealen der ökologischen und sozialen **Nachhaltigkeit** kritisiert.
Die Verhandlungsrunden der letzten Jahre sind aufgrund fundamentaler **Interessenkonflikte** der Mitglieder sowie des geltenden Konsensprinzips ins Stocken geraten bzw. zuletzt gescheitert. In dieser Situation verlegen vor allem wirtschaftlich starke Staaten(gruppen) ihre Aktivitäten auf die Aushandlung von Präferenzabkommen, die die Idee einer multilateralen Handelsordnung zusätzlich schwächen.

Klaus Stuttmann: Trumps Handelskrieg (22.07.2018)

Karikatur: Klaus Stuttmann, 22.07.2018

Interpretationshilfe
„Mission accomplished" (Mission erfüllt) – Formulierung von US-Präsident George W. Bush am 1. Mai 2003 nach dem vermeintlich erfolgreichen Ende der völkerrechtswidrigen Invasion in den Irak

Aufgaben
1. Beschreiben Sie die außenhandelspolitischen Leitbilder hinsichtlich ihrer Grundannahmen, Zielsetzungen und Instrumente.
2. Analysieren Sie die vorliegende Karikatur.
3. Erörtern Sie Möglichkeiten und Grenzen einer multilateralen bzw. weltumspannenden Freihandelsordnung.

Zusatzmaterial zu aktuellen **Abiturschwerpunkten**

Mediencode: 72053-01

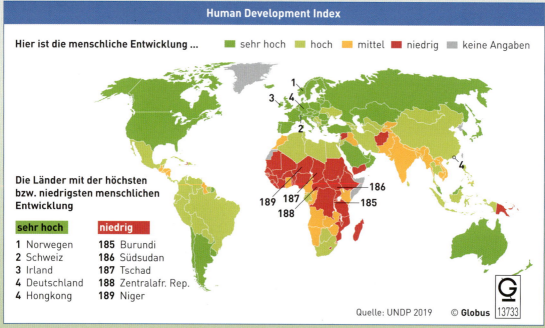

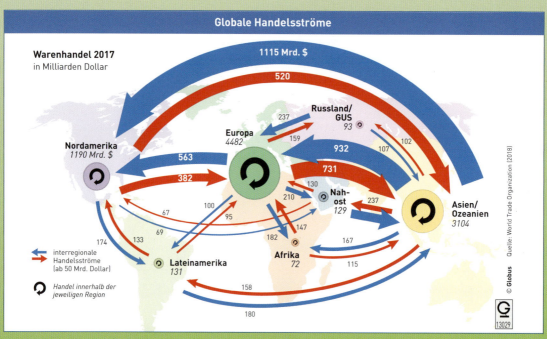

7 (Globaler) Wohlstand durch Welthandel? Entwicklungs- und Schwellenländer in der globalisierten Welt

„Handel schafft Wohlstand!" – Dieses Versprechen der liberalen ökonomischen Theorie (vgl. Kap. 5) dominiert die globale handelspolitische Debatte der vergangenen zwei Jahrzehnte (vgl. Kap. 6): Der auf Arbeitsteilung basierende Austausch von Waren und Dienstleistungen fördere Wirtschaftswachstum und somit gesellschaftliche Entwicklung für alle beteiligten Volkswirtschaften und ihre Bürgerinnen und Bürger. Doch hält dieses Versprechen auch dem „Praxistest" stand?

In Kapitel 7.1 analysieren Sie mit Äthiopien und China exemplarisch ein Entwicklungs- und ein Schwellenland, die für diese Länder charakteristischen Lebensbedingungen und Gesellschaftsstrukturen sowie deren Entwicklung in jüngster Zeit. Dabei lernen Sie auch unterschiedliche Wohlstandsindikatoren kennen, mit denen der Grad gesellschaftlicher Entwicklung gemessen und beurteilt werden soll (Kap. 7.1.3); auch sind diese Wohlstandsindikatoren selbst Gegenstand einer kritischen Prüfung.

Kapitel 7.2 rückt nun die Wachstumsstrategien, die die Regierungen Äthiopiens und Chinas in der jüngeren Vergangenheit gewählt haben, in den Mittelpunkt. Sie beschreiben und analysieren diese in unterschiedlicher Weise exportorientierten Wachstumsstrategien, um diese und die damit verbundenen Zukunftsperspektiven abschließend vor dem Hintergrund der realen gesellschaftlichen Entwicklung in beiden Ländern zu erörtern.

Vorschlag zur arbeitsteiligen Erarbeitung des Kapitels
Mediencode: 72053-13

Was wissen und können Sie schon?

① Analysieren Sie die vorliegenden Karten hinsichtlich (möglicher) Zusammenhänge von Außenhandel und gesellschaftlicher Entwicklung.

② „Handel schafft Wohlstand." – Diskutieren Sie ausgehend von Ihren Ergebnissen diese These.

KOMPETENZEN

Am Ende dieses Kapitels sollten Sie Folgendes wissen und können:

... die charakteristischen Lebensbedingungen sowie Gesellschafts- und Wirtschaftsstrukturen von Entwicklungs- und Schwellenländern beschreiben.

... ausgewählte Entwicklungs- und Schwellenländer mithilfe unterschiedlicher Wohlstandsindikatoren vergleichen.

... unterschiedliche Wohlstandsindikatoren (Bruttoinlandsprodukt, Gini-Koeffizient, Human Development Index, Index of Sustainable Development, Happy Planet Index) erläutern und hinsichtlich ihrer Aussagekraft beurteilen.

... die Integration von Entwicklungs- und Schwellenländern in ökonomische Globalisierungsprozesse beschreiben und damit verbundene Weltmarktstrategien erläutern.

... Weltmarktstrategien von Entwicklungs- und Schwellenländern und die damit verbundenen Zukunftsperspektiven erörtern.

7.1 Entwicklungs- und Schwellenländer in der globalen Wirtschaft – auf dem Weg zu Wohlstand?

7.1.1 Lebensbedingungen und Wirtschaftsstruktur im Entwicklungsland Äthiopien

> **E** Sammeln Sie im Kurs bzw. in Ihrer Gruppe anhand der folgenden Leitfragen Ihre Vorkenntnisse über bzw. Ihre Vorstellungen von Äthiopien.
> - Wo liegt Äthiopien? Mit welchen Staaten hat es eine gemeinsame Grenze?
> - Wie ist das Land naturräumlich gegliedert (Gewässer, Gebirge, Ebenen)? Durch welche klimatischen Bedingungen ist es charakterisiert?
> - Wie wird das Land genutzt (Landwirtschaft, Rohstoffabbau, Industrie, Bebauung in größeren Städten)? Gibt es ein relevantes Rohstoffvorkommen?
>
> Stellen Sie Ihre Antworten in Form einer Kartenskizze dar oder sammeln Sie diese im Wortlaut.

Flagge Äthiopiens

M 1 ● Äthiopien – Herausforderungen der nationalen Entwicklungsstrategie

Hailemariam Desalegn
Unter dem Druck der seit 2015 anschwellenden Proteste gegen die amtierende Regierung (vgl. M 1), die während eines Ausnahmezustandes zum Teil blutig niedergeschlagen wurden, trat Ministerpräsident Hailemariam Desalegn, der das Land seit 2012 an der Spitze der People's Revolutionary Democratic Front (EPRDF) regiert hatte, am 15.2.2018 zurück.

[Nach dem Regierungswechsel 2018] bestehen in dem brodelnden 100-Millionen-Land riesige Erwartungen, und das Reformtempo ist enorm. [...] Etwa 20 Millionen Äthiopier leben in Armut – viel weniger als früher, nach Jahren des zweistelligen Wirtschaftswachstums, aber immer noch sind es 20 Prozent der Bevölkerung. „Die Mehrheit hat bis jetzt wenig vom Wachstum mitbekommen", relativiert Ökonom Bisrat Teshome (35) in der Hauptstadt Addis Abeba. „Die Menschen wollen Demokratie, etwas, das wir in diesem Land kaum gekannt haben. Aber sie wollen auch ein besseres Leben."
Gegen den Kurs der [alten] Regierung hatten vor allem die Oromo rebelliert, die größte Volksgruppe des Landes. In ihrer Region lieg[t] die Hauptstadt Addis Abeba [...]. „Qeerroo" nennen sich die Oromo-Aufständischen, das Oromo-Wort für junge, energische und unverheiratete Männer. Einer von ihnen ist der 28-Jährige Jibril Ummar. [...] In Äthiopien sind etwa 65 Prozent jünger als 25 Jahre. [...]

Das freiere Klima in Addis Abeba folgt auf Jahre des Umbaus, die die einst beschauliche äthiopische Hauptstadt verwandelt haben. Die Stadt im zentraläthiopischen Hochland ist heute ein Dschungel von eng aneinander gebauten Glas- und Beton-Hochhäusern. Die neuen Hauptstraßen, gebaut vor allem von Chinesen, sind ständig verstopft. Zwischen Autos, Bussen und Fußgängern laufen Mehlsäcke transportierende Esel – sie wirken wie ein Relikt einer vergangenen Ära, die tatsächlich nicht lange vergangen ist.
Am Rande der Hauptstadt endet das Hochhausmeer abrupt in Äckern und Wiesen. Vor vier Jahren startete die Regierung eine umfangreiche Umwidmung von Ackerland für Industriegebiete und Wohngebäude. Die Bauern aus dem Oromo-Volk protestierten vergeblich: In Äthiopien gilt alles Land als Staatseigentum, die Landwirte haben nur ein Nutzungsrecht, das ihnen entzogen werden kann. Studenten schlossen sich den Bauern an. Die großen Pläne für eine riesige Erweiterung von Addis Abeba ver-

schwanden wieder in den Büroschränken […]. Was sagen jetzt die Landwirte? „Unsere Proteste waren der Beginn der hoffnungsvollen Veränderung. Aber uns geht es nicht besser", sagt der ehemalige Bauer Alemu Yirgu. Der 68-Jährige sitzt mit ein paar anderen Männern vor einer Reihe von Einzimmerhäuschen, gebaut aus Lehm und Stroh mit Wellblechdach, im Dorf Sefer Addis. „Mit der Entschädigung für die Enteignung unseres Landes konnten wir uns nur solche Wohnungen leisten." Sefer Addis liegt am Ende einer Asphaltstraße, eine Siedlung für ehemalige Bauern, die der Modernisierung weichen mussten. Aus der lokalen Bar kommt laute traditionelle Musik, während auf dem Abfallhaufen gackernde Hühner nach etwas Essbarem suchen. […] Die Regierung übernahm die Äcker dieser Bauern für einen Investor, der einen großen Betrieb darauf baute. „Das passierte, kurz bevor die Demonstrationen begannen. Wir wagten es nicht, abzulehnen, sonst wären wir als unpatriotisch gebrandmarkt worden, weil wir die Entwicklung Äthiopiens stoppen würden", sagt Dita Sebora, ein 48-jähriger ehemaliger Bauer. Er verbringt seine Tage in der Siedlung mit seinem jüngsten Sohn, während seine Frau in Addis Abeba putzen geht und das Einkommen der Familie verdient. „Die Industrie verjagt die Landwirtschaft", sagt der alte Alemu Yirgu. Die anderen Männer murmeln zustimmend. „Es ist gut, wenn wir Teller produzieren, aber darauf soll Essen kommen – und dafür haben wir gesorgt." […]
Ochsen ziehen den Pflug, Unkraut wird mit der Hacke entfernt, geerntet wird mit der Hand. Etwa 80 Prozent der Äthiopier leben von der Landwirtschaft, die oft noch sehr primitiv geführt wird. Meist wird die Ernte von der Bauernfamilie konsumiert, die wenigen Überschüsse gehen mit Pferd und Wagen oder auf dem Esel zum nächsten Markt. Diese uralte Subsistenzwirtschaft wird immer wieder von Dürren belastet – in diesem Jahr werden wohl acht Millionen Äthiopier auf staatliche Nahrungsmittelhilfe angewiesen sein.

Für Äthiopiens Regierung hatte Industrialisierung lange Zeit Vorrang vor einer Modernisierung der Landwirtschaft. Diesen Kurs unterstützen auch junge Geschäftsleute wie Henok Gelatte, Inhaber des Plastikflaschenbetriebes „Aqua Plastic Business". Das Werk des 32-Jährigen befindet sich in einem kleinen Industriegelände in einem Arbeiterviertel von Addis Abeba, wo es keine breiten Straßen gibt wie im Zentrum, sondern schmale Wege mit vielen Löchern. […]
„Wir müssen industrialisieren", findet Henok Gelatte. „Das meiste, was wir im täglichen Leben brauchen, muss importiert werden. Wir sollten es selbst fabrizieren." Der junge Unternehmer [kommt gerade] aus China, wo er eine neue Maschine gekauft hat. „Ich bin nicht gut ausgebildet", berichtet er. „Ich hatte kaum Startkapital, aber ich hatte Expertise. Das hat innerhalb von vier Jahren ein erfolgreiches Unternehmen ermöglicht", sagt er sichtbar stolz. „Es war das vorige Regime, das mir auf die Beine geholfen hat." Die ersten fünf Jahre braucht er keine Steuer auf den Gewinn zu zahlen und kann investieren. […]
Der Anfang zu einem „neuen Äthiopien" ist geschafft – aber die härteste Aufgabe, nämlich den Menschen ein besseres Leben zu

Abiy Ahmed Ali
Am 2.4.2018 wurde Abiy Ahmed Ali vom Parlament als neuer Ministerpräsident gewählt. Abiy (ebenfalls EPRDF), ehemaliger stellvertretender Präsident der Region Oromia, warb um Versöhnung zwischen den zahlreichen äthiopischen Ethnien sowie mit dem vormals verfeindeten Eritrea. Für diesen Aussöhnungsprozess wurde ihm 2019 der Friedensnobelpreis verliehen.

Straßenhändler mit Besen gehen in Addis Abeba an einem Werbeplakat der Luftfahrtallianz oneworld vorbei.

ermöglichen, hat Abiy Ahmed erst noch vor sich. Ökonom Bisrat Teshome im Restaurant in Addis Abeba schaut um sich auf die vielen jungen Frauen und Männer, die konzentriert auf ihre Laptops schauen. „Abiy muss sehr viele Arbeitsplätze schaffen. Es gibt eine unendliche Zahl von jungen Menschen, die hoffen, dass er ihnen eine gute Zukunft bietet mit einem Job. Wenn nicht – dann können sie sich in eine Protestarmee verwandeln, die fähig ist, die Mächtigsten nach Hause zu schicken."

Ilona Eveleens, Man kann wieder frei atmen, in: die tageszeitung, 10.07.2018

Wann gilt ein Land als Entwicklungsland?
Zum Begriff des Entwicklungslandes → vgl. Kap. 4.1.1

Für einen Vergleich von **Entwicklungs- und Schwellenländern** → vgl. Kap. 7.1.3

Zu den **Weltmarktstrategien** Äthiopiens → vgl. Kap. 7.2.1

Zur Konzeption von **BIP** und **BNE** (bzw. **BSP**) → vgl. Kap. 7.1.3

M 2 ● Äthiopien – ein Entwicklungsland?

Fläche: 1,1 Mio. km² (Weltrang 26)

Hauptstadt: Addis Abeba

Einwohner: 109 Mio. (Stand 2019, Weltrang 12)
1993: 57,6 Mio.

Klima: drei Klimazonen, je nach Höhenlage: feucht- bzw. trockenheiß, gemäßigt, kühl

Sprachen: amharisch, englisch, daneben 70 weitere anerkannte Regionalsprachen

Religion: 43,5 Prozent äthiopisch-orthodoxe Christen; 33,9 Prozent Muslime; 18,6 Prozent Protestanten; 0,7 Prozent katholische Christen

Lebenserwartung:
2018: 65,9 Jahre (DEU: 81,2)
1993: 48 Jahre (DEU: 76)

Kindersterblichkeit:
2018: 58,5 von 1.000 (DEU: 3,7 von 1.000)
1993: 20,4 von 100 (DEU: 0,7 von 100)

Human Development Index: Platz 173 von 189

Wirtschaftsleistung:
2017: BIP 80,6 Mrd. US-$, +10 % (DEU: 3.263,4 Mrd.US-$)
Bruttonationaleinkommen pro Kopf: 740 US-$ (DEU: 43.490 US-$)
1993: BIP 5.750 Mio. US-$, durchschnittlicher Zuwachs 1980-1993 = +1,8 % (DEU: Bruttosozialprodukt 1.902.995 Mio. US-$)
Bruttosozialprodukt pro Kopf: 100 US-$ (DEU: 23.560 US-$)

Zusammenstellung des Autors

Aufgaben

① Beschreiben Sie die Lebensbedingungen im heutigen Äthiopien (M 1, M 2).

② a) Charakterisieren Sie Äthiopien als ein typisches Entwicklungsland (M 2, M 1, Kap. 4.1).
b) Erläutern Sie am Beispiel Äthiopiens typische Entwicklungsprobleme und gesellschaftspolitische Herausforderungen von Entwicklungsländern (M 1, M 2, Kap. 4.1).

③ a) Präsentieren Sie Ihre Ergebnisse in Form eines Expertenberichts an das Entwicklungsprogramm der Vereinten Nationen (UNDP).
b) Diskutieren Sie auf Grundlage dieses Expertenberichts, ob und inwiefern Äthiopien Unterstützung aus dem UNDP erhalten sollte (vgl. Kap. 4).

zu Aufgabe 1
Gehen Sie dabei gleichermaßen auf zukünftige Herausforderungen sowie auf bisher ergriffene Chancen und zukünftige Entwicklungsmöglichkeiten ein.

7.1.2 China – Lebensbedingungen und Wirtschaftsstruktur in einem Schwellenland

E
- Beschreiben Sie die Karikatur (M 3). Begeben Sie sich hierfür gedanklich als Beobachter an den Ort des Geschehens: Was hören, riechen und spüren Sie? Wie wirken die Menschen auf Sie?
- Interpretieren Sie die Karikatur. Gehen Sie dabei vor allem auf mögliche charakteristische Merkmale sogenannter „Schwellenländer" ein.

Flagge der Volksrepublik China

M 3 ● Land der Gegensätze – China im Spiegel der Karikatur

Karikatur: Oliver Schopf, 2007

M 4 ● Widersprüche der nationalen Entwicklungsstrategie in China

Es ist halb neun an einem ungemütlich kalten Oktobermorgen am nördlichen Stadtrand von Peking. Dutzende Männer hocken vor einem Zaun an einer breiten Straße. Mit Sand beladene Trucks donnern vorbei, sie sind unterwegs zu einer der vielen Großbaustellen, die Chinas Hauptstadt prägen. Die Fahrer haben es eilig und ignorieren die Bodenwellen, Staubfahnen hüllen die wartenden Arbeiter ein. Doch das scheint keinen zu stören: Viele rauchen noch eine Zigarette, bevor ein Wachmann das Sicherheitsschloss am Tor entfernt. Im Gänsemarsch schieben sich die Männer hindurch. Bevor sie sich auf die Baustellen in dem reichen Wohnviertel verteilen, müssen sie sich bei dem Wachmann registrieren. Die Arbeiter kommen aus den ärmeren Provinzen Chinas, wo es kaum Jobs gibt. Ihnen bleibt oft keine andere Wahl, als ihre Bettrolle zu schnüren und als Wanderarbeiter in großen Städten wie Peking, Schanghai oder Shenzhen zu malochen, oft auf Baustellen. Pro Tag verdienen sie in den Metropolen etwa 150 Yuan, umgerechnet etwa 20 Euro. In kleineren Städten gibt es

Wanderarbeiter übernachten in einer U-Bahn-Passage bei Peking.

sogar nur den halben Lohn. Viele verzichten auf einen Ruhetag, um Geld für die Familie sparen zu können. [...] China würde ohne diese Wanderarbeiter nicht funktionieren. Auch wenn das den allermeisten bewusst ist – Anerkennung oder Dankbarkeit bringen wohlhabende Chinesen ihren hart arbeitenden Landsleuten nur selten entgegen. [...] Die Ursache dafür findet sich vor allem in der Entwicklung des Landes in den letzten vier Jahrzehnten. Nachdem sich China ab 1978 dem kapitalistischen Westen schrittweise öffnete, schaffte es innerhalb weniger Jahrzehnte den Aufstieg vom planwirtschaftlichen Agrarstaat zur heute zweitgrößten Wirtschaftsmacht der Welt. [...]

Doch der Goldrausch produzierte auch ein sozial gespaltenes Land. Heute hat China 1,6 Millionen Millionäre – und mehr Milliardäre als die USA. Ein Viertel der Bevölkerung muss sich aber ein Prozent von Chinas Vermögen teilen – während ein Prozent der Bevölkerung über ein Drittel von Chinas Vermögen verfügt. Zwar bildet sich zwischen diesen Extremen in raschem Tempo eine zunehmend wohlhabende, konsumorientierte Mittelschicht. Doch eine wirkliche Pufferfunktion scheint diese nicht zu haben. Einer Studie der Pekinger Universität zufolge hat die gesellschaftliche Ungleichheit ein gefährliches Maß erreicht – es gibt mehr soziale Spannungen, was sich zum Beispiel in der zunehmenden Anzahl von Arbeitskonflikten und Demonstrationen widerspiegelt.

Die Armut zu bekämpfen sei eine der wichtigsten Aufgaben der Kommunistischen Partei, fordert Präsident Xi Jinping: Bis 2020 soll es in China keine Armut mehr geben, so steht es im aktuellen Fünfjahresplan der Regierung. In der Tat hat das Land schon viel geschafft. Die Weltbank bescheinigte den Machthabern in Peking, seit 1978 etwa 800 Millionen Menschen über die Armutsgrenze gehievt zu haben. Geschafft haben sie das vor allem mit einer kompromisslos auf Wirtschaftswachstum ausgerichteten Politik, finanziellen Zuschüssen an arme Kommunen und groß angelegten Umsiedlungsprogrammen. Immer mehr Dörfer werden wegen mangelnder Infrastruktur aufgegeben oder vernachlässigt. Den verarmten Bewohnern werden neue Unterkünfte am Rande von Metropolen zugewiesen – außerhalb der glitzernden Stadtzentren mit ihren immer gleichen Shopping-Malls, den Hochglanz-Bürotürmen und Edelrestaurants. Dort sind die Menschen einfacher und billiger zu versorgen. [...] In den ländlichen Regionen Chinas leben 55 Millionen Menschen, die noch immer weniger als 2.300 Yuan, knapp 300 Euro, zum Leben haben – im Jahr. [...]

Der Nachwuchs von Chinas neureichen Millionären lebt indes in den elitären Sphären der Imperien, die ihre Eltern nach der wirtschaftlichen Öffnung Chinas insbesondere in ausgewiesenen Sonderwirtschaftszonen in den 1980er- und 90er-Jahren quasi aus dem Nichts erschaffen haben. Ob im Immobiliengewerbe, im Computergeschäft oder im Energiesektor – binnen zwei Jahrzehnten gelang es Leuten wie Wang Jianlin (er gründete den Immobilien- und Unterhaltungskonzern Wanda) oder Jack

Luxuswohnung eines sehr reichen Chinesen

Ma (Gründer des Online-Versandriesen Alibaba), enorme Summen zu verdienen. Doch
105 der Umgang mit Geld will gelernt sein – und das haben viele superreiche Sprösslinge nicht. In China werden sie „Fuerdai" genannt: die „reiche zweite Generation". Im Gegensatz zu ihren Eltern mussten die Fu-
110 erdai nie arbeiten, denn Geld war einfach da. Und zwar genug, um mit einem Lamborghini vor der Bar vorzufahren und dort für Tausende Euro eine spontane Party zu schmeißen.

Hilja Müller, Die Bling-Bling-Dynastie, www.fluter.de, 15.10.2017

Info

Wann gilt ein Land als Schwellenland?

Bezeichnung für eine Gruppe relativ fortgeschrittener Entwicklungsländer, die aufgrund ihrer hohen wirtschaftlichen Eigendynamik (hohe Wachstumsraten, besonders in der Industrie) beachtliche Industrialisierungsfortschritte erzielen konnten und in ihrem Entwicklungsstand gegenüber den Industriestaaten deutlich aufgeholt haben. Vielfach entsprechen soziale Indikatoren (z. B. Alphabetisierungsgrad und Lebenserwartung) und politische Entwicklung (demokratische Strukturen) nicht dem wirtschaftlichen Entwicklungsstand.

Duden Wirtschaft von A bis Z: Grundlagenwissen für Schule und Studium, Beruf und Alltag. 6. Aufl., Mannheim 2016, Lizenzausgabe: Bundeszentrale für politische Bildung

M 5 ● Ein Schwellenland? Die Wirtschafts- und Sozialstruktur Chinas

Fläche: 9,6 Mio. km² (Weltrang 4)

Hauptstadt: Beijing (Peking)

Einwohner:
2017: 1,39 Mrd. (Weltrang 1)
1993: 1,18 Mrd. (Weltrang 1)

Lebenserwartung:
2017: 76,4 Jahre (DEU: 81,2)
1993: 69 Jahre (DEU: 76)

Kindersterblichkeit:
2017: 9,3 von 1.000 (DEU: 3,7 von 1.000)
1993: 5,4 % (DEU: 0,7 von 100)

Human Development Index:
Platz 85 von 189

Wirtschaftsleistung:
2017: BIP: 12.238 Mrd. US-$, +6,9 % (DEU: 3.263,4 Mrd. US-$)
Bruttonationaleinkommen pro Kopf 2017: 8.690 US-$ (DEU: 43.490 US-$)
1993: BIP 425.611 Mio. US-$, durchschnittlicher Zuwachs 1980-1993 = +9,6 % (DEU: Bruttosozialprodukt 1.902.995 Mio. US-$)
Bruttosozialprodukt pro Kopf: 490 US-$ (DEU: 23.560 US-$)

Zusammenstellung des Autors

Für einen Vergleich von **Entwicklungs- und Schwellenländern**
→ vgl. Kap. 7.1.3

Zu den **Weltmarktstrategien** Chinas
→ vgl. Kap. 7.2.2

Zur Konzeption von **BIP** und **BNE** (bzw. BSP)
→ vgl. Kap. 7.1.3

Aufgaben

1. Beschreiben Sie die vielfältigen Lebensbedingungen im heutigen China (M 4, M 5).
2. Charakterisieren Sie China als ein typisches Schwellenland (M 5, Infobox, M 4).
3. Erläutern Sie am Beispiel Chinas typische Entwicklungsprobleme und gesellschaftspolitische Herausforderungen von Schwellenländern (M 3–M 5, Infobox).
4. a) Präsentieren Sie Ihre Ergebnisse in Form eines Expertenberichts an das Entwicklungsprogramm der Vereinten Nationen (UNDP).
   b) Diskutieren Sie auf Grundlage dieses Expertenberichts, ob und inwiefern China Unterstützung aus dem UNDP erhalten sollte (vgl. Kap. 4).

H zu Aufgabe 1
Gehen Sie dabei gleichermaßen auf zukünftige Herausforderungen wie auf bisher ergriffene Chancen und zukünftige Entwicklungsmöglichkeiten ein.

7.1.3 Wie lässt sich gesellschaftliche Entwicklung erfassen? Wohlstandsindikatoren im Vergleich

HDI → vgl. auch Kap. 4.1.1, Auftaktseite Kap. 7

E
- Beschreiben Sie die Position Äthiopiens, Chinas und Deutschlands in den unterschiedlichen Wohlfahrtsindizes (M 6).
- Sammeln und diskutieren Sie Auffälligkeiten.

M 6 ● Äthiopien, China und Deutschland im Vergleich

	BIP pro Kopf + Veränderungsrate BIP gesamt (2018)	Gini-Koeffizient („Einkommen")	Human Development Index (2019)	Happy Planet Index
Äthiopien	852 US-$ +7,71 %	39,1 (2015), konstant	Weltrang 173/189	Weltrang 66/140
China	9.580 US-$ +6,57 %	38,6 (2015), Tendenz fallend	Weltrang 85/189	Weltrang 72/140
Deutschland	47.662 US-$ +7,51 %	31,7 (2015), Tendenz (leicht) steigend	Weltrang 4/189	Weltrang 49/140

Zusammenstellung des Autors

Info

BIP und BNE als Wohlstandsindikatoren

Das **Bruttoinlandsprodukt** (BIP) einer Volkswirtschaft bezeichnet den Geldwert aller innerhalb eines Jahres im Inland produzierten Güter (Waren und Dienstleistungen, ohne Vorprodukte). Nach Schätzungen des IWF lag das weltweite Bruttoinlandsprodukt pro Kopf 2017 bei 10.587 US-$.
Während für das BIP also der Ort der Wertschöpfung entscheidend ist, basiert das **Bruttonationaleinkommen** (BNE, früher Bruttosozialprodukt) auf dem sogenannten Inländerkonzept, d. h. hier wird der Geldwert aller von „Inländern" (also Personen mit erstem Wohnsitz beispielsweise in Deutschland) produzierten Güter zusammengefasst, unabhängig davon, ob die Warenproduktion und Dienstleistungserbringungen im In- oder Ausland erfolgt. Somit werden im BNE zwar die Einkommen von Menschen, die in Deutschland leben, aber beispielsweise zur Arbeit im benachbarten Ausland pendeln, erfasst, wohingegen die Einkommen von einpendelnden Ausländerinnen nicht erfasst werden.
→ vgl. auch Q1, Kapitel 6 (eA)

Autorentext

Info

Gini-Koeffizient als Ungleichheitsmaß

Der Gini-Koeffizient bezeichnet das Ausmaß von Ungleichheit und wird vor allem hinsichtlich der Einkommens- und Vermögensverteilung ermittelt. Je höher der Indexwert ausfällt, umso ungleicher ist eine Gesellschaft. Beträgt der Wert 1 (bzw. 100 %), so besitzt in einer Gesellschaft eine Person das gesamte Einkommen (Vermögen) und alle anderen nichts. Ist der Wert 0, so erhalten alle Gesellschaftsmitglieder gleich viel Einkommen bzw. besitzen gleich viel.
In international vergleichenden Studien zur Vermögensverteilung, die jedoch aufgrund unterschiedlicher Datenbasis kritisch zu betrachten sind, gilt Slowenien (Gini 24,9) als das Land mit der gleichsten Verteilung, Südafrika (Gini 63,0) hingegen als das am wenigsten gleiche Land.
→ vgl. auch Q1, Kapitel 5

Autorentext

M 7 ● Äthiopien, China und Deutschland im Spiegel des Human Development Index'

Der Human Development Index (HDI) basiert auf den Indikatoren (a) Lebenserwartung bei der Geburt, (b) voraussichtliche und tatsächliche Schulbesuchsdauer sowie (c) Bruttoinlandsprodukt, die mit drei wichtigen SDGs korrespondieren. Für die drei Vergleichsländer wurden durch das United Nations Development Programme (UNDP) für das Jahr 2018 folgende Daten erhoben:

	HDI Gesamtwert	(a) Lebenserwartung bei Geburt (in Jahren)	(b) Bildung		(c) BNE pro Kopf (US-Dollar)
			Voraussichtliche Besuchsdauer von Bildungseinrichtungen (in Jahren bei Schuleintritt)	Durchschnittliche Schulbesuchsdauer (in Jahren, erhoben für die Bevölkerung ab 25)	
Äthiopien	0,470	66,2	8,7	2,8	1.782
China	0,758	76,7	13,9	7,9	16.127
Deutschland	0.939	81,2	17,1	14,1	46.946

Zahlen: Deutsche Gesellschaft für die Vereinten Nationen e.V. (Hg.), Bericht über die menschliche Entwicklung 2019 (Übersetzung des Human Development Report 2019), Berlin 2019, S. 32ff.

SDGs – Sustainable Development Goals
Im Zuge der entwicklungspolitischen „Agenda 2030" beschlossen die Vereinten Nationen 2015 siebzehn „Weltweite Ziele für nachhaltige Entwicklung" (Global Goals for Sustainable Development, meist als SDGs abgekürzt). Zu diesen gehören u. a. die auch im HDI operationalisierten Ziele „Gesundheit und Wohlergehen" (SDG 3), „Hochwertige Bildung" (SDG 4) und „Menschenwürdige Arbeit und Wirtschaftswachstum" (SDG 8).

M 8 ● Von menschlicher Entwicklung zum „glücklichen Planeten": der Happy Planet Index

a) So wird der Happy Planet Index (HPI) ermittelt

Wer ist das glücklichste und nachhaltigste Land der Welt? Costa Rica. Das belegt der aktuelle Happy Planet Index (HPI), der Index des glücklichen Planeten [...].
Der Happy Planet Index wurde im Juli 2006 als alternativer Fortschrittsindikator zum BIP von der britischen Denkfabrik „new economics foundation" [nef] entwickelt und [...] stellt [...] das Wohlbefinden und die Lebenserwartung den Umweltbelastungen bzw. dem Ressourcenverbrauch einer Nation gegenüber.
Der Happy Planet Index wird über folgende Formel berechnet: Happy Planet Index entspricht Lebenserwartung mal subjektives Wohlbefinden mal der sich ergebenden Ungleichheiten innerhalb der Bevölkerung geteilt durch den ökologischen Fußabdruck. [...]
Dabei zeigt sich schon seit Jahren ein interessantes Bild: Nicht der fortschrittliche Westen und dabei allen voran die Skandinavier belegen die vorderen Plätze, sondern die Top 10 bestimmen ausschließlich Staaten aus Lateinamerika und dem Asien-Pazifik-Raum.

Kein Land kann bei allen vier Faktoren (hohe Lebenserwartung, hohes Wohlbefinden, der sich ergebenden Ungleichheiten innerhalb der Bevölkerung bei gleichzeitigem Einhalten der ökologischen Grenzen) Erfolg verbuchen. Länder mit hohem Einkommen, wie die europäischen Staaten oder die USA, erreichen einen niedrigeren Rang, weil ihr Fußabdruck zu hoch ist [...]. Die vorderen Plätze des HPI werden von Ländern der Karibik und Ländern nahe dem Äquator eingenommen, weil sie auf Grund der geringen Heizkosten einen niedrigen Fußabdruck haben.

Bettina Sahling, www.newslichter.de, Abruf am 03.08.2019

Costa Rica auf Platz 1

Zum dritten Mal liegt auf Platz 1 des HPI im Jahr 2016 Costa Rica. In dem knapp fünf Millionen Einwohner zählenden Land leben nicht nur die glücklichsten Menschen der Welt. Das Land verfügt mit knapp 80 Jahren auch über eine höhere Lebenserwartung als die USA – und das mit gerade mal einem Viertel des durchschnittlichen Einkommens.

b) Wie schneiden Staaten im Happy Planet Index ab?

	HPI	Rangplatz (von 140)	Lebenszufriedenheit (von 10)	Lebenserwartung (in Jahren)	Ungleichheit	Ökologischer Fußabdruck (Inanspruchnahme globale Hektar pro Person)
Costa Rica	44,7	1	7,3	79,1	15 %	2,8
Norwegen	36,8	12	7,7	81,3	7 %	5,0
Deutschland	29,8	49	6,7	80,6	8 %	5,3
Äthiopien	26,7	66	4,6	62,8	36 %	1,0
China	25,7	72	5,1	75,4	17 %	3,4
Tschad	12,8	140	4,0	50,8	51 %	1,5

Zahlen nach: http://happyplanetindex.org/, Abruf am 29.01.2020

M 9 ● Index of Sustainable Economic Welfare (ISEW) als alternativer Wohlstandsindikator

Der Index of Sustainable Economic Welfare ist eine Erweiterung des Bruttoinlandprodukts (BIP) und berücksichtigt neben wirtschaftlichen auch soziale und ökologische
5 Faktoren. Ebenso werden nicht monetäre bzw. nicht am Markt gehandelte Kosten und Leistungen inkludiert. Er zielt darauf ab, den Wohlstand eines Landes umfassender als das BIP zu bewerten. [...]
10 Ausgangspunkt des ISEW sind die Ausgaben für den privaten Konsum. Sie werden mit einem Index für Einkommensungleichheit gewichtet, um die sozialen Kosten von Ungleichheit zu berücksichtigen, und
15 durch positive und negative Anpassungen korrigiert. Hinzugezählt werden unbezahlte Hausarbeit und freiwillige Arbeit sowie öffentliche Ausgaben für Gesundheit und Bildung. Abzüge gibt es für Umweltkosten, die durch Emissionen entstehen wie Kosten für 20 Verschmutzung von Luft und Wasser oder Kosten der Globalen Erwärmung. Ebenso für Umweltkosten, die mit dem Abbau von Naturkapital assoziiert werden wie Rückgang von nicht erneuerbaren Ressourcen 25 sowie Verlust von Habitaten. Des Weiteren werden defensive Ausgaben, die für die Reparatur einer „Störung" ausgegeben werden, wie etwa die Kosten eines Autounfalls, subtrahiert. 30

www.nachhaltigkeit.info, Abruf am 03.08.2019

M zu Aufgabe 1b
Analysieren Sie zunächst die Beispielländer arbeitsteilig und führen Sie Ihre Ergebnisse anschließend kooperativ zusammen (z. B. Placemat, Gruppenpuzzle).

F zu Aufgabe 1
Diskutieren Sie kritisch die Zielorientierung gesellschaftlicher Entwicklung (Modernisierungsparadigma), die mit dem Begriff der Entwicklungsländer verbunden ist.

M zu Aufgabe 2
Wählen Sie den aus Ihrer Sicht geeignetsten Index aus und begründen Sie Ihre Auffassung.

Aufgaben

1. a) Analysieren Sie die Lebensbedingungen und den gesamtgesellschaftlichen Wohlstand in den Beispielländern Äthiopien, China und Deutschland anhand der vorliegenden Indizes (M 7-M 8, Randspalte).
   b) Vergleichen Sie anhand der vorliegenden Indizes (M 7-M 8, Randspalte) die Gesellschaften Äthiopiens, Chinas und Deutschlands hinsichtlich ihres Entwicklungsstandes.
2. Beurteilen Sie vor diesem Hintergrund die Aussagekraft und Grenzen der untersuchten Wohlstandsindikatoren (M 7-M 9, Randspalte).

7.1 Entwicklungs- und Schwellenländer in der globalen Wirtschaft?

Lange Zeit wurde die Welt in Entwicklungs- und Industrieländer eingeteilt. **Entwicklungsländer** galten als „unterentwickelt". Maßstab waren der Lebensstandard des „Globalen Nordens", der als erstrebenswert für alle Gesellschaften weltweit angesehen wurde. Heute wird dieses Entwicklungskonzept deutlich kritischer beurteilt, weil es andere Gesellschaften als rückständig definiert.

Trotz aller definitorischer Schwierigkeiten fasst man unter dem Begriff Länder zusammen, deren **Bevölkerung mehrheitlich in absoluter und z. T. auch relativer Armut** lebt. Die Gesundheitsversorgung ist häufig nicht ausreichend, was zu **hoher Kindersterblichkeit** und **geringer Lebenserwartung** führt. Darüber hinaus weisen diese Länder hohe **Analphabetenquoten** auf. Die **Wirtschaft** ist einerseits von **informellen** Strukturen geprägt, in denen viele Menschen nur gelegentlich geregelt Arbeit finden. Andererseits sind viele der Entwicklungsländer reich an **Rohstoffen**, von deren Export jedoch nur eine kleine Minderheit profitiert.

Zahlreiche der genannten definitorischen Merkmale treffen auch in **Äthiopien** zu; trotz merklicher Wachstumsimpulse weist das Land u. a. eine im internationalen Vergleich niedrige Wirtschaftskraft sowie eine hohe Kindersterblichkeitsrate auf.

Als **Schwellenländer** gelten frühere „Entwicklungsländer", die im Zuge eines wirtschaftlichen **Wachstumspfades** ihre Wirtschaftsleistung deutlich steigern sowie die allgemeinen Lebensbedingungen (Armutsrisiko, Kindersterblichkeit und Lebenserwartung, Bildungsteilhabe) verbessern und hinsichtlich dieser Indikatoren gegenüber den „Industrienationen" aufholen konnten. Das Beispiel **China** steht exemplarisch für eine solche Entwicklung, in deren Kontext jedoch häufig auch **soziale Ungleichheiten** und **Konflikte** zunehmen sowie **Mensch** und **Umwelt ausgebeutet** werden.

Die Klassifizierung von Staaten bzw. Gesellschaften beruht auf unterschiedlichen **Wohlstandsindikatoren**, die den Entwicklungsstand von Gesellschaften vergleichbar machen (sollen). Das **Bruttoinlandsprodukt** misst die **Wirtschaftskraft** eines Landes und zeigt damit an, ob eine Gesellschaft (relativ) reich oder arm ist. Die in diesem Indikator nicht betrachtete Frage, wie der verfügbare Wohlstand verteilt wird, wird durch den **Gini-Koeffizienten** – dem Maß der gesellschaftlichen **(Un-)Gleichheit** von Einkommen und Vermögen – aufgenommen. Ebenfalls weit verbreitet ist der **Human Development Index (HDI)**, der durch die „Verrechnung" von Wirtschaftskraft, medizinischer Versorgung und der Entwicklung des Bildungssystems Staaten einen Indexwert zuweist, mit dem Rangfolgen und ihre Veränderungen ermittelt werden können. An diesen Wohlstandsindikatoren wird vielfach kritisiert, dass sie insbesondere die Belastung natürlicher Ressourcen durch die jeweilige Wirtschaftsweise nicht in den Blick nehmen. Diese Kritik greift insbesondere der **Happy Planet Index** (HPI) auf, der Lebenserwartung, subjektives Wohlbefinden und gesellschaftliche Ungleichheit zum ökologischen Fußabdruck einer Gesellschaft in Beziehung setzt. Hier ergeben sich meist deutlich andere Rankings als bei den etablierten Wohlstandsindikatoren.

Methodisch besteht vor allem bei komplexeren Wohlstandsindikatoren die **Schwierigkeit**, dass nicht für alle zu untersuchenden Gesellschaften vergleichbare Daten zur Verfügung stehen.

Äthiopien – Beispiel eines „Entwicklungslandes"
(Basiskonzept: Ordnungen und Systeme)
M 1
(vgl. auch Kap. 4)

China – Beispiel eines „Schwellenlandes"
(Basiskonzept: Ordnungen und Systeme)
M 4

Wohlstandsindikatoren
(Basiskonzept: Ordnungen und Systeme)
M 7–M 9

ORIENTIERUNGSWISSEN

7.2 „Anschluss gesucht": Zukunftsperspektiven von Entwicklungs- und Schwellenländern in der globalisierten Wirtschaft

7.2.1 Äthiopien: Agrarproduzent für die Welt?

Flagge Äthiopiens

E
- Beschreiben Sie die Strukturen des Außenhandels Äthiopiens (M 1).
- Leiten Sie daraus mögliche Entwicklungschancen und -hindernisse für die äthiopische Gesellschaft ab.

M 1 Äthiopien in der globalisierten Wirtschaft

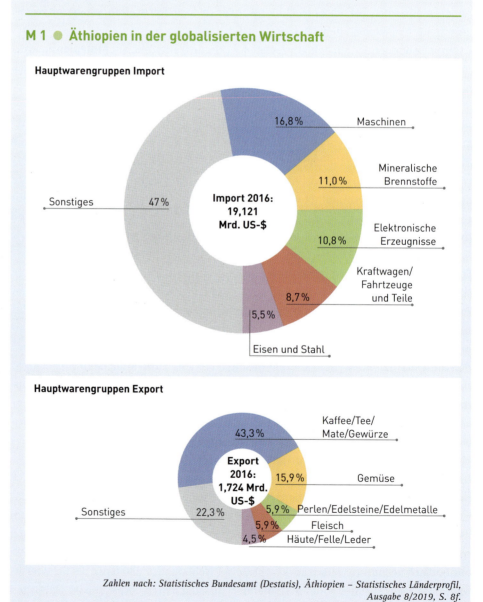

Zahlen nach: Statistisches Bundesamt (Destatis), Äthiopien – Statistisches Länderprofil, Ausgabe 8/2019, S. 8f.

M 2 Modernisierung der äthiopischen Landwirtschaft – eine Erfolgsgeschichte?

Kaum ein anderes afrikanisches Land hat sich im vergangenen Jahr so positiv entwickelt wie Äthiopien. [...] [D]ie Wirtschaft im Land ist beachtlich gewachsen: Ab Mitte
5 der 2000er-Jahre lag der jährliche Zuwachs des Bruttoinlandsprodukts für mehr als ein Jahrzehnt im Schnitt bei über zehn Prozent – das Höchstniveau auf dem Kontinent.
Diese Erfolge hat Äthiopien zu einem guten
10 Teil der klaren Entwicklungsstrategie zu verdanken [...]. Sie hatte das Ziel vor Augen, das Land mit heute mehr als 100 Millionen Einwohnern von einem armen Agrarstaat in ein Schwellenland zu ver-
15 wandeln, das Landwirtschafts- und Leichtindustrieprodukte auf dem Weltmarkt verkauft. Dazu haben Äthiopiens Staatslenker dort angesetzt, wo nahezu jeder Transformationsprozess begonnen hat: in der Land-
20 wirtschaft. Bereits 1993 entwickelte die Regierung die „Agricultural Development Led Industrialization"-Strategie, kurz ADLI, die die Landwirtschaft als Grundpfeiler für Entwicklungsfortschritte und Ausgangs-
25 punkt eines Industrialisierungsprozesses definiert. Äthiopien begann dementsprechend früh, in den Agrarsektor zu investieren, etwa indem landesweit ein Netz von landwirtschaftlichen Beratern aufgebaut
30 wurde, die Kleinbauern dabei unterstützen, produktiver zu werden.
Der Ansatz, zuerst die Produktivität in der Landwirtschaft zu verbessern, hat sich als sinnvoll erwiesen: Seit 1990 haben sich die
35 Erträge – also die Produktionsmengen pro Hektar – bei Getreide und anderen wichtigen Anbauprodukten mehr als verdoppelt. Bessere Ernten trugen dazu bei, dass sich die Armut der Landbevölkerung, die 70
40 Prozent der Gesamtbevölkerung ausmacht, deutlich reduziert hat. Die Exporte landwirtschaftlicher Produkte sind seither ebenfalls angestiegen, wozu auch kommerzielle Großbetriebe beigetragen haben. [...]
45 [Seit 1993 konnte Äthiopien den Warenwert der exportierten landwirtschaftlichen Erzeugnisse um den Faktor 20 steigern.] Auch der Erlös von Kaffee, dem Exportschlager Äthiopiens, hat sich seither mehr
50 als versechsfacht. Zudem hat das Land seine Exportproduktpalette in den vergangenen Jahren zunehmend erweitert. So sind seit Mitte der 1990er-Jahre beispielsweise Schnittblumen hinzugekommen und mitt-
55 lerweile zum sechstwichtigsten Exportprodukt Äthiopiens aufgestiegen. Auf dem afrikanischen Markt liefert nur der Nachbar Kenia größere Mengen davon für den globalen Markt. Bei drei landwirtschaftlichen
60 Produkten ist Äthiopien heute einer der weltweit größten Exporteure: Schnittblumen, Sesam und Kaffee.
Um Unternehmen aus dem Ausland zu Investitionen in Äthiopien zu motivieren, treibt die äthiopische Regierung seit Jahren
65 einen enormen Infrastrukturausbau voran – von neuen Straßen, Strom-, Wasser- und Telekommunikationsleitungen bis hin zu einer neuen Bahnstrecke, die Addis Abeba mit dem Hafen in Djibouti verbindet. Auch
70 neue Industrieparks entstehen [...].
Der Ausbau der Infrastruktur und der Industrieparks ist kostspielig und meist nur mit ausländischer Unterstützung zu meistern, die überwiegend aus China kommt.
75 Doch die Anstrengungen scheinen sich für Äthiopien zu lohnen: [...] Ausländische Investoren finden in Äthiopien günstige Arbeitskräfte und vielseitige Anreize – von Stromsubventionen bis hin zu Zollbegüns-
80 tigungen. Im Jahr 2017 flossen insgesamt 3,6 Milliarden US-Dollar an ausländischen Direktinvestitionen nach Äthiopien, mehr als in jedes andere Land in Subsahara-Afrika.
85

Alisa Kaps, Vom Agrarstaat zum Industriestaat, in: E+Z (Entwicklung und Zusammenarbeit) 3/2019 (e-Paper), www.dandc.de, S. 23f., Abruf am 31.07.2019

Alisa Kaps ist Wissenschaftlerin am Berlin-Institut für Bevölkerung und Entwicklung. Sie beschäftigt sich hauptsächlich mit den demografischen Herausforderungen in Subsahara-Afrika.

M 3 • „Die globale Rose" – Nebenwirkungen äthiopischer Blumenproduktion

Die Auslagerung der Blumenproduktion in Länder entlang des Äquators entwickelte sich mit Beginn der 1970er-Jahre in rasantem Tempo. Inzwischen wird nur noch etwa ein Fünftel der Schnittblumen, die in Deutschland gekauft werden, hierzulande produziert. Der Rest wird importiert. [...] Aus Ostafrika kommt [dabei] eher Massenware, die hierzulande in Supermärkten angeboten wird. [...] Die Auslagerung der Blumenproduktion nach Ostafrika und Südamerika hat weitreichende gesellschaftliche und ökologische Folgen – in den Ländern selbst ebenso wie global. [...]

Die Regierung [Äthiopiens] hat eine Internetplattform eingerichtet, um Blumeninvestoren auf Äthiopien aufmerksam zu machen. „Die äthiopischen Arbeitsgesetze entsprechen internationalem Recht, ohne die Freiheiten von Investoren einzuschränken", heißt es dort. Gemeint sind die extrem niedrigen Löhne. Laut einer Studie der niederländischen NGO Hivos [...] gehen fest angestellte Arbeiter und Arbeiterinnen mit durchschnittlich 81 Eurocent am Tag nach Hause, Erntehelfer müssen mit 52 Eurocent überleben.

Die Regierung gewährt Investoren außerdem Steuerfreiheit zwischen zwei und sieben Jahren und bietet niedrige Pachtverträge mit einer Laufzeit von 35 Jahren. [...] Die „Lockrufe" der Regierung stoßen auf Gegenliebe. Allein [zwischen 2009 und 2015] verpachtete Äthiopien landwirtschaftliche Nutzfläche in der Größe Frankreichs an ausländische Investoren.

Das Land, das die Regierung ihnen zur Verfügung stellt, steht nicht zum Verkauf. Nach äthiopischem Recht kann es nur für eine bestimmte Zeit „geleast" werden. Die Menschen, die dort gelebt haben, müssen das Land trotzdem verlassen. Oft gehen sie nicht freiwillig. [...] Menschen werden entwurzelt. Sie verlieren ihre Traditionen und den Boden, von dem sie sich ernähren. Die positiven Effekte, wie die Schaffung von Arbeitsplätzen, können den Schaden [...], der mit dem Verlust des Landes einhergeht, nicht aufwiegen. Außerdem kämen sie in der Regel nicht jenen zugute, die vorher auf dem Land gelebt hätten [...].

Der Produzentenverband geht davon aus, dass es inzwischen 300 blumenproduzierende Unternehmen in Äthiopien gibt. Mehr als 60 Prozent davon sind in ausländischem Besitz.

Silke Peters, Blühende Geschäfte. Der weltweite Handel mit der Blume, München 2015, S. 67ff.

In einem Gewächshaus in Tansania werden Pestizide auf Rosen gesprüht, die für den Export nach Europa bestimmt sind.

SDG – Armutsbekämpfung

„Armut bekämpfen" lautet das erste Ziel der „Nachhaltigen Entwicklungsziele" (SDGs, vgl. Kap. 7.1.3). Dieses Ziel ist u. a. durch die Vorgabe definiert, dass bis 2030 die extreme Armut – gegenwärtig definiert als der Anteil der Menschen, die mit weniger als 1,25 Dollar pro Tag auskommen müssen – für alle Menschen überall auf der Welt beseitigt sein soll.

M 4 Agrarproduzenten in der Weltwirtschaft: die „Terms of Trade"

Die Terms of Trade auf Güterbasis (Commodity Terms of Trade) werden berechnet, indem der Preisindex der Exporte durch den Preisindex der Importe in heimischer Währung geteilt wird.

An der Entwicklung der Terms of Trade kann abgelesen werden, wie sich die Austauschverhältnisse der exportierten und importierten Waren verändern. Steigen die Terms of Trade eines Staates, durch eine Preissteigerung der eigenen Exportgüter und/oder durch eine Preissenkung der Importgüter, verbessert sich die außenwirtschaftliche Position, da sich die Fähigkeit erhöht, mit dem gleichen Exportvolumen mehr Güter zu importieren.

Autorentext

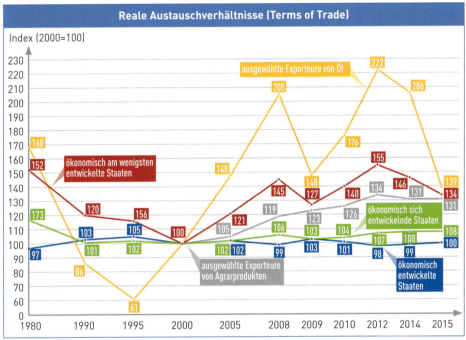

Zahlen: United Nations Conference on Trade and Development (UNCTAD): Handbook of Statistics 2006-2007/2008, (Stand: 09/2016); nach: www.bpb.de, Abruf am 01.08.2019

Aufgaben

1. Beschreiben Sie die Weltmarktstrategie und -integration Äthiopiens (M 2, M 1).
2. Arbeiten Sie Chancen und Risiken des gewählten Entwicklungspfades heraus (M 2–M 4, vgl. auch Kap. 7.1.1, M 1).
3. Erörtern Sie die Weltmarktstrategie Äthiopiens.
4. a) Präsentieren Sie Ihre Ergebnisse in Form eines Expertenberichts an das Entwicklungsprogramm der Vereinten Nationen (UNDP).
   b) Überprüfen Sie auf dieser Grundlage Ihre entwicklungspolitischen Empfehlungen aus Kap. 7.1.1.

zu Aufgabe 2
Analysieren Sie hierzu auch die wirtschaftlichen Austauschverhältnisse von Agrarexporteuren sowie ökonomisch gering entwickelten bzw. sich entwickelnden Staaten (M 4).

zu Aufgabe 3
Berücksichtigen Sie dabei auch die in Kap. 7.1.1 herausgestellten Herausforderungen für die wirtschaftliche und gesellschaftliche Entwicklung Äthiopiens.

7.2.2 China – „Werkbank der Welt" oder Hochtechnologiestandort?

Flagge der Volksrepublik China

E
- Beschreiben Sie die Weltmarktintegration Chinas (M 5)
- Leiten Sie daraus mögliche Chancen und Risiken für die wirtschaftliche und gesellschaftliche Entwicklung Chinas ab.

M 5 ● China in der globalisierten Wirtschaft

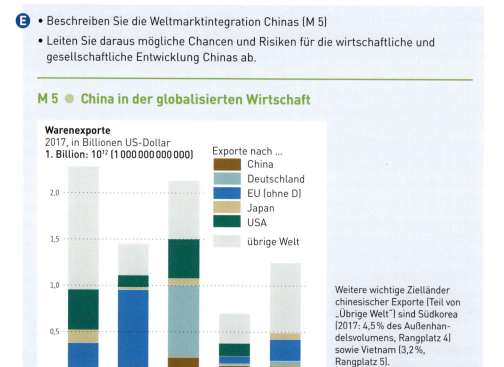

Weitere wichtige Zielländer chinesischer Exporte (Teil von „Übrige Welt") sind Südkorea (2017: 4,5 % des Außenhandelsvolumens, Rangplatz 4) sowie Vietnam (3,2 %, Rangplatz 5).

Le Monde diplomatique, Atlas der Globalisierung. Welt in Bewegung, Berlin 2019, S. 111

M 6 ● Wohlstand durch Export: Chinas Wachstumsstrategie als „Werkbank der Welt"

Die chinesische Wirtschaft hat sich seit Anfang der 1990er-Jahre rasant entwickelt. Ausgangspunkt war die Politik der „Reform und Öffnung", die unter dem Reformstrategen Deng Xiaoping in den 1980er-Jahren eingeleitet worden war: In der bisher von Staatsbetrieben dominierten Wirtschaft wurden private und ausländische Unternehmen sowie Markt-, Preis- und Qualitätswettbewerb zugelassen. Das rigide planwirtschaftliche und von Agrarwirtschaft geprägte System wandelte sich schrittweise zu einer Wettbewerbswirtschaft mit rasch wachsendem privatem Sektor und reduzierter staatlicher Lenkung. [...]

In China wurde das Wirtschaftswachstum durch einen rasant steigenden Export [„Werkbank der Welt"] von [zunächst einfachen, arbeitsintensiven] Konsumgütern [zum Beispiel Spielzeuge und Haushaltsgeräte] und durch sehr hohe Investitionen in Industrie, Infrastruktur und Immobilienwirtschaft angetrieben. Ein Kernelement des Wachstumsmodells bestand darin, den Überschuss an jungen, meist gering qualifizierten Arbeitskräften aus den ländlichen Gebieten produktiver in Fabriken einzusetzen („Demografische Dividende"). Eine besondere Rolle spielte dabei die Öffnung für ausländische Direktinvestitionen, die zu

einer Vielzahl der neuen Fabriken beitrug. [...]
Die chinesische Volkswirtschaft durchlief ab 1992 eine Phase des Hochwachstums. Zwischen 1990 und 2010 wuchs das Bruttoinlandsprodukt (BIP), also die Gesamtwirtschaftsleistung des Landes, jährlich um rund zehn Prozent. War Chinas BIP vor dem Wachstumsschub der 1990er-Jahre noch niedriger als das Deutschlands gewesen, trug die Volksrepublik 2017 etwa 15 Prozent zur globalen Wirtschaftsleistung und mehr als ein Drittel zum globalen Wachstum bei. Neben den USA und der EU bildet China den dritten großen Wirtschaftsraum und Wachstumspol im globalen Austausch.

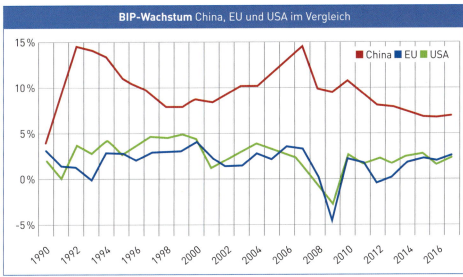

Nach: www.bpb.de, Abruf am 7.10.2019

[...] In den 2010er-Jahren geriet das chinesische Wachstumsmodell der 1990er-Jahre unter Druck. Die bisherigen Wachstumstreiber – Exporte und Investitionen – hatten ihre Grenzen erreicht. In arbeitsintensiven Exportbranchen hat China mittlerweile an Wettbewerbsfähigkeit gegenüber südostasiatischen Ländern verloren. Schuhe, Textilien oder Spielzeuge werden zunehmend in Vietnam, Bangladesch oder Indonesien hergestellt. Dies ist mit dem rapiden Lohnwachstum in China erklärbar, das die schnelle wirtschaftliche Entwicklung begleitet hat. [...] Gesamtwirtschaftlich gesehen [...] hat die Bedeutung der arbeitsintensiven Exportwirtschaft als Antriebskraft für das BIP-Wachstum nachgelassen. [...]
[Bei den weiteren Programmen der wirtschaftlichen Entwicklung Chinas ist] ein Problem zu vermeiden, das viele Schwellenländer bereits erfahren haben: Sie erreichten nach einer Phase beschleunigten Wachstums zwar ein steigendes Lohn- und Versorgungsniveau, doch damit stagnierte oder sank regelmäßig ihre Wettbewerbsfähigkeit gegenüber anderen Billiglohnländern. Gleichzeitig erreichten ihre technologischen und organisatorischen Innovationskräfte nicht das Niveau und die Produktivität hochentwickelter Industrie- und Dienstleistungsökonomien, um mit diesen bei höherwertigen Produkten in Konkurrenz treten zu können. In der Wirtschaftswissenschaft wird dieses Phänomen als „Falle der mittleren Einkommen" (middle income trap) bezeichnet.

Max. J. Zenglein, Jost Wübbeke, Vom der „Werkbank der Welt" zur Innovationswirtschaft, in: Informationen zur politischen Bildung 337/2018 (Themenheft „China"), Bonn 2018, S. 64ff.

M 7 (Wie) Gelingt Chinas Übergang zum innovationsgetriebenen Wachstumsmodell?

Wie aber kann China die Umstellung von der Niedriglohnproduktion [...] hin zu einer von Hochtechnologie und Produktivitätssteigerungen angetriebenen Wirtschaft gelingen? Wo sind die künftigen Wachstumstreiber zu finden? [...]

In einzelnen Industrien ist es der Volksrepublik bereits gelungen, international den Anschluss zu finden und sich als Taktgeber für Innovationen zu etablieren.

In der Telekommunikationsindustrie gehören die Konzerne Huawei und ZTE beispielsweise bereits zu den Weltmarktführern. Auch in anderen Bereichen sind Erfolge zu verzeichnen, wie etwa in der Energietechnologie, insbesondere bei Solarenergie und Windkraft, sowie in der Eisenbahntechnologie, vor allem bei Hochgeschwindigkeitszügen. Ganz vorne mit dabei sind chinesische Unternehmen und Forschungsinstitute auch in Industrien, die erst im Entstehen begriffen sind, so bei der Elektromobilität, Biotechnologie, Nanotechnologie, Big Data oder künstlicher Intelligenz.

Die steigende Bedeutung von Forschung und Entwicklung in China zeigt sich an den riesigen Investitionen, die vom Staat und einzelnen Unternehmen in diesen Bereichen geschultert werden und deutlich schneller angestiegen sind als die Wirtschaftsleistung.

> Während China im Jahr 2000 lediglich 0,9 Prozent des BIP für Forschung und Entwicklung aufwendete, so stieg dieser Wert bis 2015 auf 2,1 Prozent. Damit nähert sich China Deutschland (2,4 %) und den USA (2,6 %) an und investiert bereits mehr als im europäischen Durchschnitt.

Während in Deutschland Innovationen zumeist von Unternehmen veranlasst werden, gehen in China die Impulse vom Staat aus. Chinas Regierung hat sich mit der „Made in China 2025"-Strategie das Ziel gesetzt, die Volksrepublik bis zur Mitte des 21. Jahrhunderts zu einem globalen Technologieführer zu machen. [...] Im Fokus der politischen Strategie stehen allen voran die Zukunftstechnologien, in denen die chinesische Regierung künftig das höchste Wachstumspotenzial erwartet. [...] Auf Grundlage der offiziellen Technologie-Fahrpläne verteilen die Zentralregierung, Provinzen und Städte großzügig Fördergelder an Unternehmen und Forschungseinrichtungen. Die Kanalisierung dieser Mittel [...] dient dem Zweck, wettbewerbsfähige Industrien und Unternehmen

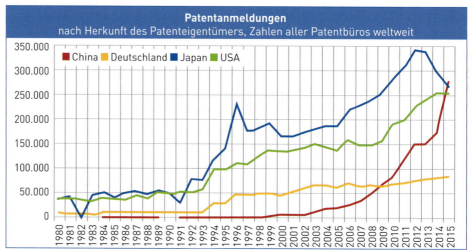

Zahlen: World Intellectual Property Organization (WIPO) 2017

aufzubauen. Chinas Regierung will sogenannte nationale Champions hochziehen, große Unternehmen, die den heimischen Markt dominieren und im internationalen Wettbewerb neben den etablierten ausländischen Konzernen bestehen können.

In einzelnen Wirtschaftsbranchen haben sich jedoch auch Unternehmen zu wichtigen Innovationstreibern entwickelt. Große Internetfirmen wie der E-Commerce-Riese Alibaba, die Suchmaschine Baidu und der Spiele- und Social Media-Konzern Tencent konnten in den vergangenen Jahren aus eigenem Antrieb wegweisende Geschäftsmodelle und Dienstleistungen hervorbringen [...]. In der Internetwirtschaft und in der Informationstechnologie haben sich mehrere Innovationscluster gebildet, also regionale Zentren der Forschung und Entwicklung, vor allem in Peking, Shanghai und Shenzhen. Sie bieten einen wichtigen Nährboden für Jungunternehmer und Start-ups mit neuen Geschäftsideen. [...] Als besondere Herausforderung für die Regierung gilt, dass sie den Strukturwandel umsetzen und dabei das BIP-Wachstum stabil halten muss, um soziale Unruhen zu vermeiden. Im Zentrum der Reformen stehen [...] die Staatsbetriebe. Trotz des wachsenden Privatsektors dominieren sie weiterhin Chinas Wirtschaftssystem. [...] Viele der von staatlichen Betrieben dominierten Branchen haben Überkapazitäten aufgebaut und arbeiten unwirtschaftlich, also weder sparsam im Ressourcen- und Kapitaleinsatz noch bedarfsgerecht. Bereits Anfang 2016 hatte die Regierung angekündigt, in der Kohle- und Stahlbranche über die nächsten zwei bis drei Jahre Überkapazitäten abbauen zu wollen. Dabei rechnet die Regierung mit dem Verlust von 1,8 Millionen Arbeitsplätzen. Die Umsetzung von Strukturreformen wird also voraussichtlich mit schmerzhaften Einschnitten verbunden sein. Entwickeln sich andere Wirtschaftsbereiche, wie etwa im Dienstleistungssektor, nicht stark genug, wird sich der Staat möglicherweise gezwungen sehen, das angestrebte BIP-Wachstumsziel durch andere wachstumsstimulierende Maßnahmen, etwa durch erhöhte Staatsausgaben, zu erreichen.

Max. J. Zenglein, Jost Wübbeke, Vom der „Werkbank der Welt" zur Innovationswirtschaft, in: Informationen zur politischen Bildung 337/2018 (Themenheft „China"), Bonn 2018, S. 66ff.

Aufgaben

1. a) Beschreiben Sie die (ursprüngliche) Wachstumsstrategie Chinas (M 6).
   b) Arbeiten Sie Chancen und Risiken dieses Entwicklungspfades heraus (M 6, vgl. auch Kap. 7.1.2, insbes. M 4).

2. a) Geben Sie die Ziele und Maßnahmen des innovationsgetriebenen Wachstumspfades Chinas wieder (M 7).
   b) Erläutern Sie die wirtschaftspolitische Rolle des chinesischen Staates in diesem Entwicklungsmodell.

3. Erörtern Sie die export- und innovationsgetriebene Entwicklungsstrategie Chinas (M 5–M 7).

4. a) Präsentieren Sie Ihre Ergebnisse in Form eines Expertenberichts an das Entwicklungsprogramm der Vereinten Nationen (UNDP).
   b) Überprüfen Sie auf dieser Grundlage Ihre entwicklungspolitischen Empfehlungen aus Kap. 7.1.2.

5. „Wohlstand durch (Welt-)Handel"? Diskutieren Sie das Wohlfahrtsversprechen der (liberalen) ökonomischen Globalisierung vor dem Hintergrund Ihrer Analysen zu Äthiopien und China.

zu Aufgabe 1b
Analysieren Sie hierzu auch die Entwicklung des Bruttoinlandsproduktes in Chinas (M 6, Grafik).

zu Aufgabe 3
Berücksichtigen Sie dabei auch die in Kap. 7.1.2 herausgestellten Herausforderungen für die wirtschaftliche und gesellschaftliche Entwicklung Chinas. Berücksichtigen Sie dabei auch mögliche Auswirkungen der Außenhandelspolitik vor allem der USA (vgl. Kap. 6).

ORIENTIERUNGSWISSEN

Agrarproduktion für die Welt – eine exemplarische Weltmarktstrategie von Entwicklungsländern
(Basiskonzept: Interaktionen und Entscheidungen)
M 2–M 4

Hinsichtlich der Zielstellung, durch Wirtschaftswachstum den allgemeinen Wohlstand zu steigern, stellt sich vor allem für Entwicklungs-, aber auch für Schwellenländer das Problem, dass aufgrund der hohen Armutsquote die **Binnennachfrage**, die ein Wirtschaftswachstum tragen könnte, zu **gering** ausfällt. Daher favorisieren die meisten Entwicklungs- und Schwellenländer eine **export- bzw. weltmarktorientierte Wachstumsstrategie**; Versuche der Importsubstitution (Binnenmarktorientierung) blieben in der Vergangenheit tendenziell ohne Erfolg.

So versucht auch die Regierung **Äthiopiens** das Land als **Agrarproduzent** am Weltmarkt zu positionieren. Die Unternehmen können dabei durch **Kostenvorteile** (vor allem: Arbeitskosten) Wettbewerbsvorteile erzielen, die auch aufgrund einer wachsenden globalen Güternachfrage sowie der geringen bzw. stetig sinkenden Transportkosten zu steigenden Exportvolumina beitragen. Im Ergebnis ist die äthiopische Wirtschaft in den vergangenen Jahren gewachsen, das Land kann im Zuge dieser Strategie Entwicklungserfolge vorweisen.

Gleichzeitig ist diese Strategie auch mit Risiken behaftet, da der Fokus auf wenige (agrarische) Exportprodukte dazu führt, dass das Land von stabilen bzw. steigenden Weltmarktpreisen abhängig ist. Das Arbeitskräftereservoir ist sehr groß, sodass die Unternehmer niedrigste **Löhne**, vielfach auch **unter der Armutsgrenze**, durchsetzen können.

Industrieproduktion für die Welt – eine exemplarische Weltmarktstrategie von Schwellenländern
(Basiskonzept: Interaktionen und Entscheidungen)
M 6, M 7

Auch **China** hat sich mit seiner Öffnungspolitik seit den 1980er-Jahren für eine Exportstrategie entschieden und dabei Kosten- und somit Wettbewerbsvorteile in der einfachen, **manuellen Industrieproduktion** genutzt. Begleitet wurde diese Strategie von einer **Bildungsoffensive** sowie der Kooperation mit ausländischen Unternehmen (**Joint Ventures**), wodurch chinesische Unternehmen zunehmend in die Lage versetzt wurden, mit eigenen Innovationen auf dem Weltmarkt zu reüssieren.

Die **Wohlfahrtssteigerung**, die sich in den letzten gut dreißig Jahren im Zuge dieser Wachstumsstrategie beobachten lässt, ist beispiellos.

Zugleich verweist die Entwicklung auf ein grundsätzliches Entwicklungsproblem von Schwellenländern, das in der Entwicklungsökonomik als „**Falle der mittleren Einkommen**" beschrieben wird: Das ökonomische Wachstum geht mit spürbaren Lohnsteigerungen einher, sodass das jeweilige Land bei arbeitsintensiven Produkten seine Wettbewerbsvorteile an ärmere Volkswirtschaften mit einem niedrigeren Lohnniveau verliert; zugleich aber reicht die Qualität und/oder die Produktivität bei höherwertigen, innovationsbasierten Produkten oft noch nicht an diejenige der „etablierten" Industrieländer heran, weshalb sich insgesamt die Gefahr einer Stagnation der Exporte und damit auch der gesellschaftlichen Entwicklung im eigenen Land ergibt.

Dieser Gefahr versucht die chinesische Regierung durch umfangreiche **Investitionen in Zukunftstechnologien** zu begegnen. Die Verfügbarkeit zahlloser hoch qualifizierter Arbeitskräfte sowie die umfangreichen Eingriffsmöglichkeiten in die wirtschaftlich dominierenden Staatsbetriebe könnten u. a. dazu beitragen, dass China dieser „Falle" entgeht. Zugleich bergen jedoch die Strukturanpassungen in einigen Branchen erhebliche soziale und ökonomische Risiken (z. B. Massenentlassungen).

Chinas Handelspolitik gegenüber Afrika

Mit seinen insgesamt rund 5.000 Angestellten ist [die chinesische Schuhfabrik] Huajian eine der größten chinesischen Produktionsstätten außerhalb des Reichs der Mitte. [In der Fabrik am Rande der äthiopischen Hauptstadt Addis Abeba] werden Schuhe für Welt-Marken [...] hergestellt [...].

Der ehemaligen Weltbank-Vizepräsidentin Obiageli Ezekwesili zufolge wird China in den kommenden Jahren mehr als 80 Millionen niedrig bezahlter Arbeitsplätze ins Ausland verlegen, weil die Löhne [in China] immer höher klettern – sie haben sich in den vergangenen fünf Jahren fast verdoppelt. [...] Produktionsstätten, die lediglich ungelernte Beschäftigte benötigen, werde China zunehmend ins Ausland verlegen, ist die Weltbank überzeugt. [...] Geeignete Kandidaten für die Verlagerung der Arbeitsplätze ist neben Bangladesch der afrikanische Billiglohnkontinent.

Chinas besonderes Interesse an Afrika ist seit Jahren bekannt. Seit der Jahrtausendwende hat sich das Handelsvolumen zwischen dem Reich der Mitte und dem Kontinent des Mangels von zehn auf über 200 Milliarden US-Dollar mehr als verzwanzigfacht, die chinesischen Investitionen nehmen in guten Jahren um bis zu 40 Prozent zu. [...]

Ein näherer Blick auf die beeindruckenden Zahlen trübt die aufgekommene Euphorie allerdings ein. Während es sich bei rund 90 Prozent der chinesischen Exporte um weiterverarbeitete Produkte handelt, exportiert Afrika mit knapp 94 Prozent fast ausschließlich Rohstoffe [...]. Verantwortlich für den Produktionsrückgang waren vor allem die billigen chinesischen Kleider- und Schuh-Importe: Sie machten der afrikanischen Textilindustrie noch in den Kinderschuhen den Garaus. Für die Entwicklungsländer kam das einer mittleren Katastrophe gleich, hängt ihre Zukunft doch vor allem von der Industrialisierung ab. Manche Entwicklungsexperten sahen China deshalb als neue Kolonialmacht: Auch Peking sei lediglich an der Ausbeutung afrikanischer Bodenschätze interessiert.

Ganz traf dieser Vorwurf noch nie zu. Denn außer große Mengen an Erdöl, Kupfer und Kohle zu kaufen (und damit auch zur Stabilisierung der Preise beizutragen), stellte China den afrikanischen Staaten riesige Mengen erschwinglicher Kredite sowie ganz geschenkte Entwicklungshilfe zur Verfügung. Das Geld kam in erster Linie Infrastrukturprojekten im Straßen- und Eisenbahnwesen zu Gute, die unverzichtbare Voraussetzung der Industrialisierung sind. Denn was nützt eine Schuh- oder Zementfabrik, wenn sie von den Märkten abgeschnitten ist? Im einstigen Armutsstaat Äthiopien war dieses Dilemma besonders augenfällig: [Es hatte] nicht einmal einen vernünftigen Zugang zu einem Hafen. Chinesische Firmen zogen deshalb eine elektrifizierte Eisenbahnlinie von Addis Abeba nach Dschibuti: Sie kostete 3,4 Milliarden Dollar [...] und verkürzt den Gütertransport zum Indischen Ozean von drei Tagen auf zwölf Stunden.

Johannes Dieterich, China – Kolonialmacht oder Partner, in: Frankfurter Rundschau, 28.07.2017

Aufgaben

1. Fassen Sie die wirtschaftlichen Beziehungen zwischen Äthiopien und China nach Johannes Dieterich zusammen.
2. Erläutern Sie ausgehend vom Text Möglichkeiten und Grenzen der wirtschaftlichen und gesellschaftlichen Entwicklung von Entwicklungsländern im Rahmen der ökonomischen Globalisierung.
3. (Neue) Kolonialmacht oder Partner im Entwicklungsprozess? Setzen Sie sich ausgehend vom Text mit der Rolle Chinas im äthiopischen Entwicklungsprozess auseinander.

Weltordnungsmodelle

a) Unilateralismus:

Jeder Staat agiert selbstständig und versucht seine außenpolitischen Interessen auch gegenüber widerstrebenden Interessen anderer Staaten. Um sich in einem Kampf aller gegen alle durchzusetzen. Gleichzeitig versuchen die Staaten, durch Rüstung und Krieg die staatliche Souveränität (hier: Handlungsfähigkeit und Unabhängigkeit) aufrechtzuerhalten.

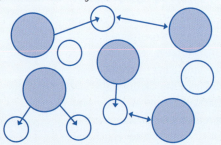

b) Multilateralismus:

Die Machthaber der Staaten gehen davon aus, dass internationale Interessenskonflikte durch Kooperation, Kompromiss, internationale Abkommen, gemeinsame Organisationen und Verrechtlichung der zwischenstaatlichen Beziehungen dauerhaft geregelt werden können.

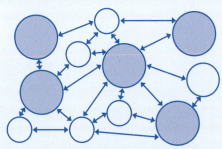

c) Hegemoniale Ordnung:

Ein Staat herrscht als Hegemonialmacht. Die anderen Länder stützen diesen Staat und akzeptieren seine Ordnung. Sie profitieren von der durch die Hegemonialmacht gewährleisteten Stabilität, vom durch sie geschaffenen Frieden und von den wirtschaftlichen Strukturen, die weltweit oder zumindest in einer bestimmten Region der Welt bereitgestellt werden.

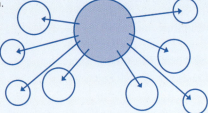

d) Imperialistische Ordnung:

Das imperialistische Weltordnungsmodell ist vom Herrschaftsstreben eines Staates geprägt, möglichst große Teile der Welt zu erobern, zu beherrschen und mit politischen, kulturellen und wirtschaftlichen Mitteln abhängig zu machen.

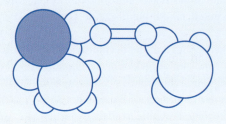

e) Ordnung durch Weltstaaten:

Die Staaten begründen durch Abgabe von Souveränität an eine überstaatliche Autorität (z. B. UNO) ein öffentliches Gewaltmonopol. Das öffentliche Gewaltmonopol ist kontrollierbar (z. B. durch Parlamente, Gerichte) und besitzt eine demokratische Legitimation. Es verfügt über Instrumente zur Durchsetzung von Entscheidungen (Ermittlungsbehörden, Gerichte, Polizei, Militär).

a)–d) Christoph Kühberger, Weltordnungsmodelle. Politisch-historisches Lernen mit Konzepten, in: Macht und Herrschaft. Hg. vom Forum politische Bildung, Innsbruck, Wien, Bozen 2009, S. 50, e) Ingomar Hauchler u.a. (Hg.), Globale Trends 2000, Frankfurt a. M. 1999, S. 381

8 Bildet sich gerade eine neue Weltordnung heraus?

Eine Basisannahme der Theorien internationaler Beziehungen (IB) ist die grundsätzliche Anarchie in der Staatenwelt. Jeder einzelne Staat sei souverän, keiner Entscheidungsinstanz untergeordnet, alle seien formal gleichberechtigt. Allerdings zeigt sich, dass zwischen den Staaten dennoch immer wieder eine Ordnung entsteht. Verschiedene Theoriestränge der IB haben nun unterschiedliche Ordnungsmodelle entwickelt. Ganz grob lässt sich sagen, dass sogenannte idealistische Vorstellungen der IB von einer freiwilligen Kooperation der Staaten (im Multilateralismus) überzeugt sind. Die sog. realistischen Theoretiker der IB gehen hingegen davon aus, dass (wirtschaftlich, militärisch, politisch) stärkere Staaten immer wieder Macht (bis hin zu hegemonialer Ordnung) gegenüber oder sogar Herrschaft (Imperialismus) über schwächere ausüben.

In Kapitel 8.1 werden Ihnen bisher noch nicht aufgegriffene Informationen zu einer zentralen wirtschaftlichen und (geo-)politischen Strategie Chinas präsentiert, seinen regionalen und globalen Einfluss auszuweiten („neue Seidenstraße"). Nachdem Sie diese Strategie analysiert haben, können Sie in Kapitel 8.2 viele der in den vergangenen beiden Semestern gewonnenen Erkenntnisse – z. B. zur UNO, zur NATO, zur wirtschaftlichen Globalisierung und deren Rechtsrahmen in der WTO, aber auch zur Entwicklung von Staaten – zusammenführen. Daraus können Sie dann begründet ableiten, in welche Richtung sich die Weltordnung in den kommenden zehn, zwanzig oder mehr Jahren entwickeln wird.

KOMPETENZEN

Am Ende dieses Kapitels sollten Sie Folgendes wissen und können:

… die politischen, ökonomischen und militärischen Mittel von Staaten (hier: China) analysieren, den weltweiten Einfluss auszubauen bzw. abzusichern.

… widersprüchliche Tendenzen der Weltpolitik mithilfe Ihres Vorwissens zu internationalen Beziehungen und Globalisierung darstellen.

… eine wahrscheinliche zukünftige Weltordnung mithilfe von Weltordnungsmodellen begründen.

Was wissen und können Sie schon?

1. Beschreiben Sie die Weltordnungsmodelle.
2. Positionieren Sie sich nach kurzer Bedenkzeit: Welche Weltordnung wird sich bis zum Jahr 2050 herausgebildet haben? Hängen Sie dazu jeweils ein Modell in die Ecken des Kursraums und stellen Sie sich zu dem von Ihnen ausgewählten Modell.

210 8 Bildet sich gerade eine neue Weltordnung heraus?

8.1 China – eine neue Welt(ordnungs)macht?

Xi Jinpin
seit 2012 Generalsekretär der Kommunistischen Partei Chinas und seit 2013 Staatspräsident der Volksrepublik China; er war im März 2019 auf Staatsbesuch in Italien.

E
- Beschreiben Sie die Karikatur (M 1).
- Vermuten Sie, mit welchen Mitteln China den USA in Europa „auf den Fuß treten" könnte.

M 1 • Die Zukunft der Macht in Europa?

Karikatur: Hassan Bleibel 22.03.2019

Konnektivität
hier: umfassender strategischer Begriff der chinesischen Regierung; in ökonomischer Hinsicht meint Konnektivität Verbindung zwischen Staaten einerseits durch Infrastruktur und andererseits durch bilaterale (Handels-)Abkommen. In politischer Hinsicht wird darunter das „Andocken" an bereits existierende Elemente des internationalen

M 2 • Wie plant China seine Machterweiterung? Die „neue Seidenstraße"

Als [Chinas Staatschef] Xi die [neue wirtschaftliche] Initiative im September 2013 ins Leben rief, stellte er den Bezug zur historischen Seidenstraße her, die vom 2. Jahrhundert v. Chr. bis zum 13. Jahrhundert die wichtigste Handelsverbindung auf dem eurasischen Kontinent war. [...] In China läuft das Projekt unter dem Namen „Belt and Road"-Initiative (BRI). Mit „Belt" – das englische Wort für Gürtel oder Band – ist Chinas Anbindung an den eurasischen Kontinent auf dem Landweg gemeint, während sich „Road" auf die Seewege zu den Küsten Südasiens, Afrikas und Europas bezieht.

Bei der BRI geht es konkret um das, was heute mit dem Modewort Konnektivität umschrieben wird: Unter diesem Label entstehen in China und seinen Nachbarländern, aber auch in entfernteren Regionen Asiens, in Afrika und in Europa neue Schienenwege, Pipelines, Stromleitungen oder Telekommunikationsnetze oder auch Containerterminals und komplette Häfen. Fast wöchentlich kommen neue Projekte hinzu, und die Koordination liegt bislang fest in chinesischen Händen.

Für Xi Jinping und die Kommunistische Partei Chinas ist die Initiative ein großes

Prestigeprojekt. China will die weltwirtschaftliche Landkarte neu zeichnen, mit sich selbst im Zentrum. Dafür geht man mit Milliardeninvestitionen in teils instabile Staaten ein hohes Risiko ein. [...]

Zweifelsohne ist die Initiative geeignet, neue Wirtschaftsräume zu erschließen und im eurasischen Raum und entlang des Indischen Ozeans die wirtschaftliche Entwicklung zu stimulieren. Aber natürlich verfolgt Peking auch ganz handfeste wirtschaftliche und geopolitische Eigeninteressen.

Mit dem Begriff Neue Seidenstraße werden mittlerweile zahlreiche Infrastrukturprojekte benannt, die sich irgendwie verknüpfen lassen. Das Skelett bilden sechs internationale Wirtschaftskorridore von jeweils mehreren tausend Kilometer Länge: eine neue eurasische Landtrasse, neue Verbindungen von China mit der Mongolei und Russland, mit Zentral- und Westasien und der Indochinesischen Halbinsel, mit Pakistan wie mit Bangladesch, Indien und Myanmar. Die geografische Ausdehnung der BRI reicht derzeit von Neuseeland bis Großbritannien und von der Antarktis bis Südafrika. Sogar eine Ausweitung nach Südamerika ist angedacht.

Auch in Zentralasien sind milliardenschwere BRI-Projekte auf den Weg gebracht. [...] Chinesische Staatsunternehmen investieren auch in europäische Infrastrukturen. Das bekannteste BRI-Projekt innerhalb der EU ist der Hafen von Piräus. Chinas Schifffahrts- und Logistik-Riese Cosco betreibt seit 2009 zwei Containerterminals und erwarb im April 2016 die Mehrheitsanteile am wichtigsten griechischen Hafen. Chinesische Schifffahrtsfirmen investieren aber auch in Häfen in Belgien, den Niederlanden, Kroatien, Slowenien, Italien, Portugal, Spanien, Lettland und Litauen.

Finanziert werden die meisten BRI-Projekte durch Chinas Staatsbanken. Die für die Außenhandels- und Investitionsförderung zuständige Export-Import Bank of China vergab bis Ende [2016] etwa 24 Milliarden Dollar an Krediten in BRI-Länder, die China Development Bank hat angeblich mehr als 110 Milliarden Dollar für BRI-Projekte ausgelegt. [...]

BRI soll auch ermöglichen, die Chancen chinesischer Unternehmen im Ausland zu testen und deren Präsenz und Marktanteile massiv zu stärken. Das gilt auch qualitativ: Statt Textilien, Spielzeug oder Konsumelektronik will China künftig verstärkt hochwertige Güter wie IT-Ausrüstung, Baumaschinen und Turbinen exportieren. [...] Von BRI wollen insbesondere chinesische Baumaschinenhersteller wie Sany, Zoomlion oder XCMG profitieren, die ehrgeizige Expansionspläne haben. Ihr Weltmarktanteil soll bis 2025 von 7 auf 15 Prozent steigen. Bei den strukturschwachen Nachbarstaaten stehen ihre Chancen besonders gut, denn dort gibt es kaum ernsthafte Konkurrenten. Schließlich hoffen auch die chinesischen Staatsbanken, dass ihre Kredite, die sie entlang der Neuen Seidenstraße vergeben, verbesserte Erträge für die 3 Billionen Dollar an Devisenreserven bringen, die derzeit zu einem Drittel in niedrig verzinsten US-Schatzbriefen angelegt sind.

Aber Peking verfolgt nicht nur wirtschaftliche, sondern auch innen- und geopolitische Ziele. Man will zum Beispiel unruhige Grenzprovinzen wie Xinjiang stabilisieren, in der eine mehrheitlich muslimische Bevölkerung lebt. Die Spannungen werden allerdings nur abzubauen sein, wenn die größte Ethnie der Uiguren tatsächlich von der Neuen Seidenstraße profitiert.

Die chinesische Vision einer neuen Nachbarschaftspolitik hat Präsident Xi Jinping in mehreren Reden skizziert. Dabei wird ganz deutlich, dass im Zuge von „Belt and Road" eine neue asymmetrische wirtschaftliche Abhängigkeit begründet werden soll – wobei die chinesischen Investoren den Finanzbedarf der Empfängerländer ausnutzen. Das geht Hand in Hand mit der Bestrebung, eine zentrale Rolle in der Entwicklungs- und Sicherheitspolitik der Region zu spielen. Schon 2014 sprach Xi von einem „synchronisierten Prozess" der ökonomischen und der Sicherheitskooperation. Die

Systems verstanden, ohne das eigene System an diese zu stark anpassen zu müssen. In semantischer Hinsicht versteht die chinesische Regierung darunter den Aufbau „internationaler Diskursmacht". Dabei sollen zum einen die eigenen Vorstellungen über neue Begriffe international durchgesetzt und zum anderen eher unspezifische, westliche Begriffe (z. B. „Offenheit") mit eigenen Vorstellungen besetzt werden.

Autorentext

Nichteinmischungsdoktrin
Verhalten Chinas, sich militärisch nicht in innere Konflikte anderer Staaten einzumischen

Kombination aus ökonomischer Dominanz und politischen Zielen ist nicht nur in der eigenen Region erkennbar. China hat neben zentralasiatischen auch afrikanischen Ländern Kredite gewährt, deren Rückzahlung durchaus nicht sicher ist. In solchen Fällen kann China darauf setzen, dass es durch den Zugriff auf Rohstoffe entschädigt wird oder auch durch politische Unterstützung in internationalen Organisationen.

Das teuerste BRI-Projekt in Europa ist der Ausbau der 350 Kilometer langen Bahnstrecke von Belgrad nach Budapest, für den Peking 2,89 Milliarden Dollar veranschlagt. Zusätzlich werden den Ungarn chinesische Investitionen in Milliardenhöhe in Aussicht gestellt. Vor diesem Hintergrund war es gewiss kein Zufall, dass Ungarn im Juli 2016 eine EU-Erklärung zum Schiedsspruch eines Seegerichts zum Südchinesischen Meer blockiert hat, in der China kritisiert werden sollte. China bringt sich mit der BRI auch als Global Player in Stellung, der die Ausgestaltung der Weltwirtschaft des 21. Jahrhunderts gemäß den eigenen Interessen und Standards beeinflussen und vorantreiben will. [...]

[Die] gestiegenen Sicherheitsrisiken im Ausland beeinflussen auch die globale Sicherheitspolitik Chinas. Zunehmend werden Stimmen laut, die einen militärischen Schutz für BRI-Projekte und Auslandseinsätze der Volksbefreiungsarmee (PLA) fordern. [...] Die wirtschaftliche, diplomatische und strategische Offensive Chinas könnte langfristig auch zu Spannungen mit den großen Nachbarn Russland [...] führen. [...] [Der] Kreml [fürchtet] den Verlust seiner traditionellen Einflusssphären in Zentralasien und die Konkurrenz zu Russlands Eurasischer Wirtschaftsunion (EEU). Die ist allerdings grundsätzlich anders konzipiert: Während das BRI-Projekt ohne große Institutionalisierung auskommt, zielt die EEU auf die Bildung eines regionalen Blocks – vorwiegend aus ehemaligen Sowjetrepubliken –, dessen Mitglieder eine wirtschaftliche Vorzugsbehandlung auf der Basis des gemeinsamen Markts genießen. [...]

Dass China mehr und mehr von seiner traditionellen Nichteinmischungsdoktrin abrückt, hat also auch mit der Neuen Seidenstraße zu tun. Mit einigen BRI-Partnerländern hat China eine militärische Kooperation begonnen; dazu zählen so unterschiedliche Staaten wie Weißrussland, Iran, Tansania, Äthiopien, Malawi, Mosambik, Thailand und die Seychellen. [...] Die wirtschaftliche, diplomatische und strategische Offensive Chinas könnte langfristig auch zu Spannungen mit den großen Nachbarn Russland [...] führen. [...] [Der] Kreml [fürchtet] den Verlust seiner traditionellen Einflusssphären in Zentralasien und die Konkurrenz zu Russlands Eurasischer Wirtschaftsunion (EEU). Die ist allerdings grundsätzlich anders konzipiert: Während das BRI-Projekt ohne große Institutionalisierung auskommt, zielt die EEU auf die Bildung eines regionalen Blocks vorwiegend aus ehemaligen Sowjetrepubliken, dessen Mitglieder eine wirtschaftliche Vorzugsbehandlung auf der Basis des gemeinsamen Markts genießen. [...]

Das Versprechen, dass alle profitieren, ist in vielen Ländern [...] kaum einlösbar, weil die allgegenwärtige Korruption die Gewinne auffrisst, bevor sie bei der Bevölkerung ankommen könnten. Im Übrigen bleiben positive Effekte für die lokalen Arbeitsmärkte entlang der Seidenstraße schon deshalb aus, weil China seine BRI-Kreditvergabe häufig an die Bedingung knüpft, dass chinesische Arbeiter und Firmen die Projekte realisieren.

Sebastian Heilmann, Die neue Seidenstraße, in: Le Monde diplomatique, 08.06.2017

Sebastian Heilmann ist Gründungsdirektor des Mercator Instituts für China-Studien (Merics) in Berlin und Professor für Vergleichende Regierungslehre, Politik und Wirtschaft Chinas an der Universität Trier.

M 3 Chinas „neue Seidenstraße" im Bild

Infrastruktureinrichtungen der Belt and Road-Initiative Chinas (Stand: 2018)
Quelle: Mercator Institute for China Studies

AIIB
Asian Infrastructure Investment Bank (Asiatische Infrastrukturinvestmentbank); Im Jahr 2015 von 57 Staaten gegründete Bank unter chinesischer Führung, die in Konkurrenz u. a. zur Weltbank und zum Internationalen Währungsfonds Investitionskredite in großem Stil vergibt. Die AIIB hat 72 Mitglieder und 28 Mitgliedsanwärter (Stand: August 2019).

Aufgaben

1. Stellen Sie die chinesische Belt and Road-Initiative und die dahinterliegenden Interessen Chinas dar (M 2).
2. Arbeiten Sie mögliche Folgen der Initiative für China und für andere Staaten(-Gruppen) heraus (M 2).
3. Beurteilen Sie das Projekt „neue Seidenstraße" aus Sicht von Chinas „Partnerstaaten".

H zu Aufgabe 2
Unterscheiden Sie dabei zunächst zwischen ökonomischen und politischen (sowie ggf. sozialen) Folgen. Stellen Sie im Anschluss Verbindungen zwischen diesen Dimensionen her.

8.2 Wie könnte eine neue Weltordnung aussehen?

E Die Karikatur (M 4) zeigt die Blockkonfrontation zwischen den USA und der Sowjetunion während des „Kalten Krieges". Beschreiben Sie, wie eine Zeichnung der Weltordnung aussähe, die sich derzeit herausbildet. Erläutern Sie Ihre Überlegungen.

M 4 ● Welt am Abgrund? Historischer Rückblick

Karikatur: Steve Kelley

M 5 ● In welche Richtung bewegt sich die Ordnung der Staatenwelt?

Der [...] Drang Chinas und Russlands nach Ausdehnung ihrer Einflusssphären bedrohen das liberale Ordnungsmodell. Hinzu kommt die Verunsicherung der westlichen
5 Staatengemeinschaft durch eine US-Administration [unter Donald Trump], die unter Betonung der amerikanischen Eigeninteressen Zweifel am Freihandel und am nordatlantischen Bündnis [NATO] sät, aber im-
10 mer noch zu den Grundwerten der westlichen Nachkriegsordnung steht. Stehen wir dreißig Jahre nach dem Ende des kalten Krieges – wieder – vor dem Heraufziehen einer neuen Weltordnung? Die Ant-
15 wort hängt an den Verschiebungen der Grundelemente, die eine internationale Ordnung ausmachen: den Regeln für die Staatenwelt und den herrschenden Machtverhältnissen.
20 Macht und Interessen der Staaten stehen in einem eigenartigen Wechselspiel mit den internationalen Regeln. Die Regeln der Völkerrechtsordnung sind Ausdruck von Interessen und deren relativen Gewichts in der Staatenwelt. Zugleich bändigen sie die Ver-25 folgung dieser Interessen und den Gebrauch von Macht. Verschiebungen von Macht und der auf internationaler Ebene wirksamen Interessen wirken auf die Bildung und die Auslegung völkerrechtlicher Regeln zu-30 rück. Umgekehrt dient ein bestimmtes Verständnis der Völkerrechtsordnung auch bestimmten Interessen.
Dies erklärt den ständigen Kampf um die Deutung des Gewaltverbots, des Rechts auf 35 Selbstverteidigung oder der Menschenrechte. Diese Auseinandersetzung ist Teil des Kampfes um Bewahrung oder Verschiebung der Weltordnung. [...] Hier muss auch die westliche Deutung des Völkerrechts von 40 Illusionen einer harmonischen Weltgesellschaft Abschied nehmen und sich einem

---

liberale Weltordnung
Vorstellung, dass Staaten zwar (mehr oder weniger) souverän bleiben, aber dennoch Kooperation und Friedlichkeit zwischen diesen Staaten herrscht. Diese Länder würden eine „globale Ordnung von freiheitlichen, demokratischen und rechtstaatlich verfassten Staaten" (Matthias Herdegen, a.a.O., S. 15) bilden. In dieser reinen Form hat eine liberale Weltordnung niemals existiert. Dennoch nehmen die Staaten „des Westens" (v. a. Westeuropa, Nordamerika) für sich in Anspruch, für eine solche Ordnung einzutreten bzw. eingetreten zu sein.

Realismus stellen, der nicht erst seit der Wahl von Präsident Trump in der Staatenwelt Einzug gehalten hat. [...]
Bei allem Realismus sollte die westliche Welt das liberale Modell einer offenen Staatlichkeit und einer engen Kooperation der Staaten im Interesse globaler Belange mit Selbstbewusstsein im Wettbewerb der Systeme vertreten. Aber die westliche Welt kann nicht mehr wie zum Ende des Kalten Krieges davon ausgehen, dass große und kleine Mächte außerhalb dieser westlichen Ordnung ihre Politik vorrangig am Schutz der Menschenrechte, des Selbstbestimmungsrechts der Völker, der Stabilität des bestehenden territorialen Gefüges und einem freien, unverfälschtem Welthandel oder dem Klimaschutz ausrichten.

Matthias Herdegen, Der Kampf um die Weltordnung. Eine strategische Betrachtung, München 2019, S. 11ff.

Info

Uni-, Bi-, Multipolarität der Staatenwelt

Je nachdem, wie viele weltweite Macht- oder sogar Herrschaftszentren es gibt, spricht man von Uni-, Bi- oder Multipolarität (bzw. Polyzentralität) der Staatenwelt. Die Zeit zwischen den 1950er Jahren und 1989/90 war von der Blockkonfrontation zwischen den USA und der Sowjetunion sowie deren globalen hegemonialen Einflusssphären geprägt (Bipolarität). Danach brach eine vergleichsweise kurze Phase an, in der die USA die einzige verbliebene politische, wirtschaftliche und militärische Ordnungsmacht waren (Unipolarität), deren Einfluss sich sogar deutlich nach Mittel-Osteuropa ausdehnte (u.a. durch die NATO-Osterweiterungen). Noch heute übersteigen die (militärischen) Machtmittel der USA die aller anderen Staaten deutlich.

Autorentext

M 6 ● Drei Tendenzen der Weltpolitik

Widersprüchliche Tendenzen [...] lassen ein von auffälligen Kontrasten geprägtes Bild der aktuellen Weltpolitik entstehen [...].
Entstaatlichung vs. Zählebigkeit des Staates
Ein wesentliches Gegensatzpaar, das heutige Weltpolitik maßgeblich prägt, bilden Anzeichen für Entstaatlichungsprozesse und Indikatoren für die Zählebigkeit des Staates als zentraler sozialer Einheit im globalen System. In verschiedenen Sachbereichen der Weltpolitik lässt sich beobachten, dass [...] Staaten nicht mehr die einzigen, mitunter auch nicht mehr die dominierenden Akteure darstellen. Staaten [...] haben erheblich an autonomer einzelstaatlicher Gestaltungsfähigkeit bei der Regulierung von grenzübergreifenden Wirtschaftsprozessen verloren. [...] Auch in Bereichen, in denen nationalstaatliche Regulierung rechtlich möglich wäre, findet sie unter den Bedingungen des globalen Standortwettbewerbs häufig nicht statt. Staaten scheuen sich mitunter aufgrund realer oder wahrgenommener wirtschaftlicher und politischer Kosten, Wirtschafts- und Finanztransaktionen zu regulieren. [...]
Noch viel grundlegender in Frage gestellt wird die Handlungsfähigkeit des Staates in Räumen begrenzter oder prekärer Staatlichkeit. Scheiternde oder gescheiterte Staaten [...] stellen heute ein wichtiges regionales und weltpolitisches Problem dar. [...]
Doch diese Tendenzen der Entstaatlichung [...] vollziehen sich nicht ohne gleichzeitige gegenläufige Entwicklungen, die auf die Widerstandsfähigkeit oder gar eine Renaissance [hier: Wiederaufblühen] der Staatlichkeit verweisen. [...] Es ist wichtig zu

Staatlichkeit, scheiternde/gescheiterte
→ vgl. Kap. 3.1.2

Terrorismus, transnationaler
→ vgl. Kap. 2.3.1, Kap. 2.3.2

Welthandelsorganisation (WTO)
→ vgl. Kap. 6.2.2

UN-Sicherheitsrat
→ vgl. Kap. 2.2.1

Marginalisierung
(von margo (lat.) = Rand); Prozess, durch den Bevölkerungsgruppen an den gesellschaftlichen Rand gedrängt werden und damit nur geringe politische, wirtschaftliche und kulturelle Teilhabechancen besitzen

🅗 **zu Aufgabe 3b**
Beziehen Sie sich dabei u. a. auf Ihre Kenntnisse zur internationalen Wirtschaftspolitik der USA, zur Sicherheitspolitik der EU, zur NATO, zur UNO, zur Außenpolitik Russlands und zur Außenwirtschaftspolitik Chinas.

🅜 **zu Aufgabe 3**
Präsentieren Sie Ihre Ergebnisse als außen- und sicherheitspolitische Beraterin der Bundesregierung in Form eines systematisch aufgebauten Posters.

betonen, dass Regierungen – insbesondere mächtiger Staaten – nicht einfach willenlose Werkzeuge unsichtbarer weltgeschichtlicher Kräfte sind [...]. Staaten sind nach wie vor in erheblichem Maße selbst Architekten der internationalen Ordnung und damit auch Urheber, treibende Kraft und Gestalter der Globalisierung [...].
Globalisierung vs. Fragmentierung
[...] Tendenzen der Globalisierung und Vernetzung einerseits und Prozesse der Fragmentierung und Ab- und Ausgrenzung andererseits lassen sich als zweites wichtiges Gegensatzpaar [...] der internationalen Beziehungen identifizieren. Im ökonomischen Bereich verweisen zahlreiche Indikatoren auf die Existenz und die Zunahme von Globalisierungs- und Vernetzungsprozessen. [...] [Diese] bleiben aber nicht auf den ökonomischen Sektor beschränkt. [...] [Doch diese] Entwicklungen sind [ebenfalls nicht] frei von Widersprüchen. Im globalen ökonomischen Wettbewerb werden strukturschwache Regionen [...] oder bestimmte soziale Milieus (in erster Linie gering qualifizierte und/oder wenig mobile Bevölkerungsgruppen) nicht integriert, sondern vielmehr marginalisiert. [...]
Verrechtlichung vs. Entrechtlichung
[...] [I]m Bereich der internationalen Sicherheitspolitik [haben] gewandelte Bedrohungslagen die Einsicht wachsen lassen, dass bestmögliche Sicherheit nur durch multilaterale Kooperation und eine rechtsgestützte Weltordnung zu erreichen ist. So existiert mittlerweile eine Vielzahl von internationalen Konventionen, die sich mit transsouveränen – d. h. grenzüberschreitenden, einzelstaatlich nicht mehr erfolgreich zu bearbeitenden Problemen [...] befassen. [...] Noch weiter gehen die Verrechtlichungsprozesse im Streitschlichtungsverfahren der Welthandelsorganisation (WTO). Selbst mächtige Akteure wie die USA oder die Europäische Union haben sich [formal] an ein weitestgehend unabhängiges, die wirtschaftspolitische Handlungsfähigkeit der Mitgliedstaaten erheblich einschränkendes Streitschlichtungsverfahren für zwischenstaatliche Handelsstreitigkeiten gebunden [...].
Das Bild wird aber [...] komplizierter dadurch, dass zugleich Entrechtlichungstendenzen festzustellen sind. Im Sicherheitsbereich verweisen [hingegen] das unilaterale, vom VN-Sicherheitsrat nicht mandatierte Vorgehen der USA [...] gegen den Irak (2003), [...] oder der Einmarsch Russlands in das Kerngebiet Georgiens (2008) [sowie die russische Annexion der ukrainischen Krim-Halbinsel (2014)] auf eine gegenläufige Bewegung der Entrechtlichung.

Volker Rittberger, Andreas Kruck, Anne Romund, Grundzüge der Weltpolitik. Theorie und Empirie des Weltregierens, Wiesbaden 2010, S. 20ff.

Aufgaben

① Stellen Sie die Entwicklungsrichtung einer (neuen) Weltordnung nach Matthias Herdegen dar (M 5).

② Erläutern Sie den „Drang Chinas und Russlands nach Ausdehnung ihrer Einflusssphären" (Herdegen, M 5).

③ a) Geben Sie die „widersprüchlichen Tendenzen der Weltpolitik" wieder (M 6).
b) Ordnen Sie Ihnen bekannte Entwicklungen der wirtschaftlichen Globalisierung und der internationalen Beziehungen in diese Tendenzen ein.

④ Begründen Sie, welche Weltordnung sich im Jahr 2050 herausgebildet haben könnte (M 6).

⑤ Nach eigenen Aussagen ist die Bundesrepublik Deutschland bestrebt, einen konsequenten Multilateralismus zu verfolgen. Erläutern Sie Chancen und Grenzen dieses Vorhabens.

China baut seinen geopolitischen Einfluss seit Jahren systematisch aus. Dazu dient vor allem die sogenannte „Belt and Road-Initiative". Primär sollen durch Land- und eine Seeroute von China aus Europa und viele dazwischenliegende Länder erschlossen werden. Dabei geht es nicht nur um Gütertransport, sondern auch um Infrastruktur für Rohstoffversorgung (z. B. Erdöl und -gas) u. Ä. Durch massive Auslandsinvestitionen bindet China viele Staaten Asiens, (Süd-)Osteuropas und auch afrikanische Küstenstaaten in seine Einflusssphäre ein.

Analysten vermuten, dass auch die militärische Präsenz und Aktivität Chinas im Ausland wird wachsen müssen, um die Investitionen im Krisenfall zu verteidigen.

Chinas neue Rolle der Welt
(Basiskonzept: Interaktionen und Entscheidungen)
M 2

Die widersprüchliche Tendenz **Entstaatlichung vs. Renaissance der Staatlichkeit** zeigt sich u. a. an folgenden Beispielen: In der Europäischen Union haben Staaten wesentliche Souveränitätsrechte an supranationale Institutionen abgegeben. Auch der Welthandel unterliegt (zumindest) formal einem starken internationalen Regelwerk. Anderseits üben mächtige Staaten immer wieder Macht auf andere aus, ohne dass diese sich substanziell dagegen zur Wehr setzen könnten.

Globalisierung vs. Fragmentierung zeigt sich u. a. in einem stark gewachsenen und jetzt auf hohem Niveau bestehenden Welthandel in der sogenannten „Triade" (Ostasien, EU, Nordamerika). Allerdings gibt es auch vielerorts bemerkenswerte Gegenbewegungen. Prominent sind sicher der transnationale islamistische Terrorismus, der sich explizit gegen eine Präsenz der westlichen Lebensweise in islamisch geprägten Staaten wendet, sowie neue (auch rechtsextremistische) Abschottungstendenzen im parteipolitischen und auch militanten Spektrum in Staaten des globalen Nordwestens.

Verrechtlichung vs. Entrechtlichung ist z. B. sichtbar in der (noch nicht codifizierten) Weiterentwicklung des Völkerrechts hin zur „Schutzverantwortung" der UNO (Responsibility to Protect). Gleichzeitig ignorieren mächtige Staaten immer wieder internationales Recht. Auch tauchen immer wieder Akteure ganz ohne völkerrechtlichen Status auf (z. B. Terrororganisationen).

Tendenzen der Weltpolitik
(Basiskonzept: Interaktionen und Entscheidungen)
M 6

Welche Weltordnung sich in den kommenden Jahrzehnten herausbilden wird, ist nicht mit Sicherheit bestimmbar. Die USA verfügen ob ihrer wirtschaftlichen und militärischen Kapazitäten weiterhin über ungemeinen geopolitischen Einfluss, ohne aber hegemoniale Herrschaft über bestimmte Weltregionen ausüben zu können (s. Konflikte auf der und um die arabische/n Halbinsel). **China** ist wirtschaftlich und in diesem Zuge auch (sicherheits)politisch die aufstrebende Macht, die aber bisher noch keine Hegemonialansprüche offensiv formuliert hat. **Russland** hat nicht das ökonomische Potenzial zum Weltmachtstatus, aber scheut sich wenig vor dem Einsatz militärischer Mittel auch außerhalb des eigenen Hoheitsgebiets. Die **Europäische Union** lebt von wirtschaftlicher Potenz, ohne ein relevanter außenpolitischer Player zu sein. Die genannten Staaten(gruppen) sind zudem wirtschaftlich mehr oder weniger eng verflochten, weswegen eine Blockkonfrontation unwahrscheinlich erscheint.

Beobachter gehen oft von einer **multipolaren Weltordnung** mit einzelnen hegemonialen (regionalen) Einflusssphären von Großmächten aus. Diese Annahme ist aber keineswegs gesichert.

Die Herausbildung einer neuen Weltordnung?
(Basiskonzept: Ordnungen und Systeme)
Auftaktseite, M 5

9 Abiturvorbereitung

Die Abiturprüfungen im Fach Politik-Wirtschaft haben das Ziel, fachspezifisch Ihre methodischen Fähigkeiten sowie Ihre inhaltlichen Kenntnisse, Ihr Verständnis für Sachzusammenhänge und Problemstellungen zu überprüfen. Daher sind nahezu alle Aufgaben eng an Quellenmaterialien (in erster Linie Texte, zum Teil aber auch Karikaturen, Statistiken, Grafiken und Diagramme) angebunden. Diese stellen zusammen mit Ihren im Unterricht erworbenen Kenntnissen die Grundlage für eine Vernetzung von Einzelinformationen zu einer problembezogenen Gesamtdarstellung dar.

Um dieser Zielsetzung zu entsprechen, besteht jede Abiturprüfung – ob Klausur oder Aufgabe für eine mündliche bzw. Präsentationsprüfung – aus mehreren Teilaufgaben, die in ansteigender Komplexität unterschiedliche Anforderungen an Sie stellen. Diese Anforderungen, die durch die Operatoren verdeutlicht werden, unterscheiden sich hinsichtlich der erwarteten Lösungskomplexität sowie der zur Aufgabenlösung erforderlichen Arbeitsschritte bzw. -methoden; damit verdeutlichen die Operatoren auch, welche potenziellen Arbeitsschritte und Inhalte bei der Aufgabenlösung ausgeklammert werden sollen.

Dies wird anhand der Zuordnung der Operatoren zu den drei Anforderungsbereichen deutlich:

Der Anforderungsbereich I umfasst das Wiedergeben und Beschreiben von Sachverhalten aus einem abgegrenzten Gebiet und im gelernten Zusammenhang sowie die reproduktive Verwendung gelernter und geübter Arbeitstechniken und Methoden.

Der Anforderungsbereich II umfasst das selbständige Erklären, Bearbeiten und Ordnen bekannter Inhalte und das angemessene Anwenden gelernter Inhalte und Methoden auf andere Sachverhalte.

Der Anforderungsbereich III umfasst den reflexiven Umgang mit neuen Problemstellungen, den eingesetzten Methoden und gewonnenen Erkenntnissen, um zu Begründungen, Folgerungen, Beurteilungen und Handlungsoptionen zu gelangen.

KOMPETENZEN

In diesem Kapitel lernen Sie

... an konkreten Aufgabenstellungen und Lösungsvorschlägen, wie Sie sich strategisch auf die schriftliche und mündliche Abiturprüfung im Fach Politik-Wirtschaft vorbereiten können.

9.1 Operatoren im Zentralabitur

Die folgenden Operatoren finden im Fach Politik-Wirtschaft Verwendung in den Aufgabenvorschlägen im Zentralabitur.

Operator	Beschreibung der erwarteten Leistung
Anforderungsbereich I	
beschreiben	strukturiert und fachsprachlich angemessen Materialien vorstellen und/oder Sachverhalte darlegen
darstellen	Sachverhalte detailliert und fachsprachlich angemessen aufzeigen
gliedern	einen Raum, eine Zeit oder einen Sachverhalt nach selbst gewählten oder vorgegebenen Kriterien systematisierend ordnen
wiedergeben	Kenntnisse (Sachverhalte, Fachbegriffe, Daten, Fakten, Modelle) und/oder (Teil-)Aussagen mit eigenen Worten sprachlich distanziert, unkommentiert und strukturiert darstellen
zusammenfassen	Sachverhalte auf wesentliche Aspekte reduzieren und sprachlich distanziert, unkommentiert und strukturiert wiedergeben

Anforderungsbereich II	
analysieren	Materialien, Sachverhalte oder Räume beschreiben, kriterienorientiert oder aspektgeleitet erschließen und strukturiert darstellen
charakterisieren	Sachverhalte in ihren Eigenarten beschreiben, typische Merkmale kennzeichnen und diese dann gegebenenfalls unter einem oder mehreren bestimmten Gesichtspunkten zusammenführen
einordnen	begründet eine Position/Material zuordnen oder einen Sachverhalt begründet in einen Zusammenhang stellen
erklären	Sachverhalte so darstellen (gegebenenfalls mit Theorien und Modellen), dass Bedingungen, Ursachen, Gesetzmäßigkeiten und/oder Funktionszusammenhänge verständlich werden
erläutern	Sachverhalte erklären und in ihren komplexen Beziehungen an Beispielen und/oder Theorien verdeutlichen (auf Grundlage von Kenntnissen bzw. Materialanalyse)
herausarbeiten	Materialien auf bestimmte, explizit nicht unbedingt genannte Sachverhalte hin untersuchen und Zusammenhänge zwischen den Sachverhalten herstellen
vergleichen	Gemeinsamkeiten, Ähnlichkeiten und Unterschiede von Sachverhalten kriterienorientiert darlegen

Anforderungsbereich III	
begründen	komplexe Grundgedanken durch Argumente stützen und nachvollziehbare Zusammenhänge herstellen
beurteilen	den Stellenwert von Sachverhalten oder Prozessen in einem Zusammenhang bestimmen, um kriterienorientiert zu einem begründeten Sachurteil zu gelangen
entwickeln	zu einem Sachverhalt oder zu einer Problemstellung eine Einschätzung, ein Lösungsmodell, eine Gegenposition oder ein begründetes Lösungskonzept darlegen
erörtern	zu einer vorgegebenen Problemstellung eine reflektierte, abwägende Auseinandersetzung führen und zu einem begründeten Sach- und/oder Werturteil kommen
sich auseinandersetzen	zu einem Sachverhalt, einem Konzept, einer Problemstellung oder einer These usw. eine Argumentation entwickeln, die zu einem begründeten Sach- und/oder Werturteil führt
Stellung nehmen	Beurteilung mit zusätzlicher Reflexion individueller, sachbezogener und/oder politischer Wertmaßstäbe, die Pluralität gewährleisten, und zu einem begründeten eigenen Werturteil führt
überprüfen	Inhalte, Sachverhalte, Vermutungen oder Hypothesen auf der Grundlage eigener Kenntnisse oder mithilfe zusätzlicher Materialien auf ihre sachliche Richtigkeit bzw. auf ihre innere Logik hin untersuchen

Niedersächsisches Kultusministerium, Juni 2018

Hinweise zur Bearbeitung von Aufgabenstellungen

Bis zum Abitur wird von Ihnen gefordert, mit Operatoren formulierte Aufgaben zu bearbeiten. Im Folgenden werden fünf häufig verwendete Operatoren näher erklärt, um Ihnen die Bearbeitung der Aufgaben zu erleichtern.

zusammenfassen

Sie sollen unter Beweis stellen, dass Sie einen fachspezifischen Text hinsichtlich seiner zentralen Aussagen „verstehen", indem Sie diesen mit eigenen Worten zusammenfassen.

Drei Gesichtspunkte sind hier zentral:
- die **inhaltliche Reduktion**; dabei ist zu beachten, dass oft in den Aufgaben ein Aspekt genannt wird, zu dem die Ausführungen zusammengefasst werden sollen. Alles andere sollte weggelassen werden.
- die **Strukturiertheit**; häufig ist es sinnvoll, sich vom Aufbau des Ausgangstextes selbst zu lösen und eine eigene sinnvolle Struktur für die Zusammenfassung zu finden.
- die **sprachliche Distanzierung**: Verwenden Sie durchgängig eigene Formulierungen (Ausnahme: Fachbegriffe) und grammatische Distanzierungsmittel (insb. Konjunktiv der indirekten Rede)

einordnen

Sie sollen – wie bei allen Aufgaben des Anforderungsbereichs II – fundierte Fachkenntnisse nachweisen, hier indem Sie diese in einem neuen Zusammenhang anwenden. Sie wählen sie bewusst aus und stellen diese nachvollziehbar dar.

Bearbeitungstipp: Stellen Sie sich einen nur wenig vorgebildeten Leser vor! Nichts ist „selbstverständlich", sondern muss diesem Leser genau erklärt werden (Fachbegriffe definieren, Zusammenhänge genau darstellen etc.).

Hier sind zwei unterschiedliche Aufgabenformate vorstellbar: erstens Aufgaben, die genau angeben, in welchen Sachverhalt eine Position eingeordnet werden soll („*Ordnen Sie Bofingers Position in die Theorie der nachfrageorientierten Wirtschaftspolitik ein.*"); zweitens – und wahrscheinlicher – eine offenere Aufgabenstellung („*Ordnen Sie Benjamin Barbers Konzept ‚Starke Demokratie' demokratietheoretisch ein.*"). Beim zweiten Typus sollten Sie bei der schriftlichen Beantwortung der Aufgabe zunächst kurz darlegen, welche Demokratietheorien Sie zur Einordnung heranziehen. Dann können Sie ähnlich vorgehen wie bei der Aufgabenstellung → „vergleichen".

In beiden Varianten geht es oft darum, die im Material nicht unbedingt explizit geäußerten Grundannahmen etc. Fachkonzepten zuzuordnen und diese Zuordnung erklärend zu belegen.

OPERATOREN

erläutern

Hier sollten Sie unter Beweis stellen, dass Sie eine im vorliegenden Material nicht weiter begründete, aber allgemein als zutreffend angesehene Aussage („Sachverhalt") auf der Basis fundierten Fachwissens umfassend erklären können. Dadurch zeigen Sie, dass Sie gegebene Aussagen tief zu durchdringen verstehen.

Zwei Hauptschwierigkeiten beinhaltet der Operator „erläutern":
- Zum Ersten weist der Sachverhalt häufig mehrere zu erläuternde Dimensionen auf, die zunächst von Ihnen identifiziert und in der Einleitung zur Aufgabenbearbeitung dargestellt werden müssen. Materialbeispiel: *„Das Problem des anthropogenen Klimawandels stellt eine der Hauptbedrohungen für die Menschheit dar und konnte politisch bislang allerhöchstens in Ansätzen gelöst werden."* Hier finden sich drei zu erläuternde Aspekte, nämlich erstens die Menschengemachtheit der globalen Erwärmung, zweitens die Behauptung, der Klimawandel sei eine globale Hauptbedrohung, und drittens die fehlende politische Lösung.
- Zum Zweiten müssen sinnvolle Beispiele und/oder Theorien zur Verdeutlichung der Aussage angeführt werden.

Materialbeispiel: Das Bedrohungspotential des Klimawandels könnte am Beispiel bereits einsetzender Versteppung und daraus resultierender Nahrungskonkurrenz inkl. Hungermigration verdeutlicht werden. Zusätzlich wäre es möglich, das Nichtzustandekommen umfassender politischer Lösungen (Scheitern von Klimagipfeln) mit der Rational-choice-Theorie systematisch zu analysieren.

vergleichen

Vergleiche sind kein Selbstzweck, sondern dienen in der Regel dazu, die Spezifika eines Sachverhaltes durch die Abgrenzung von einem „verwandten" Sachverhalt zu erhellen.

Bearbeitungstipps: Vergegenwärtigen Sie sich die mögliche Zielsetzung des Vergleichs (Darlegen der Spezifika eines Sachverhalts durch Analogie und Abgrenzung), um eine problemorientierte Einleitung formulieren und tragfähige Vergleichskriterien entwickeln zu können.

Erfahrungsgemäß bereitet die **Kriterienorientierung** des Vergleichs die meisten Schwierigkeiten. Empfehlenswert ist daher in einem ersten Schritt, zur Vorbereitung auf die schriftliche Beantwortung der Aufgabe eine Matrix mit (min.) drei Spalten anzulegen: In der linken Spalte werden Vergleichskriterien festgehalten (die Sie in der Regel selbst finden müssen), zu denen dann die Spalten gefüllt werden.

Beispiel	Politisches System der USA	Politisches System der BR Deutschland
Regierungstypus		
Wahlmodus des Parlaments		
Wahlmodi des/der Staats- und Regierungschefs		
Befugnisse des Staatschefs		
Realisierung der Gewaltenkontrolle		
Gewichtung gesellschaftlicher Werte (Freiheit, Gleichheit...)		
Bedeutung der Teilstaaten (Föderalismus)		
...		

Nicht immer müssen miteinander verglichene Gegenstände Gemeinsamkeiten und Ähnlichkeiten und Unterschiede aufweisen. Denkbar ist z. B. auch, dass sich nahezu ausschließlich Unterschiede finden.

Gemeinsamkeiten bzw. Ähnlichkeiten sowie Unterschiede könnten in einem zweiten Schritt farbig markiert werden. Im dritten Schritt kann der eigene Text anhand der Kriterien oder – meist empfehlenswerter – nach Gemeinsamkeiten und Unterschieden strukturiert werden, wobei die stärksten Übereinstimmungen/Unterschiede zuerst bzw. zuletzt genannt werden sollten.

erörtern

In Ihrer Erörterung (und das gilt genauso auch für die Operatoren **„beurteilen"** und **„Stellung nehmen"**) sollen Sie unter Beweis stellen, dass Sie ein gegebenes Problem unter Nutzung Ihres Fachwissens und der Übernahme unterschiedlicher Perspektiven vielschichtig abwägen können. Es wird eine rein sachorientierte Sprachwahl verlangt.

Der erwartete Text unterscheidet sich daher deutlich von sich einseitig und oft polemisch positionierenden (Zeitungs-)Texten, die immer wieder auch Gegenstand des PoWi-Unterrichts sind.

Fünf Punkte sind wesentlich zu beachten:
- Ein politisches Urteil sollte unbedingt kategorial (Legitimität, Effizienz, Grundwerte) erfolgen und diese **Urteilskategorien** sollten je nach Problemstellung in **Kriterien** (z. B. Durchsetzbarkeit, Kosten, Legalität, Repräsentativität, Gleichheit, Freiheit, Sicherheit...) aufgefächert sein. Bei der schriftlichen Entfaltung von Argumenten sollten diese jeweils explizit den Kriterien zugeordnet werden, um dem Leser eine Orientierung zu ermöglichen.
- Der Operator „erörtern" fordert zwingend die Anführung von Pro- und Kontraargumenten.
- Jedes dieser Argumente muss durch einen (empirischen) **Beleg**, ein schlüssiges **Beispiel** oder eine **logische Herleitung** untermauert werden. Grenzen Sie diese umfassend und verständlich ausgearbeiteten Argumente stets durch Absätze ab.
- Die Argumente können auf zweierlei Weise angeordnet werden: Wenn Sie sich klar gewichten lassen, bietet sich das **„Sanduhrenmodell"** an (zuerst die Pro-, dann die Kontragesichtspunkte oder umgekehrt, endend mit dem überzeugendsten Argument für die eigene Meinung). Entkräften sich jeweils einzelne Argumente inhaltlich sinnvoll, ist das Modell **„dialektische Erörterung"** empfehlenswert (abwechselnd jeweils ein Pro- und ein Kontraargument auf der gleichen inhaltlichen Ebene, endend mit dem überzeugendsten Argument für die eigene Meinung).
- Im Schlussteil der Erörterung sollte die **eigene Position eindeutig geäußert** werden.

Bearbeitungstipp: Um Ihre Erörterung stimmig zu gliedern, muss Ihr Schreibziel, also die vertretene Position, im Voraus klar sein.
Hilfreich kann es hierfür sein, die Problemstellung in Form einer Meinungslinie zwischen den Enden „stimme vollauf zu" und „stimme überhaupt nicht zu" zu visualisieren und die eigene Position als Schreibziel darin zu markieren.

MUSTERKLAUSUR

9.2 Die schriftliche Abiturprüfung

9.2.1 Musterklausur

Abitur	Politik-Wirtschaft		Material für Schülerinnen und Schüler
Die Klausur bezieht sich auf die Inhalte von Kapitel 2 und Kapitel 3; Semesterübergriff zu 12.1	eA		Bearbeitungszeit: 270 min

Aufgaben

1. Geben Sie Annegret Kramp-Karrenbauers sicherheitspolitische Problemanalyse sowie ihre daraus abgeleiteten Forderungen an die Bundesrepublik wieder.
2. Erläutern Sie eine der von Kramp-Karrenbauer genannten zentralen sicherheitspolitischen Herausforderungen.
3. Erklären Sie – mit Bezug zum Text – die Bedeutung des Deutschen Bundestages im politischen Willensbildungs- und Entscheidungsprozess.
4. Setzen Sie sich mit Annegret Kramp-Karrenbauers sicherheitspolitischen Forderungen an die Bundesrepublik Deutschland auseinander.

Annegret Kramp-Karrenbauer: Rede der Verteidigungsministerin an der Universität der Bundeswehr München

Annegret Kramp-Karrenbauer

Am 7. November 2019 hielt die Bundesverteidigungsministerin Annegret Kramp-Karrenbauer (CDU) vor Lehrenden und Studierenden der Universität der Bundeswehr München eine sicherheitspolitische Grundsatzrede.

Sie alle kennen die Entwicklungen, die unsere Sicherheitspolitik fordern:
- Die russische Aggression in der Ukraine und insbesondere die völkerrechtswidrige Annexion der Krim, die bis heute andauert;
- die weltumspannenden Netzwerke des Terrorismus, insbesondere des islamistischen Terrorismus;
- der machtpolitische Aufstieg Chinas, der mit einem Herrschaftsanspruch einhergeht – inzwischen nicht mehr nur in seiner unmittelbaren Nachbarschaft.

Wir erleben derzeit eine Rückkehr der Konkurrenz großer Mächte um Einflusssphären und Vorherrschaft. Wir erleben autoritäre Herausforderungen gegenüber unserer offenen Gesellschaft. Wir erleben, wie Staaten die seit Jahrzehnten etablierten Regeln internationaler Ordnung unterlaufen – sei es bei der Nichtverbreitung von Nuklearwaffen oder beim internationalen Handel. Und wir erleben das alles unter den Bedingungen tiefgreifender Veränderung – Klimawandel, Demographie und Digitalisierung sind die Stichworte. [...]

Ich will [...] überlegen, was die Entwicklung der sicherheitspolitischen Lage insgesamt für uns bedeutet und was wir tun können. [...] [E]s besteht breite Übereinstimmung, dass Deutschland angesichts der strategischen Herausforderungen aktiver werden muss. Dass wir, um unsere Werte und Interessen zu schützen, mehr tun müssen.

Das gilt besonders für eine Sicherheits- und Verteidigungspolitik, die eine dienende Funktion hat, indem sie die Voraussetzung für Entwicklung, Wohlstand und Freiheit schafft. Wir schicken Sie nicht in den Ein-

satz, nur um sagen zu können, Sie sind im Einsatz. Sie gehen dahin um Voraussetzungen zu schaffen, damit in vielen Krisengebieten dieser Welt, ziviler Wiederaufbau, Leben im Rahmen einer humanitären Ordnung erst wieder möglich werden.
Und das gilt vor allem bei der Lösung von Konflikten. Hier sollte sich Deutschland, wie der damalige Bundespräsident Gauck gesagt hat, „früher, entschiedener und substantieller einbringen." [...] Ein Land unserer Größe und unserer wirtschaftlichen und technologischen Kraft, ein Land unserer geostrategischen Lage und mit unseren globalen Interessen, das kann nicht einfach nur am Rande stehen und zuschauen. [...]
Wir müssen selbst Vorschläge machen, Ideen entwickeln, Optionen vorstellen. Wir Deutschen haben eine Pflicht und vor allem ein Interesse, uns in diese internationalen Debatten einzubringen, sie voranzutreiben. Daran mitzuwirken, die internationale Ordnung zu schützen und sinnvoll weiterzuentwickeln. Denn wir sind es doch, die wie kaum eine andere Nation von der liberalen Ordnung profitieren, die nach dem Zweiten Weltkrieg aufgebaut und ausgeweitet wurde. [...]
Wir sind die Handelsnation, die von internationaler Verlässlichkeit lebt. Wir sind neben China führend in der internationalen Containerschifffahrt – und auf freie und friedliche Seewege angewiesen. Und wir sind in der Mitte eines Europas, das von sicheren Grenzen und gleichzeitig kraftvollem Miteinander lebt – nicht nur in der Wirtschaft, sondern auch in Wissenschaft und Kultur, unserem gesellschaftlichen Leben. Das gibt es nicht zum Nulltarif. Nicht bei uns und nicht anderswo.
Lange haben andere den Großteil der dafür erforderlichen Energie aufgebracht, allen voran die USA. [...] Ohne das Freiheitsversprechen Amerikas, ohne die Solidarität in der NATO [...], weiß ich nicht, ob wir all die Jahre durchgehalten hätten. [...] Derzeit schwinden aber in den USA der Wille und die Kraft, überproportionale Beiträge zu leisten. Und deswegen sind wir für die Zukunft gefordert, wie andere auch, die für eine verlässliche und freiheitliche Ordnung einstehen.
Ja: Deutschland leistet schon heute markante Beiträge. Auch im Feld der Sicherheit und Verteidigung. Wir brauchen uns dort nicht zu verstecken. Wir sind zum Beispiel der zweitgrößte Truppensteller bei der Mission in Afghanistan – und auch in der NATO insgesamt. [...] Wir unterstützen Partnerstaaten wie Mali und Irak bei der Ausbildung eigener Sicherheitskräfte – als Bollwerke gegen den internationalen Terrorismus.
Trotzdem wird unsere Rolle immer wieder in Frage gestellt, werden immer wieder Zweifel laut. Wenn diese Zweifel geäußert werden, liegt das sicher nicht allein daran, dass wir zu wenige Ergebnisse greifen können. [...] Worin liegen die Zweifel also begründet? Ich vermute in etwas Anderem. Unsere Absichtserklärungen und strategischen Konzepte stimmen nicht immer und nicht vollständig mit unserem tatsächlichen Handeln überein. Wir Deutsche sind oft besser darin, hohe Ansprüche, auch moralisch hohe Ansprüche zu formulieren, an uns und an andere, als selbst konkrete Maßnahmen vorzuschlagen und umzusetzen. Das gilt insbesondere für unsere militärischen Beiträge, geht aber darüber hinaus. [...]
Wir sprechen von unserer „Kultur der Zurückhaltung", verweisen auf alle möglichen Rücksichtnahmen und Zwänge. Dabei haben wir allen Grund, mutiger zu handeln. Nicht nur, weil die strategische Lage ernster wird. Sondern auch, weil unser Deutschland fest in seiner demokratischen und rechtsstaatlichen Tradition steht – tief verwurzelt im transatlantischen Bündnis und in der Europäischen Union. Es ist an der Zeit, dass wir daraus die Kraft und das Selbstvertrauen schöpfen, gemeinsam mit unseren Partnern und Verbündeten die Welt und unsere Zukunft stärker zu gestalten. [...] Aber was heißt nun „mehr tun"? „Mehr Verantwortung übernehmen"?
Es heißt zunächst einmal, dass Deutschland

MUSTERKLAUSUR

zu allen Fragen, die seine strategischen Interessen betreffen, eine Haltung entwickeln muss. Denn natürlich hat Deutschland wie jeder Staat der Welt eigene strategische Interessen. Zum Beispiel als global vernetzte Handelsnation im Herzen Europas. Wir vertreten jeden Tag unsere Interessen. Aber wir müssen endlich anfangen, das zuzugeben. Deshalb müssen wir aber auch etwas tun und Initiative ergreifen, damit aus Haltung und Interesse Wirklichkeit werden kann. Dazu gehört es auch, unseren gegenwärtigen sicherheitspolitischen Status quo zu hinterfragen.

So liegt zum Beispiel die Bekämpfung des Terrorismus in der Sahelregion vor allem in den Händen unserer französischen Freunde – obwohl wir in Deutschland gleichermaßen vom Terror und seinen Folgen bedroht sind. Und obwohl unsere Verbündeten Ziele verfolgen, für die auch die Bundesregierung steht.

Ich bin aber überzeugt davon, dass wir in Europa gemeinsam von Sicherheit und Stabilität profitieren und deswegen auch die Lasten gemeinsam tragen müssen. [...] Dazu gehört letztendlich auch die Bereitschaft, gemeinsam mit unseren Verbündeten und Partnern das Spektrum militärischer Mittel wenn nötig auszuschöpfen. [...]

Die Idee, wir bräuchten auch einen Sicherheitsrat auf nationaler Ebene, ist gewiss nicht neu. [...] Wir sollten den jetzigen Bundessicherheitsrat, mit eingeschränkten Aufgaben und Aufgabenstellungen, weiterentwickeln. Hin zu einem Ort, der die verlässliche Koordination unserer strategischen Instrumente gewährleistet. Ein Ort, an dem zusammengebracht wird, was zur Schaffung einer auf Humanität beruhenden Ordnung zusammengehört: Diplomatie, Militär, Wirtschaft und Handel, Innere Sicherheit und Entwicklungszusammenarbeit. Denn wenn wir unseren umfassenden, vernetzten Ansatz mit Leben füllen wollen, dann müssen wir das auch an herausgehobener Stelle organisieren. So ein Nationaler Sicherheitsrat würde unsere Beiträge zur internationalen Krisenbewältigung schneller und effektiver zur Wirkung bringen. Und auch durch vorausschauende Themensetzung einen wichtigen Beitrag zu unserer strategischen Kultur leisten.

Und ich will gleich dazusagen: Entscheidungen über Einsätze der Bundeswehr würden und werden natürlich nach wie vor von einem Mandat des Deutschen Bundestags abhängen. Die öffentliche Beratung unseres Parlaments und sein eindeutiger Beschluss verschaffen den Einsätzen unserer Soldatinnen und Soldaten besondere demokratische Legitimität. Eine Legitimität, gerade mit Blick auf unsere Vergangenheit, der wir bedürfen, die ein wirklicher Vorteil ist. [...] Allerdings sehe ich auch, dass die Kommission zur Überprüfung der Beteiligungsrechte des Parlaments in der vergangenen Legislaturperiode einige Gedanken entwickelt hat, die noch nicht ausreichend zum Tragen gekommen sind. Ich denke da an die Vereinfachung und Beschleunigung des Verfahrens der parlamentarischen Meinungsbildung. Mir ist wichtig, dass die Bundeswehr an völkerrechtlich legitimierten internationalen Operationen teilnehmen kann, ohne dass Verzögerungen und Unsicherheiten über unsere Leistungsbereitschaft entstehen – und zugleich die Rechte des Bundestags gewahrt bleiben. Wenn klar ist, dass es internationale Missionen sind, ob von der NATO geführt oder von den Vereinten Nationen, könnte das Verfahren im Parlament beschleunigt werden. Das sollte auch möglich sein, wenn wir mit europäischen Partnern zusammen tätig werden wollen. Eine Bundeswehr ohne Parlamentsvorbehalt kann ich mir und will ich mir aber nicht vorstellen.

Annegret Kramp-Karrenbauer, www.bmvg.de, 19.11.2019

Bundessicherheitsrat

geheim tagendes Regierungsgremium, bestehend aus Bundeskanzler, Chef des Bundeskanzleramts, Bundesministern des Auswärtigen, der Verteidigung, der Finanzen, des Inneren, der Justiz, für Wirtschaft und für wirtschaftliche Zusammenarbeit und Entwicklung. Aufgabe: Koordination der deutschen Sicherheitspolitik und dabei insbesondere Kontrolle der Rüstungsexporte

9.2.2 Erwartungshorizont für die Musterklausur

Lösungsskizze	Formulierungshilfen
Aufgabe 1	

• Der **Einleitungssatz** sollte neben den Formalia (Autor, Erscheinungsmedium und -datum, Textsorte) die **Kernaussage/n** des Textes enthalten: *Die Bundesverteidigungsministerin Annegret Kramp-Karrenbauer stellt in ihrer Rede vom 7.11.2019 an der Universität der Bundeswehr München ihre Sicht auf die sicherheitspolitischen Bedrohungen der Bundesrepublik Deutschland dar und leitet daraus Forderungen für die deutsche Außenpolitik ab.*
• Im Hauptteil zu referierende **Hauptaussagen** sind:
  • Zentrale sicherheitspolitische Bedrohungen lägen erstens im Kampf großer Mächte um Einflussbereiche; damit zusammenhängend zweitens im Infragestellen bzw. sogar wiederholten Brechen „etablierter [sicherheits- und wirtschaftspolitischer] Regeln der internationalen Ordnung"; drittens im Rückzug der USA als Schutz- und Ordnungsmacht
  • Konkret würden diese Bedrohungen für Deutschland im aggressiven Vorgehen Russlands in Osteuropas (insb. in der Ukraine), in der Gefahr internationalen islamistischen Terrorismus' sowie im Vormachtstreben Chinas.
  • Zusätzlich ergäben sich aus dem Klimawandel und der Digitalisierung Sicherheitsprobleme.
  • Zudem liege es im deutschen Interesse als Land mit einem erheblichen Außenhandelsanteil, dass Transportwege (insb. Seewege) frei und sicher bleiben/werden und möglichst wenige Handelsschranken bestehen.
  • Für die Außen-Sicherheitspolitik der Bundesrepublik ergäben sich dadurch gravierende Folgen:
  • Es müsse davon Abstand genommen werden, dass die strategischen Konzepte zwar den Bedarf am deutschen Engagement darstellen, aber weitgehend wirkungslos blieben.
  • Vielmehr soll erstens das – militärische – Engagement dort, wo es Deutschlands Interessen dient (z. B. in der Sahel-Zone), ausgeweitet werden.
  • Zweitens könnten dadurch auch Bündnisse (z. B. mit Frankreich) vertieft werden.
  • Drittens soll die Institution des Bundessicherheitsrates aufgewertet werden: Dieser soll interdisziplinär einerseits Sicherheitsinteressen bündeln und Beschlüsse des Bundestages über Auslandseinsätze o. ä. zügig vorbereiten. Die Entscheidungen über Auslandseinsätze sollen zwar beim Parlament bleiben, aber u. a. dadurch beschleunigt werden.
	• Einleitung mit Nennung der Kernaussage: *Annegret Kramp-Karrenbauer fordert ein – auch militärisch – ausgeweitetes Engagement von Deutschland und schnellere parlamentarische Entscheidungsverfahren für Auslandseinsätze.*
	Mögliche Textsorten: meinungsbetonte (Kommentar, Leitartikel, Leserbrief, Rede...), nicht meinungsbetonte (Bericht, Reportage...)
	
	• Wiedergabe der Kernaussagen/-thesen/-argumente: *Der Verfasser/Die Verfasserin legt dar/führt aus/begründet/erklärt dies mit/erläutert/betont/beweist/belegt/untermauert/plausibilisiert/stützt dies mit/zieht dazu heran/zeigt auf/führt zusammen/argumentiert/grenzt sich ab von...*
	
	• Sprachliche Mittel zur Verknüpfung von referierten Gesichtspunkten können sein: *Zum ersten... zum zweiten.../darüber hinaus/ ergänzend/damit zusammenhängend/diesen Gedanken weiterführend/zentral für den Verfasser ist/daneben/zwar... aber/sowohl... als auch*

ERWARTUNGSHORIZONT

Lösungsskizze	Formulierungshilfen
Aufgabe 2	
• Zunächst sollte erläutert werden, warum es sich bei dem ausgewählten Gegenstandbereich (hier: transnationaler Terrorismus) um ein sicherheitspolitisches Problem handelt.	Zu Beginn der Aufgabenbearbeitung (nach einem einleitenden Satz) können Sie den Aufbau Ihres folgenden Testes grob und kurz skizzieren:
• Die zentrale Aufgabe von Regierung und Verwaltung der Bundesrepublik Deutschland ist der Schutz der Würde jedes (in Deutschland) lebenden Menschen (vgl. Art. 1 GG). Zentrales Element menschlicher Würde ist die „körperliche Unversehrtheit" (vgl. Art. 3 GG), die der Staat somit ebenfalls so weit wie möglich sicherstellen muss.	*Zunächst werde ich darstellen...* *Im Folgenden wird erstens... erläutert und zweitens... dargelegt.* *Abschließend werde ich ausführen...*
• Da Terroristen durch ihre Anschläge die körperliche Unversehrtheit und damit die Würde vom Einwohnern verletzen (sie möchten ja möglichst viele Menschen töten), ist Terrorismusbekämpfung wesentliche Aufgabe der Bundesrepublik.	
• Vermag ein Staat seine Einwohner nicht zu schützen, verlieren sie zudem mittelfristig das Vertrauen in die Institutionen und werden bestrebt sein, sich selbst zu schützen. Damit wäre auch das Gewaltmonopol des Staates infrage gestellt.	Wesentliche Punkte in Ihren Ausführungen können Sie sprachlich hervorheben: *Ganz zentral ist (hierbei/ hieran/hierfür)...* *Wesentlich ist...*
• Eine große sicherheitspolitische Herausforderung stellt transnationaler islamistischer Terrorismus vor allem aus zwei Gründen dar.	*Für das Verständnis von übergeordneter Bedeutung ist...* *Am wichtigsten jedoch ist...*
• Zum einen scheint in den vergangenen Jahren die Zahl der Staaten, die aus verschiedenen Gründen ganz oder teilweise die Kontrolle über ihr Staatsgebiet verlieren, zu wachsen (Staaten der Sahelzone, Afghanistan, Syrien, Libyen, Somalia, Jemen, Irak...). Diese „staatsfreien" Räume, in denen aber noch ein Mindestmaß an Infrastruktur vorhanden ist, sind gut geeignete Rückzugs- und Trainingsgebiete für terroristische Vereinigungen (genauso wie für kriminelle Organisationen, die mitunter von den Terroristen kaum zu unterscheiden sind).	
• Zum anderen radikalisieren sich in Europa und Nordamerika einzelne Menschen oder Personen in sehr kleinen Gruppen unter bestimmten Bedingungen und schließen sich der islamistisch-gewaltsamen Ideologie der Terrororganisationen an. Dort planen und begehen sie Anschläge mit teils drastischen Folgen.	
• Terroranschläge dieser Provenienz sind auf eine maximale Anzahl von Todesopfern ausgerichtet, die gerade nicht zu bestimmten Bevölkerungsgruppen gehören und die keine Systemrepräsentanten sind. Dadurch soll sich der Staat als Angegriffener verstehen und es sollen Gegenschläge provoziert werden, deren Auswirkungen diesen Staat in den Augen potenzieller Terrorsympathisanten delegitimiert.	
• Ob sich der derzeit ausweitende Rechtsterrorismus auch zu einem transnationalen Terrorismus entwickeln wird, bleibt abzuwarten. (Zumindest beziehen sich Rechtsterroristen bereits heute auf ideologische Schriften ausländischer Rechtsradikaler.)	

Lösungsskizze	Formulierungshilfen
Aufgabe 3	
• Annegret Kramp-Karrenbauer stellt zwei erörterungsbedürftige Forderungen, die zunächst einmal kurz benannt werden sollten: • Erstens soll das Engagement der Deutschen Bundeswehr in Deutschland ausgeweitet werden. • Zweitens sollen die Beschlüsse dafür beschleunigt werden. • Dieser zweite Vorschlag wird nicht sehr konkret dargelegt. Vielmehr sollen die Beschlussrechte des Bundestages nicht beschnitten werden. Vorstellbar wäre, dass die Gesetzeslesungen reduziert werden und/oder dass ein allgemeiner Beschluss erfolgt und die konkrete Ausgestaltung des Auslandseinsatzes dem Bundesverteidigungsministerium übertragen wird. Auch möglich wäre, dass der Bundessicherheitsrat einen Auslandseinsatz ganz konkret vorbereitet (bis zur Marschbereitschaft der Soldatinnen und Soldaten) oder dass sogar Truppen(teile) ins Ausland entsandt werden, bevor der Bundestag endgültig über den Einsatz beschließt. • Erörterung von Forderung 1: Ausweitung der Auslandseinsätze • Pro: Eintreten für eine multilaterale Weltordnung und für Menschenrechte glaubwürdiger, direktere Einflussnahme auf Konflikte möglich, bei denen eigene Sicherheits- und Handelsinteressen (un)mittelbar betroffen sind; Auftreten als verlässlicher Bündnispartner in sicherheitspolitischen Fragen → möglicherweise auch vorteilhaft beim Bestreben, einen ständigen Sitz im UN-Sicherheitsrat zu erhalten • Kontra: Wirkung militärischen Eingreifens sehr unsicher und oft sogar kontraproduktiv, wenn es um zivilen Aufbau geht; viele Konflikte zu komplex und räumlich zu ausgedehnt, um mit ausländischen Truppen eingedämmt zu werden; Gefahr, selbst zur Konfliktpartei zu werden oder zumindest als solche wahrgenommen zu werden → könnte schlechtestenfalls sogar die Terrorwahrscheinlichkeit erhöhen • Erörterung von Forderung 2: Beschleunigung der Beschlüsse über Auslandseinsätze • Pro: Erhöhung der Handlungsfähigkeit (auch in Bündnisverpflichtungen); schnelleres Eingreifen in unmittelbaren Notsituationen (z. B. bei Sicherheitsratsbeschlüssen über schwere Menschenrechtsverletzungen) • Kontra: häufig dauern die Beschlüsse des Bundestages bezogen auf Auslandseinsätze nicht besonders lange; Gründlichkeit der Prüfung und öffentliche Auseinandersetzung über Auslandseinsätze darf nicht eingeschränkt werden; Gefahr der faktischen „Entmachtung" des Bundestages, wenn nur noch formal Beschlüsse bei ihm liegen, faktisch aber die Regierung bzw. der Bundessicherheitsrat entscheidet	• Möglicher Einleitungssatz: *Im Folgenden setze ich mich mit Annegret Kramp-Karrenbauers Forderungen auseinander, dass einerseits die Auslandseinsätze der deutschen Bundeswehr aufgrund von sicherheits-, bündnis- und handelspolitischem Erwägungen ausgebaut und andererseits die Bundestagsbeschlüsse über solche Auslandseinsätze beschleunigt werden sollen.* • Zwischen Argumenten/ Argumentblöcken für die eine bzw. die andere Seite bieten sich folgende sprachliche Überleitungen an: *Die Kritiker/Befürworter hingegen argumentieren damit.../auf der einen Seite... auf der anderen Seite.../Entkräftet wird diese Aussage schlüssig durch die Überlegung.../ Dem setzt die andere Seite das sehr starke Argument entgegen, wonach...* • Zur Strukturierung der Pro- und Kontra-Argumente können (im Ping-Pong-Modell der Erörterung) die Urteilskategorien/-kriterien dienen. Argumente, die sich auf einer inhaltlichen Ebene befinden, würden dann aufeinander folgen. • Möglicher Schlusssatz: *Insbesondere wegen des Arguments... lehne ich ab/ befürworte/unterstütze ich Annegret Kramp-Karrenbauers Forderung nach... .*

9.3 Formate der mündlichen Abiturprüfung

9.3.1 Die mündliche Abiturprüfung

Wenn Sie das Fach Politik-Wirtschaft als P5-Fach gewählt haben, so ist für Sie eine mündliche Prüfung von mindestens 20 Minuten verbindlich. Haben Sie Politik-Wirtschaft als Kurs auf erhöhtem Anforderungsniveau (P3) oder als P4-Fach gewählt, so können Sie sich unter Umständen freiwillig zu einer zusätzlichen mündlichen Prüfung melden bzw. eine solche Prüfung kann durch die Prüfungskommission Ihrer Schule festgesetzt werden.

In beiden Fällen hat die Prüfung eine wichtige Bedeutung für Ihr Abitur insgesamt – aber keine Sorge: mit einer guten Vorbereitung und etwas Vorübung lässt sich diese Prüfung gut bewältigen! Die Tipps auf dieser Seite geben Ihnen dazu Hilfestellung.
Die mündliche Abiturprüfung ist zu etwa gleichen Zeitumfängen in die Teile ‚**Prüfungsvortrag**' und ‚**Prüfungsgespräch**' gegliedert. Um den ‚Prüfungsvortrag' vorbereiten zu können, steht Ihnen eine 20-minütige Vorbereitungszeit zur Verfügung.

Die Prüfung wird von Ihrem Kurslehrer/Ihrer Kurslehrerin (Prüfer) geleitet; ihm/ihr stehen zwei weitere Fachlehrkräfte zur Seite, von denen einer (der Fachprüfungsleiter) ebenfalls Fragen stellen darf.

Schritt 1: Vorbereitungszeit	Dauer: 20 Minuten
Setting: Was passiert? • Im Vorbereitungsraum setzen Sie sich alleine mit den (zwei bis drei) Prüfungsaufgaben und -materialien auseinander. • Ihnen stehen in der Regel Fremdwörterlexika und das Grundgesetz als Hilfsmittel zur Verfügung.	**Tipps** zur optimalen Durchführung → Verschaffen Sie sich zunächst einen Überblick über die Prüfungsaufgaben: Welche zentralen Fachbegriffe und Unterrichtsinhalte werden angesprochen? Welche Art von Antwort wird durch den Operator gefordert? Welche methodischen Anforderungen sind zu beachten (z. B. Karikaturanalyse)? Bleibt etwas unklar? → Bearbeiten Sie das Ihnen vorliegende Material. Wichtig bei Texten (und ihrer Zusammenfassung): • Nicht alles ist wichtig! Achten Sie vorrangig auf die Aspekte, die durch die Aufgaben vorgegeben werden. • Schlagen Sie nur zur Not unbekannte Wörter nach. Meist genügt das Verstehen im Kontext.
Ziel: Worauf arbeite ich hin? • Sie bereiten den Prüfungsvortrag vor. • Sie erstellen Notizen, die es Ihnen ermöglichen, Ihre Ergebnisse flüssig, strukturiert und fachsprachlich sicher zu präsentieren. • Achten Sie darauf, dass die erste Aufgabe (Anforderungsbereich I) zwar notwendig zur Bearbeitung der weiteren ist, aber den geringsten Anteil bei der Benotung der Prüfung hat. Der Schwerpunkt des Prüfungsvortrags sollte daher auf der zweiten (und ggf. dritten) Aufgabe liegen.	→ Notieren Sie Ihre Arbeitsergebnisse *in Stichworten*! Achten Sie vor allem auf • Lesbarkeit • gedankliche Strukturierung (z. B. durch Zwischenüberschriften verdeutlichen) • Verwendung der zentralen Fachbegriffe • Nutzen Sie ggf. alternative Darstellungsformen wie Flussdiagramme, MindMaps o.ä.

Schritt 2: Die mündliche Prüfung — Dauer: etwa 20 Minuten

2.1 Der Prüfungsvortrag — Dauer: etwa 10 Minuten

Setting: Was passiert?	Tipps zur optimalen Durchführung
• Sie sitzen der Prüfungskommission gegenüber und präsentieren Ihre Ergebnisse zu den Prüfungsaufgaben. • Der Prüfer greift in der Regel nicht in Ihren Vortrag ein.	→ Stellen Sie am Beginn der Prüfung Fragen, falls Ihnen noch etwas Wichtiges unklar geblieben ist. → Reden Sie sich „warm". Das geht am besten, indem Sie die jeweilige Aufgabenstellung mit eigenen Worten wiedergeben und/oder das bearbeitete Material kurz vorstellen (auch wenn Aufgabe 1 dies nicht ausdrücklich fordert). Beachten Sie trotz des Warmsprechens, dass der Schwerpunkt des Prüfungsvortrags auf der Aufgabe 2 (und ggf. 3) liegen sollte. → Wählen Sie ein mittleres Sprechtempo. → Verwenden Sie Fachbegriffe, die Sie umgehend nach ihrer ersten Verwendung erklären bzw. definieren. → Bringen Sie ggf. weiterführende Aspekte ein – Ihr Prüfer wird darauf sicher im Prüfungsgespräch zurückkommen.
Ziel: Worauf arbeite ich hin?	
• Sie zeigen durch Ihren Prüfungsvortrag, dass Sie die Prüfungsaufgaben sachlich und methodisch sicher bearbeiten können. • Der beste Vortrag ist der, nach dem der Prüfer keine Fragen mehr hat! Entfalten Sie also die Zusammenhänge ausführlich und stellen Sie selbstständig Verknüpfungen unterschiedlicher – relevanter! – Aspekte her anstatt auf Nachfragen des Prüfers zu warten.	

2.2 Das Prüfungsgespräch — Dauer: ca. 10 Minuten

Setting: Was passiert?	Tipps zur optimalen Durchführung
• Der Prüfer stellt Ihnen Fragen, die das Schwerpunktthema (Prüfungsaufgabe) in einen größeren Kontext (Semester) einordnen und prüft Ihre Kenntnisse aus (mindestens) einem weiteren Schwer-punkt (Semesterübergriff). • Ggf. nutzt der Prüfer das Prüfungsgespräch, um Ihnen Gelegenheit zu geben, Ungenauigkeiten des Vortrages zu korrigieren oder Auslassungen zu ergänzen.	→ Hören Sie möglichst genau zu, wenn Ihr Prüfer Fragen und Impulse formuliert. → Begnügen Sie sich nach Möglichkeit nicht mit kurzen Antworten! Führen Sie vielmehr den Problemzusammenhang, der durch eine Frage angesprochen wird, möglichst umfassend aus. Hierzu eignen sich vor allem Beispiele aus dem Unterricht und aktuelle politische Geschehnisse! Vermeiden Sie aber, sich selbst zu wiederholen (Redundanzen). → Auch hier gilt: erklären Sie die von Ihnen (oder dem Prüfer) verwendeten Fachbegriffe. → Bei Urteilsaufgaben: Legen Sie sich unbedingt auf eine Position fest, aber nicht zu schnell! Wichtiger ist es, dass Sie Ihre Fähigkeit unter Beweis stellen, ein Problem von mehreren Seiten abwägend (erörternd) zu betrachten.
Ziel: Worauf arbeite ich hin?	
• Sie zeigen durch Ihre Antworten, dass Sie auch mit Unterrichtsaspekten, die über das Schwerpunktthema hinausgehen, souverän umgehen können. • Dabei sollte Ihr Gesprächsanteil möglichst hoch sein (kein Frage-Antwort „Ping-Pong").	

Zur Übung: Vertiefende Prüfungsimpulse zu Kapitel 6.2

Weitere Prüfungsimpulse zu Kapitel 2

Mediencode: 72053-14

mündliche Abiturprüfung
Teil 1 – Material für Prüfungsvortrag – Kap. 6.2
Teil 2 – Impulse für Prüfungsgespräch

Handelskonflikte verweisen auf das Phänomen der Globalisierung. Beschreiben Sie die Globalisierung hinsichtlich ihrer Indikatoren und Antriebskräfte in Grundzügen.

Schauen wir uns die außenhandelspolitischen Leitbilder noch etwas genauer an!
Erläutern Sie unter Berücksichtigung unterschiedlicher Perspektiven die Vor- und Nachteile von Freihandel und Protektionismus.

Außenhandelspolitik, wie der amerikanisch-chinesische Handelskonflikt, wird nicht im „luftleeren Raum" vollzogen, sondern im Kontext relevanter Institutionen.
a) Stellen Sie die Welthandelsordnung im Rahmen der WTO in ihren Grundzügen dar.
b) Globalisierungskritiker wie die transnationale NGO ATTAC fordern immer wieder die Abschaffung der WTO. Nehmen Sie zu dieser Forderung begründet Stellung!

Ordnen Sie den Aufbau und die Entscheidungsregeln der WTO demokratietheoretisch ein.

Arbeiten Sie mögliche Zusammenhänge zwischen der (gegenwärtigen) Struktur der Weltwirtschaft und der Entstehung internationaler Konflikte bzw. des transnationalen Terrorismus heraus [je nach behandelten Schwerpunkten].

Die Welthandelsordnung im Rahmen der WTO wird in der jüngeren Vergangenheit u. a. durch zahlreiche bilaterale Freihandels- bzw. Präferenzabkommen herausgefordert.
a) Erläutern Sie Vor- und Nachteile solcher nicht-globaler Handelsabkommen. Berücksichtigen Sie dabei unterschiedliche Betrachtungsebenen und -perspektiven.
b) Nehmen Sie vor diesem Hintergrund Stellung zur Zukunft der Welthandelsordnung im Rahmen der WTO.

9.3.2 Die Präsentationsprüfung als alternatives Prüfungsformat

Ist Politik-Wirtschaft Ihr fünftes Prüfungsfach, so können Sie alternativ zur „klassischen" mündlichen Prüfung das Format der Präsentationsprüfung wählen.

Hierfür erhalten Sie **zwei Wochen** vor Ihrem Prüfungstermin eine komplexe **Aufgabenstellung** zu einem Schwerpunktthema des Unterrichts, die mithilfe von Teilaufgaben gegliedert sein sowie eine Materialgrundlage enthalten kann. Auf Grundlage dieser Themenstellung erarbeiten Sie sich das Thema, entwickeln die zentralen Fragestellungen und Ergebnisse Ihrer zu planenden Präsentation und dokumentieren Ihre zentralen Überlegungen.

Beispielaufgabe

Mediencode: 72053-15

Eine Woche vor Ihrem Prüfungstermin reichen Sie auf der Grundlage Ihres bisherigen Arbeitsprozesses eine **Dokumentation** ein. Diese enthält Angaben zur geplanten inhaltlichen Struktur des Vortrages sowie zentrale Aspekte der Aufgabenlösungen, eine Übersicht der verwendeten Quellen sowie eine kurze Information zur gewählten Präsentationsform (digital (PowerPoint, Prezi, ...) vs. analog (Folien, wissenschaftliches Poster, ...)). Nun haben Sie noch eine Woche Zeit, sich inhaltlich und methodisch auf Ihre Prüfung vorzubereiten.

Die eigentliche **Präsentationsprüfung** soll mindestens 30 und höchstens 45 Minuten dauern, sie umfasst zu zeitlich gleichen Anteilen Ihren Vortrag und ein sich anschließendes Prüfungsgespräch.
In Ihrem **Vortrag** präsentieren Sie unter Zuhilfenahme geeigneter Medien zusammenhängend und strukturiert Ihre Ergebnisse. Dieser Vortrag ist frei, also **ohne weitere Hilfsmittel** wie Karteikarten o.ä., zu halten.
In dem sich anschließenden **Prüfungsgespräch** wird die Prüfungskommission Bezüge zu Ihrem Vortrag herstellen, um zum Beispiel sicherzustellen, dass Sie die präsentierten Inhalte tatsächlich selbst erarbeitet und vollumfänglich verstanden haben. Darüber hinaus wird hier die Aufgabenstellung der Präsentationsprüfung in einen größeren fachlichen Zusammenhang gestellt werden; spätestens hier wird somit auch der erforderliche **Semesterübergriff** eingefordert werden.

Zur Erarbeitung Ihres Vortrages und der Vorbereitung auf die Präsentationsprüfung sollten Sie insbesondere auf die **methodischen** Fähigkeiten, die Sie im Seminarfach im Zusammenhang der **Erstellung und Präsentation der Facharbeit** erworben haben, zurückgreifen. Hier kommt es nun nämlich vor allem darauf an, sich in relativ kurzer Zeit einen prägnanten Überblick über das der Prüfung zugrundeliegende Themengebiet zu verschaffen. Auf dieser Grundlage sollen wenige, aber aussagekräftige (z.B. verlässliche Sachinformationen; hinsichtlich der Beurteilung der zu behandelnden Problemstellung, Auswahl und Gegenüberstellung geeigneter kontroverser Positionen) Quellen und Materialien ausgewählt und ausgewertet und die gewonnenen Informationen zu einem stringenten, themenbezogenen Vortrag ausgearbeitet werden.

Wie bearbeite ich die Aufgabenstellung der Präsentationsprüfung zielorientiert?

Thema verstehen

Orientierung
- Aufgabenstellung durcharbeiten und mit eigenen Worten (re-)formulieren
- gegebenes Material auswerten und ersten Überblick zu Fakten und möglichen Untersuchungsfragen erarbeiten

Informationen sammeln

Orientierung	Konkretisierung	Vertiefung

Auswertung von:
• Lexika
• Handbüchern
• Internet
• Zeitschriften, auch online (z. B. APuZ)
• Monografien
	Gezielte Informationsbeschaffung in:
	• Bibliotheken
	  • Schlagwortkatalog
	  • Verfasserkatalog
	• Suchmaschinen
	• Datenbanken
		Einbeziehung von:
		• Zeitungen/Interviews
		• Quellen (auch online)

Informationen auswählen

Sichten	Markieren	Bewerten
• Inhaltsverzeichnis und Register durchsehen • Einleitung lesen • geeignete Kapitel anlesen • ungeeignete Kapitel aussortieren	• verwertbare Passagen durcharbeiten und mit Farben und Symbolen strukturieren	• Ist das Material widerspruchsfrei? • Wird sachlich argumentiert? • Wie stehe ich zu den Aussagen?

Exzerpieren
- Informationen schriftlich zusammenfassen
- zentrale Aussagen wörtlich übernehmen (Zitierregeln beachten)

Gliederung
- Leitfrage(n) formulieren
- Materialien zusammenstellen und den Haupt- und Unterthemen zuordnen
- Aussagen in eine logische Reihenfolge bringen
- Überschriften formulieren
- Gliederung ständig überprüfen und gegebenenfalls aktualisieren

Informationen ordnen

Form	Systematik

• Karteikarten
• DIN-A4-Blätter
• Computer
	• formal:
	  • alphabetisch (nach Verfassernamen)
	  • chronologisch (nach Entstehungs-/Erscheinungsjahr)
	• inhaltlich:
	  • Hauptaspekte
	  • Nebenaspekte

Wie kann ich einen überzeugenden mediengestützten Vortrag präsentieren?

Ein mediengestützter Vortrag sollte immer nach folgendem Muster gegliedert sein:

Begrüßung → Einleitung → Überleitung → **sachlich gegliederter Fachvortrag** → Zusammenfassung → Schluss

Neben dem argumentativen **Hauptteil**, in dem die wesentlichen inhaltlichen Ergebnisse dargelegt werden, kommt der **Begrüßung** und dem **Schluss** eine hohe Bedeutung zu, da die Zuhörer diese Teile eines Vortrags besonders aufmerksam wahrnehmen. Die Elemente einer gelungenen Präsentation veranschaulicht die Grafik:

Struktur
- motivierende Einleitung
- Formulierung des Vortragsziels
- logische Argumentation
- resümierender oder offener, weiterführender Schlusssatz

Inhalte
Relevanz und sachliche Richtigkeit

Visualisierung
- keine Effekthascherei
- funktionaler Einsatz von Farben
- Anschaulichkeit, Übersichtlichkeit
  Zum Beispiel
  - Zeitstrahl o. ä. bei Entwicklungen,
  - Trichter bei Zukunftsszenarien
  - Gegenüberstellung bei kontroversen Positionen
  - Flussdiagramm bei Ursachen/Folgen
  - Concept Map bei Strukturen und Zusammenhängen
- Lesbarkeit von (PowerPoint-)Folien und Plakaten beachten

Die gelungene Präsentation

Vortragstechnik
- Rücksichtnahme auf Zuhörer
  - Verständlichkeit
  - angemessenes Tempo
  - klare Artikulation
  - Stimmmodulation
  - lebendige Sprache
  - Pausen
- anschauliche Sprache
- freies Sprechen

Zuhörerorientierung
- emotional
- kognitiv

Körpersprache
- Blickkontakt mit Publikum
- Offenheit, Natürlichkeit, Freundlichkeit ausstrahlen
- natürliche Handbewegungen
- gerader Oberkörper
- ruhiges Stehen

Unterrichtsmethoden

Amerikanische Debatte

- **Ziele:** Perspektivübernahme, Erarbeitung, Artikulation und Argumentation kontroverser Positionen; kommunikatives Handeln

- **Orte im U.:** Phase der Urteilsbildung

- **Ablauf:** Variante der Pro-Kontra-Debatte (vgl. S. 218): Die Klasse wird in Pro- und Kontra-Gruppen eingeteilt, die auf der Grundlage von Texten oder des vorangegangenen Unterrichts unterschiedliche Positionen zur Debattenfrage erarbeiten. Die Gruppen bestimmen die jeweiligen Diskutanten, deren Anzahl je nach Klassenstärke unterschiedlich sein kann. Die Diskutanten sitzen gegenüber und der Moderator eröffnet die Debatte und erteilt einer Seite das Wort. Das erste Argument wird genannt, die gegnerische Seite greift das Argument auf, versucht es zu widerlegen und nennt ein weiteres Argument, das wiederum von der anderen Seite aufgegriffen wird (siehe Abbildung). Sollten am Ende der Reihe noch nicht alle Argumente ausgetauscht sein, wird von vorne begonnen.
  Der Moderator achtet auf die Einhaltung der Reihenfolge sowie der Redezeit und beendet die Debatte. Die Zuschauer bewerten im Anschluss die Diskussion.

- **Unbedingt beachten:** Zuspitzung der Themenstellung auf eine Ja-Nein-Frage (Entscheidungsfrage).
  Da die Debatte eine hoch formalisierte Form der Diskussion ist, sollten die Regeln unbedingt eingehalten werden. Die Redezeit sollte unbedingt begrenzt werden. Die Amerikanische Debatte ist deutlich anspruchsvoller als die „einfache" Pro-Kontra-Debatte, da die Diskutanten mit jedem Beitrag Bezug auf den Vorredner nehmen müssen. Sie empfiehlt sich vor allem für „starke" Lerngruppen.

Fish-Bowl-Diskussion

▶ **Ziele:** Perspektivübernahme, Erarbeitung, Artikulation und Argumentation unterschiedlicher Positionen; kommunikatives Handeln

▶ **Orte im U.:** Phase der Urteilsbildung

▶ **Ablauf:** Eine Kleingruppe diskutiert in einem Innenkreis in der Mitte des Raumes ein Thema, während die übrigen Schüler in einem Außenkreis darum herumsitzen („Fish-Bowl"), die Diskussion genau verfolgen und den Diskutanten im Anschluss eine Rückmeldung zum Diskussionsverhalten und Argumentation geben. Ein Moderator im Innenkreis leitet die Diskussion. In der Diskussionsrunde steht ein Stuhl mehr als es Teilnehmer gibt. Den freien Platz kann jemand aus der Beobachtergruppe einnehmen, um Fragen zu stellen oder seine Meinung einzubringen. Danach verlässt er die Diskussionsrunde wieder.

▶ **Variante:** Der Zuschauer verbleibt in der Diskussionsrunde, dafür verlässt ein anderer Diskutant die Runde und macht seinen Stuhl für einen anderen frei.

▶ **Unbedingt beachten:** Fragestellung sollte möglichst offen sein und in der Diskussion verschiedene Richtungen ermöglichen.

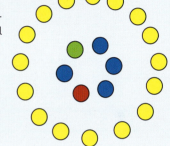

Variante Sitzkreis
- 🟢 Moderator
- 🔵 Gruppensprecher
- 🔴 freier Stuhl
- 🟡 Schüler

Podiumsdiskussion

▶ **Ziele:** Perspektivübernahme, Erarbeitung, Artikulation und Argumentation unterschiedlicher Positionen; kommunikatives Handeln

▶ **Orte im U.:** Phase der Urteilsbildung

▶ **Ablauf:** Zur Vorbereitung werden unterschiedliche Positionen zu einer bestimmten Thematik (in Gruppenarbeit) erarbeitet (Rollenübernahme). Ein Moderator (in der Regel die Lehrperson) führt thematisch in die Diskussion ein, stellt die teilnehmenden Figuren und ihre jeweilige Position kurz vor. Darüber hinaus gibt er die Regeln bekannt:
Zunächst soll jeder Diskutant seine Position in einem kurzen Statement (max. zwei Minuten) vorstellen. Nach Abschluss dieser ersten Runde können die übrigen Teilnehmer darauf Bezug nehmen. Der Moderator wahrt absolute Neutralität, stellt im Verlauf der Diskussion Gemeinsamkeiten und Unterschiede in den Positionen heraus, fragt nach, präzisiert, macht auf Widersprüche aufmerksam und setzt neue Impulse oder provoziert, um die Diskussion weiterzuentwickeln. Er achtet auf eine gleichmäßige Verteilung der Redeanteile und zieht am Ende der Diskussion eine Bilanz.

▶ **Variante:** Die Zuschauer erhalten Rollenkarten und bewerten aus ihrer jeweiligen Position heraus die Diskussion.

▶ **Unbedingt beachten:** Da die Moderatorenrolle äußerst anspruchsvoll ist, sollte sie nur in erfahrenen Lerngruppen an einen Schüler übertragen werden. Auf ein entsprechendes Setting (Podium, Bühne) achten.

Pro-Kontra-Debatte

- **Ziele:** Perspektivübernahme, Erarbeitung, Artikulation und Argumentation unterschiedlicher Positionen; kommunikatives Handeln

- **Orte im U.:** Phase der Urteilsbildung

- **Ablauf:** Einteilung der Klasse in Pro- und Kontra-Gruppen und Erarbeitung der jeweiligen Positionen. Die Gruppen benennen einen Diskutanten. Moderator gibt das Thema bekannt und führt im Publikum eine erste Abstimmung durch. Jeder Debattenteilnehmer stellt seine Position in einem Kurzstatement vor (max. 2 Minuten). Hier empfiehlt sich ein Wechsel zwischen den Pro-Kontra-Positionen. In dieser Phase wird noch nicht aufeinander Bezug genommen. In der folgenden freien Aussprache (max. 10 Minuten) tauschen die Teilnehmer ihre Argumente aus, nehmen aufeinander Bezug. Am Ende sollen Mehrheiten für eine bestimmte Position gewonnen werden. Nach der freien Aussprache geben die Diskutanten ein Schlussplädoyer (max. 1 Min.) ab und werben noch einmal für ihre Position. Im Anschluss wird eine Schlussabstimmung im Publikum, den Adressaten der Debattenteilnehmer, durchgeführt.

- **Unbedingt beachten:** Zuspitzung der Themenstellung auf eine Ja-Nein-Frage (Entscheidungsfrage) Da die Debatte eine hoch formalisierte Form der Diskussion ist, sollten die Regeln unbedingt eingehalten werden. (Zeitmanagement)

Strukturierte Kontroverse

- **Ziele:** Intensive Vorbereitung der Urteilsbildung vor allem durch Perspektivübernahme

- **Orte im U.:** Einleitung von Urteilsbildungsphasen

- **Ablauf:** **Phase 1** – Materialgebunden werden zu einer politischen Entscheidungsfrage Argumente (inkl. Belegen, Beispielen) für die eigene Position erarbeitet. Zudem wird (in Partner- oder Kleingruppenarbeit) eine möglichst überzeugende Argumentationsstrategie entwickelt.
  Phase 2 – Ein (ggf. moderiertes) Streitgespräch zwischen Pro- und Kontra-Gruppen wird mit wechselseitigem Rederecht durchgeführt.
  Phase 3 – Die entgegengesetzte Position wird, allerdings ohne erneute Materialauswertung, eingenommen und aus dieser wird vor dem Hintergrund der ersten Diskussion eine geeignete Argumentationsstrategie gegen die eigene Meinung entwickelt.
  Phase 4 – Ein erneutes Streitgespräch wird – in der neuen Rollenverteilung – durchgeführt. Im Anschluss werden die Rollen verlassen, die Teilnehmer können sich kurz über die Erfahrungen innerhalb des Settings austauschen und es wird zur Urteilsbildung übergeleitet.

- **Unbedingt beachten:** Die ungewohnte Fremdposition sollte mit Ernsthaftigkeit vertreten werden.
  Die Argumente und Strategien sollten (ggf. durch Protokollanten) festgehalten werden, um sie in der anschließenden Urteilsbildung ggf. klären und gewichten zu können.

Register

*Die zentrale Fundstelle eines Begriffs ist **fett** gedruckt.*

A
Adam Smith – 149
Äthiopien – 144, 188f., **190**, 194ff., 198ff., 207
Afghanistan – 110ff., **113**, 119, 123
Agenda 2030 – 118, **125**f., 129, 195
Agenda für den Frieden – **46**f., 51
Arabischer Frühling – 16, **17**, 27
Arbeitsteilung – **148**f.
Atomwaffen – 90, **92**, 99

B
Baschar al-Assad – **16**, 18, 20, 45, 48
Bundestrojaner – **67**ff.
Bundesverfassungsgericht (BVerfG) – **84**, 86
Bundeswehr – **82**ff., **86**f., 89

C
China – **33**, 41, 71, 174, 191ff., 202, 210
Cyberangriffe – **93**

D
David Ricardo – **148**, 150
Demokratie – 42, 47, 113, 130, 132
Deregulierung – 146f.
Digitalisierung – 154
Direktinvestitionen, ausländische, auch: foreign direct investment (FDI) – **144**f., 153
Donald Trump – 17, **21**, 92, 174f., 180f., 214
Dschihadismus – 57, 70

E
Entwicklungsland – 111, 188ff., 199
Entwicklungspolitik – Wirksamkeit – 128ff., 134f., 136
Entwicklungspolitik – Ziele – 124ff.
Entwicklungspolitik – 114, 116, 123
Entwicklungszusammenarbeit – 114, 116, **118**, 121
EU-Battlegroups – 104
Europäische Union – 22, 75, 82, 90, 94ff., 102ff., 107, 169ff.

F
Finanzmärkte – **145**, 153
Flüchtlinge – **110**
Föderalismus – **44**
Frankreich – **33**, 41, 75
Freihandel – **167**, 170, 173, 214
Freihandelsabkommen – 170, 172, **181**ff., 184
Frieden - positiver – **42**f.
Frieden – 11, 13, 44f., **46**f., 114

G
Gemeinsame Außen- und Sicherheitspolitik (GASP) – **94**f., 105f.
Gewaltmonopol – **42**
Gini-Koeffizient – **194**
Globalisierung – 61, 114, 140ff., **142**, 146, 153, 160f., 216
- Dimensionen – 142
Grundgesetz – **83**, 89

H
Handel, intraindustrieller – **150**f., 153
Handelshemmnisse – **168**, 173
Handelskrieg – 174f., **176**, 180, 184
Handelsprinzipien – **178**, 184
Happy Planet Index (HPI) – 195f.
Human Development Index (HDI) – **111**, 123

I
Industriepolitik – **158**f., 162
Iran – **23**, 92
Islam – **56**f.
„Islamischer Staat" („IS") – 17, 27, 52, **58**f., 62, 65
Islamismus – **56**f., 74
Israel – **22**

K
Konfliktanalyse – **24**f.
Konflikte – **12**, 46f.
Kostenvorteile, absolute – **148**f.
Kostenvorteile, komparative – **148**f., 153
Krieg- Neue – **9**, 10, 13
Krieg- Typen – **9**
Krieg – **8**, 12, 40, 71
Krieg, Kalter – 11, **100**, 214
Kurden – 19, 27, 44

L
Least Developed Countries (LLDC) – 111, 124
Liberalisierung – **146**f., 153, 178

M
Mali – **74**ff., 78f., 85f., 89
Marshallplan – **132**f., 136
Menschenrechte – 47, 51, 85, 113, 130
Multilateralismus – 101, 118, 179, **208**, 216

N
NATO (Nordatlantikpakt-Organisation) – 18, 90, **98**ff., 106
Neue Kriege – **9**, 10, 13
Neo-Liberalismus – **146**f.

O
Online-Durchsuchung – **66**

P
Parlamentsarmee – 84, 89
Post-Konflikt-Strategie, auch: Konfliktnachsorge – 42, 46, 48
Postwachstum, auch: degrowth – **161**
Privatisierung – 147
Proliferation – **92**, 106
Protektionismus – **167**, 173

R
Radikalisierung – **60**, 70
Rechtstaatlichkeit – 42, 80, 113, 132
Responsibility to Protect (R2P), auch: Schutzverantwortung – **38**ff., 50
Russland – 17, **21**, 41, 71, 91, 100

S
Salafismus – 57, 70
Schiiten – **16**, 59, 65
Schutzverantwortung, auch: Responsibility to Protect (R2P) – **38**ff., 50
Schwellenland – 111, 191f., **193**
SDG (Sustainable Development Goals), auch: Ziele für nachhaltige Entwicklung – 117, **124**, 195, 200
Seidenstraße - Neue , auch: Belt and Road Initiative (BRI) – **210**ff.
Selbsthilfe – **117**, 123, 136
Sicherheitsbedrohungen – **90**, 106
Staatlichkeit, fragile – **80**f., **127**, 130, 215
Staatsfunktionen – **80**f.
Standortfaktoren – **155**, 162
Streitschlichtungsverfahren, auch: Dispute Settlement Body (DSB) – 179f.
Strukturwandel – **167**, 173
Sunniten – **16**, 59, 65
Syrien – **16**ff., 48, 62ff., 85

T
Terms of Trade – **201**
Terrorismus – **52**ff., 57f., 60f., 64, 67, 70, 99, 107
- Typologie – **53**
Türkei – **23**

U
Ukraine – **90**f.
UNO (United Nations Organisation), auch: Vereinte Nationen (VN) – 28, 38, 46, 50, 71, 75 ,82, 99
- Charta – **28**f., 40, 51
- Reform – **34**, 51
- Sicherheitsrat – 29, **30**f., 34, 50
Unilateralismus – 21, 101, **208**, 216
Urteilsbildung – **36**f.
USA (United States of America) – 17, **21**, 41, 59, 71, 100, 174f.

W
Weißbuch – 83
Welthandel – **143**, 150, 153, 169
Welthandelsorganisation (WTO) – **177**, 184
Welthandelsströme – **143**, 186
Weltordnung – **210**, 214f., 217
Wertschöpfungskette – **140**
Wettbewerbsfähigkeit – **156**
Wirtschaftsstandort Deutschland – **163**, 156
Wladimir Putin – 16, **21**, 48, 91

Z
Zivilisatorisches Hexagon – **42**f., 80
Zölle – **168**, 174
Zollpolitik – **170**

BILDNACHWEIS

© 2019 IW Medien - iwd 2 – S. 163; - / - iwd 7 – S. 157; - / - iwd 22 – S. 176;

AFP / Agence France-Presse GmbH, Joseph Eid – S. 14; Alamy Stock Photo / Joerg Boethling – S. 115, 200;

Baaske Cartoons / Thomas Plaßmann, Müllheim – S. 146; Bayerisches Innenministerium – S. 68; Bergmoser+Höller Verlag, Aachen – S. 30, 95, 98; Braml und Felbermayr, 2018 – S. 182; Bundeszentrale für politische Bildung, 2015, www.bpb.de / by-nc-nd/3.0/de – S. 84;

Cartoon Movement / Hassan Bleibel, Haarlem – S. 210; - / Emad Hajjaj, Haarlem – S. 56;

Deutsche Gesellschaft für Internationale Zusammenarbeit (GIZ) GmbH – S. 112; Deutscher Bundestag / Achim Melde – S. 224; - / Lichtblick, Achim Melde – S. 94;

dpa-Infografik – S. 34, 193; - / dpa-Grafik – S. 58; - / dpa-Themendienst – S. 190; - / Globus-Grafik – S. 29, 143 (2), 186; dpa-Infografik GmbH – S. 186; - / dpa-Grafik – S. 18; dpa Picture-Alliance / abaca, Balkis Press – S. 14; - / Anas Alkharboutli – S. 14; - / Ulrich Baumgarten – S. 152; - / Ferhat Bouda – S. 8; - / EPA, Str – S. 72; - / Eventpress Stauffenberg – S. 10; - / Geisler-Fotopress – S. 45; - / Godong, Philippe Lissac – S. 171; - / Wu Hao – S. 192; - / Ralf Hirschberger – Cover; - / imageBROKER, Lutz Pape – S. 192; - / Michael Kappeler – S. 52, 72, 189; - / NurPhoto, Markus Heine – S. 87; - / Reuters, Omar Sanadiki – S. 14; - / Bernd Thissen – S. 72; - / Ingo Wagner – S. 42; - / ZUMA Press, Ron Przysucha – S. 103;

Europäische Union – S. 102;

Fotolia / Marco2811 – S. 218; - / Igor Mojzes – S. 218; - / Doug Olsen – S. 164;

Getty Images / The Asahi Shimbun, Kontributor – S. 8; Getty Images Plus / iStockphoto – S. 218; - / iStockphoto, Anastasiia_M – S. 188, 198; - / iStockphoto, Britus – S. 108; - / iStockphoto, Halfpoint – S. 108; - / iStockphoto, lantapix – S. 191, 202; - / iStockphoto, robertmandel – Cover; - / Wavebreak Media – S. 218; Michael Gottschalk / Photothek.net – S. 114;

By permission Steve Kelley and Creators Syndicate, Inc. – S. 214; Tobias Koch – S. 69;

Le Monde diplomatique / Atlas der Globalisierung, 2019 – S. 202;

Waldemar Mandzel, Bochum – S. 107, 132; Mauritius Images / age fotostock, SpragueS – S. 125; - / Alamy Stock Photo, Fabian-berg.photo – S. 126; - / Alamy Stock Photo, Classic Image – S. 148; - / Alamy Stock Photo, Reynaldo C Paganelli – S. 188; - / Alamy Stock Photo, Pacific Press Agency – S. 30; - / Alamy Stock Photo, RP Photo – S. 130; - / Markus Hertrich – S. 108; - / imageBROKER, Olaf Krüger – S. 108; - / imageBROKER, Harald von Radebrecht – S. 108; - / nature picture library, Cheryl-Samantha Owen – Cover; Mercator Institute for China Studies – S. 213;

Copyright © Muhammad Najem 2020 (Used by permission) – S. 16;

Oliver Schopf, Wien – S. 28, 191; Shutterstock.com / CECIL BO DZWOWA – S. 108; - / Kaliva – S. 210; - / Alexandros Michailidis – S. 189; - / SS Studiofotografie – S. 48; Statista GmbH, Hamburg – S. 34, 138, 175; © Statistisches Bundesamt (Destatis), 2020 – S. 150; Klaus Stuttmann, Berlin – S. 185;

terre des hommes Deutschland u. Welthungerhilfe, Kompass 2019 – S. 128; THE FUND FOR PEACE, Washington – S. 127;

weed-online, Berlin – S. 140, 141; © Michael Wolffsohn – S. 44; World Trade Organization, Genf – S. 177, 179; www.attac.de – S. 160; www.wikimedia.org / RaphaelQS – S. 62; www.wikimedia.org / Basil Venitis – S. 104.